페이크와
팩트

페이크와 팩트

THE IRRATIONAL APE

왜 합리적 인류는 때때로 멍청해지는가

데이비드 로버트 그라임스 — 김보은 옮김

FAKEFAKEFAKE
FACTFACTFACT
FAKEFAKEFAKE
FACTFACTFACT
FAKEFAKEFAKE
FACTFACTFACT
FAKEFAKEFAKE
FACTFACTFACT
FAKEFAKEFAKE
FACTFACTFACT
FAKEFAKEFAKE
FACTFACTFACT
FAKEFAKEFAKE
FACTFACTFACT
FAKEFAKEFAKE
FACTFACTFACT

디플롯

마틸드와 대니, 로라에게
영감과 발상, 그리고 격려를 보내며

진실을 사랑하되 오류를 수용하라.

— **볼테르**Voltaire

대중은 작은 거짓말보다 큰 거짓말을 더 빨리 믿는다.
충분히 반복하면 조만간 믿게 된다.

— **아돌프 히틀러**Adolf Hitler

프롤로그

이성의 끈을 꼭 붙든 영웅들

영웅이 으레 그렇듯이, 스타니슬라프 페트로프Stanislav Petrov라는 이름은 유명하지 않다. 아는 사람도 적고 기념비도 없다. 하지만 지금 살아 있는 사람이라면 누구나 이 무명의 러시아인에게 삶을 빚지고 있다.

이유가 궁금한가? 1983년 9월 26일에 페트로프는 소비에트 사회주의공화국연방 방공군 중령이자 모스크바 외곽에 있는 세르푸코프-15 벙커의 총책임자였다. 이 벙커는 OKO, 즉 소비에트연방 미사일 조기 경보 시스템을 운용하는 곳으로 적국을 감시하는 눈이었다. 긴장이 팽배한 시대였다. 냉전은 절정에 이르렀고, 유럽에 미국 핵미사일 시스템이 전개되자 크렘린은 격분했다. 미국과 소비에트연방의 긴장은 어느 때보다 높아졌다. 바로 몇 주 전에는 소비에트연방이 한국 민간 항공기를 격추해서 미국 하원의원을 포함한 269명의 희생자가 나왔다(대한항공기 007편 보잉747 격추사건을 말한다.—옮긴이).

당시 로널드 레이건Ronald Reagan 미국 대통령이 소비에트연방을 '악의 제국'이라고 비난하면서 두 초강대국의 관계는 벼랑 끝 전술로까지 치달았으며, 양 진영의 권력층에서는 은밀하게 핵전쟁의 가능성을 실제로 상정하는 속삭임이 퍼졌다. 두 경쟁국 군사령부의 놀라운 화력은 과장할 필요가 없었다. 20세기 전반에 물리학자들은 핵융합의 비밀을 발견하면서 별이 엄청난 에너지를 생성하는 과정을 밝혔다. 이후 수십 년 동안 미국과 소비에트연방은 막대한 자금을 들여 이 과정을 연구했지만, 목표는 인류 향상이 아니라 도시 전체를 없앨 핵무기였다. 이런 무시무시한 화력으로는 누구도 승리할 수 없으며, 생존자만 남을 것이다.

이런 시대에 세르푸코프-15 벙커에 미국 미사일 다섯 기가 날아오고 있다는 경보가 울리면서 음울한 9월의 통곡이 시작됐다. 상상하기 어려운 일이 현실이 되었다. 핵전쟁이 임박한 것이다. 페트로프는 이런 상황을 대비해 오랫동안 훈련해왔으며 그의 소임은 명확했다. 상관에게 전쟁이 시작되었다고 알려야 했다. 러시아는 맞대응해야만 했고, 핵무기로 일제 사격해야 했다. 소비에트연방은 파괴되겠지만 미국도 멸망할 것이다. 집중 공격에서 살아남아 훗날 잿더미 왕국을 통치할 모든 경쟁국의 잠재적 이익을 무력화하기 위해 두 강대국은 지구상의 다른 국가도 공격할 것이다.

페트로프는 이 암울한 미래를 너무나 잘 알았다. 일단 이 경보를 군 상부에 보고하면 소비에트연방의 군사령관들이 지체 없이 적에게 보복하리라는 것도 알았다. 페트로프가 망설일수록 미국의 공격이 성공할 위험도 커졌고, 그의 동료들도 이 사실을 알았다. 생각할 때가 아니라 과감하게 행동해야 할 때였다. 가혹하고 끈질긴 압박을 받으며 페트로프는 다른 선택을 했다. 그는 상관에게 전화해서 차분하게 OKO가 오작동했다고 보고했다. 동료들은 경악했지만, 페트로프는 책임자로서 결정을 내렸다. 이제 중령의 판단이 옳았는지, 아니면 소비에트연방이 불탈 것인지 두고 볼 뿐, 할 수 있는 일은 없었다.

지금 우리가 살아 있다는 사실은 페트로프 중령의 직감이 옳았음을 증명한다. 그의 추론은 단순하고 명쾌했다. 미국이 미사일 공격을 했다면 총력을 다했어야 한다. 미국이 자신의 적국을 지도에서 지우기로 결심했다면 소비에트연방 미사일 방어 체제를 제압하려 했을 것이다. 러시아가 무력으로 응전하리라는 사실을 모를 리 없다. 따라서 만약 미국이 공격했다면 압도적인 수의 미사일 세례를 퍼부었을 것이다. 하지만 겨우 다섯 발이라면 이 전략과는 거리가 멀다. 게다가 지상 레이더는 경보를 뒷받침할 증거를 보여주지 않았다. 여러 가능성을 가늠해본 페트로프 중령은 미사일 조기 경보 시스템이 오류를 일으켰을 가능성이 더 그럴듯하다는 결론에 다다랐다. 나중에 알고 보니 중령의 추론은 정확했고, OKO가 본 불길한 미사일은 낮은 구름이 반사한 빛을 탐지기가 잘못 해석한 것이었다.

행동하기 전에 사고하는 페트로프 중령의 태도는 전면적

인 핵전쟁으로 인한 전멸을 막았다. 페트로프 중령은 전 세계의 영웅으로 추앙받아야 마땅했다. 그러나 그는 위기 당시의 기록을 제대로 남기지 못했다는 명목상의 이유로 오히려 문책받았다. 몇 년 후, 페트로프 중령이 이는 불가능했다고 회상했다. "나는 한 손에는 전화를, 다른 손에는 인터컴을 들고 있었고, 내 손은 두 개뿐이었다." 사실 러시아군 사령부는 최첨단 시스템이 오류를 일으키자 당황해서 비난을 피하기 바빴다. 희생양이 되었다고 생각한 페트로프 중령은 결국 신경 쇠약에 걸렸다. 중령은 이듬해 제대하고 연구소로 옮겨갔다. 소비에트연방 군부의 상급 지휘관을 제외하고는 아무도 이 사건을 알지 못했고, 인류가 파멸 직전까지 다가갔다는 사실조차 몰랐다. 1998년이 되어서야 세상은 페트로프 중령을 알아보았다. 그때에도 페트로프 중령은 겸손했고, 2017년에 사망할 때까지도 자기 임무를 다했을 뿐이라고 말했다. 하지만 중령의 자리에 그보다 이성적이지 못한 사람이 있었다면 어떤 일이 일어났을지 상상해보라.

　냉전 중의 위기는 이뿐 아니다. OKO 사건이 일어나기 20년 전, 쿠바 미사일 위기가 고조되던 1962년 10월 27일에는 이보다 더 심상치 않은 사건이 일어났다. 소련의 니키타 S. 흐루쇼프Nikita S. Khrushchev와 미국의 존 F. 케네디John F. Kennedy가 전쟁을 막으려 격렬한 외교전을 치르는 동안, 두 지도자도 모르는 또 다른 위기가 북대서양 수면 아래 깊은 곳에서 끓어오르고 있었다. 소비에트연방 잠수함 B-59호는 미국 해군에 탐지되자 추적을 피하려 너무 깊이 잠수하는 바람에 외부와 통신이 끊겼다. 미국 항공모함 랜돌프호와 구축함 II호의 추적을 따돌리느라 B-59호는 수일 동안 모스크바와 통신할 수 없었다. 잠수함 선원들은 전쟁이 일어났는지, 어떻게 진행되고 있는지 알 수 없었다.

B-59호를 해수면 위로 올라오게 하려고 미국 함선들은 폭뢰를 투하하기 시작했고, 당연히 러시아인들은 이를 공격으로 받아들였다. 잠수함에 있던 세 장교, 함장 발렌틴 사비츠키Valentin Savitsky, 정치 장교 이반 세모노비치 마슬레니코프Ivan Semonovich Maslennikov, 함대장 바실리 아르키포프Vasili Arkhipov는 대응을 논의했다. 모스크바와 통신이 끊긴 상황에서 B-59호는 위협에 맞서야 했고 필요하다면 잠수함에 실린 무기 중에서 T-5 핵 어뢰를 사용할 권한도 있었다. 사면초가에 몰린 잠수함을 계속 괴롭히는 미국 추적자들은 핵전쟁이 일어날 가능성이 있다는 사실을 전혀 모르고 있었다.

B-59호의 공기는 후텁지근했다. 공기정화 장치가 고장 나자 비좁은 잠수함은 내부 온도 50도를 넘어가면서 빠져나갈 수 없는 사우나로 바뀌었다. 이산화탄소가 위험한 수준까지 높아지면서 산소는 줄어들었으며, 어느 쪽도 합리적인 의사 결정에 도움이 되지 않았다. 식수도 모자라서 선원들은 물 한 잔으로 하루를 버텼다. 미국 함선이 투하하는 폭뢰는 B-59호를 흔들어댔고, 정보 장교 바딤 올로프Vadim Orlov는 나중에 폭뢰 때문에 "거대한 망치로 두드리는 금속 통 속에 앉아 있는 것 같았다"라고 말했다. 최악의 상황에 당황한 사비츠키 함장은 이미 전쟁이 시작되었다고 생각했다. "아무래도 지상에서는 전쟁이 일어난 듯한데, 우리

는 여기 갇힌 채 공중제비를 돌고 있다. 적군을 맹렬하게 공격해야 한다. 우리는 여기서 죽겠지만 적들도 모두 가라앉을 것이며, 우리는 해군의 명예를 더럽히지 않을 것이다"라고 말한 함장은 선원들에게 15킬로톤kt 핵 어뢰로 미국 항공모함 랜돌프호를 타격하라고 명령했다.

마슬레니코프는 함장의 명령에 동의했다. 핵 어뢰를 정상적으로 발사하려면 함장과 정치 장교가 승인해야 했다. 그리고 아르키포프는 함대장으로서 사비츠키 함장과 같은 권한을 갖고 있었다. B-59호가 핵무기를 사용하려면 세 장교가 모두 동의해야 했다. 사비츠키와 마슬레니코프가 응전하기로 한 상황에서 선택은 이제 아르키포프의 넓은 어깨에 달려 있었다. 그의 말 한마디면 랜돌프호는 핵무기의 위력에 완벽히 증발할 테고, 이 조치는 제3차 세계대전을 촉발할 수 있었다. 크렘린이나 백악관 어느 쪽도 중대한 결정이 내려지고 있다는 사실을 알 수 없었다. 역사학자 아서 M. 슐레진저 2세Arthur M. Schlesinger Jr의 말을 빌리자면 "냉전의 가장 위험했던 순간이 아니라 인류 역사에서 가장 위험했던 순간이었다".

그러나 아르키포프는 압박감에 익숙했다. 불과 1년 전에도 그가 지휘했던 K-19 잠수함에서는 원자로 냉각기가 고장 났다. 멜트다운(원자로가 녹는 것.—옮긴이)을 막으려고 아르키포프와 선원들은 즉석에서 새로운 냉각 시스템을 만들어서 재앙을 간신히 모면했다. 이 과정에서 선원들은 지나치게 높은 방사능에 노출되었다. 많은 선원이 방사능에 중독됐지만 멜트다운은 겨우 피했다. 이 사고는 소비에트연방 해군 전체에 악명을 떨쳤고, 아르키포프의 용감한 행동이 널리 알려지면서 그는 깊은 존경을 받았다. 이제 아르키포프는 숨 막히는 더위에 시달리는 B-59호의 모든 선원에게 주목받고 있었다. 동료들에 맞서 그는 결연하게 전투 개시에 동의하지 않았다. 격렬한 논쟁이 이어졌지만 아르키포프는 끝까지 T-5 핵 어뢰를 발사하면 전면적인 핵전쟁을 피할 수 없다고 주장했다. 확실한 정보 없이 무모한 공격을 지양하고 대신 해수면으로 올라가 모스크바와 통신을 재개하자고 설득했다.

결국 아르키포프는 동료들을 설득했다. 그때쯤 백악관은 북대서양의 추격전을 보고받았고, B-59호가 무사히 소비에트연방으로 돌아가도록 조치했다. 한참 후에야 모스크바와 워싱턴은 세계가 파멸 직전에 다가갔었으며, 아르키포프의 공정하고 냉정한 판단이 아마겟돈을 막았다는 사실을 인지했다. 수십 년이 흐른 뒤, 미국 국가안전보장국 책임자 토머스 블랜턴^{Thomas Blanton}은 간단명료하게 "바실리 아르키포프라는 사람이 세상을 구했다"라고 말했다.

페트로프와 아르키포프는 칭송받아야 마땅했지만 그렇지 못했고, 인류는 두 사람에게 너무나 큰 빚을 졌다. 인류를 최후의 심판에서 구했다는 사실 말고도 이들의 행동에는 공통점이 있다. 감정이 마구잡이로 치닫는 상황에서 놀랍도록 비판적 사고를 했으며, 이를 통해 문자 그대로 세상을 구했다는 점이다. 감당하기 힘든 스트레스에 직면하면서도 이들은 논리, 가능성, 명확한 추론을 집결했다. 덕분에 우리는 오늘, 여기에 살아 있다. 우리가 직접 핵전쟁이라는 재앙을 막아낼 수는 없겠지만, 무명의 두러시아 영웅에게 비판적으로 사고하는 능력이 매우 중요하다는 사실은 배워야만 한다.

차례

일러두기

 ◦   본문의 각주는 모두 저자의 주다.

 ◦   옮긴이주는 괄호에 넣고 '옮긴이'로 표시했다.

 ◦   원문에서 이탤릭으로 강조한 것은 굵은 글씨로 표기했다.

 ◦   전집·총서·단행본·잡지·앨범 등은《 》로, 논문·작품·편명 등은〈 〉로 표기했다.

들어가며

멍청한 결정으로부터 우리를 구하는 방법

1950년대의 중국은 급격한 변혁의 시기였다. 어렵게 승리를 쟁취한 중국 공산당은 농업사회인 중국을 현대적인 공산주의 낙원으로 탈바꿈시키려 했다. 이 목표를 이루기 위해 당시 중국 공산당 주석 마오쩌둥毛澤東은 대담한 계획을 세웠는데, 이것이 바로 대약진 운동이다. 급속한 산업화를 지향하는 마오쩌둥의 계획을 뒷받침하려면 농업 집단화와 새로운 정책이 필요했다. 사회의 해악도 시급히 제거해야 했으며, 이러한 해악으로는 인류를 괴롭히는 파리, 말라리아를 전파하는 모기, 전염병을 퍼뜨리는 쥐가 지목되었다. 이 악당 목록에는 다소 의아한 동물이 이름을 올렸는데, 바로 참새였다. 이 작은 새는 해롭거나 질병을 옮기지는 않지만, 농부들이 키운 곡물을 먹어 치웠다. 공산당 지도자들이 보기에 참새는 프롤레타리아를 착취하며 기생하는 부르주아의 정치적인 상징이었다. 참새는 '자본주의의 상징'으로 못 박혔고, 이 날개 달린 혁명의 적을 전멸시키기 위해 1958년 참새 잡기 운동(제사해운동除四害運動)이 시작되었다.

《베이징 인민일보北京人民日報》는 "모든 인민이 전투에 참전해서 (…) 혁명의 끈기로 굴하지 않고 전진해야 한다"라고 주장했다. 전투에 참여하라는 호소에 열정적인 호응이 따르면서 베이징에서만 300만 명이 동원되었다. 학생 소총 부대는 참새를 사냥했고, 둥지는 조직적으로 파괴되었으며, 알은 부서지고 새끼는 짓밟혔다. 냄비를 두드려 시끄러운 소리를 내서 참새들이 땅에 내려앉지 못하게 했다. 쉬지 못해 기력이 다한 참새들은 가엽게도 하늘에서 떼 지어 떨어져 죽었다. 겁먹은 새들은 숨을 곳을 찾아 모여들었으며, 이런 피난처 중에는 폭도들의 진입을 거부한 베이징 주재 폴란드 대사관이 있었다. 그러나 휴식도 잠시였을 뿐, 곧 북을 치는 자원자들이 대사관을 에워쌌다. 북소리가 이틀 동안 계속 이어지자, 폴란드 대사관은 죽은 참새들을 삽으로 떠서 치워야 했다. 1년을 넘기기도 전에 참새 약 10억 마리가 죽었고, 실제로 중국에서 참새는 멸종했다.

그러나 이 파괴적인 선동을 지휘한 자들은 참새의 중요성을 미처 몰랐다. 부검 결과, 참새의 주식은 곡물이 아니라 곤충이라는 사실이 밝혀졌다. 이는 뜻밖의 일이 아니었는데, 이미 중국 조류학계의 권위자인 정줘신鄭作新이 참새가 해충을 통제하는 중요한 동물이라고 경고했었다. 그러나 이 비판을 들은 마오는 분노했으며, 정줘신은 '권위적 반동분자'로 낙인찍혀 사상 재교육과 강제노동을 선고받았다. 1959년이 되자 공산당은 결국 진실에 굴복했지만 이미 참사는 돌이킬 수 없었다. 유일한 천적이었던 참새가 사라지자 메뚜기 수는 폭발적으로 늘어났다. 거칠 것이 없어진 메뚜기 떼가 중국 전역을 휩쓸며 곡물을 먹어 치웠다. 엄청난 재난 앞에서 중국은 급히 정책을 바꾸었으며, 소비에트 연방에서 참새를 수입해오기에 이르렀다. 그러나 꺾여버린 곡물 수확량은 이미 회복할 수 없었고, 재난이나 다름없었던 대약진 운동의 다른 정책 덕분에 상황은 악화했다. 근시안적인 정책의 결과로 1959~1961년에 3년 대기근이 찾아왔고, 1500~4500만 명의 무고한 인민이 아사하는 비극을 초래했다.

신호와 소음 구분하기

이 충격적인 인명 손실은 실패한 사고의 냉혹한 사례이자, 심사숙고하지 않고 행동하면 어떤 결과가 일어나는지 보여준다. 마오와 공산당은 '뭔가 해야 한다. → 이것이 바로 그 일이다. → 그러므로 이 일을 반드시 해야 한다'라는 정치적 삼단논법에 갇혔다. 그러나 행동을 위한 행동은 유익하다고 장담할 수 없다. 격언이 경고하듯이 지옥으로 가는 길은 선한 의도로 포장되며, 얕은 사고에서 나온 행동은 의도치 않은 끔찍한 결과로 이어질 수 있다. 근대화를 향한 과도한 열망 때문에 중국 공산당은 위험을 보고도 눈감았고 과학자들의 경고에도 귀를 막았다. 3년 대기근은 비판적 사고가 뒷전으로 밀리면 어떤 일이 일어나는지 보여주는 사례다.

사고하고 반성하며 추론하는 능력은 인간이 가진 가장 뛰어난 기술이며, 어쩌면 인간을 종으로서 특징 짓는 최고의 능력일 것이다. 인간이 성공한 비결이라고도 할 수 있다. 인간이 지구를 지배하게 된 것은 사실 놀라운 일이다. 종으로서 인간은 특별하지 않다. 털도 없고, 두 발로 걸으며, 신체 능력은 빈약하다. 인간은 사촌인 유인원처럼 능숙하게 나무를 타지 못한다. 사냥에 적합한 포식자의 날렵하고 강인한 신체와는 비교할 수 없다. 자연 상태의 인간은 땅에서 벗어날 수 없으며, 하늘을 날 수 없고, 넓은 바다에서는 오래 생존할 수 없으며, 잠수 시간은 그보다도 짧다. 그러나 인간의 가장 위대한 자산은 두개골이라는 단단한 요새에 둘러싸여 있으며 1킬로그램이 조금 넘는, 젤라틴과 비슷한 밀도의 연약한 물질이다. 인류가 머뭇거리며 지구에 첫발을 내디뎠을 때, 인간의 독특한 뇌가 발휘하는 비범한 능력은 인간을 지구 생태계의 정점에 오르게 했으며, 이빨과 발톱이 없는 인간의 약점을 상쇄하는 역할 이상을 했다.

우리 머릿속에서 화학 신호와 전기 신호가 어울려 추는 복잡한 춤은 우리를 인간으로 만드는 모든 일을 해낸다. 언어와 감정, 사회, 음악, 과학, 예술은 모두 생각하고 그 생각을 공유하는 인간의 능력에서 나온다. 인간은 소통하는 능력과 한계를 모르는 사고력으로 엄청난 위업을 이루었다. 인간의 마음은 주변 세계를 만들어 나가면서 인간의 의지 아래 자연을 무릎 꿇렸다. 예나 지금이나 인간은 호기심과 깊은 사고, 탐험을 향한 억누를 수 없는 욕망을 따라 움직인다. 우리를 둘러싼 장엄한 세계를 더 넓게 탐색하고, 우주의 광활함 속에서 인간의 위치를 더 깊이 이해하고픈 채울 수 없는 갈망에 시달린다. 인간은 가장 깊은 바닷속으로 잠수했고, 원자의 비밀을 파헤쳤으며, 지구라는 한계 영역을 벗어나기도 했다. 우리의 진화적 지위를 보여주는 이름인 호모 사피엔스^{Homo sapiens}, 즉 생각하는 인간은 이런 특성을 설명과 의도적 진술로 반영한다.

인간의 마음에는 장점이 이렇게나 다양하지만, 인간의 사고력에는 결함이 너무나 많다. 훌륭한 하드웨어를 선물받았는데도 우리는 사소한 것부터 치명적인 것까지 실수를 자주 저지른다. 역사가 흐르는 내내 우리는 엉망이었지만, 지금은 우리가 실수하는 순간을 인지하는 것이 어느 때보다 중요해졌다. 기만적인 건강 정보부터 새롭게 등장한 가짜뉴스와 바이럴광고까지, 우리는 사기꾼과 광대에게 둘러싸여 있다. 이런 상황이 새삼스럽지는 않지만, 문제를 일으키는 영역이 완전히 바뀌었다. 우리는 손가락 끝으로 인간 지식의 보고에 곧바로 접속하는 시대에 산다. 그러나 이 자유가 오해와 잘못된 정보, 허위 사실을 그 어느 때보다 더 널리, 더 빠르게 퍼뜨리는 역설을 마주하고 있다.

그러나 절망하기에는 이르다. 실수를 저지르는 인간의 마음은 특이하게도 실수를 통해 배우기도 한다. 실수하는 순간을 알면 잘못된 사고로 발생하는 결과를 피할 수 있다. 참새를 잡으려고 요란하게 두들기는 냄비 소리처럼, 절반의 진실과 노골적인 거짓의 불협화음이 과도하게 넘쳐나는 상황에서 타당한 결정을 내리려면 신호와 소음을 구분하는 방법을 반드시 배워야 하며 잘못된 사고가 침투하는 순간을 알아야 한다. 벅찬 과제처럼 보이지만 우리에게는 비판적 사고라는 뛰어난 장점이 있다. 비판적 사고의 정의는 수없이 많지만 《옥스퍼드 영어 사전》은 "주제를 판단하기 위한 객관적인 분석과 평가"라고 말한다.

여기에서 분석은 매우 중요하다. 각각의 주장이 논리적인 종착점으로 이어지는 과정을 추적하는 방법을 알면, 본능이나 직관만 이용할 때보다 훨씬 더 신뢰할 만한 결론을 얻을 수 있다. 아마 여러분의 신념을 타인의 신념과 똑같은 기준으로 철저하게 검토하는 쪽이 더 어려울 것이다. 우리는 증거만 따라가야 하며, 편하고 익숙하더라도 부정확한 생각과 신념은 폐기할 준비를 해야 한다. 그 결과로 나온 결론이 마음에 드는지 혹은 우리가 선호하는 세계관에 들어맞는지는 중요하지 않으며, 증거와 논리에서 나왔는지만 중요하다.

인간의 세계관은 선천적으로 왜곡되어 있기에 이런 성찰은 매우 중요하다. 스웨덴 통계학자이자 의사인 한스 로슬링Hans Rosling은 전 세계 수천 명을 대상으로 건강관리부터 빈곤까지 객관적인 사실을 묻는 설문조사를 했다. 여러 차례 조사한 결과, 사람들은 지능이나 교육 수준에 상관없이 세계에 대한 정보가 매우 부족했다. 우리는 정보와 완전히 어긋나는 생각을 하며, 이 생각은 증거가 암시하는 것보다 훨씬 더 비관적일 때가 많다. 로슬링은 우리가 미디어에 의존해서 생각을 형성하기 때문이라고 주장하면서 이는 "내 발 사진만 보고 나에 대한 인상을 형성하는 것과 같다"라고 말했다. 물론 오늘날 미디어는 전통적인 삼두정치의 주역인 텔레비전과 신문, 라디오보다는 많은 것을 보여준다. 우리는 이제 온라인, 특히 소셜미디어로 뉴스와 정보를 얻는다. 주류 미디어를 묶는 규제와 검열이 없는 소셜미디어는 거짓이 빠르게 뿌리내릴 수 있는 환경이다.

파편화된 정보들

우리에게는 거짓을 구별하는 특별한 기술이 없다. 2016년에 스탠퍼드대학교 연구팀은 중고등학생과 대학생을 대상으로 서로 다른 기사의 신뢰도를 판단하는 능력을 시험했다. 결과는 연구팀의 말을 인용하자면 "절망적이며" "민주주의를 위협하는" 수준이었다. 전반적으로 학생들은 불확실한 정보를 타당한 정보로 쉽게 수용했으며, 정보의 타당성을 평가하기 위해 무엇을 확인해야 하는지도 몰랐다. 홈페이지가 세련되어 '보이거나' 소셜미디어 계정에 팔로워가 많다는 단순한 사실만으로도 이 디지털 세대를 속이기에 충분했다. 스탠퍼드대학교 재학생에게 동성 부모의 육아에 관한 미국소아과학회American Academy of Pediatrics(저명한 전문가 집단이다) 논문과 동성애 혐오 집단으로 알려진 미국소아과의사협회American College of Pediatricians 논문을 각각 보여주었을 때, 안타깝게도 대학생들은 두 집단을 동등하게 신뢰도 높은 기관으로 여겼다. 그들은 홈페이지를 찾아보거나 가장 기본적인 사실 확인 과정을 거치지 않았다.

소셜미디어에서 공유하는 논문의 59퍼센트가량은 해당 논문을 읽지도 않은 사람들이 전파한다고 추측된다. 논문을 읽으려면 품이 들지만, 눈에 띄는 제목의 논문을 잘 골라 공유하면 지적인 노력 없이도 소셜미디어에서 명성을 얻을 수 있다. 이 같은 사회적 요소는 주류 미디어보다 온라인에서 더 중요하며, 온라인 공유는 최악의 과잉 사태를 불러온다. 2014년 《사이언스Science》에 실린 논문에 따르면, 사람들은 부도덕한 사건을 텔레비전이나 신문으로 볼 때보다 온라인에서 접할 때 더 크게 분노한다는 사실이 밝혀졌다. 콘텐츠 크리에이터와 플랫폼이 이윤을 얻으려는 목적으로 뉴스를 공유하기 때문이다. 신뢰도 높은 뉴스로 수익을 창출했던 전통 미디어도 매출이 하락하면서 인터넷에 뛰어들어야 했다. 온라인 공유에서 가장 강력한 예측 변수는? 격렬한 감정이다. 2017년 《미국국립과학원회보Proceedings of the National Academy of Sciences, PNAS》에 발표된 논문은 도덕적인 감정을 자극하는 언어는 소셜미디어에서 정치 콘텐츠의 전파를 크게 늘린다는 사실을 발견했다. 그 대가로 우리는 분노의 기계로 바뀌며, 진실성이나 사회적 가치는 고려하지 않은 채 암암리에 흥미 위주의 콘텐츠를 선택하게 된다.

다 같이 분노하는 경험은 카타르시스를 주지만, 실제 해결책을 찾는 데는 도움이 되지 않는다. 인간이라는 종족을 더 깊숙이 몰아가는 데는 도움이 될지도 모르겠다. 격렬한 감정은 더 많은 충돌을 일으킬 수 있지만, 신념 집단을 초월하기보다는 해당 집단 안에만 머무는 경향을 보인다. 집단 안에서의 설교도 만족감을 주지만 결국 감정은 행동으로 이어진다. 분노라는 감정은 섬세하지 않으며 미묘한 상황을 그릇된 이분법으로, 복합적인 인물을 팬터마임 속 영웅이나 악당으로 비트는 프리즘이다. 전통 미디어가 쇠락하면서 정보가 단편화하는 걱정스러운 상황을 보여주는 증거는 점점 늘어난다. 정보를 선별하면 얼마든지 원하는 대로 극적인 장면을 만들 수 있다. 대체로 우리는 객관적인 정보를 얻는 대신, 편견과 기존의 신념을 확인하는 정보는 증폭하고 그렇지 않으면 배제한다. 가수 폴 사이먼^{Paul Simon}의 말을 빌려오자면 "인간은 듣고 싶은 것만 듣고 나머지는 무시한다". 현대 담론의 즉시성은 우리가 진실보다는 속도를, 사고보다는 행동을 선호한다는 사실을 보여준다.

이 모든 현상의 최종 결과는 매우 걱정스럽다. 2018년 《사이언스》에 발표된 대규모 연구는 2006~2017년에 쏟아진 뉴스 12만 6000건을 분석해서 갈기갈기 찢긴 현대 담론을 깊이 파헤쳤다. 이 연구는 깜짝 놀랄 만한 결과를 보여주었다. 어떤 사실이 발표되면, 날조와 소문이 진실을 완전히 덮어버리고 거짓이 담론을 지배한다. "모든 정보는 분야를 가리지 않고 거짓이 진실보다 심각하게 더 멀리, 더 빨리, 더 깊이, 더 폭넓게 확산했으며, 테러나 자연재해, 과학, 도시 괴담, 금융 정보를 다룬 거짓 뉴스보다 정치를 다룬 거짓 뉴스의 효과가 더 뚜렷했다." 여기서도 담론이 얼마나 널리 공유될지를 예측할 요인은 감정적 콘텐츠였으며, 거짓 담론은 혐오, 공포, 직접적인 분노를 끌어내도록 공들여 만들어졌다.

거짓 담론은 불신을 키우며 그 어느 때보다 사회를 분열시키고 있다. 그러나 무엇보다도 거짓 담론은 회복력이 커서 제거해도 다시 튀어나온다. 이런 점 때문에 거짓을 만들기보다 타파하기가 훨씬 더 어렵다. 전 세계 선동가들은 이 점에 주목해서 인터넷을 활용해 온갖 수상쩍은 메시지를 퍼뜨린다. 블라디미르 푸틴Vladimir Putin이 지배하는 러시아는 이 새로운 전장을 가장 월등하게 활용했다. 여기저기서 불쑥 튀어나오는 러시아의 인터넷 방해 공작은 엄청나게 많고, 경쟁국의 국내 긴장과 불신을 부추겨서 불안정하게 한다. 악명 높은 사례를 하나 들자면, 상트페테르부르크 외곽에 있는 인터넷 연구기관은 트롤(온라인에서 고의로 논쟁적·선동적 여론을 조성해 사용자들의 감정적 반응을 유발하는 사람.— 옮긴이) 소부대가 집결한 곳으로, 소셜미디어를 어슬렁거리며 불화의 씨앗을 뿌리고 전 세계 여론을 조작한다. 미국 정보기관의 합동 보고서를 보면, 2016년 미국 대통령 선거는 러시아의 조작이 판을 쳤으며, 이렇게 조작된 선동은 대선 결과를 흔들기에 충분했다는 분석이 이어졌다. 비슷한 조작 징후가 같은 해 영국 브렉시트 국민 투표와 2017년 프랑스 대통령 선거에서도 나타났다.

암울하지만 이 기술은 부정적인 만큼 놀라울 정도로 효율적이다. 랜드(과학기술 정책을 연구하는 미국 민간 조사연구기관.— 옮긴이)는 여러 채널을 동원해서 소리 높여 떠들어대며 수그러들 줄 모르는 이 선동 모델을 '러시아 소방 호스'로 묘사한다. 객관적인 진실이나 일관성은 없지만, 빠르고 반복적으로 울리면서 우리의 시선을 사로잡는다. 주장에 일관성이 없더라도 다양한 곳에서 외치는 소리가 같은 결론을 가리키면 확실한 것처럼 보인다. 여기서 원칙은 우리를 설득하기보다는 상충하는 이야기로 압도해서 혼란스럽고 타성에 젖은 몽유병 상태로 빠트리는 것이다. 이 모든 효과가 합쳐지면서 우리의 신념에 불규칙한 영향을 미친다. 현재 우리는 매우 위태로우며, 볼테르는 "불합리한 것을 믿게 하는 사람은 잔혹 행위도 저지르게 할 수 있다"라고 경고했다.

미국 전략첩보국^{OSS}은 거의 200년이 지난 후에야 볼테르의 말에 동의했다. 전략첩보국이 제2차 세계대전 중반쯤에 분석한 히틀러의 심리 프로파일은 매우 설득력 있다.

> 히틀러의 주요 원칙은 다음과 같다. 대중이 냉정해지게 놔두지 않는다. 잘못이나 실수를 절대 인정하지 않는다. 적에게 일말의 선이 있다고 수긍하지 않는다. 대안을 허용하지 않는다. 비난을 인정하지 않는다. 한 번에 하나의 적에 집중해서 모든 나쁜 일의 원인으로 몰아간다. 대중은 작은 거짓말보다 큰 거짓말을 더 빨리 믿는다. 충분히 반복하면 조만간 믿게 된다.

미국 전략첩보국 보고서는 역사 속 가장 악명 높고 끔찍한 독재자의 초상과 함께 독재 정치의 청사진도 포착했다. 독재 국가는 우리의 비판 능력을 타락시키고, 대중의 편향을 고착시키며, 인지라는 그물망에 숨은 사소한 결함을 착취해야만 번영할 수 있다. 히틀러는 기만적이며 숙련된 연설가로, 심리학자들이 말하는 진실 착각 효과, 즉 대중은 반복해서 노출된 정보가 진실이라고 믿는 경향이 있다는 점을 직관적으로 알고 있었다. 이 사실을 깨달은 사람은 히틀러만이 아니다. 나폴레옹 보나파르트Napoleon Bonaparte도 "수사법에서 가장 중요한 것은 단 하나, 반복이다"라고 말했다고 한다. 연구 결과를 보면, 거짓을 단순 반복하면 불확실한 주제를 헷갈리게 할 뿐 아니라 때에 따라서는 정답을 아는 주제도 거짓 을 대신 수용하도록 우리를 뒤흔들 수 있다.

거짓과 선동에 당하지 않으려면

우리의 현실이 거짓에 너무나 쉽게 침식된다는 사실은 당황스럽 지만, 지금도 우리는 이 사실을 정치에서 목격하고 있다. 이 모두 가 주변 세계에 대한 이해뿐 아니라 사회 결속력도 근본적으로 무너뜨리고 있다. 거짓이 만연하면서 사회와 제도, 서로에 대한 신뢰도 깨졌다. 기만적인 거짓은 너무 자주 덮쳐와서 의심과 불 신이 남겨놓은 빈 곳을 채운다. 심지어 인간이라는 종은 기후변 화의 빠른 침식부터 냉전 지정학의 부활, 곧 임박할 항생제 내성 이라는 재앙까지, 신중하게 행동해야 하는 벅찬 도전 앞에 서 있 다. 인간 역사상 우리의 행동이 이토록 오래 지속될 결과를 결정 한 적은 없었다.

인간의 마음은 매우 정교하지만 우리는 결국 감정적인 동물 이다. 인간은 비합리적인 유인원이며, 의심스러운 결론에 깊이 집착하고, 생각하지 않고 반응한다. 우리는 상상하기도 힘든 파멸의 도구를 만들어서 격변의 한가운데에 내던졌다. 위대한 생물학자 에드워드 O. 윌슨Edward O. Wilson이 주장했듯이, 인류의 진짜 문제는 우리가 "원시인의 감정과 중세의 제도, 신에 필적하는 기술"을 가졌다는 점이다.

　물론 누구나 망상이나 수상한 믿음을 어느 정도는 품고 산다. 그러나 이것이 우리의 인식을 얼마나 크게 바꿀 수 있는지는 깨닫지 못한다. 생각은 외따로 존재하지 않으며 믿음 역시 진공 속에 머무르지 않는다. 우리가 마주치는 모든 정보는 윌러드 밴 콰인W.V. Quine의 이른바 '믿음의 거미줄(콰인-뒤앙 논제에 나오는 개념으로 인간의 믿음은 개별적인 것이 아니라 거미줄처럼 엉켜 있다는 비유.—옮긴이)'을 구성한다. 인간의 생각은 복잡하게 엉켜 있으며, 미심쩍은 믿음 하나를 수용하는 것만으로도 다른 개념을 연쇄적으로 바꿀 수 있다. 백신이 자폐를 일으킨다는 주장을 파훼한 사례를 철학자 앨런 제이 레비노비츠Alan Jay Levinovitz는 다음과 같이 설명한다.

　　'백신이 자폐를 유도한다'라는 정보를 믿음의 거미줄에 덧붙이려면, (과학의 권위에 대한) 확신이 약해지는 대신 다른 상위 개념의 믿음이 강해져서 적절한 대안을 제시하며 정당성을 뒷받침해야 한다. 백신 논쟁에 뛰어드는 사람들의 믿음을 정당화하는 상위 개념은 대부분 익숙한 것들이다. 자연스러운 것은 자연스럽지 않은 것보다 좋다, 과학자들은 거대 제약회사의 하수인이다, 전통 언론 매체는 신뢰할 수 없다, 내 몸에 좋은 것은 내가 가장 잘 안다 등이 있다.

음모론자에게서도 비슷한 현상을 발견했는데, 하나의 음모론을 믿으면 다른 음모론도 믿을 연관성이 매우 높았다. 일단 음모론을 받아들이면 온 사방에서 사악한 책략이 보이기 시작한다.

이 모든 것은 우리를 분열시키고 갈라놓는다. 민주주의 자체는 부서지기 쉽다. 단 하나의 세상을 공유하면서 기본적인 사실조차 합의할 수 없다면, 우리에게 닥친 문제를 어떻게 현실적으로 해결할 수 있을까? 해결책은 비판적 사고를 중심으로 과학적 방법을 활용해 주장을 발전시키고 엄격하게 검증하는 것이다. 비판적인 검증을 통과하면 잠정적으로 수용하고, 통과하지 못하면 아무리 매력적이더라도 폐기한다. 이 접근 방식에 과학의 본질은 없다. 그저 주장을 맹목적으로 수용하기보다는 시험해본다는 일반적인 책략에 과학적 맥락을 덧붙였을 뿐이다. 바꾸어 말하면 비판적 접근법이 과학에만 한정되지 않는다는 뜻이기도 하다. 분석적 사고는 행복을 위한 선택부터 전 지구적 재앙을 막을 계획을 결정하는 일까지, 모든 영역에 적용할 수 있다. 과학자처럼 생각하는 법을 배우면 맞서야 하는 주장의 맹습에서 선택할 도구가 보이며, 그 주장이 합리적인지 수상쩍은지 헤아릴 수 있다. 결정적으로, 수상쩍은 주장과 우리를 현혹하는 기술을 알아볼 수도 있다.

이는 우리가 더 나은 결정을 내리도록 도울 뿐 아니라 우리가 누리는 자유의 근본이기도 하다. 선동 정치가는 비판적 사고를 가장 싫어한다. 위대한 이탈리아 소설가이자 철학자인 움베르토 에코Umberto Eco는 1995년에 발표한 글에서 모든 파시스트 이념에서 공통으로 발견되는 특징 열네 가지를 나열했다. 에코는 역사에 기록된 권위주의 체제를 관찰해서 결론을 내렸지만, 현대 포퓰리즘 정치운동에서 이 같은 암흑기 르네상스의 특징이 다수 나타나는 점은 불안하기도 하다. 이 중에서도 핵심은 비판적 사고를 깎아내리려는 혐오스러운 반지성주의와 비합리주의다. 에코는 유사 파시스트 운동을 다음과 같이 설명했다.

> 사고는 유약함의 한 종류. 그러므로 비판적 사고와 동일시되는 한 문화는 경계해야 할 대상이다. 헤르만 W. 괴링Hermann W. Göring이 했다는 말("문화에 관한 말이 들리면 나는 총을 집어 든다")부터 '타락한 지식인' '먹물' '무력한 속물' '대학은 빨갱이들 천지'라는 표현을 자주 사용하는 것까지, 지성에의 불신은 언제나 원형 파시즘의 전형적인 징후다.

이런 운동이 비판적 사고를 억압하고, 비판적 사고를 장려하는 사람을 헐뜯는 것은 당연하다. 증거를 요구하며 부정확한 주장을 검증하려는 사회, 사기에 가까운 전략을 경계하는 사회는 열성적인 독재자의 무기에 면역을 갖추고 있다. 행동보다는 사색을 요구하고, 속도보다는 진실성에 가치를 두는 분석적 사고는 인간의 본질이 아니다. 따라서 이해하기 어렵지만 그래도 배울 수는 있다.

합리성을 지성의 부산물 정도로 여기는 사람도 있지만 지성과 합리성은 거의 연관이 없다. 지능지수가 높은 사람도 낮은 사람과 마찬가지로 합리성 장애dysrationalia(정신 능력이 있는데도 합리적으로 생각하고 행동할 능력이 부족한 상태)로 고통받는다. 그러나 지능지수와 다르게 합리성은 쉽게 향상할 수 있다. 2015년에 발표된 흥미로운 논문은 실험대상자의 일반적인 의사 결정에서의 편향성 민감도를 측정했다. 그 후, 실험대상자는 자신의 논리적 오류를 설명하는 영상을 보거나 편향성을 낮추는 양방향 게임을 했다. 몇 달 후 같은 문제에 부딪혔을 때 훈련받은 실험대상자들은 실수를 반복할 확률이 크게 낮아졌으며, 미심쩍은 주장을 인식할 가능성은 매우 커졌다.

나는 과학자로서 분석적 사고를 여러 해에 걸쳐 훈련받는 엄청난 특권을 누렸다. 지금도 여전히 새로운 지식을 배우며 오래된 오류를 수정해나간다. 과학 커뮤니케이터로서 다양한 사람들과 과학 및 의학 지식을 나누고, 대중의 관심, 의혹, 혼란에 대한 작은 통찰을 얻는 즐거움도 누리고 있다. 지난 몇 년 동안 나는 암에 관한 속설부터 기후변화, 백신, 유전자 변형까지 대중이 자주 논쟁을 벌이는 주제를 명확하게 설명하는 데 시간 대부분을 쏟았다. 그 과정에서 복잡한 논리와 비합리성의 어두운 면, 즉 음모론, 잘못된 개혁 운동, 심지어 불필요한 죽음까지도 목격했다. 그리고 이 모든 일에는 우리를 아주 조금이나마 영악하게 만들어줄 교훈이 있었다.

나는 인간이 실수를 저지르는 주요 원인을 밝히고, 분석적 사고와 과학적 방법을 활용해서 우리의 삶뿐 아니라 세상을 개선할 방법을 탐색하려고 이 책을 집필했다. 물론 이 모든 것을 단 한 권의 책으로 이루려는 희망은 어리석은 야심에 지나지 않겠지만, 나는 이 책을 통해 우리를 끊임없이 잘못된 길로 이끄는 주요 주제와 사고방식을 밝히려 한다. 원래도 교과서를 쓸 생각은 없었다. 이야기는 사실보다 더 깊은 울림을 주므로, 우리가 탐색할 모든 주제는 전 세계와 역사에서 찾아낸 이상하지만 사실인 이야기, 재미있고 때로는 비극인 이야기로 설명하려 한다.

그에 맞춰 이 책은 공통 주제를 가진 6부로 구성했다. 1부에서는 인간의 논리적인 사고를 탐색한다. 사고는 인류의 가장 위대한 자산이지만 논리라는 허상은 우리를 끔찍한 결과로 이끌 수 있다. 1부는 논리의 중요성과 미묘한 오류가 우리를 어떻게 재앙으로 몰아가는지에 초점을 맞춘다. 2부는 우리가 마주치는 주장과 토의, 토론이 빈번하게 일으키는 엄청난 혼란에 관한 이야기로, 수사법이 명확하게 사고하는 인간의 능력을 왜곡해서 선동 정치가와 사기꾼에게 속아 넘어가게 하는 과정을 탐색한다.

3부는 자기 삶을 논할 때 우리가 얼마나 신뢰하기 어려운 이야기꾼인지 드러낸다. 우리의 사고·감정·기억·감각은 생각보다 왜곡되기 쉬우며, 여기서 우리를 잘못된 결론으로 떠미는 숨겨진 편향성, 심리적 기벽, 결함 있는 인식을 살펴본다. 4부는 현대사회 어디서나 볼 수 있는 통계와 수를 깊이 들여다보고, 숫자의 진의가 얼마나 자주 오해되고 비틀리는지, 수를 대하는 인류의 미숙함이 얼마나 많이 사기에 이용당하는지 알아본다.

정보를 어디서 어떻게 얻는지는 인식을 형성하는 데 엄청난 영향을 미친다. 미디어는 생각보다 더 큰 영향을 미치므로 5부에서는 텔레비전부터 소셜미디어까지 우리가 소비하는 정보가 어떻게 우리의 인식을 형성하는지, 자신의 정보에 얼마나 쉽게 현혹되는지 알아본다. 마지막으로 6부는 비판적 사고와 과학적 방법론, 그리고 이 도구를 활용해서 세상에 빛을 밝힐 방법에 집중한다. 여기서는 과학과 유사 과학의 명확한 경계선, 회의주의의 놀라운 힘, 약간의 비판적 사고만으로도 의사 결정을 향상하고 어쩌면 세상을 구할 방법을 설명한다.

과학자는 완전무결한 존재라는 인상을 주고 싶지도 않고, 절대 사실도 아니다. 과학자도 사람이고, 다른 사람처럼 같은 실수를 반복한다. 인간은 언제나 실수하지만, 실수에서 배울 수도 있다. 분석적 사고와 과학적 방법은 과학의 전유물이 아니라 인류의 자산이다. 과학자는 올림포스 꼭대기에 사는 질투심 많은 신이 아니라 불을 공유하려는 열망을 지닌 프로메테우스^{Prometheus}의 후계자가 되어야 한다. 우리는 신호와 소음을 구분할 능력이 그 어느 때보다 절실하지만 실제로 그 둘을 구별하기는 어려운 시대, 미신과 속임수가 진실의 목을 조르며 위협하는 시대를 살아가며, 따라서 나는 예술가든 회계사든 경찰이든 정치인이든 의사든 디자이너든, 모두가 분석적 사고를 수용해야 한다고 진심으로 생각한다. 먼저 인간이라는 존재의 근본인 사고력에서 시작해보자.

1부 논리가 부재하는 세상

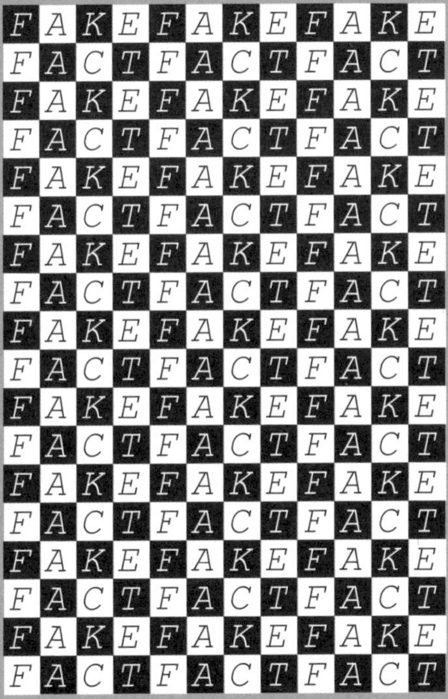

생각하지 않는 사람은 편협하고,
생각할 수 없는 사람은 어리석으며,
감히 생각하지 못하는 사람은 노예다.

─**윌리엄 드러먼드 오브 로지아몬드**William Drummond of Logiealmond

1장
부적절한 명제가 낳은 부적절한 결론

삼단논법이 우리를 한 방 먹이는 법

이상하게 들리겠지만 중세 시대에 교황이라는 지위는 조지 R.R. 마틴George R.R. Martin의 소설 뺨치는 정치 음모가 파다한 자리였다. 그러나 초기 바티칸에서 일어난 음모처럼 괴상한 기준으로 봐도 897년 1월에 일어났던 사건만큼 드라마틱하고 기이한 사건은 가톨릭 역사에서도 손에 꼽힐 정도다. 장엄한 산 조반니 라테라노 대성당 법정에서 새로이 교황으로 선출된 스테파노 6세Stephen VI는 전임 교황 포르모소Formosus의 위증과 부패, 죄악을 맹렬하게 비난했다. 전 교황 포르모소는 자신을 향한 장황한 독설과 격렬한 공격에도 냉랭한 침묵을 지켰다. 전 교황의 침묵은 어쩌면 당연했다. 포르모소는 재판이 시작되기 8개월 전에 이미 사망했기 때문이다.

무덤에서 꺼낸 포르모소의 시신은 교황의 제의를 입혀 의자에 기대어 앉혔고, 부제는 당혹스럽게도 죽은 교황을 대신해 답변해야 했다. 포르모소(교황 명은 다소 공교롭게도 '잘생긴'이라는 뜻이다. 죽은 지 오래된 시체에는 적절하지 않은 별명이다)는 반항적인 태도로 침묵을 지켰지만 누구도 놀라지 않았다. 교황을 고발한 자들은 이 침묵을 유죄의 증거로 인정했다. 결국 스테파노 6세는 죄 없는 자만이 자신을 변호할 수 있다고 선언했다. 포르모소는 고발된 일들을 저지르지 않았지만 이 논리에 따르면 유죄가 틀림없었다. 이렇게 포르모소의 죄는 드러났고, 스테파노 6세는 곧바로 이미 죽은 교황을 비난하고 그가 축복을 내리지 못하도록 시체의 오른손 손가락 세 개를 자르면서 어쩌면 포르모소 재판이 자신의 빛나는 업적이 될지도 모른다는 희박한 희망을 품었다.

훼손된 채 거친 티베르강에 던져진 포르모소의 시체를 수도사들이 수습하자, 로마 시민들은 잠시 기적을 숭배했다. 끔찍했던 정치 쇼는 시체 시노드 혹은 시체 종교 재판으로 불렸으며 여론은 이를 계기로 교황 스테파노에게서 돌아선다.* 물론 스테파노 6세는 정말로 멍청이는 아니었고, 이 재판은 그저 노골적인 정치 쇼였다. 이 추악한 사건은 왜곡된 논리로 합리화되었고, 아

* 결국 포르모소는 복위되었고 다시 교황의 예복을 입었지만 고난이 끝나지 않았다. 수년 후, 무자비한 호색한인 교황 세르지오 3세Sergius III는 사면 결정을 뒤집었다. 같은 문헌에서는 세르지오 3세가 확실하게 하려고 포르모소의 시체를 참수까지 했다고 기록했다. 이것이 사실인지 확인하기는 어렵지만, 중세 시대 교황들은 악랄한 자가 상당히 많았는데도 세르지오 3세는 특히 더 악명 높다. 익명의 동시대인은 세르지오 3세를 가리켜 "비열하고 교수형과 화형을 받아 마땅하다"라고 말했다.

무런 정의도 찾을 수 없는 이 사건을 이성적으로 보이게 치장했다. 그러나 이런 노력도 스테파노 6세가 자리를 오래 지키는 데 도움이 되지 않았다. 897년 여름이 지나기도 전에 스테파노 6세는 구금되었고 자신의 방에서 목이 졸려 죽었다. 교회는 후에 포르모소의 담나티오 메모리아이damnatio memoriae, 즉 기록말살형이 경건함보다는 정치에 따라 행해졌다는 점을 무시했고, 현명하게도 이 추한 사건이 시간의 무게에 눌려 빨리 사라지게 놔두었다. 그러나 이 사건을 뒷받침하는 매혹적인 교훈은 남아 있다. 바로 **이성에 대한 환상**이 우리를 얼마나 잘못된 길로 이끄는가다.

완전해 보이는 이성의 불완전성

이성은 인간이라는 존재의 명확한 특징이다. 인간은 사고하는 동물이며 메타인지 능력의 축복을 받아 이 사실을 알고 있다. 인간 개개인은 추상적 개념과 유형적 개념 모두와 악전고투하며, 과거에서 교훈을 얻어 미래를 대비한다. 이 모두를 뒷받침하는 것이 인간의 이성이며 가장 짙은 어둠이 다가올 때도 빛을 밝히는 불꽃이다. 이렇듯 인상적인 특징이 있지만 인간의 뇌는 절대 실수하지 않는 기계가 아니며, 우리는 종종 명백한 혹은 미묘한 실수를 저지른다. 심리학자 리처드 E. 네즈빗Richard E. Nesbitt과 리 로스Lee Ross는 이렇게 두드러진 모순을 가리켜 "철학의 오래된 역설 중 하나는 인간 마음의 위대한 승리와 놀라운 실패 사이의 명백한 모순이다. 인간이라는 생물은 가장 강력한 컴퓨터도 해결하기에 너무나 미묘하고 복잡한 추론 문제를 일상적으로 해결하면서도 매일의 간단한 판단에서는 종종 실수를 저지른다"라고 말했다.

강력한 뇌만으로는 충분하지 않다. 뇌를 충분히 훈련해서 미묘하고 복잡한 상황도 다룰 수 있어야 한다. 대충 컴퓨터에 비유해보자면, 하드웨어가 최고급 사양이더라도 적절한 소프트웨어가 없으면 컴퓨터는 작동하지 않는다. 인간의 뇌 구조와 복잡성은 무엇보다도 뛰어나지만, 추론은 직관을 넘어서므로 학습이 필요하다. 불완전한 추론은 완전히 그릇된 결론에 이르는 길이다. "쓰레기를 넣으면 쓰레기가 나온다"라는 컴퓨터 과학자의 진언은 오래전에도 있었다. 컴퓨터의 아버지라 불리는 찰스 배비지Charles Babbage는 1800년대 중반에 "'배비지 교수님, 기계에 틀린 숫자를 넣어도 맞는 답이 나올 수 있나요?' (…) 나는 이런 질문을 떠올리는 뒤죽박죽인 사고를 도저히 이해할 수 없다"라고 한탄했다.

물론 인간은 컴퓨터와 완전히 다른 존재다. 인간은 놀라울 정도로 깊이 사고하면서도 어떤 때는 직감에 따라 빠르게 결정하기도 한다. 예를 들어 우리는 이미 알고 있는 위험과의 유사성을 바탕으로 어떤 것이 위협인지 가늠할 수 있다. 선천적으로 타고나는 이 경험 법칙을 **휴리스틱**heuristics(제한적인 정보를 바탕으로 직관으로 판단하는 의사 결정 방법.—옮긴이)이라고 한다. 이런 지름길은 항상 들어맞거나 정확하지는 않지만 대부분 상황에 적용하기에 '적절하고' 상대적으로 인지에 에너지가 많이 들지 않는다. 가장 중요한 점은 휴리스틱이 거의 본능적이어서 사고 과정이 특정 결론으로 향하는 줄도 모른다는 것이다. 우리는 이런 충동을 잘 활용해서 종종 빠른 결정이 생사를 가르기도 하는 선사시대 수천 년을 살아왔다.

그러나 오늘날 우리가 맞닥뜨리는 중요한 결정은 대부분 더 미묘한 사고가 필요하다. 휴리스틱은 유용하지만 우리가 마주하는 도전과 문제를 해결하기에는 근본적으로 부적합하다. 해결할 문제가 지정학이든 건강관리든, 무의식적인 본능이 판단을 내리도록 할 수 없으며, 이런 상황에서 무조건 반사는 재앙에 이르는 왕도다. 오늘날 인간이라는 종으로서 우리가 마주하는 문제는 대부분 이분법으로 나뉘지 않고 간단한 해결책이 있지도 않다. 오히려 다양한 명도의 회색지대에 존재하며, 하나를 얻으면 다른 하나는 포기해야 한다. 우리가 마주한 중요한 문제들은 뚜렷한 최적의 해결책이 없으며, 새로운 정보를 참고해서 고찰하고 검토하며 결정해야 한다.

다행스럽게도 인간에게는 무조건 반사와 배짱 말고도 분석적으로 사고하고, 정보를 수집하며, 논리와 상상으로 결론에 이르는 능력이 있다. 우리는 결정하고, 길을 선택하며, 미래를 계획하면서 일상에서 이 능력을 항상 사용한다. 그러나 논리와 이성에 자부심을 느끼더라도 실수에는 면역이 없다. 잘못된 사고는 오랫동안 인간을 괴롭혔고 논리의 결함은 해결하기가 매우 어렵다. 더군다나 이성에 대한 환상 때문에 구조적인 오류로 무너질 주장을 오해한다는 증거가 아주 많다. 이에 따르는 대가는 정치부터 의학까지 다양한 영역에 이르며, 인간과 세계는 학대나 고통, 손상 등의 비싼 대가를 치러야 할 수도 있다.

학계에서만 나오는 우려가 아니다. 경이로운 인간의 마음은 지금의 인간이라는 위치를 향해 달려왔지만 우리는 여전히 형편없는 이성의 변덕에 괴로워한다. 이 오류를 수정하려면 우리가 실수하는 지점을 파악해야 한다. 오늘날 인간이 마주하는 문제는 사소하지 않으며, 우리는 계속 복잡한 문제와 씨름하면서 치료법부터 정부 정책까지 모든 것의 위험과 이익을 끊임없이 가늠한다. 인간이라는 종으로서는 어렴풋이 나타나기 시작하는 기후변화의 유령부터 전염병, 세계 분쟁까지 기념비적인 실존 문제에도 직면했다. 인간의 사고 능력은 이런 공격에 맞서 실용적이며 건설적인 해결책을 찾을 유일한 기회이며, 이 문제와 함께 다른 문제들도 해결하려면 불완전한 사고력을 내버려두어서는 안 된다. 그러나 굳건한 이성과 수상쩍은 모조품의 정확한 차이점은 무엇일까?

논리적 결함에 빠진 삼단논법

이 문제는 수 세기 동안 탐구심이 깊은 사람들을 사로잡았다. 초기 그리스 철학자들은 논리의 구조를 설명하는 데 많은 시간을 들였다. 그리스 철학자들의 발견은 수학적 논리의 근본이 되었다. 이 핵심 영역은 이론적인 우아함은 물론 지극히 실용적인 응용법도 갖추었으며, 검색엔진부터 우주 비행, 피자 배달부터 긴급 구조대까지 모든 것을 뒷받침한다. 엄정한 논리는 학자와 기술자에게만 필요한 것이 아니라 우리가 매일 사용하는 수사학적 논증의 토대이자 상상할 수 있는 모든 주제에서 결론을 낼 때 사용하는 도구다.

자세히 살펴보기 위해, 논증을 결론에 이르는 일련의 사고 단계로 정의하기로 하자. 논리 구조에 본질적인 결함이 있다면 이것은 추론 오류의 하나인 **형식적 오류**formal fallacy다. 이 오류를 완벽하게 수정하려면 추상 수학을 깊이 탐구해야 하지만, 우리는 그저 몇 가지 필수 개념만 명심하면 된다. 주장이 온전해지려면 ⓐ 타당한 구조와 ⓑ 정확한 전제가 필요하다. 타당성은 논증의 구조 혹은 뼈대로 볼 수 있다. 대표적인 예로 서양 철학의 아버지로 불리는 소크라테스Socrates를 들어보겠다.

전제 1   모든 인간은 죽는다.

전제 2   소크라테스는 인간이다.

결론   그러므로 소크라테스는 죽는다.

이것은 **연역적 추론**deductive reasoning의 예시로, 전제에서 결론을 바로 도출한다.* 흥미롭게도 소크라테스는 저작 기록이 없으며,

---

* 다른 추론도 있는데 귀납적 추론inductive reasoning이 가장 중요하다. 귀납적 추론은 전제가 결론에 이르는 부동의 증거라기보다는 강력한 증거이고, 이때 주장은 확실한 진실보다는 가능성이 큰 사실이다. 이 책에서는 주로 연역적 추론을 설명하지만 앞서 언급한 요점은 여전히 적용된다.

대신 동시대인인 크세노폰Xenophon과 플라톤Plato의 기록을 통해 소크라테스를 연구할 수 있다. 이들의 기록이 소크라테스의 철학을 얼마나 반영하는지 혹은 이들이 소크라테스를 한 사람으로서 기술했는지 아니면 이상화했는지는 논쟁의 여지가 있으며, 소크라테스를 둘러싼 비밀스러운 분위기가 '소크라테스 문제(다양한 출처에서 역사적 및 철학적 측면의 소크라테스를 재구성하려는 시도.—옮긴이)'를 만들었다. 확실한 것은 소크라테스가 아테네시에 의해 기원전 399년에 사형을 선고받았으며 독미나리에서 추출한 독으로 사망했다는 사실뿐이다. 이를 제외하면 역사 기록은 정확하지 않다. 사형당하긴 했어도 위대한 철학자의 죽음은 필연이었다고 위의 논증은 보여준다. 결정적으로 논증이 타당하려면 논리 구조가 정확해야 하며 전제가 결론으로 이어져야 한다. 다음에서 무의미한 전제를 살펴보자.

전제 1   그리스 철학자들은 시간여행을 하는 로봇 암살자다.
전제 2   소크라테스는 그리스 철학자다.
결론   따라서 소크라테스는 시간여행을 하는 로봇 암살자다.

이상하긴 하지만 논리는 타당하고, 전제를 수용하면 결론은 당연히 따라 나온다. 여기서 확실하게 알 수 있듯이, 타당한 논리적 체계 자체만으로는 충분하지 않으며, 연역적 추론이 완벽해지려면 논리가 타당하고 전제도 진실이어야 한다. 위의 예시를 보면 타당성을 가늠하기는 쉽다고 생각할 수 있다. 하지만 유감 스럽게도, 언제나 그렇듯 악마는 디테일에 숨어 있기 마련이므로 이를 가늠하기가 항상 쉽지는 않다. 형식적 오류는 논증의 논리 구조에서 가장 기본적인 오류이며, 논증의 설득력을 약화한다. 교활하고 선동적인 미사여구 속에 숨어 있어서 놀라울 정도로 구별하기 어려운 것도 있다. 교황 스테파노 6세가 사망한 전 교황에게 늘어놓은 주장으로 돌아가보자.

> **전제 1**　　죄 없는 자만이 자신을 변호할 수 있다.
> **전제 2**　　포르모소는 자신을 변호하지 않았다.
> **결론**　　　따라서 포르모소는 유죄다.

이 논법의 결론은 근거 없는 명제에서 추론했다. 죄를 짓지 않은 사람도 자신을 변호할 수 없는 이유는 무궁무진하다. 다른 사람을 보호하려 하거나 부패한 법정을 거부하고 있을 수도 있다. 어쩌면 그저 예외적으로 포르모소처럼 죽었기 때문일 수도 있다. 이 논리적 오류는 **전건 부정의 오류**denying the antecedent, 즉 **부정 오류**inverse error다. X가 Y를 뜻한다고 해서(죄 없는 자만이 자신을 변호한다), X가 없으면 Y도 없다는 가정(포르모소는 자신을 변호하지 않았으므로 유죄다)은 잘못된 판단이다. 얄팍한 논리적인 수사를 덧붙여봐도 본질적인 결함이 있다. 그리스 학자들은 오래전에 부정오류의 위험을 증명했지만, 이후 여러 세기 동안 교황 스테파노 6세처럼 사정을 알 만한 사람들이 이 오류를 수상쩍은 곳에 이용하는 일을 막을 수는 없었다.

　논리적 오류가 가끔 합리적으로 보이는 결론을 내리고, 더 중요한 주제를 가리는 것도 문제다. 이 오류를 감지하려면 생각을 조금 해야 한다. 예를 들어 원인과 결과를 뒤집을 수도 있는데, 만약 X가 Y라면, Y도 X라는 가정은 합리적으로 여겨질 수 있다. 소크라테스를 다시 모셔오면, 이 외삽外揷, extrapolation을 통한 추론은 다음과 같아진다.

　전제 1　모든 인간은 죽는다.
　전제 2　소크라테스는 죽었다.
　결론　따라서 소크라테스는 인간이었다.

　결론도 정상이고 전제도 합리적으로 보여서 최소한 표면적으로는 괜찮다. 그러나 결론이 진실이어도 논증은 부당하다. 단순히 X가 Y라고 해서 Y가 X라고 가정할 수는 없다. 이런 논리적 실수를 가리켜 **후건 긍정의 오류**affirming the consequent 혹은 **역오류**converse error라고 한다. 후건 긍정의 오류는 놀랄 정도로 흔한데, 종종 완전하지 않은 논리 구조로도 겉보기에는 정확한 결론을 도출하기 때문이다. 그러나 이런 추론이 '정확'한 것은 그저 우연일 뿐이다. 겉보기에 그럴듯한 결론을 도출하더라도 논리의 구조는 항상 타당하지 않다. 위 논법에서 '인간'을 '개'로 바꾸면 똑같이 정확한 전제지만 잘못된 결론이 도출된다.

전제 1	모든 개는 죽는다.
전제 2	소크라테스는 죽었다.
결론	따라서 소크라테스는 개였다.

더 분명한 사례를 살펴보자.

전제 1	파리는 유럽에 있다.
전제 2	나는 유럽에 있다.
결론	따라서 나는 파리에 있다.

위 명제는 파리에 사는 221만 명에게는 진실이지만, 유럽에 사는 5억 명 대부분에게는 명확하게 거짓이다. 여기서 후건 긍정은 더블린, 런던, 베를린, 브뤼셀 혹은 다른 무수한 장소가 파리 안에 있다는 결론을 끌어내며, 아마 천문학적인 지하철 연착과 어마어마한 에펠탑 대기 줄로 이어질 것이다. 파리 시민에게는 옳은 답을 도출하는 이 논증은 운이 좋았을 뿐이다. 하지만 실수로라도 옳을 때가 있어서 근거가 조잡한데도 논증에 자주 활용된다.

9.11 테러를 둘러싼 음모론

지금까지는 역오류를 쉽게 찾아낼 수 있었다. 그러나 은밀하게 활용하면 상대적으로 예리한 사람도 이 오류의 희생자가 될 수 있다. 주로 광고는 향수나 스포츠카 같은 사치품을 팔 때 암시적으로 표현한다. 매력적이며 성공한 사람들이 광고하는 제품을 갈망하는 모습을 보여주면서 이 물건을 사면 매력적이고 성공할 수 있다고 암시한다. 이런 광고는 결국 문제의 제품을 소유하면 성적으로나 사회적으로 매력적인 사람이 된다는 논리를 편다. 그러나 배가 불룩 나온 중년 남성이 스포츠카를 모는 광경을 본 적 있다면 이 결론이 옳지 않다는 사실을 알 수 있다.

이것 말고도 역오류는 더 나쁜 주장이 정당하다는 착각을 일으킨다. 2001년 9월 11일, 미국에서 승객을 태운 비행기 네 대가 이슬람 극단주의자들에게 동시에 공격받아 공중 납치되었다. 아메리칸항공 11편은 뉴욕 세계무역센터 북쪽 타워 93층과 99층 사이에 시속 790킬로미터 속도로 충돌했다. 몇 분 후, 유나이티드항공 175편이 남쪽 타워 77층과 85층 사이에 시속 950킬로미터 속도로 충돌했다. 격렬한 충돌로 타워는 짙고 검은 연기에 휩싸였고, 맹렬한 불길이 건물을 태웠으며, 건물 구조의 한계를 넘어서는 손상을 입었다. 오전 10시 30분, 두 타워는 재앙적인 파멸에 굴복했으며 경악한 세계가 지켜보는 가운데 무너져 내렸다.

뉴욕 반대편에서 공중 납치된 아메리칸항공 77편은 펜타곤으로 날아갔다. 유나이티드항공 93편은 용감한 승객들이 죽음을 각오하고 납치범들과 맞서서 워싱턴의 정치 심장부에 있는 테러 목표물에 이르기 전에 비행기를 추락시켰다. 타고 남은 폐허 위로 혼돈이 서서히 걷히자, 미국 최악의 테러 공격에 사망한 2996명이 땅 위에 쓰러져 있었다. 세계는 최강의 국가 심장부에

가해진 공격의 완벽한 대담함에 크게 동요했으며, 세계인의 문화 의식에 굳건했던 세계무역센터는 폐허가 된 모습으로 깊이 아로새겨졌다.

그러나 연기가 사라지기도 전에 음모론은 이미 수면 위로 떠오르고 있었다. 테러의 여파 속에서 명확한 답을 찾을 수 없는 상황은 공허만을 남겼고, 음모론자들이 그 자리를 열심히 메웠다. 이야기 속에서 암울한 추측이 덩치를 키웠고 정교하게 모두를 아우르는 이야기가 나타났다. 많은 사람이 불타는 비행기 연료가 건물의 강철 골조를 녹일 만큼 뜨겁지는 않다고 주장했다. 다른 이들은 세계무역센터가 통제된 폭발로 무너졌다고 주장했다. '진짜' 범인의 정체는 믿는 사람의 편견에 따라 다양했는데, 테러 공격을 예상하고도 정치적 이익을 위해 방관했다는 주장도 있었다. 미국 정부나 모사드의 거짓 깃발 작전(상대방이 선제공격한 듯이 위장해서 공격할 명분을 얻는 것.—옮긴이)이라는 주장도 있었으며, 누군가는 사건 전체가 조작된 책략이며 비행기로 위장한 미사일이나 홀로그램으로 현장에 있던 목격자와 집에서 텔레비전을 보는 수백만 명을 속였다고 주장했다.

처음에는 그저 주변부의 관점이었던 주장은 매혹적으로 발전했다. 9.11 테러가 일어난 후, 음모론자들이 모인 인터넷 사이트는 번창했다. 9.11 테러 1년 후에는 샌프란시스코 길거리 행진 참가자들이 당시 조지 부시George W. Bush 대통령이 테러의 배후라고 분노에 휩싸여 외쳤다. 유튜브에는 온갖 음모론이 돌아다녔고 열정적으로 소비되었다. 유튜브 영상 중에서 "서서히 다가오는 변화Loose Change"는 100만 뷰를 달성했다. 이 영상의 인기는 디지털 세상을 초월했고 잡지 《베니티 페어Vanity Fair》는 이 영상을 세계 최초의 '인터넷 블록버스터'로 선언했을 정도였다. 실제로 무슨 일이 일어났는지 떠들어대는 음모론의 만화경은 모순되거나 아주 괴이한 것들이 섞여 돌아가지만 단 한 가지, 공식 발표는 믿을 수 없다는 믿음만은 굳건한 공통점이다. 맨해튼 시내의 잿더미 속에서 9.11 테러 진실 운동(9.11 테러가 미국 정부의 자작극이라는 음모론.—옮긴이)은 대중의 의식에 스며들었다.

　음모론을 믿는 사람들이 생긴 것은 당연할지도 모른다. 음모론은 이해할 수 없는 대학살극에서 의미를 찾아내면서 역설적인 방식으로 음울한 위로를 전한다. 9.11 테러가 음모론에 불을 붙인 불꽃이었다면 2003년 이라크 전쟁은 휘발유라고 할 수 있다. 이라크 독재자와 알카에다가 손잡았다는 증거를 찾지 못하면서 이라크 침공을 사담 후세인Saddam Hussein 정권 탓으로 돌리려던 부시 행정부의 얄팍한 시도는 공허한 울림으로 남았다. 후세인이 대량 살상 무기를 보유했다는 주장도 알고 보니 거짓이었다. 캐나다와 프랑스, 독일, 러시아가 전쟁에 반대하면서 이라크 침공은 지지받지 못했다. 2003년 2월 15일, 전 세계 600여 도시에서 1000~1500만 명이 전쟁 반대 시위에 참여했으며, 이는 역사상 규모가 가장 컸다. 부시 행정부의 음흉한 합리화는 음모론 지지자들에게 땔감을 던져준 것이나 다름없었다.

　9.11 음모론이 분노의 물결을 타고 빠르게 퍼져나갔다. 2003년에 나는 대학에 들어가기 전인 열일곱 살이었고 다른 사

람들처럼 이어지는 전쟁을 반대하는 시위에 동참했다. 그해 가을 대학에 들어갔을 때 만난, 온갖 사건들을 하나로 엮어 청중을 열광하게 했던 대학 동기를 선명하게 기억한다. 그의 말에 따르면 세계무역센터는 통제된 폭발을 일으키며 무너졌고, 이는 이라크 침공의 명분이 되었다. 오사마 빈 라덴Osama bin Laden은 미국 비밀 요원이었고, 후세인은 이라크를 번영시켰지만 이라크의 석유가 필요했던 미국의 무고한 희생양이 되었다고 했다. 이 친구의 음모론은 정말 독특했고, 이런 이야기는 전 세계 수용적인 대중에게 그대로 전해졌다. 너무나 매력적이고 완벽한 설명이자 위안이 되는 이야기였다. 그러나 완전히 허무맹랑했고, 대충이라도 증거가 나오면 바로 허물어질 이야기였다.

끈질긴 유언비어를 하나 설명해보자면, 비행기 연료로는 건물의 강철 골조를 녹일 수 없는 것이 사실이다. 비행기 연료는 끓는점이 약 815도인 등유이며, 강철의 녹는점은 약 1510도다. 9.11 테러 진실 운동 지지자들은 이 사소한 사실에 광신도처럼 집착하지만, 이는 기본 역학을 완벽하게 오해했다는 점을 분명히 보여준다. 강철은 온도가 높아지면 인장 강도가 급격하게 떨어진다. 590도에서 강철의 인장 강도는 정상보다 50퍼센트 감소한다. 테러 당시 세계무역센터의 온도는 강철 골조의 인장 강도를 대략 정상의 10퍼센트까지 떨어뜨렸을 것이다. 이런 지옥 같은 도가니에서 건물 구조를 지탱하기에 강철 골조는 너무 약해진다. 건물 구조가 광범위하게 파괴된 상황에서는 이 현상이 촉매가 되어 위층이 아래층을 향해 수직으로 붕괴하는 현상이 나타나며 각 층이 내려앉을 때마다 손상 정도가 증폭되는데, 이를 '팬케이크 붕괴'라고 한다. 강철이 녹아야만 건물이 무너지는 건 아니다. 기술자들과 전문가들이 계속 설명했듯이 그저 약해지기만 해도 무너진다.

순차적인 붕괴는 엄청난 양의 연기와 바람을 만들어냈고, 한 층 한 층 무너질 때마다 유리창이 산산조각 났다. 불타는 등유가 계단과 수직 통로를 타고 흘러내렸고, 불똥이 맨해튼 하늘을 엄청난 속도로 날아다녔으며, '통제된 폭발'이라는 과열된 억측을 끌어낸 바로 그 모습으로 세계무역센터는 무너졌다. 그러나 통제된 폭발은 지하에서 위쪽으로 순차적으로 폭발하며, 역순으로는 일어나지 않는다. 어느 쪽이든 이 시나리오는 엄청난 양의 폭발물을 건물 안으로 몰래 반입해야 한다.

비판적인 시각으로 볼 때, 9.11 테러 진실 운동이 의지하는 믿음의 기둥은 먼지처럼 바스러졌다. 연방 재난관리청, 국립표준기술원, 《파퓰러 메카닉스Popular Mechanics》 같은 수많은 기관과 매체에서 이 재난을 면밀하게 조사했고, 음모론자들이 내민 주장을 거의 파훼했다. 9.11위원회는 모하메드 아타Mohamed Atta가 테러를 주도했으며, 비행기를 공중 납치한 테러범들은 모두 빈 라덴의 알카에다 대원이었다고 밝혔다. 덧붙여서 후세인과 이라크는 9.11 테러와 무관하다는 결론을 내려서 존재하지 않는 연관성을 침공의 명분으로 지지한 정치인들을 난처하게 했다.

나는 통제된 폭발 같은 이야기에 더 민감하게 반응하지만, 구조공학자였던 아버지는 내게 차분하게 팬케이크 붕괴를 설명해주셨다. 내가 사우디아라비아(비행기 납치범 19명 중 15명이 사우디아라비아 출생자다)에서 자라면서 와하비즘^{Wahhabism}(18세기에 아라비아반도에 나타난 이슬람 복고주의 운동.—옮긴이) 근본주의자들이 자아내는 공포를 직접 보지 않았다면 신의 이름을 빌린 증오가 존재하는지부터 의심했을 것이다. 이라크에 대해 무지했다면 후세인의 잔혹성은 모른 채 유순한 호구라고 상상했을지도 모른다.

다행히 나는 배경지식이 있었지만, 9.11 테러 진실 운동의 주장을 약화하는 보고서와 증거가 수없이 많은데도 이 음모론이 뛰어난 회복력을 보인다는 점은 놀랍다. 그들은 여전히 강대하며, 그들의 주장을 무너뜨리는 풍부한 증거에 면역력을 갖고 있다. 이 책을 집필하는 동안 미국인의 약 15퍼센트는 9.11 테러가 '내부 범죄'라고 확신했고, 절반은 이후 행정부가 사건 전체를 은폐했다고 믿었다. 몇 년이 지난 지금도 이 믿음이 굳건할까? 후건 긍정의 오류를 자유롭게 활용하면 이 현상을 많은 부분 설명할 수 있다. 음모론의 약점은 거짓을 이야기에 끼워 넣을 때 후건 긍정의 오류를 보편적인 **데우스 엑스 마키나**$^{deus\ ex\ machina}$(그리스 희곡에서 무대에 나타나는 기계 장치의 신. 초자연적인 힘(신)이 극의 갈등 상황을 급작스럽게 해결하는 것.—옮긴이)로 활용한다는 것이다. 9.11 음모론자들이 내세운 주장은 전체적으로 파훼되었지만, 이들은 모든 증거가 아니라고 말하는데도 자신들의 주장을 고수하며, 후건 긍정의 오류를 이용해서 단호하게 자신의 신념을 정당화한다.

전제 1	은폐 시도가 있었다면, 공식 보고서는 은밀히 이를 약화할 것이다.
전제 2	공식 보고서는 우리의 주장을 파훼했다.
결론	따라서 은폐 시도가 있었다.

이런 논리적 왜곡은 자신들의 주장을 뒷받침할 증거의 명백한 부재를 거꾸로 뒷받침하는 논거로 괴이하게 비틀어버린다. 훌륭하고 공정한 기관과 조사관이 그들의 주장을 계속 파훼해도 아랑곳하지 않고 똑같은 잘못된 논리를 활용해서 증거를 무시할 것이다. 사실 간단하게 구글만 검색해도 9.11 테러의 '공식 보고서'를 정확하게 이 왜곡된 논리로 부정하는 사이트가 문자 그대로 수천 개씩 존재한다. 9.11 테러 '진실을 좇는 사람들'은 스스로 인식하지 못한 채 이 이름을 사용하는 듯하다. 물론 9.11 테러만이 아니라 피해망상적인 세계관이라면 무엇이든 타당한 주장을 과감하게 버리고 역오류를 활용해 표면적으로 정당화할 수 있다. 앞으로 설명하겠지만 역오류는 온갖 다양한 음모론을 뒷받침한다.* 본질적으로 공허한 논증에 활용되는 논리는 감정적인 혹은 이념적인 주장을 얄팍한 지성으로 치장한다. 이런 지성은 실체가 없지만, 사실에 근거한 주장에 대응하는 데 악용될 수 있으며 종종 이러한 목적으로 활용된다.

* 후건 긍정의 오류만 탓할 일은 아니다. 연구 결과는 음모론이 극우와 극좌 양측의 주요소이며, 신봉자들의 이념과 깊은 연관성을 보인다고 일관성 있게 주장한다. 이어지는 장에서 이 같은 심리적 측면을 탐색할 예정이다.

음모론을 타파하는 일은 끝이 보이지 않는다. 하나를 거꾸러트리면 새로운 것이 히드라처럼 그 자리에서 솟아난다. 사회학자 테드 거츨Ted Goertzel은 다음과 같이 말했다. "의심스러운 사실을 파훼하면 음모론 밈(유전이 아닌 모방을 통해 전해지는 일종의 문화 요소.—옮긴이)은 또 다른 사실로 그 자리를 메꾼다." 역오류는 증거가 제아무리 강력하더라도 현실이 주는 부담을 막는 방패이자 신념을 보호하는 토템이다. 대규모의 과학적 음모가 존재한다는 믿음이 지속되는 것은 흥미롭기도 하다. 예를 들어, 많은 사람은 제약산업계가 암 치료제를 은폐한다고 믿거나, 기후변화를 과학자들이 퍼트리는 헛소리라고 믿는다. 미국인 7퍼센트는 달 착륙이 거짓이라고 생각하고, 이보다 더 많은 미국인이 백신은 정부의 사악한 계책이라고 의심한다. 이런 이야기의 공통점은 과학자들이 대규모 속임수의 공모자라는 것이다. 과학자를 아는 사람이라면 이런 말이 우스울 것이다. 과학자들의 의견을 하나로 통일하는 것은 고양이 떼를 모는 일이나 다름없기 때문이다.

나는 봉사활동을 하면서 이런 믿음을 수없이 목격했다. 그들은 대중의 인식이 과학적 합의와 어긋나는 주제를 태업 장치처럼 정확하게 구체화한다. 내가 백신, 원자력 발전, 수돗물 불소화, 암 과학이나 기후과학에 관한 글을 쓰면 극단주의자들이 사용하는 일반적인 전략의 첫수는 '앞잡이'로 몰아가는 것이고, 내가 해당 산업계에서 돈을 받는 비밀 요원이 틀림없다고 주장한다. 말도 안 되는 헛소리고, "앞잡이는 이렇게 말한다. 따라서 저자는 앞잡이다"라는 후건 긍정의 오류의 효율적인 반복일 뿐이며, 이를 통해 고발자들은 자신이 틀렸을 가능성을 수용하는 대신 자신의 신념과 상충하는 정보를 무시할 수 있다. 나는 이런 음모론이 얼마나 널리 퍼졌는지, 이들이 과학에 대한 대중의 이해를 어떻게 조작하는지, 오랫동안 흥미롭게 지켜봤다. 그래서 2016년에 음모론적 신념의 생존 능력을 주제로 과학 논문을 썼고, 전 세계 과학자들이 대규모 음모에 공모자로 가담할 수 있는지 가늠해보았다. 미국 항공우주국NASA은 달 착륙이라는 사기극을 벌일 수 있을까? 기후과학자들은 지구 온난화 속임수를 유지할 수 있을까? 간단한 수학 모델에서 나온 피할 수 없는 결론은, 대규모 음모는 숙련된 비밀 유지 요원들이 가담한다 해도 상당 기간 지속되기가 놀라울 정도로 어렵다는 것이다.

놀라운 결과는 아니었다. 음모는 물론 일어나지만 대규모 음모를 오랫동안 비밀로 유지하는 일은 불가능에 가깝다. 1517년으로 거슬러 올라가면 니콜로 마키아벨리Niccolò Machiavelli는 음모론자에게 이렇게 조언했다. "수많은 (음모가) 초기에 발각되어 진압당했으며, 누군가가 군중 속에서 오랜 시간 비밀을 지켰다면 이것은 기적이다." 두 세기 지나 글을 쓴 벤저민 프랭클린Benjamin Franklin은 더 간단명료하게 말했다. "셋이 비밀을 지켰다면, 그중 둘은 죽은 사람일 것이다."

모두가 연결된 시대에서 비밀을 지키기는 더 어려워졌다. 그러나 내 결론은 음모론적 이야기의 중심 교리와는 맞지 않았다. 이 논문을 발표한 지 몇 시간 만에 이메일이 쏟아졌고, 세상을 지배하는 과학적 음모론은 없다는 내 주장이 내가 그 음모론의 일부라는 사실을 '증명한다'라며 악을 쓰는 블로그와 영상이 쇄도했다. 후건 긍정의 오류가 행동으로 나타난 아름다운 사례다. 나만 이런 경험을 한 것은 아니다. **음모론**(음모론적 주장)은 음모론자들이 자신의 음모론을 반박하는 사람에게 퍼붓는 기본적인 비난이다. 이런 비난은 실제로 힘들게 싸우지 않고도 모순이 불러올 인지적 충돌을 막아 상충하는 정보를 무효화한다. 앞으로 살펴보겠지만 모순 자체가 우리의 끔찍한 현실에 관해 많은 것을 알려주므로 이는 훨씬 더 부끄러운 일이다.

2장
불합리성 앞에 서다

잘못으로 향하게 만드는 논리적 오류들

강철이 공기보다 가볍다는 주장을 들었다고 상상해보자. 여러분은 반대할 것이다. 그게 사실이라면 강철은 공기 중에 떠오를 만큼 가볍고, 민들레 씨처럼 바람에 흩날릴 것이다. 굳이 측정해보지 않아도 사실이 아니라는 것을 알 수 있다. 자동차는 닻을 내릴 필요가 없고 전함은 풍선처럼 날아다니지 않는다. 저 주장을 받아들이면 우리가 보는 현실에 설명할 수 없는 모순이 생긴다. 여기서 나타나는 불합리성은 우리가 자신 있게 저 주장을 거부하게 한다. 이것이 **귀류법**歸謬法(불합리로의 환원)의 본질이며, 전제가 극복할 수 없는 모순을 일으키므로 틀렸음이 입증된다. 이런 측면에서 모순은 매우 유용하며 가정이나 추론에서 실수했다는 경고이기도 하다. 위대한 수학자 고드프리 해럴드 하디Godfrey Harold Hardy는 모순을 "그 어떤 체스 수보다 더 훌륭한 수. 체스 선수는 폰(체스

의 졸.—옮긴이)이나 다른 말을 희생하라고 제안하지만 수학자는
게임을 제안한다"라고 설명했다.*

피타고라스와 무리수의 발견

흥미로운 기원을 가진 수학의 형식은 역사상 가장 모순적인 인
물인 사모스의 피타고라스^{Pythagoras}가 만들었다. 그가 사망한 지
2500년 이상 흐른 뒤에도 피타고라스 정리라는 삼각 정리에 그
의 이름이 남아 있다.** 유명한 역사 위인인 피타고라스는 복잡하
고 기이한 인물이었으며, 신비로운 수학자이면서 영혼에 관한

* 하디는 자신의 연구가 실용적이지 않다며 터무니없는 자랑을 한 적이
있다. 사이먼 싱$^{Simon Singh}$은 저서 《비밀의 언어$^{The Code Book}$》에서 하디의 정수론
연구가 정보화시대를 사는 우리가 의존하는 암호 해독술의 핵심이라며 이 농
담을 재치 있게 소개했다.

** 통계학 교수 스티븐 스티글러$^{Stephen Stigler}$는 "과학적 발견은 발견자의 이
름을 따서 명명된 것이 드물다"라는 스티글러의 명명 법칙$^{Stigler's Law of Eponymy}$을
발표했다. 고대 바빌로니아인과 이집트인도 이미 알고 있었다는 피타고라스
의 정리가 해당 사례다. 스티글러는 자신이 발표한 법칙은 사회학자 로버트 머
턴$^{Robert K. Merton}$이 발견했다며 흔쾌히 공을 돌리는 일관성을 보여주었다. 수학
에서는 엉뚱한 사람에게 발견의 공이 돌아가는 일이 많다. 역사학자 칼 보이어
$^{Carl Boyer}$는 이런 사례를 다수 기록했으며, 수학자 허버트 케네디$^{Hubert Kennedy}$는 보
이어의 법칙, 즉 "수학 공식과 정리는 대개 원래 발견자의 이름을 따라 명명하
지 않는다"를 발표했다. 케네디는 이것이 "진술 자체가 타당성을 확인해주는
희귀한 법칙 사례"라고 쓸쓸하게 말했으며, 아마 이 명제 때문에 그리스 철학
자들은 밤잠을 설쳤을 게 틀림없다.

흥미로운 교리와 인상적인 자아를 갖추고 있었다. 고드프리 하디G.H. Hardy보다는 론 허버드L. Ron Hubbard(유명한 환상소설 작가이자 사이언톨로지 및 다이어네틱스의 창시자.─옮긴이)와 더 비슷하며, 자신의 이름을 딴 종교 종파 피타고라스학파를 세웠다. 피타고라스학파의 신념에 관한 상세한 내용은 세월이 흐르면서 사라졌고 교리는 일부만 남아 있다. 이들은 그리스 버전의 환생, 즉 영혼이 윤회한다고 굳게 믿었다. 크세노파네스Xenophanes의 기록에 따르면, 죽은 친구가 개로 다시 태어났다고 믿은 피타고라스는 개 짖는 소리에 깜짝 놀랐다고 한다. 철학자이자 수학자인 피타고라스의 추종자들은 최초로 기록된 채식주의자로서 육류와 생선을 먹지 않았다. 이유는 알 수 없지만 피타고라스는 특히 콩을 싫어했고, 추종자들에게도 엄격하게 금지했다. 정확한 이유는 시간의 안개 속에 흩어졌지만 콩은 생명과 신성하게 연결된다고 여겼다. 이 믿음은 피타고라스가 인간이 방귀를 뀔 때마다 영혼의 일부를 잃는다고 믿었다는 주장으로까지 확대되었다.

피타고라스는 사모스의 비밀스러운 동굴에 살았고, 지도자 격인 시민들이 도시에서 일어나는 문제에 관해 조언을 들으러 그의 '세미서클' 학당에 찾아왔다. 피타고라스는 이집트에서 지내는 동안 이집트 고위 사제들의 상징주의와 신비주의에 매료되었다. 그리스 식민지인 크로톤에 세운 피타고라스학파에서는 입회자가 학파의 비전을 지키겠다고 맹세하고 공동체 생활을 했다. 당시로서는 진보적인 학파로 여성도 입회가 허락되었다. 상징주의가 가장 중요했고 신성한 상징물은 공동체 안에서만 공유되었다. 외부인에게 공동체 지식을 떠벌리는 추종자는 엄격한 벌을 받았고, 피타고라스가 내리는 지시는 종종 괴이하고 변덕스러워 보였다. 추종자들은 태양을 향해 소변보는 일이 금지되었고 거리에 누운 사람을 지나쳐서도 안 되었다. 버트런드 러셀Bertrand Russell이 《러셀 서양철학사》에서 자세히 설명했듯이, 지금도 피타고라스의 영향은 남아 있다.

> 피타고라스는 역사상 가장 흥미롭고 종잡을 수 없는 인물이다. (…) 간단하게 설명하자면 알베르트 아인슈타인Albert Einstein과 메리 베이커 에디Mary Baker Eddy*를 섞어놓은 인물이다. 피타고라스는 영혼의 환생을 믿으며 콩 섭취가 죄악이라는 중심 교리를 갖춘 종교를 세웠다. 그의 종교는 종교적 질서에 따라 구체화되었으며, 여러 나라에 영향력을 행사하고, 성인聖人의 계율을 세웠다. 그러나 회개하지 않은 자들은 콩을 갈망했고, 머지않아 저항에 맞닥뜨렸다.

특이한 믿음은 제쳐두고라도, 피타고라스학파의 통합철학은 수의 본질에 종교적 의미를 가득 불어넣는 것이었다. 피타고라스학파에게 수는 신성을 나타내며, 수의 관계는 우주의 비밀을 품고 있었다. 종교와 유사하다는 말은 과장이 아니다. 유클리드Euclid의 47번째 명제의 증거를 발견한 피타고라스학파는 황소

• 　기독교 계통의 신흥 종교인 크리스천사이언스의 창립자이자 과학자다.

를 바치는 제의를 지냈다. 이들은 수의 조화 속에서 비전祕傳의 의미를 찾았고, 모든 믿음 중에서도 신비율을 가장 귀중한 비전으로 생각했다. 피타고라스학파는 모든 수를 특정 비율, 즉 고유의 신비한 특성을 독특한 분수로 나타낼 수 있다고 믿었다. 예를 들어 숫자 1.5는 진분수 3분의 2로, 1.85는 37분의 20으로 나타낼 수 있다. 같은 논리가 모든 수에 적용되므로 숫자 5는 1분의 5라는 분수로 나타낼 수 있다.

이렇게 단순한 분수로 표현되는 수는 유리수(실수에서 정수와 분수.—옮긴이)다. 피타고라스학파는 모든 수는 유리수로 나타낼 수 있다고 믿었고, 합리성은 이들의 영혼 철학이 고정된 바위였다. 자연도 이 믿음을 확신시켜주는 듯했다. 피타고라스와 추종자들은 음악에 깊이 심취했고, 진동하는 현의 길이가 정확한 비율로 짧아지면 화음을 이루는 현상을 발견했다. 정확하게 조율한 기타가 있다면 여러분도 직접 확인할 수 있다. 먼저 기타 줄을 누르지 않고 현을 튕겨 음을 내본다. 이제 현의 한가운데, 12번 프렛을 손으로 짚고 현을 튕겨본다. 줄이 두 배로 진동하면서 앞선 음보다 한 옥타브 높은음이 날 것이다. 기타의 24번 프렛을 짚고 튕기면 진동 길이가 또다시 절반으로 줄어들므로 개방현보다 두 옥타브 높은음이 난다. 이처럼 조율과 화음에 관한 형이상학적인 통찰은 비율의 신성성을 높여주는 증거가 되었다. 피타고라스학파에게 수비학의 신성함은 절대적이었고, 세상 모든 것은 수였으며 모든 것이 완벽했다.

그러나 가장 아름다운 이론도 끔찍한 현실에 짓눌릴 수 있다. 피타고라스 철학에의 반박은 외부 적대자가 아니라 헌신적인 제자에게서 나왔다. 메타폰툼의 히파소스Hippasus에 대해서는 알려진 것이 거의 없지만, 그나마 남은 기록을 살펴보면 히파소스는 독실한 피타고라스학파였으며 의도적으로 합리성이라는 명백한 진실에 의문을 제기하려던 것은 아니었다.

히파소스가 어떻게 피타고라스학파의 철학에 통탄할 상처를 입혔는지는 의견이 분분하지만, 보통은 2의 제곱근을 설명한 히파소스의 업적이 지목된다. 피타고라스에게 이 문제는 매우 중요했다. 한 변의 길이가 1인 정사각형은 피타고라스의 유명한 정리에 따라 대각선 길이가 루트2다. 그러나 피타고라스학파는 루트2의 값이 대략 1.414라는 사실은 알았어도 정확한 신비율은 전혀 추론해낼 수 없었다. 물론 시도는 했을 것이다. 70분의 99는 정답과 1만 분의 1 정도 차이가 난다. 그보다는 47만 832분의 66만 5857이 정답에 더 가까운 근사치이며, 오차는 1조분의 1 이내다. 그러나 이런 근사치는 소용없었다. 교리에 맞는 정확하고 유일한 비율이 분명히 있어야 했다. 그러나 이 비율을 찾는 일은 짜증스러울 정도로 어려웠다. 아름답고 냉혹한 논쟁 끝에 히파소스는 이 비율을 찾는 일이 헛수고라는 사실을 입증했다. 제일 먼저 히파소스는 더는 약분할 수 없는 기약분수가 있다고 가정했다. 즉 $\sqrt{2}=P/Q$다.

다음에는 루트를 제거했다. 방정식의 양쪽에 똑같이 계산을 적용해야 하므로, 히파소스는 양변을 제곱했다. 그런 뒤 양변을 정리해서 식을 $2Q^2=P^2$으로 바꾸었다. 언뜻 보기에는 별 도움이 안 될 것 같다. 하지만 여기서 히파소스는 너무나 사소해서 주의를 기울이지 않았던 결정적인 단서를 발견했다. 바로 P^2은 Q^2의 두 배이며 따라서 짝수라는 사실이었다. 그러나 P^2이 짝수가 되려면 반드시 P 자체가 짝수여야 하고, 그러면 P는 2κ로 나타낼 수 있다. 이제 다시 식으로 돌아가보면 $2Q^2=(2\kappa)^2=4\kappa^2$이 되며, 따라서 $Q^2=2\kappa^2$으로 나타낼 수 있다. 이 식을 말로 정확하게 똑같이 표현하자면, Q도 반드시 짝수여야 한다. 그러나 우리는 이미 Q분의 P를 기약분수로 정의했고, 두 짝수의 비율은 항상 약분할 수 있으므로 이는 성립하지 않는다. 따라서 피할 수 없는 모순이 일어났다. 경악할 만한 결론이었으며, 그저 완벽한 비율이 존재한다고 가정한 것만으로 히파소스는 극복할 수 없는 불합리성이 뒤따른다는 점을 증명했다.

모순을 해결하는 유일한 방법은 루트2의 유리식, 즉 마술처럼 아름다운 비율은 없다는 결론뿐이었다. 불합리성의 악마가 나타나서 믿음을 산산조각 내고 신성한 비율의 거룩함에 일격을 날렸다. 더 나아가, 반박에 따라 증거를 세심하게 적용하자 루트2가 유리화해서 없앨 수 있는 지독한 이상치(다른 자료와 극단적으로 다른 값.—옮긴이)나 특이한 괴물이 아니라는 사실도 드러났다. 오히려 완전히 새로운 수, 정갈한 비율로 표현할 수 없는 무리수의 존재가 드러났다. 게다가 피타고라스학파를 조롱이라도 하듯이 이 논리는 결국 또 다른 폭로로 이어졌다. 무리수 집합은 유리수 집합 전체보다 무한하게 컸다.[*]

인상적인 지적 성취를 이루었건만 히파소스는 공동체의 사랑을 받지 못했다. 공동체에 모욕을 준 히파소스의 운명에 관한 이야기는 조금씩 다르고, 역사와 야사는 구별하기 어렵다. 확실한 것은 공동체의 도구인 수학으로 낙원을 더럽힌 히파소스의 뻔뻔함은 공동체의 분노를 샀고, 히파소스는 불경죄로 유죄판결을 받았다. 가장 오래된 이야기는 히파소스가 이 범죄로 바다에 수장되는 형벌을 받았다고 전한다. 피타고라스학파는 히파소스를 죽였을지 몰라도 그가 발견한 진실을 억압할 수는 없었다. 이윽고 불합리성은 피타고라스학파가 가장 신성하게 여겼던 바로 그 근본을 무너뜨렸다. 물론 수학자들의 불합리성은 비논리적이거나 비이성적이라는 일반적인 정의와는 뜻이 다르다(irrational은 불합리함과 무리수라는 뜻을 동시에 나타낸다.—옮긴이). 여기서 재미있는 점은 합리성을 고수하려던 피타고라스학파의 고집은 불합리했고, 오히려 불합리성, 즉 무리수를 수용하는 것이 유일한 합리적 결론이었다는 점이다!

• 비유적인 표현이 아니라 완전히 다른 무한성이다. 자연수 집합(1, 2, 3…)은 가장 작고 '셀 수 있는' 무한성을 지닌 집합이다(가산 무한 집합). 실수 집합(무리수를 포함)은 자연수 집합보다 무한하게 크며 '셀 수 없는' 집합이다. 이 책의 범위를 벗어나지만 생각해볼 만한 흥미로운 주제다. 무한성은 완벽하게 비직관적이며 수학자들은 가장 작은 무한 집합인 자연수 집합을 알레프 제로$^{Aleph\ null}$라고 부른다. 알레프 제로의 가장 괴이한 특성은 알레프 제로에 어떤 유한수를 더하거나 빼도 여전히 알레프 제로라는 것이다. 끔찍한 집합론 농담이 나온 이유다. "알레프 제로 맥주병이 담 위에 있네, 알레프 제로 맥주병 하나를 가져와 모두 돌아가며 마시네, 알레프 제로 맥주병이 담 위에 있네!" 수론학자 집합은 코미디언 집합과 작고 소중한 교집합을 갖는다.

모순은 무엇인가가 삐딱해졌다는 사실을 경고하므로 매우 유용하다. 그러나 우리는 항상 모순을 무시해서 손해 본다. 우리가 눈에 보이지 않는 빛의 교향곡에 둘러싸여 있다는 사실을 생각해보라. 인간의 눈은 전자기파 스펙트럼의 아주 작은 영역만 인지하지만, 여기에는 우리가 아는 온갖 색과 보는 모든 풍경이 압축되어 있다. 전자기복사는 세상을 밝히는 익숙한 가시광선부터 전 세계에 방송을 전달하는 라디오파, 해부학 영상과 암 치료에 혁명을 가져온 엑스^{X}선까지 모든 것에 들어 있다. 무선 통신 시대에 전화와 라우터(네트워크망에서 데이터를 전달하는 중계 장치.—옮긴이)는 마이크로파 복사를 활용해서 놀라운 속도로 빠르게 인간 지식의 보고 전체를 우리의 손가락 끝에 전달한다. 그러나 휴대전화와 와이파이가 갈수록 흔해지는 세상에서 혹시 건강에 주의를 기울여야 하지 않을까?

인터넷을 훑어보면 아마 그렇다고 생각할 것이다. 많은 사이트에서 휴대전화가 뇌종양 위험도를 크게 높인다고 생생하게 입증한다. 휴대전화와 라우터가 우리를 '푹 익히고' 있다고 주장하기도 한다. 와이파이의 위험성을 강조하면서 가격은 비싸지만 전자파 노출을 줄여준다는 상품을 권하는 곳도 있다. 거대 통신사와 휴대전화 제조업체가 라디오파 복사 위험을 은폐한다고 주장하기도 한다. 2017년에 캘리포니아주 보건복지부를 고소한 사람은 휴대전화 복사 노출에 관한 지침을 공표하라고 압박했다.

아마 이런 주장의 가장 흔한 정보 출처는 바이오이니셔티브 보고서^{BioInitiative Report}(2007년과 2012년에 전자파가 인체에 미치는 영향을 발표한 보고서.─옮긴이)일 것이다. 온갖 미디어가 울리는 팡파르와 함께 2007년에 온라인에서 공개되었고 2012년에 업데이트된 이 보고서는 과학자와 공중보건 전문가 집단이 연구했다고 주장한다. 이 보고서는 라디오파 복사가 암 위험을 엄청나게 높이며 그 밖에도 건강에 수많은 영향을 준다고 노골적으로 주장한다.

휴대전화를 내던지거나 라우터 선을 벽에서 잡아 뽑기 전에, 이 주장이 이미 존재하는 수많은 과학 자료와 정반대의 주장을 한다는 사실을 기억하자. 세계보건기구^{WHO}는 "휴대전화 사용이 건강에 부정적인 영향을 미친다는 증거는 없다"라고 명시했다. 영국 암연구소는 지금까지 밝혀진 증거로는 "휴대전화가 뇌종양이나 다른 암 위험도를 높일 가능성은 보이지 않는다"라고 언급했다. 휴대전화가 암을 일으킨다면 지난 20년 동안 휴대전화의 엄청난 사용량을 반영해서 발병 건수도 치솟았을 것이다. 그러나 대규모 역학 연구에서 이런 현상은 보이지 않는다. 13개국에서 진행한 인터폰연구^{INTERPHONE study} 결과를 보면 휴대전화 사용과 일반적인 뇌종양, 즉 교모세포종과 수막종 발생률에는 인과관계가 없었고, 용량 반응 곡선(특정 자극의 노출에 따른 반응의 함수로, 보통 약물 반응은 용량에 비례한다.─옮긴이)도 연관성이 없었다. 덴마크에서 시행한 비슷한 대규모 코호트연구(특정 요인에 노출된 집단과 노출되지 않은 집단을 추적해 요인과 질병 발생률 관계를 연구하는 것.─옮긴이)도 휴대전화 사용과 암 발생률의 명확한 연관성을 찾지 못했다. 미국 휴대전화 사용량은 1992년 거의 제로였다가 2008년에는 실제로 100퍼센트에 이르렀지만, 현재까지 교모세포종 발생률이 높아졌다는 신호는 보이지 않는다.

지금까지의 증거는 휴대전화 사용이 암 위험을 높였다는 가설과 완전히 반대인데, 대체 어디서 혼란이 생기는 걸까? 이 혼란의 일부분은 불행하게도 '복사radiation'의 모호성 때문에 생긴다. 사람들은 복사 개념을 크게 오해하면서 방사능radioactivity과의 암울한 연관성을 떠올린다. 매우 유감스러운 오해로, 복사는 그저 에너지가 매체 혹은 공간에 전파되는 것을 나타내는 말일 뿐이다. 전자기복사라는 맥락에서 '복사'는 빛의 속도로 움직이는 전자기 에너지 뭉치를 가리킨다. 전자기파 스펙트럼은 모든 전자기복사의 진동수 범위를 가리키며, 에너지는 진동수와 정비례한다. 우리는 스펙트럼의 극히 일부인 가시광선만 볼 수 있지만, 전자기파 스펙트럼은 다양한 에너지를 가진 빛입자(광자)라고 생각하면 된다.

이 중에는 화학결합을 깨고 원자에서 전자를 떼어낼 에너지가 충분한 광자도 있다. 이는 DNA 손상을 일으킬 수 있고 종종 암을 일으키는 필수조건이기도 하다. 전자를 떼어낼 만큼 에너지가 충분한 빛은 이온화 방사선이라고 하며, 실제로 건강에 해로울 수 있다. 그러나 고에너지 전자기복사의 부정적인 특성도 긍정적으로 활용할 수 있는데, 방사선 치료에서 암세포를 제거할 때 엑스선을 유익하게 활용하는 사례가 그렇다. 이 사실만으로도 사람들은 불안해하며 합리적인 질문을 제기한다. 만약 빛으로 세포를 죽일 수 있다면 무선 통신을 지나치게 사용했을 때도 DNA 손상을 유도해서 결국 암으로 발전하지 않을까?

타당한 걱정이지만 사실 이런 오해는 전자기파 스펙트럼의 방대함을 모르기 때문에 생긴다. 와이파이나 휴대전화 네트워크 같은 현대 통신 기기는 진동수가 300메가헤르츠 MHz~300기가헤르츠GHz인 마이크로파만 활용하며, 이는 저에너지 광자다. 에너지가 가장 낮은 가시광선 광자(파장 범위가 700나노미터nm까지이며, 1나노미터는 10억분의 1미터다)가 마이크로파(파장은 0.1센티미터) 중에서도 가장 고에너지인 광자보다 대략 1430배 더 많은 에너지를 전달한다. 휴대전화와 라우터가 사용하는 마이크로파 복사는 명백하게 이온화 방사선이 아니며, 절대 DNA를 직접 손상할 수도 없다. 따라서 마이크로파 복사에 따른 암 발생률이 증가하지 않는 현상은 당연히 놀랍지 않다. 마이크로파 복사는 세포에 거대한 피해를 줄 만큼 강력하지 않기 때문이다.

만약 여러분이 이 사실을 바탕으로 종말이 온 것처럼 겁을 주는 바이오이니셔티브 보고서를 어떻게 이해해야 할지 고민하고 있다면, 답은 '이해할 수 없다'이다. 바이오이니셔티브 보고서는 쓰레기이기 때문이다. 과학 문헌으로 위장하고 있지만 그건 과학 보고서가 아니다. 그 보고서는 전문가들의 엄격한 평가를 통과해야 하는 동료 심사를 거친 적이 없다. 언론 보도와 대중의 관심이 이어지면서 전 세계 과학계의 주목을 받자 이들은 즉시 보고서를 삭제했다. 네덜란드 보건위원회는 "바이오이니셔티브 보고서에는 현대 과학 지식의 균형 잡힌 사고도, 객관성도 없다"라고 평가했다. 유럽연합EU 집행위원회의 전자기장노출영향 네트워크, 오스트레일리아 전파생물효과연구소, 전기전자학회, 프랑스 환경산업보건안전청에서도 비슷한 혹평이 뒤따랐다. 이 모든 과학적 비판은 보고서의 한 가지 관찰을 공통으로 지적했으며, 독일연방 방사선방호국의 발표에서 명확하게 드러난다. "(바이오이니셔티브 보고서는) 저주파와 고주파가 건강에 미치는 효과를 혼합했으나 이는 기술적으로 불가능하다."

보고서를 쓴 저자들은 유난히 용어에서 기본적인 실수를 저질렀다. 불필요한 우려를 자아내는 자신들의 주장을 뒷받침하려고 저자들은 해롭다고 알려진 고주파의 이온화 방사선 효과가 비이온화 전자기복사에서도 나타나는 것처럼 말했다.

전제 1 모든 무선 주파수 복사는 전자기복사다.

전제 2 일부 전자기복사는 암을 유발할 수 있다.

결론 따라서 무선 주파수 복사는 암을 유발한다.

위 논증은 **모호한 중간 개념 오류**fallacy of the undistributed middle(non distributio medii)의 뛰어난 사례로, 위 삼단논법에서 '중간' 개념(전제 1과 2에 모두 나타나지만 결론에는 없는 용어)은 '모든'이나 '전혀'처럼 범위가 명백하게 정해지지 않았다. 여기서 우리는 '일부' 전자기복사가 암을 유발한다는 사실을 알지만, 이 범위는 명백하지 않다. 위 논법의 결론은 본질적으로 무효다. 위 사례보다 더 극단적인 예시를 보면 더 명확해진다.

전제 1	모든 고대 그리스 철학자는 죽었다.
전제 2	지미 헨드릭스는 죽었다.
결론	따라서 지미 헨드릭스는 고대 그리스 철학자였다.

여기서 중간 개념은 죽었다는 상태이며, 두 전제에 모두 나타난다. 죽은 것은 명백한 범위가 없으며, 헨드릭스와 그리스 철학자 외에도 더 많은 예시가 존재한다. 이 범위가 정의되지 않으면 결론은 오류가 된다. 물론 전제 1을 '모든 죽은 사람은 고대 그리스 철학자다'로 한정하면 삼단논법이 유효하지만, 터무니없으므로 여전히 정확한 전제는 아니다. 구조에 의존하다 보면 모호한 중간 개념 오류는 앞서 살펴본 부정오류나 역오류와 비슷해진다. 살벌한 정치계에서는 이를 입맛에 맞게 변형한다. '공산주의자는 세금을 늘리는 것을 선호한다. → 내 정적은 세금 늘리는 것을 선호한다. → 따라서 내 정적은 공산주의자다.'

바이오이니셔티브 보고서도 한 입으로 두말하고, 완전히 다른 복사를 같은 것처럼 말하면서 잘못된 이야기를 밀어붙였다. 과학적인 가치가 없는데도 이 보고서는 여전히 대중과 누구보다 사정을 잘 알아야 할 과학자조차도 당혹하고 오해하게 한다.* 2017년에 저명한 학술지에 발표된 논문은 무선 주파수 전자기복사가 암뿐 아니라 자폐와도 연관 있다고 주장했다. 나와 심리학자 도러시 비숍Dorothy Bishop은 이 논문을 우연히 봤다. 훌륭한 작가이기

---

* 11장에서 이런 유언비어가 어떻게 전자기 과민성 증후군이라는 믿음을 만들었는지 살펴보겠다.

도 한 비숍은 언어발달장애 전문가들이 모인 왕립학회 회원이다. 논문의 자폐 관련 주장에 비숍은 경악했고, 그 안에 담긴 생물리학적 주장에 나도 똑같이 경악했다. 이 통탄할 소설의 원천은 무엇일까? 당연히 바이오이니셔티브 보고서다. 사실 이 불쾌한 논문의 제1저자 신디 세이지Cindy Sage는 바이오이니셔티브 보고서의 설계자다. 세이지는 학술계 인물이 아니라 무선 주파수 노출을 차단하는 환경 컨설팅 회사 운영자였다. 이해관계가 충돌하는 이 사실이 고지되지 않았다는 점은 매우 의심스럽다.

이 논문은 언론의 주목을 받았고, 기자들은 비숍과 나에게 인터뷰하러 왔다. 우리가 논문의 허점을 지적하자 대부분 언론은 이 이야기를 보도하지 않았고, 이는 예사로운 일이었다. 때때로 나는 대중의 이해를 돕기 위해 과학자가 할 수 있는 가장 위대한 공헌은 쓸모없는 공포로 탈바꿈하기 전에 기자들이 나쁜 이야기를 없애도록 돕는 것이라고 생각한다. 그러나 몇몇 언론은 그다지 양심적이지 않았다. 《데일리익스프레스Daily Express》는 특유의 어조로 미묘한 표제를 달았다. "자녀에게 무선 기술이 **중요한** 건강 문제를 일으킬 수 있을까?"

이 모든 사건의 발단은 학술지의 편집 오류였다. 논문 검토자들은 신뢰할 수 없는 보고서의 끔찍한 주장을 뒷받침하는 증거가 하나뿐임을 지적하고 출판을 거절했어야 했다. 그러는 대신, 연쇄적인 검토 과정 어딘가에서 나타난 기량 부족으로 끔찍한 유언비어가 과학적 존중이라는 허식과 새롭게 살아갈 시간을 획득했다. 이에 대응해서 비숍과 나는 실수로 내린 판단과 여기서 해악이 발생할 가능성을 경계하는 글을 썼다. 학술지 측에서 중요한 실수를 저질렀다고 인정하고 우리에게 포괄적인 반박문을 써달라고 요청한 점은 높이 살 만하다. 우리는 이 주장을 파훼하는 데 그치지 않고 한발 더 나아가 논문 검토자와 편집장에게 나쁜 과학일 가능성을 알려주는 신호를 발견하는 방법도 제시했다. 슬프게도 해롭다는 증거가 전혀 없는데도 무선 주파수가 인체 건강에 미치는 영향은 대중의 마음속에 논쟁거리로 남았다. 소수지만 과학자조차 기이한 주장에 속아 넘어간다면 이 주제가 일반 대중을 계속 성가시게 하는 것은 당연한 일이다.[*]

잘못된 논리의 악의적 폐혜

두 가지 명제가 모두 참일 수 없다고 가정하는 **선언지 긍정의 오류**affirming the disjunct처럼, 우리를 잘못된 길로 이끌 직접적인 논리적 실수가 몇 가지 있다. 간단한 예시를 들어보자. '그의 반려동물은 개이거나 포유류다. → 그의 반려동물은 개다. → 따라서 개는 포유류가 아니다.' 이 논법은 개가 포유류에 속하므로 두 선택지가 배타적이지 않아서 명백하게 틀렸다. 물론 두 전제가 완전히 반대 개념이라면 오류는 생기지 않는다. 예를 들어 우리가 아는 한

---

[*] 이 책을 집필할 때, 5G 기술에 관한 지긋지긋한 유언비어가 똑같이 재탕되고 있었지만, 5G 역시 이온화 방사선이 아니다.

살아 있으면서 동시에 죽어 있을 수는 없다.* '지미 핸드릭스는 살아 있거나 죽었다. → 지미 핸드릭스는 살아 있지 않다. → 따라서 지미 핸드릭스는 죽었다.' 이는 선언지 긍정의 오류가 아니다. 두 전제는 동시에 일어날 수 없기 때문이다.

선언지 긍정의 오류는 논쟁 중에 자주 일어난다. '네가 틀렸거나 내가 틀렸다. → 너는 틀렸다. → 그러니 나는 옳다.' 물론 현실은 두 전제가 모두 거짓일 수 있으므로 이것은 허세에 가깝다. 이 형식적 오류는 정치에서 널리 사용되는데, 상대방을 질책하면 화자의 주장에 신빙성이 생긴다고 오해하기 때문이다. 실제로는 화자의 진실성을 입증할 책임은 항상 화자에게 있으며, 실제건 상상이건 간에 상대방의 모순을 드러내는 것만으로는 저절로 화자의 신뢰도를 입증할 수 없다.

이와 비슷하게 부정적인 두 개의 명제에서 긍정적인 결론을 끌어내는 것을 **부정적 전제로부터의 긍정적 결론 오류**affirmative conclusion from a negative premise라고 부른다. 자기중심적인 음악 비평가가 자화자찬할 때 이용할 법한 논법이다. '나는 그런 음악을 듣지 않는다.

• 현대물리학의 사고실험 중에서도 가장 난해한 슈뢰딩거의 고양이 역설이 떠오른다. 양자 세계가 얼마나 괴이한지 설명하면서 에르빈 슈뢰딩거Erwin Schrodinger는 고양이를 죽일 확률이 50퍼센트인 방사성물질과 함께 상자 속에 든 고양이의 비유를 들었다. 만약 고양이가 양자역학적 실재라면 관찰하기 전까지 살아 있으면서 동시에 죽어 있다가 관찰하는 순간 둘 중 한 상태로 붕괴할 것이다. 양자 세계가 거시적 규모에서는 얼마나 이상할지 보여주는 슈뢰딩거의 설명에는 그러나 오해가 다소 섞여 있다. 분명하게 말하자면 이 난해한 좀비 고양이에 관한 슈뢰딩거의 주장은 양자역학의 결과가 아니다.

→ 취향이 훌륭한 사람은 그런 음악을 듣지 않는다. → 따라서 내 취향은 훌륭하다.' 너무나 주관적인 이 전제가 객관적인 사실일지라도, 이 가상의 비평가는 자신의 결론을 정당화하지 못했다.

이 저급한 논리는 독실한 척하는 저주받은 자들이 타인을 비난할 발판을 마련해준다. 이 실수의 변형 중에는 가끔 도덕주의적인 것도 있어서 훌륭한 추론을 희생해서 독선을 강화한다. 상대방의 도덕적 결함을 공격하면 고발자의 도덕성이 무조건 정당화된다는 생각이 깊이 자리 잡은 듯하다. 이 역시 새로운 생각은 아니다. 사형수가 독실한 척하는 대중의 크나큰 비난을 받으며 진행되는 처형식이 공개적인 구경거리였던 시대도 있었다. 이 같은 혐오스러운 가식은 다행스럽게도 대부분 사라졌고, 인류가 그런 옹졸한 수준은 벗어났다고 믿고 싶을 것이다. 그러나 인터넷의 분노라는 사라지지 않는 안개는 빠르게 우리의 기대를 깨트렸다. 가장 최근에 눈에 띈 도덕적 일탈에는 예상한 대로 지겨운 독선이 따라붙는다.

너무나 흔한 일이라 예시는 맥이 풀릴 정도로 많다. 가장 큰 교훈을 주는 사례로는 린제이 스톤Lindsey Stone을 향한 터무니없는 박해를 들 수 있다. 2012년 스톤은 학습장애를 겪는 성인을 돕는 비영리 기업에서 일했다. 자기 일을 좋아하고 잘해냈던 스톤은 친구들끼리만 공유하는 농담을 즐겼다. 해롭지 않고 재미있는 장난 중에는 경고판 앞에서 경고 지시와 반대되게 행동하는 것도 있었다. 예를 들면 금연 표지판 앞에서 담배 피우는 흉내를 내는 것이다. 정상이라면 눈살을 찌푸리지 않을 악의 없는 가벼운 장난이다. 그러나 버지니아주 알링턴국립묘지의 '정숙 및 애도' 표지판 앞에서 그는 카메라를 향해 소리 지르고 욕하는 자세를 취했고, 이 순진했던 장난은 엄청난 폭발을 일으켰다.

디지털 세대가 의도하지 않았던 결과는 빠르게 나타났다. 몇몇 친구에게만 보여주려던 사진은 빠르게, 그리고 생각했던 범위보다 넓게 퍼졌다. 불쾌한 사진을 분석하는 데 중요한 맥락은 제거한 채, 사람들은 격심한 분노로 들끓었다. 스톤은 무심코 국민의 신경을 거슬렀다. 어쩌면 다른 나라보다 군대에 집착이 깊을 미국인의 눈에 띈 이 사진은 비판과 함께 국가적 열정에 불을 붙였다. 빠르게 사진이 확산될수록 누구든 국립묘지에 안장한 군인을 조롱할 수 있다는 분노 역시 순식간에 퍼졌다. 맥락에서 떨어져 나와 무자비하게 확산한 사진으로 스톤은 갑자기 혐오의 대상이 되어 따돌림당했다. 최소 3만 명이 그를 인터넷에서 추적했고 스톤은 결국 신원이 밝혀졌다.

조롱과 비난의 합창은 그야말로 광란 그 자체였다. 그를 향한 연민은 찾아볼 수 없었고, 일자리를 잃었을 뿐 아니라 죽이거나 강간하겠다는 식의 명백하게 비도덕적인 위협에 시달렸다. 당연하게도 스톤은 우울증과 불안에 빠졌고 집 밖으로 나가길 두려워했다. 인터넷 폭도들의 하이브마인드(다수 개체를 지배하는 하나의 정신. 벌 군집을 본뜬 개념으로 1930년대 SF 소설에서 유래했다.—옮긴이)에는 논리적 단절이 도사리고 있었다. 해롭지 않은 젊은 여성을 생생한 폭력으로 위협하는 행위가 정당하고, 자신들이 도덕적으로 우위에 있다고 여기며 그를 몰락시키는 데 열중할 만큼 크게 비틀린 상태였다. '그는 윤리 의식이 부족하다. → 나는 그를 공격했다. → 따라서 나는 도덕적으로 옳다.'

무리 지어 공격하는 현상을 두고 과학자 조앤 프리덴버그Joan Friedenberg는 "대부분 폭도는 최소한 법원 증인석이나 기자와의 인터뷰, 사법 심리처럼 어느 정도 생각한 뒤 설명하라고 요구받기 전까지는 목표물이 타락했으므로 자기 행동이 완벽하게 정당하다고 생각한다"라고 썼다. 폭도의 정의는 오직 대상이 증오할 가치가 있고 완벽하게 무너졌을 때만 정당화되며, 따라서 뒤틀린 정의를 추구하는 일은 동물적이고 대상을 완전히 비인간화한다. 프리덴버그는 "설명하는 데 실패한 폭도는 완벽한 도덕적 책임을 지게 된다"라고 말했다.

스톤을 고문한 사람들은 부정적인 전제에서 긍정적인 결론을 끌어내면서* 그의 잘못된 행동을 강하게 비난할수록 자신은 더 고결해진다고 믿었다. 스톤은 괴물과는 거리가 멀고, 예의 바르다고 평가받았으며, 장애인을 돕는 데 헌신했다. 그의 실수에 고의가 없었다는 증거는 확실했지만, 아마 고의였어도 비난하는 무리의 행동은 여전히 개탄스러웠을 것이다. 설사 스톤이 끔찍한 인간이더라도 그를 향한 비난이 폭도들이 낫다는 증거는 아니다. 쇠스랑을 휘두르는 사람은 영웅일 수 없다.

* 예상대로 이와 반대의 오류도 있다. 바로 긍정적 전제로부터의 부정적 결론 오류이며, 긍정적인 두 개의 전제에서 부정적인 결론을 도출한다. 이 역시 오류이며 비슷하게 흘러간다. "네가 옳거나 내가 옳다. → 내가 옳다. → 따라서 너는 틀렸다."

가여운 여성을 헐뜯는 행동이 으르렁거리는 대중의 도덕적 우월감을 충족시켰는지는 몰라도, 그들의 결론은 그저 독실한 척하며 비틀린 논리로 돌아가는 환상일 뿐이다. 모든 인터넷 폭풍이 그렇듯이, 분노의 합창은 진원지였던 인간을 빠르게 잊고 도덕성이 의심스러운 또 다른 대상을 찾아 나선다. 그러나 엄청난 증오를 받아내야 했던 불운한 사람에게 고통은 오래 남는다.[•]

여기서 누가 봐도 분명한 사실을 지적하지 않는다면 나는 태만하다는 비난을 피하지 못할 것이다. 지금까지 탐색한 모든 것에는 논리적 오류가 숨어 있지만, 그보다 더 큰 부분을 차지하는 것은 인간의 실패다. 우리는 대개 수학자나 논리학자처럼 생각하지 못하며, 불안정한 생각을 고수하는 동기는 단순한 오해보다는 본능적인 문제일 때가 종종 있다. 앞으로 더 상세히 살펴보겠지만, 관점을 강하게 고수할수록 우리의 세계관에 얄팍한 영향력을 덧붙이는 결함투성이 추론을 수용할 가능성도 더 커진다. 인간은 먼저 감정을 숨김없이 쏟아낸 뒤, 이성을 활용해서 처음 느낀 감정의 정당성을 파악한다. 모순을 수용해서 생각을 개선하기보다는 격분한 피타고라스학파처럼 편안한 이상을 뒤집는 것은 무엇이든 짓밟으려 든다. 슬프게도 현실의 인간은 사색하기보다 행동하는 존재이며, 이는 인류 전체의 손실이다. 훌륭한 결정을 내리려면 불완전한 추론을 폐기해야 하며, 때로는 우리의 아름다운 이론을 처단해야 할 수도 있다.

• 목표물이 된 사람이 받는 고통을 이해하고 싶다면 존 론슨Jon Ronson의 《그렇게 당신은 마녀사냥당했다So You've Been Publicly Shamed》를 권한다.

3장
가당찮은 추론

광고와 사기꾼에게 속는 사람들

인간은 본질적으로 사회적 동물이며, 소중하고 사소한 것들은 타인의 이야기만큼이나 우리에게 영향을 준다. 우리는 타인의 경험에 의존하며, 이야기와 일화를 세상과 모든 불확실성을 분류하는 심리적인 지름길로 활용한다. 선명한 이야기와 감정이 가득한 일화는 의식과 무의식 양측에서 인간의 의사 결정을 형성한다. 이는 양날의 검이다. 선명하게 묘사하는 설명은 정보를 제공해서 판단에 도움이 되기도 하지만, 동시에 결정적인 정보를 숨기거나 왜곡해서 완전히 잘못된 결론에 이르게 할 수도 있다. 이런 측면은 일화에서 나오는 논쟁의 또 다른 이름인 **생생함을 오도하는 오류**the fallacy of misleading vividness 혹은 **일화적 오류**anecdotal fallacy 에 반영된다.

　일화적 정보는 거짓 긍정 반응에 놀라울 정도로 취약하며 거짓 '긍정' 반응은 현실을 왜곡한다. 엄청난 액수의 복권에 당첨되거나, 불치병에서 기적적으로 회복하거나, 약체 팀이 예상을 뒤엎고 승리하는 이야기는 매력적이지만, 이런 이야기가 기억되는 이유는 근본적인 경향이기보다는 예외적인 일이기 때문이다. 이런 이야기에 지나치게 기대어 추론하면 오류가 생기며, 때로는 재앙이나 다름없는 결과가 일어나기도 한다.

광고부터 뱀 장수까지, 우리를 속이는 것들

개인의 일화를 활용해서 인간의 선천적인 감수성을 손쉽게 착취하는 명확한 실례가 바로 광고다. 소비자가 제품이나 서비스를 극찬하는 추천 글에서 자주 볼 수 있다. 이런 글은 다른 소비자의 의견을 뒤흔드는 데 매우 효과적이며, 입소문은 믿을 수 있다는 감각을 주입하고, 그저 객관적이기만 한 평가보다 더 빨리 새 고객을 구슬린다. 특히나 충격적인 사례로는 일반 대중 소비자에게 직접 의약품을 광고하는 괴이한 현상인 매스마케팅(특정 대상 없이 시장 전체에 광고하는 전략.—옮긴이) 전략을 들 수 있다. 윤리적인 이유로 이 관행은 대부분 국가에서 금지되었다. 미국과 뉴질랜드 단 두 국가만이 예외로, 항우울제부터 발기부전치료제까지 온갖 의약품을 패션 브랜드나 아침 식사용 시리얼과 함께 텔레비전과 지면에서 광고한다.

이런 광고에는 이 약을 먹고 자신의 삶이 얼마나 좋아졌는지 설명하는 환자나 약의 장점을 격찬하는 의사가 자주 등장한다. 전형적인 사례로 2006년 화이자의 콜레스테롤 억제제 리피토 광고를 들 수 있다. 이 광고는 인공심장을 발명한 로버트 자빅Robert Jarvik을 내세웠다. 자빅은 카메라를 향해서 "나도 의사지만 콜레스테롤을 걱정한다"라고 말한 뒤, 이 약이 콜레스테롤 수치를 안정시키는 데 도움이 됐다고 한다. 광고는 자빅으로 보이는 사람이 호수에서 노를 젓는 모습으로 이어진다. 이런 광고는 겉만 번지르르하다. 화이자는 자빅이 출연하는 리피토 광고에 2억 5800만 달러(한화 약 3407억 원)라는 천문학적인 액수를 쏟아부었다. 그러나 이 광고는 시청자가 자빅이 평생 의학을 공부한 적이 없으며 어떤 약도 처방할 수 없다는 사실을 모른다는 점을 악용했다.

미국 하원 에너지통상위원회가 조사에 들어가자 자빅은 회사 광고에 출연하기 전에는 이 약을 먹지 않았다고 인정했다. 설상가상으로 그의 유타대학교 전 동료는 공식적으로 자빅은 인공심장 발명자가 아니며, 인공심장 발명자라는 명예는 빌럼 콜프Willem Kolff와 데츠조 아쿠츠Tetsuzo Akutsu에게 돌아가야 한다고 주장했다. 논란이 계속되자 화이자는 결국 2008년에 자빅을 광고에서 제외했지만 그래도 광고는 매우 효과적이었다. 소비자리포트 국립연구센터 연구에 따르면, 이 광고로 리피토는 최고의 콜레스테롤 억제제 자리를 굳혔고, 2007년에는 127억 달러(한화 약 16조 7704억 원)의 매출을 기록했다. 이에 더해 소비자 41퍼센트는 절반 가격에 효능이 똑같은 복제약보다 리피토가 더 뛰어나다고 확신했다. 가장 확실한 사실은 자빅의 출연으로 설득력을 더한 이 광고가 응답자 92퍼센트의 마음에 들었다는 것이다. 나중에 알려진 바에 따르면 자빅은 광고에서 가장 인상적인 호수 장면에서 배를 타고 노를 젓지도 않았고, 광고 대행사는 자빅 대신 운동선수 같은 모델을 선택했다.

이런 일은 흔하다. 대부분 거래 사이트에서 온라인 리뷰가 기준이 된 정보 시대에, 가짜 리뷰와 돈을 받고 쓴 추천 글은 사라지지 않는 골칫거리다. 전자 상거래는 수상쩍은 리뷰들로 병들었다. 실물보다 더 좋게 포장하는 가짜 리뷰를 만들어내는 가내 수공업체는 수없이 많다. 이것이 바로 수많은 국가의 무역 표준 기관이 개입할 수밖에 없었던 추천 글의 힘이다. 미국 연방거래위원회는 2009년에 허위 추천 글을 제재하는 법률을 제정했다. 그러나 제멋대로 뻗어나가는 본성과 복잡하게 뒤얽힌 인터넷 관할권 탓에 이 법률은 시행하기 어려웠다.

온라인 평점도 조작하기 너무나 쉬워서 악명이 높다. '덜위치의 오두막'은 2017년 트립어드바이저에서 가장 높은 평점을 받은 런던 식당이다. 뛰어난 리뷰 덕분에 런던에 있는 1만 8149개 식당 중 평점 1위를 차지했고, 런던에서 예약하기 가장 어려운 식당이 되었다. 그러나 덜위치의 오두막이 유령 식당이라는 사실은 아무도 몰랐다. 이곳은 작가 우바 버틀러Oobah Butler가 장난삼아 만든 식당으로 그는 가본 적도 없는 식당의 리뷰를 써주고 돈을 벌었던 경험에서 영감을 받았다. 아첨이나 하는 리뷰 앞에서도 **매수자 위험 부담 원칙**(사들인 물건의 하자는 매수자가 확인해야 한다는 원칙.─옮긴이)은 지켜졌다.

갑자기 나타난 문제는 아니다. 인간에게 질병이 출현한 이후, 사람들은 당나귀 우유부터 웅담까지 온갖 마술적인 영약의 치료 효과를 두고 맹세를 거듭해왔다. 역사상 환자가 있는 곳에는 반드시 이득을 얻으려는 사기꾼이 존재했다. 시대를 막론하고 불쾌한 괴짜들이 넘쳐나는 현상은 이런 사람들을 가리키는 단어가 너무나 많다는 사실로도 확인할 수 있다. 프랑스어 'charlatan(돌팔이 의사)'은 1600년대에 나타났으며 잘 짜인 연극을 이용해 약을 팔러 다니는 행상인을 가리키는 경멸적인 단어다. 'quackery(엉터리 치료사)'는 최소 200년은 된 네덜란드어로 'quacksalver(사기꾼)', 즉 고약을 파는 사람이라는 뜻이다.

오늘날 '뱀 기름snake oil'은 사기꾼이 파는 상품이나 정체불명의 약을 가리키는 경멸적인 단어로 통용된다. 그러나 원래 뱀 기름은 실제로 뱀으로 만든 약을 가리키는 말로, 아이오와와 샌프란시스코를 잇는 최초의 대륙횡단 철도가 건설되던 1863~1869년에 유명해졌다. 이 거대한 철도사업은 3000킬로미터에 이르는 철길을 깔기 위해 전 세계 일꾼을 미국으로 불러들였다. 등골이 휘는 노동이었고, 당연히 많은 노동자가 심각한 관절통에 시달렸다. 여러 나라의 민간요법이 노동자 사이에서 활발하게 교환되었다. 국제 노동자 중에서 중국인은 상당한 수를 자랑했는데, 이들은 전통으로 내려오는 만병통치약인 뱀 기름을 사용했다. 중국인들은 미국 노동자에게 뱀 기름을 건네면서 위대한 치료 효능 이야기도 덧붙였다.

뱀 기름 이야기는 빠르게 퍼졌고, 전파되면서 약의 효능도 부풀려졌다. 사업가 킨 웨스턴Keen Western이 이 시장을 발견하면서 행상꾼의 제국은 재빠르게 발을 내디뎠다. 연극의 화려함과 바르누메스크('피니어스 T. 바넘Phineas T. Barnum과 비슷한'이란 뜻이다. 바넘은 서커스를 조직하는 기획가이자 허풍을 퍼뜨리는 사기꾼이었다.— 옮긴이)적 쇼맨십으로 무장한 상인들은 군중 속에 미리 심어놓은 식물 관객*이 숨 쉴 틈 없이 증언하고 열렬하게 찬동하게 하면서, 증거가 모두 일화적이었는데도 맹렬하게 사업을 확장했다.** 가장 뛰어난 뱀 기름 장수는 자칭 '방울뱀 왕'인 클라크 스탠리Clark Stanley라는 사기꾼으로, 그 이름에 걸맞게 터무니없는 소문이 따라다녔다. 스탠리는 11년 동안 카우보이로 생활하면서 사냥 기술을 익히는 대신 애리조나주 깊숙한 곳에 사는 신비한 호피족 약사의 제자가 되었다고 주장했다. 이때 뱀 기름의 기적적인 효능을 발견했다면서 스탠리는 보스턴 약사의 도움을 받아 전국에 뱀 기름을 팔기 시작했다. 고객은 상당히 많았다. 1893년 시카고에서 열린 만국박람회는 미국에서 개최한 가장 큰 공개행사였고, 바로 여기서 스탠리는 군중 앞에서 방울뱀을 죽이는 퍼포먼스로 허세 가득한 개척자 흉내를 냈다. 스탠리는 죽은 뱀의 늘어진 몸

---

* 문제의 만병통치약이 좋다고 증언하는 바람잡이다. 이런 경우에 매우 적절한 단어다.

** 치료 효과가 없었다면 뱀 기름은 왜 그토록 인기 있었을까? 여기에는 평균으로의 회귀와 인간에게 내재한 기대에 관한 감수성이 작용하며, 뒤에서 이 문제를 다시 다루겠다. 철도 노동자의 사례는 대체재가 없었던 것도 중요한 요인이었다.

을 비틀어 짜면서 뱀에서 나온 액체는 질병을 치료할 마술적인 만병통치약이라고 단언했다.

스탠리의 사업은 번창했다. 재산도 늘어났고, 공급량을 맞추려 1년에 뱀 5000마리를 잡았다고 자랑하기도 했다. 그러나 사기꾼의 황금시대는 저물었고, 1906년 미국 정부는 순수식품의약품법을 제정해서 가짜 만병통치약들을 규제했다. 그런데도 스탠리는 계속 사업을 이어 나갔고, 결국 1916년에 한 분석화학자가 엄격한 분석을 통해 스탠리의 인기 만병통치약이 전혀 신비롭지 않은 재료인 미네랄 오일과 테레빈유로 만들어졌다고 밝혔다. 스탠리의 기적의 약에 뱀 기름은 한 방울도 없었다. 허위 광고를 한 대가로 벌금 20달러(한화 약 2만 6500원)를 선고받은 스탠리는 그대로 사람들에게 잊혔지만, 뱀 기름은 기적의 영약을 가리키는 포괄적인 단어가 되었다. 의약품 규제와 거래 기준이 더 엄격해진 오늘날에도 뱀 기름 시장은 흔들림 없고, 상상할 수 있는 모든 질병을 치료한다고 주장하는 기적의 약이 활발하게 거래되며, 마구잡이로 쏟아지는 추천 글과 수많은 일화를 믿는 진실한 신도들의 군대로 유지된다.

경험담은 자료가 아니다

이 시점에서 지금까지 넌지시 암시만 해온 것을 명확하게 언급할 필요가 있다. 모든 형식적 오류에 숨은 문제는 어딘가에 주장을 무효로 만드는 논리적 실수가 숨어 있다는 것이다. 이는 모든 형식적 오류가 불합리한 추론(문자 그대로 '따라오지 않는')이며 결론이 전제에서 도출되지 않았다는 뜻이다. 논리의 도약이 있는 불합리한 추론은 본질적으로 그릇된 주장을 끌어낸다. 일화에서 도출한 결론은 특히 문제가 많으며, 결국 뱀 기름 치료제는 긍정적인 일화에서 치료에 장점이 반드시 있으리라는 결론을 도출하고픈 유혹에 빠졌을 수 있다. 수많은 만병통치약은 기껏해야 효과가 없는 데 그친다. 그러나 더 암울한 사례에서는 만병통치약이 직접적으로 혹은 꼭 필요한 의료 처치를 막으면서 적극적인 손상을 입힌다.

생생한 경험담도 공포를 일으키고 전염병을 부채질하는데, 이는 사람들의 상상이 단순한 통계보다 파급력이 훨씬 더 크기 때문이다. 인간에게는 특정 사례가 얼마나 예시적이거나 특별한지를 더 상세하게 알려줄 기본 정보는 무시하면서도 생생하고 특별한 사례에는 집중하는, 어쩌면 당연한 성향이 있다. 이를 **기저율 오류**base-rate fallacy라고 하며 숨겨진 진실을 평가하지 않고 하나의 사례에서 곧바로 결론으로 도약하려는 인간의 성향을 가리킨다. 경험담은 일방적으로 우리의 관심을 잡아끌면서 이 문제를 악화할 수 있다.

항상 그렇지는 않지만, 맥락을 고려하지 않은 관찰은 불합리한 추론의 도약을 미묘하게 부추기기도 한다. 20~21세기에 걸쳐 암 발생률이 심각하게 증가했다는 사실을 생각해보자. 이것은 부인할 수 없는 진실이며, 20세기 동안 대략 셋 중 하나는 어떤 종류든 암이 발생했다. 더 최근 결과를 보면 이 비율은 심각하게 높아졌으며, 인구의 절반이 평생 한 번은 암에 걸린다. 이는 매우 놀라운 결과로, 많은 사람이 희생양을 찾아 헤매며 유전자 변형 식품부터 백신까지 온갖 것을 탓하기 쉽다.* 과학 정보를 더 많이 아는 사람조차 범인을 찾으려 들 수 있다.

그러나 환경은 더 나빠지지 않았다. 그저 인간의 수명이 늘어났을 뿐이다. 사실 지금보다 암 생존율이 높은 적이 없었고 진단법과 치료법이 향상되면서 생존율은 계속 높아지는 중이다. 암은 기본적으로 노화가 원인인 질병이며 암의 가장 큰 위험 요인은 단 하나, '나이'다. 선조들을 괴롭힌 불결한 위생과 절망적인 역병, 전염병이라는 장황한 위험을 대부분 회피한 인간은 이제 장수한다. 암 발생률의 명백한 상승은 역설적이게도 사회 보건 건강이 향상된 결과다. 그러나 암 발생률만 홀로 상승했다는 사실은 현실 상황과 대립하는 논리적 비약을 유도할 수 있다.

여기서 중요한 주의점이 하나 있다. 만약 경험담을 믿을 수 없다면 어떻게 자료를 모아야 할까? 수많은 일화는 자료가 아니라고 과학자들은 경고한다. 이것은 무슨 뜻일까? 일화, 즉 경험담은 정확하게만 보고한다면 시스템을 통해 나올 만한 결과에 대한 통찰을 줄 수는 있다. 예를 들면, 우리는 복권에 당첨되는 사람이 있다는 사실을 안다. 다만 일화가 우리에게 알려줄 수 없는 것은 그 결과가 대표성이 있는지 혹은 보편성이 있는지다. 그저

---

* 이런 근본적인 공포를 이용해 이익을 얻는 기만적인 사람은 너무나 많다. 이런 사례는 나중에 살펴볼 것이다.

우리에게 정말 필요한 정보는 찾기 어렵고, 쉽게 눈에 띄는 경험 담이 진실을 가려서 문제일 때도 있다. 이를 보여주는 분명한 사례로 미국과 일본 파일럿이 태평양 하늘에서 패권을 다투며 경쟁했던 제2차 세계대전을 들 수 있다. 위험할 정도로 높은 고도에서 벌이는 도그파이트(전투기들이 적기의 꼬리를 물고 기관총을 난사하던 전투.—옮긴이)는 항상 일어나던 일이었고 양쪽 모두 피해가 심각했다. 유혈이 낭자한 전투를 막으려 미국 해양안보연구센터는 도그파이트에서 살아남아 귀환한 파일럿의 탄환 자국투성이인 전투기를 연구해서 그들의 약점을 밝히기로 했다.

분석가들은 비행기의 손상 위치와 범위를 측량해서 자료를 얻었다. 탄환 자국은 기체 전체에 있었지만 엔진이나 콕핏 같은 특정 부분은 이상하게도 심각한 손상이 없었다. 콕핏 주변의 손상이 드물다는 사실을 관찰한 기술자들은 그 부분은 놔두고 다른 부분만 강화했다. 그러나 통계학자 에이브러햄 월드Abraham Wald는 콕핏이 손상되지 않은 사실이 중요하다는 점을 깨닫고 완전히 다른 설명을 내놓았다. 실제로는 엔진과 콕핏이 손상된 전투기는 맹렬한 연기와 함께 추락했고, 돌아올 수 없어서 분석이 불가능했다. 이런 통찰은 해양안보연구센터가 공들인 결과를 완전히 부숴버리면서 정반대 결론을 이끌었다.

이처럼 보이지 않는 사례를 무심코 간과하고 성공 사례에만 근거해서 결론을 내리는 오류를 **생존 편향**survivorship bias이라고 한다. 학교를 중퇴한 사람이 억만장자 CEO가 되거나 독학한 음악가가 큰 성공을 거두는 사연처럼, 경쟁이 치열한 직업군에서는 종종 약자가 승리하는 이야기가 명확하게 나타난다. 이런 이야기는 누구나 성공할 수 있다고 암시하지만, 운과 타이밍의 중대한 역할을 무시하는 처사다. 비슷한 직업군에서 비슷한 재능을 가졌지만 성공하지 못한 다수를 외면하는 것이며, 월드의 사라진 콕핏 자료 사례가 인간에게 그대로 적용된 경우다.

불안과 슬픔을 이용하는 심령술사들

일화적 오류와 밀접하게 관련된 수상쩍은 논리가 하나 더 있는데, 이 오류는 일화적 오류와 구별하기 힘들 때도 있다. 일화적 오류가 자동차라면 **불완전 증거의 모순**fallacy of incomplete evidence 혹은 **체리피킹 오류**cherry-picking fallacy는 그 자동차를 움직이는 엔진이다. 체리피킹은 증거를 선택적으로 활용해서 화자의 주장을 반대하거나 약화하는 세부 항목을 거부하거나 무시하는 행위다. 문제가 되는 증거는 종류와 범위가 다양하며, 앞서 일화적 오류에서 우리가 본 일화와 추천 글도 주의 깊게 선택된 것일 수 있다. 증거가 실제로 전달하는 사실을 무시하고 자신의 편견을 강화하는 유일한 정보에만 선택적으로 집착한다면 더 심각하다.

대중 담론에는 심각한 문제가 있으며 과학을 대중에게 전달하는 일은 항상 곤란이 뒤따른다. 대체의학이나 기후변화처럼 다양한 주제를 설명할 때 기득권층은 우수한 증거와 분석이 정반대의 말을 하는데도 불순한 정보에서 나온 이상치에 집착하면서 과학적 협의를 회피하려 할 수 있다. 우리는 모든 증거나 실험이 똑같이 엄격하게 창조되지는 않으며, 인과관계를 풀어낼 정교한 도구와 방법이 필요할 수도 있다는 점을 명심해야 한다. 체리피킹은 범람하는 반증에 맞서 믿음을 지속시키는 매커니즘이다. 초능력의 인기만 봐도 이 매커니즘을 확인할 수 있다.

환상적인 초능력 이야기는 흔하고, 온갖 다양한 이야기에서 초자연적인 능력을 뚜렷하게 묘사한다. 그러나 이런 이야기를 세밀하게 분석해보면 다른 그림이 나타난다. 전형적인 사례로는 1997년 리처드 와이즈먼Richard Wiseman과 도널드 웨스트Donald West가 연구한 결과를 들 수 있는데, 이들은 대학생과 스스로 심령술사라고 주장하는 사람들에게 이미 해결한 범죄 사건과 관련된 물건을 주고 해당 범죄의 세부 사항을 물었다. 심령술사라고 주장한 집단은 대학생 집단보다 나은 결과를 보여주지 못했고, 두 집단 모두 우연 이상의 결과를 보여주지도 못했다. 엄중한 시험 상황에서는 초능력이 한 번도 그럴듯한 결과를 보여주지 못했으므로 이 결과는 이상치가 아니다. 실제로 미국 국립과학아카데미는 1988년에 발표한 보고서에서 "초심리학적 현상의 존재를 밝히려는 연구가 130년 이상 이어졌으나 과학적으로 타당한 근거가 없다"라고 언급했다.

그러나 시장은 활황을 맞이하고 있다. 미국에서는 설문 응답자의 대략 60퍼센트가 "초능력자는 존재한다"라는 문항에 동의했고, 영국 인구의 23퍼센트가량은 심령술사와 상담한 적이 있다고 대답했다. 간단한 구글 검색으로도 다수의 영매와 천리

안, 심령술사가 많은 돈을 받으면서 경쟁하는 것을 볼 수 있다. 이들은 어떻게 우리를 설득할까? 반직관적인 심령술의 인기는 주의 깊게 엄선한 경험담과 엄청난 양의 체리피킹을 바탕으로 한다. 맞춘 것은 대대적으로 선전하고 실수는 감추면서 예지력이라는 환상을 키운다. 뒤에 설명하겠지만 심령술사는 추종자들의 심리적 맹점과 통계적인 무지를 악용하며, 이 중에서도 노골적인 체리피킹이 가장 중요한 핵심이다.

체리피킹이나 인상적인 경험담 조작에 특히 능숙한 사람은 돈을 벌 수 있다. 해롭지 않은 도락으로 여길 수도 있고 냉소가는 얼간이라든가 그 혹은 그녀의 돈에 관해 툴툴거릴지도 모르지만 많은 심령술사는 불안감과 유족에게서 이익을 얻는다. 불확실한 상황에 부닥친 사람들은 평정심을 잃고 심령술사를 찾는다. 들은 조언이 뻔한 소리보다는 조금 나을지도 모르지만 손해를 입을 수도 있다. 실비아 브라운Sylvia Browne은 1974년부터 사망한 2013년까지 미국에서 가장 유명했던 심령술사다. 텔레비전 주간 방송에 단골로 출연했던 브라운의 가장 큰 재능은 자기를 광고하는 뻔뻔함과 파렴치함이었는데, 경찰 자문위원으로 세간의 이목을 끄는 사건을 여럿 해결했다고 주장하면서 수상한 성공 기록을 자랑했다. 사실 브라운이 참여한 사건 35건 중에서 21건에 제공한 정보는 너무나 모호해서 쓸모가 없었다. 나머지 14건은 브라운이 도움이 되지 않았다고 경찰과 유족은 주장했다.

브라운은 방송에서 유명해진 실종사건에 거침없이 자신을 끼워 넣었다. 궨덜린 크루슨Gwendolyn Krewson의 스물세 살 된 딸 홀리

Holly가 1995년에 샌디에이고 근처에서 실종되었을 때, 홀리의 가족은 제정신이 아닌 채 절망에 빠져 브라운을 찾아왔다. 방송에서 브라운은 확신에 차서 홀리가 살아 있으며 할리우드에서 스트리퍼로 일하고 있다고 예언했다. 희망을 얻은 홀리 가족은 여러 해에 걸쳐 수색했지만 결국 딸을 찾지 못했다. 2006년에 치과 기록이 일치하는 여성 변사체가 발견되었는데, 홀리의 유해는 거의 10년 가까이 보관되고 있었다. 부검 결과 홀리는 실종되자마자 사망했다. 브라운의 복잡했던 예언은 엉터리였다.

모든 일이 그런 식이었다. 2002년에 린다 매클러랜드Lynda McClelland가 실종되자, 브라운은 낮 시간대 프로그램에 나와 린다의 사위 데이비드 리파스키David Repasky에게 린다가 이니셜이 'MJ'인 남성에게 납치당했으며 곧 살아서 구조되리라고 말했다. 2003년에 린다의 유해는 3.2킬로미터 밖에서 발견되었으며 법의학 수사 결과 다른 누구도 아닌 리파스키에게 살해되었다는 사실이 밝혀졌지만, 이 정도는 사소한 착오였다. 브라운은 겁먹고 절망에 빠진 유족들에게 종종 냉혹하게 굴었다. 1999년에 여섯 살짜리 오팔 조 제닝스Opal Jo Jennings가 포트워스 근처 조부모의 집에서 납치되었을 때, 브라운은 쌀쌀맞게 제닝스가 살아 있지만, 일본 구코로라는 마을에 납치되어 매춘부가 되었다고 말했다. 2004년에 제닝스의 유해가 발견되자 유괴 후 몇 시간 뒤에 둔기에 가격당해 사망했다고 밝혀졌다. 구코로라는 마을을 찾을 필요는 없다. 그런 곳은 존재하지 않으니까.

대담한 행동으로 브라운의 경력과 수익은 점점 커졌다. 브라운은 '몬텔 윌리엄스 쇼Montel Williams Show'의 고정 출연자가 되었고, 거창하기만 한 예언을 하면서 연간 300억 달러(한화 약 39억 원)를 벌었으며, 20분짜리 상담 전화 한 통에 750달러(한화 약 97만 원)를 받았다. 브라운은 사람들의 감정을 조종하면서 무자비한 여정을 이어갔고, 그의 능력을 확신한 맹목적인 추종자에게 둘러싸였다. 브라운의 '지식'은 의학 영역까지 확장되었다. 브라운이 수술 후 통증을 겪는 여성에게 금속 수술기구가 몸속에 남아 있으니 MRI를 찍어보라고 말하는 장면은 눈살을 찌푸리게 했다. 이 조언은 얼핏 합리적으로 보이지만 MRI 기계가 사실은 거대한 자석이므로 몸속의 금속이 몸을 찢고 튀어나올 수도 있다는 점을 생각할 때 말도 되지 않는다. 브라운 대신 변명하자면, 그런 방식으로 수술기구를 제거할 수는 있겠다.

이것들은 입이 떡 벌어지는 오류로 밝혀진 소수의 사례일 뿐이다. 브라운은 명중률이 87~90퍼센트라고 주장했지만 '몬텔 윌리엄스 쇼'에서 그가 말한 예언을 분석한 결과 명중률은 정확하게 0이었다. 브라운은 이런 비판에 어깨를 으쓱하며 "신만이 항상 옳다"라고 변명했다. 대수롭지 않다는 태도는 브라운의 목이 놋쇠마냥 뻣뻣하다는 점을 보여주었고, 반짝거리게 윤을 내면 아마 도어노커로도 쓸 수 있을 터다. 브라운의 엄청난 이력은 근거 없는 예언의 뻔뻔함과 어우러지면서 그의 추종자들로부터는 경외감을, 회의주의자로부터는 분노를 불러일으켰다. 언젠가 브라운은 자기 능력을 분명하게 입증하기 위해 회의주의자 제임스 랜디James Randi의 100만 달러 파라노말 챌린지(초능력자 사냥꾼으로 불린 랜디가 초자연현상을 입증하면 100만 달러를 상금으로 주는 챌린지.—옮긴이)에 응하겠다고 말했다. 그는 더 나아가 챌린지에서 자신이 쉽게 이기리라고 큰소리쳤지만 계속 변명을 들이밀면서 죽을 때까지 챌린지에 도전하지 않았다. 자신의 성격에 걸맞게 브라운은 확신에 차서 자신이 여든여덟에 사망하리라고 예언했지만, 2013년에 일흔일곱 나이로 사망하고 말았다. 엉망이 되어버린 마지막 예언이었다.

슬프게도 브라운만이 아니다. 텔레비전에 나오는 심령술사 존 에드워드John Edward는 제임스 랜디가 그를 시험할 때 비틀거렸다. '모스트 헌티드Most Haunted'에 출연한 심령술사 데릭 아코라Derek Acorah는 완전히 허구의 인물인 크리드 케이퍼Kreed Kafer의 영혼과 대화한다고 주장한 심리학자 키아란 오키프Ciaran O'keeffe에게 속아서 유명해졌다. 크리드 케이퍼는 '데렉 페이커Derek-Faker'(데렉은 사기꾼이라는 뜻이다.—옮긴이)의 철자 순서를 바꾼 말이다. 영국에서 악명 높은 소송꾼인 심령술사 샐리 모건Sally Morgan은 가짜라는 비난에 시달린 것으로 유명하다. 그가 별 볼 일 없다는 식의 기사가 나가자, 모건은 마술사인 폴 제논Paul Zenon에게 15만 파운드(한화 약 2억 4000만 원) 상당의 피해보상을 요구하며 고소했다. '제임스 랜디 교육재단'의 수장인 더글러스 J. 그로스Douglas J. Grothe는 모건이 재단을 상대로 손쉽게 수십억 원의 상금을 받아내는 대신 쥐꼬리만 한 액수의 소송을 한 이유에 의문을 품고 그의 진짜 의도를 의심했다. 그로스가 씁쓸하게 지적했듯이 "모건이 스스로 진짜 심령술사라고 믿었는지조차 의심스럽다".

어쨌든 이런 사기꾼들의 은행 잔고와 추종자 수는 매우 양호하다. 그러나 심령술사가 우연보다도 확률이 낮은데도 왜 수요는 여전할까? 답은 대개 체리피킹 때문이다. 무작위 예언은 가끔 들어맞으며 심령술사들은 이 점을 노리고 자기 예언의 적중률을 강조하고 실패율은 축소한다. 예언을 적중시키기는 매우 쉽다. 유심론자와 심령술사가 모두 활용했던 오래된 속임수의 하나인 콜드리딩(사전정보 없이 상대방의 속마음을 알아내는 기술.—옮긴이)은 상대방의 몸짓언어와 시각적 단서, 옷차림, 나이, 화법 등을 분석하는 것만으로 간단한 정보를 빠르게 확신할 수 있는 기술이다. 일반적으로 이런 추측은 잘 들어맞고, 추측이 들어맞으면 심령술사는 상대방을 사로잡으면서 실패한 예측은 둘러대고 변명할 수 있게 된다. 정확하게만 사용하면 콜드 리딩은 사전 지식이라는 인상을 주며, 심령술사는 제대로 '맞춘' 예언을 활용해서 상대방의 환상을 더 굳건하게 만든다.

또한 심령술사는 무지개 전략을 활용해서 위험을 상쇄할 수 있으며, 이때는 대상에게 서로 반대되는 특성을 동시에 부여하는 상투적인 말이 동원된다. 예를 들면 "당신은 대체로 긍정적이고 낙관적이지만 매우 슬픈 적도 있었을 겁니다"라고 말하는 것이다. 이 화법은 실제로 누구에게나 통하며 타인에게 영향을 받기 쉬운 청중이나 추종자에게는 더 명확한 일화적 증거를 제공한다. 가장 흔한 사례는 상당히 모호한 정보를 빠르고 방대하게 쏟아내면서 그중 하나라도 들어맞아 목표물의 반응을 끌어내기를 바라는 **샷건**shotgunning 기술이다. 샷건 화법은 다음과 같다. "남자가 보여요, 심장 문제로 사망했어. 아버지인가… 아버지처럼 보이는데… 아니, 할아버지, 삼촌, 사촌이나 형제인가…. 가슴 통증이 확실하게 느껴지네요." 여러 남성을 거론하면 그중 들어맞는 인물이 있기 마련이고, 그럴 가능성이 큰 이유는 서구사회 남성의 거의 절반은 심장 관련 질병으로 사망하기 때문이라는 사실을 합리적인 독자라면 눈치챘을 것이다.

가장 중요한 문제는 심령술사가 체리피킹으로 적중시킨 유혹적인 예언에 추종자들이 집중하도록 유도하면서 지지받는다는 점이다. 그러나 이는 허상이며, 적중한 예언이 아무리 인상적이어도 이것이 초자연적 능력이라는 결론은 아주 불합리한 추론이다. 이와 유사하게 경험담도 불가능하거나 있을 수 없는 일을 믿도록 유도하며, 우리는 공허한 전략에 흔들리면서 추론하다가 실수한다. 의약품의 효능이나 특정 행동의 최적성을 평가하려면 그저 유리한 설명에만 기대서는 안 된다.

앞선 장에서 우리는 논리적 논증 구조에서 가장 흔히 일어나는 오류를 살펴보았다. 물론 논증에서는 더 신비롭고 난해한 구조가 나타나지만, 여기 소개한 것들은 가장 기본적인 오류다. 지금까지 우리는 논리적 구조 아래 숨은 작은 결함으로 일어나는, 본질적으로 무효인 논증에 집중했다. 더 공식적인 용어로 말하자면 우리는 추론 구조의 타당성에 초점을 맞췄다. 그러나 논증이 굳건해지려면 타당한 구조만으로는 부족하다. 수학 논리에서 논증은 오직 구조가 타당하고 전제가 진실일 때만 증명할 수 있다.

논리에서 저지르는 실수만 수상쩍은 결론으로 이어지는 것도 아니다. 시간여행 로봇인 그리스 철학자 논증에서 확인했듯이, 논증의 구조는 논리적으로 타당하지만 전제에 결함이 있다면 결론도 의심스러워진다. 이를 **비형식적 오류**informal fallacy라고 한다. 모호한 전제는 온갖 의심쩍은 결론을 실어 나르는 수사법상의 트로이 목마가 될 수 있다. 은밀한 비형식적 오류는 매우 다양하고 중요한 영역이며, 이들의 해로운 영향을 탐지하는 일은 중요하다. 따라서 다음에 이어지는 여러 장에서는 이 주제를 집중적으로 다룰 예정이다.

그전에 간과해서는 안 되는 매우 중요한 보조정리(논리의 디딤돌)(다른 정리를 증명하는 데 활용하기 위해 증명된 명제.—옮긴이)가 있다. 바로 논리적 오류가 있는 논증이 반드시 부정확한 결론에 이르지는 않는다는 단순한 사실이다. 아이러니하지 않은가. 그저 논증이 잘못됐기 때문에 증명된 결론도 잘못되었다면, 그 자체로 불합리한 추론이 아닐까? 잘못된 추론도 옳을 수 있으며, 논거가 빈약하다고 해서 항상 잘못된 주장은 아니다. 이 오류는 **논리에 대한 논증**argumentum ad logicam, **오류의 오류**fallacy fallacy라고 부른다. 기이한 사례를 들어보자면, 여러분의 친구가 불에 손을 넣으면 안 되는 이유가 전에 손을 넣었다가 열쇠를 잃어버렸기 때문이라고 믿는다고 생각해보자. 괴이하고 불합리한 추론이므로 이 논증은 거부해야 맞지만, 이 논증의 결론도 거짓이라고 간주한다면 어리석다. 불에 견디는 능력이 있다면 모를까, 불에 손을 집어넣는 것은 대체로 좋은 행동이 아니기 때문이다.

논증을 파훼하기는 상대적으로 쉽지만, 논증을 둘러싼 분노의 목소리에 흔들리지 않고 자주적으로 주장을 평가하기는 더 어려울 수 있다는 점을 유념해야 한다. 달리 말하면 잘못된 추론에서 타당한 결론이 나오기도 한다. 수사적 기교가 우리를 얼마나 그릇된 길로 이끄는지 생각해보면 더 확연해진다. 이를 살펴보기 위해 이제부터는 비형식적 오류라는 깊은 바다에 발을 담그고 인간 추론의 작은 결함을 조작하려 드는 기만적인 방법들을 탐색할 예정이다.

2부 진실은 단순하지 않다

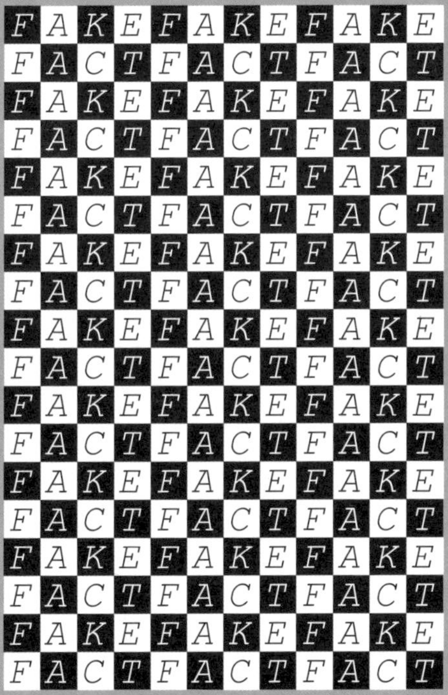

진실은 순수하기가 힘들고
결코 단순하지도 않다.
— **오스카 와일드**Oscar Wilde

4장
악마는 디테일에 숨어 산다

비타민C 만능설과 바이러스 감염, 독일의 패전

추위에 덜덜 떨면서 일한 여러분에게 친구가 건강을 위해 선의로 비타민C를 추천한 적이 있을지 모르겠다. 비타민이 감기를 예방한다는 오래된 믿음은 최고의 지성인 라이너스 폴링Linus Pauling이라는 의외의 인물로부터 비롯되었다. 박학다식했던 폴링은 양자화학부터 DNA 구조까지 모든 것에 관심을 보였다. 폴링의 업적도 인상적이다. 1954년에 노벨 화학상을, 1962년에는 노벨 평화상을 받는 등 노벨상을 두 번이나 받은 사람이다. DNA 공동발견자로서 함께 노벨상을 받았던 프란시스 크릭Francis Crick은 폴링을 '분자생물학의 아버지'로 추켜세웠다. 1960년대에 강의하던 폴링은 25년을 더 살면서 과학의 발전을 계속 지켜보고 싶다고 말하기도 했다. 그날 어윈 스톤Irwin Stone이 청중 속에 없었다면 이 발언은 그저 지나가는 말에 불과했을 것이다. 스톤은 곧바로 폴링에게 장문의 편지를 써서 매일 비타민C 3000밀리그램을 먹으면 활력의 묘약이 되리라고 주장했다.

냉소적인 사람이었다면 깊이 의심하거나 뻔한 돌팔이라며 이 조언을 무시했을 것이다. 그러나 폴링은 의심하지 않고 스톤의 조언을 따랐다. 폴링은 즉시 더 많은 에너지가 솟았고 이전보다 감기에 덜 걸린다고 말했다. 엄청나게 열광한 폴링은 수년 동안 꾸준히 비타민C 복용량을 늘렸고, 하루에 1만 8000밀리그램을 먹는 지경에 이르렀다. 1970년에 폴링은 비타민C 광신자가 되었고, 비타민C에 관한 그의 첫 번째 저서 《비타민C와 감기 Vitamin C and the Common Cold》를 출판해서 고용량 비타민 복용의 장점을 격찬했다. 이 책은 엄청난 성공을 거두었으며 하룻밤 사이에 사람들은 감기 예방을 확신하며 비타민C를 대량으로 사재기하기 시작했다. 어떤 곳에서는 1년 안에 판매량이 열 배나 증가해서 약국이 비타민C 수요를 맞출 수 없을 지경이었다. 비타민C를 먹으면 질병의 고통을 피할 수 있다는 메시지에 사람들은 안도했고, 이 메시지는 미국과 전 세계에 깊이 각인되었다. 어쨌든 이 의학 조언을 건넨 사람은 노벨상 수상자였다.

그러나 폴링의 열성적인 전도는 한 줌의 경험담을 제외하면 고용량 비타민C가 실제로 유익하다는 확정적인 근거가 없었다. 1971년 《미국의학협회저널Journal of America Medical Association》에서 의사 프랭클린 빙Franklin Bing은 폴링의 저서를 간략하게 소개하면서 그가 증거 없이 주장하고 있으며, "불행하게도 많은 일반인은 저자의 책 내용을 믿을 것이다"라고 한탄했다. 빙은 자신이 얼마나 바른 판단을 했는지, 이 속설이 얼마나 오래 버틸지 알 수 없었다. 이후 연구를 통해 폴링의 주장을 뒷받침하는 귀중한 증거가 거의 없으며, 1만 밀리그램에 이르는 고용량 복용도 플라세보 이상의 효과는 없었다고 밝혀졌다. 그러나 이에 굴하지 않고 폴링의 주장은 오히려 규모와 범위가 늘어났다. 폴링은 비타민C에 관한 책을 더 많이 출판했고 비타민은 암부터 뱀물림, 에이즈까지 모든 병에 좋은 보편적인 만병통치약이라고 주장했다.

그의 주장이 잘못됐다는 증거가 더 많이 밀려들었지만 폴링은 자신의 확신을 변함없이 고집했으며, 고용량 비타민 처방을 따르는 사람은 35년을 더 살고 질병에 걸리지 않으리라고 자신 있게 예언했다. 폴링은 결국 1994년에 사망했지만,[*] 비타민C에 관한 그의 주장은 지금까지도 살아남았고 사라질 기미가 전혀 없다. 실제로 고용량 비타민C 복용은 유익하기는커녕 추천하지 않는다. 고용량 비타민C가 일으키는 부작용 중에는 심각한 장내가스 현상부터 설사, 배설 욕구 자극이 있어서 폴링이 보고했던 활성 증가가 주로 장에서 일어난 것이 아닐까 하는 의구심을 품게 했다. 그러나 처음 속설이 뿌리내리고 지금까지 명맥을 잇

----

* 아흔셋에 사망한 폴링의 장수에 비타민C는 아무런 역할도 하지 않았다. 훌륭한 건강관리와 행운의 유전자가 더 큰 역할을 했을 것이다. 다른 이야기지만 나는 2016년에 옥스퍼드 울프슨대학교 펠로우 만찬에서 영광스럽게도 병리학자 마이클 엡스타인 경^{Sir Michael Epstein}을 만난 적이 있다. 그는 당시 아흔다섯이었지만 놀라울 정도로 정신도 명료하고 신체 건강도 훌륭했다. 다른 동료가 건강과 장수의 비결을 물었을 때, 엡스타인 경은 미소 지으며 대답했다. "비결은 올바른 부모를 선택하는 것이지."

는 이유는 대부분 폴링의 권위 때문이라는 점을 부인할 수 없다.

이 같은 혼란은 대부분 용어와 개념을 이해하는 방법에서 나온다. 인간을 정의하는 모든 특성 중에서도 언어는 아마 가장 독특하고 강력할 것이다. 인류는 처음 출현했을 때 딱 맞는 진화적 특이성을 부여받아 말할 수 있는 신체 기관과 생각을 말로 바꿀 수 있는 정신 능력을 갖추었다. 이 능력은 인간이라는 존재를 설명하는 핵심이지만, 언어는 모호함과 다의성으로 가득하다. 인간이 사용하는 말은 뜻이 다양하며 가끔은 맥락에서 분리하기 어렵다. 이런 모호함은 풍부하고 미묘한 뜻을 전하는 도구이기도 하며 시와 농담, 연극은 확실한 형태가 없는 언어의 놀라운 본질을 통해 번성한다. 그러나 언어의 변화무쌍한 특성은 다양한 죄악을 감출 수 있으며, 용어와 개념의 유연성은 때로 너무 쉽게 길을 잃게 한다. 특정 개념의 모호한 본질은 혼란을 일으키며, '전문가'라는 말 역시 혼란을 일으키는 단어 가운데 하나다.

권위가 주는 오류

우리는 종종 전문가의 지혜를 빌려 판단한다. 보통 의학 문제는 의사의 조언을 따르며, 의사들이 전문적으로 훈련받는다는 사실을 고려할 때 이는 탁월하게 합리적인 결정이다. 그러나 상황이 언제나 명확하지만은 않으며, 폴링이 입증했듯이 한 영역의 전문가라고 해서 다른 영역에서도 전문가인지, 심지어 분별이 있는지는 확신할 수 없다. **권위에 의한 논증**argument from authority은 인정받은 권위자의 지지를 활용해서 결론을 정당화한다. 그러나 여기에는 전문가는 오류가 없다는 가정에서 나오는 심각하고 때로는 극복할 수 없는 문제가 있다. 예를 들어 정치인은 정책과 민주주의에 관해서는 전문가일지 몰라도 그들의 판단은 이념에 따라 크게 다를 것이다. 표면상의 권위도 논쟁이 많은데 모호한 용어인 '전문가'는 더더욱 정의하기 어렵다. 윤리적인 딜레마에 관한 문제라면 전문가 직업이 사제인지 철학자인지에 따라 아마 서로 다른 조언을 건넬 것이다.

의학 문제도 주관이 작용할 여지가 있다. 보통 의사를 신뢰하는 것이 타당하지만 대체의학 공급자들도 그들의 주장에 증거가 없는데도 권위를 내세우는 경향이 있다. 자격 있는 의사 중에도 증명되지 않거나 파훼된 주장에 휩쓸리는 사람이 있다. 표면적인 권위는 부적절한 지식, 편견, 사기, 심지어 집단사고를 통해 희생자를 오류에 빠뜨린다. 온전히 권위에 기대는 일은 때로위험하며, 특히 당면한 전문지식이 본질적으로 미심쩍다면 더욱 그렇다. 경제 전문가는 깊은 지식을 갖추었는데도 종종 상반된 예측을 내놓는다.*

권위에 의한 논증은 전형적인 비형식적 오류다. 이 오류는 논리가 타당하더라도 논증의 전제가 부주의할 때 일어난다. 정

---

* 악마의 대변인 노릇을 해보자면, 과학 자체는 권위에 의한 논증에 불과하지 않을까? 뒤에서 과학자 개인이 때때로 대중의 신뢰를 이용해서 거짓을 주장한 사례도 소개할 예정이지만, 이 질문의 답은 '아니오'다.

확하게 무엇이 잘못되었는지는 때에 따라 매우 다양한데, 결론을 지지하기에 전제가 너무 약하거나, 언어가 모호하거나, 일반화에 결함이 있을 수도 있다. 인간을 표현하는 방법을 놀라울 정도로 다양하게 제공하는 만큼 언어는 미심쩍은 추론이 숨어들 틈도 똑같이 다양하게 열어놓았다. 권위에 의한 논증은 획일적인 전문지식의 변치 않는 해석에 의존하는 경향을 보인다. 그러나 이런 관점은 지식의 최전선이 빠르게 요동칠 때면 무너진다.

헝가리계 독일인 의사 이그나츠 필리프 제멜바이스Ignaz Philipp Semmelweis는 1840년대에 빈종합병원에서 산과의사로 일했다. 제멜바이스가 빈에 왔을 무렵, 유럽 전역에서는 사생아를 낳은 임신부의 영아살해가 빈번했다. 이런 소름 끼치는 풍조를 막기 위해 유럽에는 무료 산부인과 병원들이 급하게 개원했다. 빈종합병원은 이런 두 병동의 본거지였다. 항생제가 없던 시대였기에 출산은 본질적으로 위험했다. 많은 산모가 출산 후 감염으로 사망했다. 흥미롭게도 빈의 두 병원은 거의 모든 측면에서 비슷했지만 제1병동은 제2병동보다 사망률이 높았다. 출산을 앞둔 임신부들도 이 사실을 알고 있었으므로 제2병동에 들어가려 했고, 악명 높은 제1병동에서 아이를 낳느니 길거리에서 출산하는 쪽을 택했다.

제멜바이스는 두 병동의 설명하기 어려운 사망률 차이에 흥미를 느꼈지만, 처음에는 알아낸 것이 거의 없었다. 1847년 언제나처럼 부검하던 제멜바이스의 동료 야콥 콜레슈카Jacob Kolletschka는 우연히 수술용 메스에 베인 뒤 치명적인 병에 걸렸다. 고통스러워하는 콜레슈카의 증상은 매일 무력하게 지켜봐야만 했던 임신부들의 증상과 같았기에, 제멜바이스는 동료의 섬뜩한 죽음으로 병에 관한 단서를 얻었다. 제멜바이스는 장기가 부패하면서 감염으로 이어진다고, 즉 시체의 어떤 입자가 질병을 옮긴다고 추측했다. 그의 생각은 그때까지는 간과했던 두 병동의 차이점을 본 뒤 확고해졌는데, 제1병동에 근무하는 의사는 담당한 임신부를 진료하지 않을 때는 사체로 수술 실습을 했기 때문이다. 자신의 가설을 확인하려 제멜바이스는 의사에게서 시체 입자를 제거하기 위해 염소로 시체의 악취를 씻어내도록 하는 등 엄격한 위생 체계를 도입했다. 그러자 거의 곧바로 사망률이 급락했다. 한 달이 지나기도 전에 제1병동의 사망률은 더 안전했던 제2병동 사망률과 비슷해졌고, 열로 인한 사망 건수도 전례 없이 낮아졌다.

실험은 누구도 부정할 수 없는 성공을 거두었지만, 제멜바이스는 의료계의 적대적인 반대에 부딪혔다. 1800년대의 의학은 과학의 변방에 들어섰지만 나이 든 의사들은 여전히 낡은 개념인 체액론humourism을 설파했다. 체액론은 네 가지 '체액'인 혈액·황담즙·점액·흑담즙의 불균형이 모든 질병의 원인이라는 믿음이다. 이런 지식 체계에서 의사의 주요 역할은 사혈 같은 방법으로 체액의 균형을 맞추는 일뿐이었다. 많은 의사가 여전히 낡은 지식을 가르치는 데 열중했고, 기초적인 과학 방법론은 대충 훑는 정도였다. 의사들은 선배와 교수가 가르친 지식에 의지했다. 의학계는 고집 센 사람들과 거친 의견으로 가득한 분야가 되었고,

많은 치료가 증거보다 의례를 토대로 진행되었다.

제멜바이스의 주장은 이런 학풍에 정면으로 충돌했을 뿐 아니라 많은 의사를 불쾌하게 했다. 의사들은 어린놈이 건방지게 자신들의 위생을 넌지시 지적하자 격노했다. 대부분은 제멜바이스의 업적을 무시했고, 의학의 권위와 어긋나는 주장은 잘못되었다며 공격했다. 1865년에 제멜바이스는 일에 대한 열정을 잃어버렸고 심각한 정신 착란에 빠졌다. 이미 인지 손상의 신호를 보이던 그는 과음하기 시작했고, 자신을 비판하는 사람들에게 공격적인 서신을 보냈으며, 서신에 나타나는 분노는 점점 과격해졌다. 적대감과 분노를 품은 제멜바이스는 산과의를 '무책임한 살인자'이자 '무식한 얼간이'라고 맹렬하게 비난했다. 이런 그의 행동은 의학계에서의 지위와, 독단적이지 않고 과학적인 성향인 동료에게 자신의 과학적인 자료가 수용될 가능성 모두에 타격을 주었다. 겨우 마흔일곱 나이에 제멜바이스는 정신병원에 입원했다.

당시 정신 건강 의학은 과학 연구의 빛을 더더욱 받지 못했다. 제멜바이스는 구속복에 묶인 채 찬물에 처넣어졌다. 제멜바이스는 탈출을 시도했다가 끔찍하게 두들겨 맞아 심하게 다쳤다. 2주도 되지 않아 제멜바이스는 아이러니하게도 감염되어 시력과 정신을 잃고 사망했다. 그의 장례식은 초라했고 얼마 되지 않는 가족과 친구들만 참석했다. 빈종합병원의 제멜바이스 후계자들은 그의 주장을 경멸하며 무시했고, 자신들의 권위가 제멜바이스가 틀렸다는 뜻이라며 안도했다. 빠르게, 그리고 헛되이 산모 사망률은 다시 치솟았다. 수십 년이 흐른 후에야 손 씻기가 생명을 구한다는 사실이 보편적으로 수용되었고, 그때까지 수많은 젊은 여성이 의학계의 어리석음의 대가로 목숨을 잃었다.

제멜바이스의 시련은 권위에 의한 논증의 대표적인 사례로 자주 인용된다. 어느 정도 사실이긴 하지만 제멜바이스의 발견에 대한 당시의 반응은 종종 전해지는 이야기와는 미묘하게 다르다. 손 씻기에 관한 제멜바이스의 연구는 물론 귀중한 연구 결과지만 이를 최초로 제안한 사람은 그가 아니었다. 게다가 모든 질병이 시체 입자에서 시작된다는 제멜바이스의 이론은 완벽하게 부정확한 주장이었다. 루이 파스퇴르Louis Pasteur가 미생물의 존재를 밝힌 것은 먼 훗날의 일이지만, 제멜바이스의 시대에도 그가 주장한 보편적인 질병 모델이 부정확했다는 점을 증명하는 증거는 충분했다. 또한 제멜바이스가 발견한 것이 무엇인지도 명확하지 않으며, 제멜바이스가 점점 더 불안정해질 때 이 사실은 도움이 되지도 않았다. 심지어 의학계의 신진 세력은 질병의 원인은 오직 하나뿐이라는 주장과 공기 감염을 부정하는 제멜바이스의 태도에 크게 실망했다. 두 주장 모두 당시의 지식으로도 명백하게 잘못된 주장이었다. 제멜바이스가 자신을 비판하는 사람들에게 공격적으로 대한 태도도(물론 어느 정도 이해할 수는 있지만) 그의 업적을 수용하기 힘들게 했다.

여기까지 살펴보면, 여러분은 내가 왜 이 이야기를 하는지 궁금할 것이다. 답은 둘로 나뉜다. 첫째, 이 이야기는 유명하고 제멜바이스가 최소한 권위에 도전했다는 증거가 있다. 둘째, 이 이

유가 더 중요한데, 제멜바이스 이야기를 둘러싼 뉘앙스는 훨씬 더 위험하고 끈덕진 추론의 결함을 아름답게 보여주기 때문이다. 제멜바이스는 다면적인 질병의 복잡성을 단 하나의 원인 탓으로 돌리는 중대한 과학적 오류를 저질렀다. 기형적이며 환원주의적인 렌즈를 통해 모든 것을 설명하려는 그의 고집은 그가 내린 많은 결론이 그릇된 방향으로 향하게 했다. 우연이지만 제멜바이스의 이야기는 치명적이며 흔한 또 다른 오류, 즉 **단일 원인의 오류**fallacy of the single cause 혹은 **환원 오류**reductive fallacy를 보여준다.

소문을 믿다

보편적인 원인을 찾으려는 욕망은 당연한 것이다. 우리는 단순한 이야기, 원인과 결과가 명확한 이야기를 좋아한다. 그러나 복잡한 현실에서는 이는 규칙보다는 예외가 되기 쉽다. 어쩌면 멋대로 흘러가는 삶을 포괄적으로 이해하기 쉽게 도와주는 이야기를 갈망한 나머지 단일 원인의 오류가 매력적으로 보일 수도 있지만, 대개는 완전히 잘못되었거나 지나치게 환원적이라 쓸모가 없다. 그러나 소음에서 의미를 찾으려는 욕망을 버리지 못한다면 우리는 이 극단적인 접근법을 계속 사용할 것이다. 정치와 미디어 담론에서는 이념에 함몰된 전문가가 복잡한 현상을 간단하게 설명하고 단순한 해답을 내놓으면서 지겨울 때까지 우려먹는데, 많은 상황에는 여러 원인과 기여 요인이 공존한다는 사실을 모르는 것 같다. 환원 오류는 가장 해로운 사회 및 정치적 허구의 매개체가 될 수 있으며 여기에 따라오는 비용은 충격적일 것이다.

　제1차 세계대전이 마무리되던 1918년에 독일군 육군 최고 사령부의 고위 장교는 사실상 군사 독재자였다. 서부 전선에서 루덴도르프 공세가 끝날 무렵, 독일군 고위 장교가 봤을 때 전쟁에 패하리라는 사실은 자명했다. 불가피한 패배를 앞두고 최고 사령부는 가장 기본적인 시정 의회제를 재빨리 시행했고, 이 새로운 시민 기구를 통해 평화 협정이 이루어지면서 전쟁은 끝났다. 그러나 1918년 11월 휴전 협정은 국수주의적인 독일 우파에 혼란을 불러왔다. 강력했던 제국의 전쟁 기계는 어떻게 그토록 철저하게 패배했을까? 전쟁의 책임을 온전히 독일에 물은 베르사유 조약 때문에 독일인의 수치심은 더 깊어졌다.

　한때 자부심이었던 독일군과 해군의 해체, 그리고 전쟁 패배로 인한 엄청난 재정 부담은 독일 제국의 군국주의자들에게 믿기 힘든 굴욕이었다. 이들 대부분은 독일군이 쇠퇴한 요인들을 직면하기조차 거부했다. 국가적 자부심에 난 상처와 피비린내 나는 전쟁이 가져온 복잡한 현실의 잔재 속에서 끔찍한 소문이 떠돌기 시작했다. 독일의 패배는 후방에서 독일의 파멸을 모의한 반역자들 탓이라는 소문이었다. 수많은 사람이 이 소문을 진짜라고 믿었고, 이 중에는 에리히 루덴도르프Erich Ludendorff 장군처럼 상황을 잘 알았을 인물도 있었다. 1919년에 영국 장군 닐 말콤 경Sir Neill Malcolm과 저녁 식사를 하던 루덴도르프 장군은 열정적으로 이전 해 독일군이 완벽하게 패배한 이유를 횡설수설하며 장황하게 늘어놓았다. 광기 어린 변명을 늘어놓던 루덴도르프 장군은 후방의 음모로 군이 패배했다는, 당시 악명 높았던 유언비어를 흘렸다. 역사가 존 휠러-베넷John Wheeler-Bennett은 두 군인의 대화를 재구성했다.

> 말콤이 물었다. "그러니까 장군, 등 뒤에서 칼에 찔렸다는 말씀입니까?" 그 말에 루덴도르프의 눈은 반짝였고 뼈다귀를 본 개처럼 펄쩍 뛰어올랐다. "등 뒤에서 찔렸냐고요?"라고 그는 되뇌었다. "맞아요, 바로 그겁니다. 정확해요. 우리는 등 뒤에서 기습당했어요." 이 순간이 절대로 소멸하지 않을 전설의 탄생이었다.

그릇된 전설의 출현에 이어, 루덴도르프는 배후중상설, 즉 등 뒤에서 칼 찌르기(독일어로는 Dolchstoßlegende) 소문을 이끄는 사도가 되었다. 이 편리한 허구는 곧바로 숨은 반역도를 비난했고, 독일 사회는 이 소문을 열정적으로 받아들였다. 비도덕적인 반역자의 정체는 믿는 사람의 편견에 따라 볼셰비키, 공산당원, 반전주의자, 노동조합원, 공화당원, 유대인 등 다양했으며, 때로는 혐오 대상이 모두 섞여 있을 때도 있었다. 이 소문은 국수주의자에게 반향을 일으키면서 리하르트 바그너Richard Wagner의 오페라 〈신들의 황혼Götterdämmerung〉에서 하겐이 지크프리트의 등을 창으로 찌르는 장면을 떠올리게 했다. 급진적인 우익 반동주의자들은 바이마르공화국 초기 민주주의 지도자들과 독일 휴전 협정 조인국들을 '11월의 범죄자'라며 맹렬하게 비난했다. 감정은 점점 격렬해졌고 깊어져만 갔다. 휴전 협정을 이끈 마티아스 에르츠베르거Matthias Erzberger는 1921년 국수주의 테러 조직에 암살당했으며, 외무부 장관 발터 라테나우Walther Rathenau도 이듬해 살해당했다.

물론 배신자 때문이라는 단순한 설명은 전혀 실속이 없었고, 독일 안팎의 학자들도 철저하게 반박했다. 그러나 쉽게 이해할 수 있는 이야기가 진실로 자리 잡을 때, 진실성의 결여는 걸림돌이 되지 않는다. 소문을 믿는 사람들은 악의적인 요소에 의해 '배신자'로 추정되는 사례만 체리피킹했다. 유대인 기자 쿠르트 아이스너Kurt Eisner는 1918년 군수공장의 파업을 선동한 반역죄로 유죄판결을 받았다. 아이스너는 이듬해 국수주의자에게 암살당했다. 루덴도르프도 분명 알았겠지만, 이런 사건은 독일의 패배에 영향을 미치지 않았다. 1918년에 독일은 이미 비축품이 바닥났고 여러 이유로 완벽히 압도된 상황이었다. 그러나 독일의 패배에 다양하고 복잡한 요인이 있었다는 사실은 등 뒤에서 칼에 찔렸다는 소문처럼 안도감을 주지 못했다. 이 전설은 신봉자에게 다른 것, 즉 눈에 보이는 희생양도 제공했다. 체면치레를 위한 소문에서는 새롭고 치명적인 요소인 반유대주의와 깊숙이 자리 잡은 정치적 증오처럼 더 해로운 것도 나타났다. 이 비틀린 대체역사는 카리스마 넘치는 대변인이자 젊은 오스트리아 선동가인 히틀러를 발견했다.

히틀러는 이 소문을 완벽하게 끌어안아 자신이 키워나가던 반유대주의와 반공산주의 신념에 매끄럽게 이어 붙였다.《나의 투쟁》에서 히틀러는 독일의 패배를 해로운 유대인과 마르크스주의의 국제적인 영향력 탓으로 돌렸다. 나치의 선동 문구는 민주적인 바이마르공화국을 배신의 앞잡이라며 평가절하했고, "유대인, 마르크스주의자, 그리고 '문화적 볼셰비키'가 14년간 통치한 결과 부패, 퇴보, 국치, 솔직한 '국민적 반대'에의 무자비한 박해라는 난국"에 빠졌다고 매도했다. 1933년 히틀러가 권력을 잡자 배후중상설은 주변부의 주장이 아니라 나치의 정설이 되었고, 어린이와 시민에게 틀림없는 진실로 선전되었다. 유대인은 특히 비난의 대상이었고 내부에서 독일을 배신한 불충한 요인으로 낙인찍혔다. 이런 비난은 인간성의 말살로 이어졌으며, 히틀러가 지배하는 나치 국가에서 유대인 시민은 기생충이자 반역자가 되었다.

소문으로 불붙은 인간성의 말살은 역사상 가장 충격적이고 불가해하며 의도적으로 무고한 생명을 파괴하는 근거가 되었다. 1945년, 제2차 세계대전이 끝났을 무렵에 유대인 약 600만 명이 나치 제국에 의해 체계적으로 처형당했고, 이외에도 나치 조직의 '최종적 해결(나치 독일이 행한 유대인의 계획적 말살.—옮긴이)' 작전에서 최대 1100만 명이 목숨을 잃었다. 이를 지금 우리는 홀로코스트라고 부른다. 이 정도 규모의 살인은 이해하기 불가능하고, 사악한 설화가 국가 정신을 지배할 때 인류가 치러야 하는 추악한 대가를 상기시킨다. 집단학살을 정당화하는 괴이한 사고방식을 우리는 절대 온전히 이해할 수 없을 테지만, 이 끔찍한 질문의 답을 찾아낼 때는 환원 오류를 저지르지 않도록 주의해야 한다. 환원적 설화는 유대인과 다른 인종이 끔찍한 희생양이 되는 데 불길한 역할을 했으며, 가해자와 그 협력자의 편견을 강화했다.

거짓 딜레마의 비열한 역사

인과적 환원 오류는 무수히 많은 유형이 있으며, 아마 이중 가장 흔한 것은 **거짓 딜레마** 혹은 **흑백논리**일 것이다. 이 오류는 선택 항목이 바다만큼 많아도 극단적인 두 개 중 하나만 고르라고 주장한다. 흑백논리는 본질적으로 공허하지만 대중 선동에 특화되어 있으며, 딱 두 개 정도로 선택 범위를 좁혀간다. 본질적으로 환원적인 이 수사학적 술책이 대중에게 먹히면, 연설가는 즉시 대안으로 바람직하거나 하찮은 결과를 내보일 수 있다. 따라서 흑백논리는 본질적으로 양극화를 유도하며 타협하지 않는다. 권모술수에 능한 흑백논리는 연합하지 않았거나 초당적인 지지자들이 연설가와 협력하거나 체면을 구기게 하는 특성이 있다. 흑백논리는 연설가의 제안에 전적으로 동의하지 않는 사람은 암묵적으로(때로는 놀라울 정도로 분명하게) 적으로 간주한다고 암시한다.

터무니없지만 놀라울 정도로 강력하며, 경계심이 부족한 사람들을 연설가가 바라는 방향으로 꼭두각시처럼 조정한다. 여러분이 예상한 대로 흑백논리에는 오랜 정치적 역사가 있으며, 정치권의 모든 분야에서 볼 수 있는 '우리와 함께하든지 우리와 맞서던지'라는 선언에서 가장 뚜렷하게 나타난다. 블라디미르 레닌

Vladimir Lenin은 1920년 연설에서 이렇게 말했다. "우리는 절대적으로 솔직하게 프롤레타리아 투쟁을 말한다. 각 개인은 우리 편에 설지 반대편에 설지 선택해야만 한다. 이 문제에서 선택을 회피하려는 그 어떤 시도도 성공하지 못할 것이다." 세계는 정치적으로 분열했고 80년이 지난 후, 부시 미국 대통령은 9.11 테러의 여파로 열린 의회 합동 연설에서 정확하게 같은 말을 사용해서 모든 국가에 "여러분이 미국 편이 아니라면 테러리스트의 편에 서 있는 것이다"라고 경고한다. 레닌과 부시는 서로의 정치 이념을 멸시하며 꺼리겠지만, 두 사람 모두 가장 극단적인 관점 두 개를 제외한 모든 것을 침묵시키기 위해 노골적으로 수사학적 거짓을 말하는 데 거리낌이 없다는 사실은 재미있는 아이러니다.

오래 이어진 거짓 딜레마의 비열한 역사는 인상적이다. 역사적 사례만 살펴봐도 이 책의 남은 페이지 전부와 더 많은 책을 채우고도 남을 것이다. 아서 밀러Arthur Miller는 1953년에 세일럼 마녀재판을 배경으로 한 희곡 〈도가니The Crucible〉를 썼으며, 당시를 지배했던 반공산주의 공황에서 나오는 강렬한 집단 히스테리를 훌륭하게 풍자했다. 극에서 부지사 댄포스는 오류를 일으키는데, "누구든 이 법정의 편에 서지 않으면 법정을 반대하는 편에 서는 것이고, 중간은 없다"라고 경고한다. 다른 분야에서는 특정 주장을 밀어주는 감정적인 문제에 이용되었으며, 양극단의 선택지 사이에 다른 유효 선택지가 존재하면 논리는 무너진다.

극단주의를 조성하는 흑백논리는 본질적으로 합리적인 담론과 정반대다. 흑백논리에 내재한 극단론은 실용적인 결론을 짓밟고 건설적인 대화를 무너트린다. 흑백논리 특유의 호소력은 모든 것을 서로 반대되는 극단으로 단순하게 압축하는 능력에 있으며, 독재자와 선동가는 오랫동안 이런 점에 매력을 느꼈다. 흑백논리의 부식력은 시간이 지나도 줄어들지 않았으며 여전히 광범위한 분야에서 예상한 그대로 뻔하게 활용된다. 소셜미디어는 바로 이런 현상으로 가득하며, 미묘한 관점의 차이에 따라 광범위한 영역이 펼쳐지는 복잡한 주제가 갑자기 두 개의 극단적인 해석을 두고 격렬한 말다툼을 벌이는 수준으로 전락한다. 이런 토론에서는 항상 이상하게 의견이 두 개로 나뉜다.

환원 오류에의 호소는 상대적으로 파악하기 쉬우며, 복잡한 현상을 단순하고 매끄럽게 설명한다. 이해한다는 착각은 안도감과 확신을 주며, 혼란한 세상에서 심리적인 애착 이불과 보호 토템 노릇을 한다. 인과관계를 이해하려는 인간의 욕구는 근본적이고 고유한 특성이며, 꺼지지 않는 이 욕망은 수천 년 동안 인류의 발전과 지적 욕망을 부추기는 엔진이었다. 불을 사용하고 양자역학을 체계화하는 일까지 모든 것을 이끌었다. 지식을 향한 억누를 수 없는 열망이 없었다면 인류에게는 방대한 예술과 과학도 없었을 것이다. 그러나 지식을 향한 욕구를 가진 한 인간은 인과적 오류의 희생양이 될 수밖에 없으며, 이는 인간의 미신, 의례, 심지어 종교 용어에도 새겨져 있다. 다음 장에서 살펴보겠지만, 인류의 집단적 결함 덕분에 원인과 결과를 분리하기는 놀라울 정도로 어려우며, 반대로 실수를 저지르기는 너무나 쉽다.

5장
아니 땐 굴뚝에 나는 연기

백신에 대한 막연한 공포

인간은 한결같이 미신을 좋아한다. 제아무리 합리적이라고 자부해도 사다리 아래로 지나가면서 아주 조금도 불안해하지 않거나 (사다리 아래로 지나가면 불운이 찾아온다는 서양 속설이다.—옮긴이) 거울이 깨졌을 때 두려움이 솟지 않는 사람은 거의 없을 것이다. 불운을 가져온다는 동물이나 장소, 숫자를 회피하는 사람도 있다. 숫자 13 공포증은 너무나 흔해서 13층이나 13호실을 일부러 없애는 호텔도 있을 정도다. 변명해보자면 인간만 미신을 믿는 건 아니다. 위대한 심리학자 버러스 F. 스키너Burrhus F. Skinner는 이 같은 기벽이 다른 종, 예를 들어 비둘기에게도 있다고 증명했다.

스키너의 통찰은 이제는 당연해진 조건화 실험을 통해 증명되었는데, 그는 기계장치로 비둘기에게 무작위로 먹이를 주어 보상했다. 무작위 보상을 충분히 하면 호기심 많은 비둘기는 자신의 어떤 행동이 먹이 보상이라는 사건을 유도했다고 믿게 되고, 먹이를 보상받기 위해 장황한 의례를 치르기 시작한다. 비둘기는 변덕스러운 먹이 신의 환심을 사려고 복잡한 춤을 추며 성공적으로 조건화되었다. 먹이 보상을 기원하며 비둘기가 추는 춤은 정교하고 복잡하다. 스키너는 다음과 같이 관찰 결과를 기록했다.

> 한 비둘기는 먹이 보상이 일어나는 사이에 반시계 방향으로 새장을 두세 바퀴 돌았다. 다른 비둘기는 새장 위쪽 모서리에 머리를 부딪치는 행동을 했다. 세 번째 비둘기는 '머리를 쳐드는' 반응을 생각해냈는데, 보이지 않는 막대를 자기 머리로 반복적으로 들어 올리는 것 같았다. 비둘기 두 마리는 머리와 몸으로 진자운동을 시작했다. (…) 어떤 비둘기는 바닥에 닿지 않게 조심하면서 바닥을 쪼거나 훑는 시늉을 했다.

스키너는 수많은 인상적인 과학적 발견으로 유명해졌지만, 그의 경력의 정점은 '비둘기 미신' 실험이라는 인상을 지우기 어렵다. 비둘기가 의례 행동을 하면 먹이 보상이 이루어지는 실험은 스키너가 보기에 행동을 강화할 수 있다는 명확한 증거였다. 비둘기는 이 체계가 확고한지 의심하지 않는 듯했고 실험은 제대로 이루어진 것 같았다. 그러나 이를 두고 비둘기에 대해 너무 과한 판단을 내려서는 안 된다. 결국 사람도 항상 같은 행동을 하기 때문이다. 비둘기가 춘 복잡한 춤은 많은 부분에서 사람들의 레인 댄스(아메리카 원주민들이 기우제 때 추는 춤.—옮긴이)와 매우 비슷하며, 수 세기 동안 아메리카, 유럽, 아시아 지역 부족들은 기우제를 지냈다. 제의적 의례는 우리 사회에 깊숙이 스며들어 있으며, 여기에는 합당한 이유가 있다. 인간은 열정적인 관찰자이며, 오랫동안 인간에게 도움이 되었던 특성, 즉 관찰한 사실에서 추론하는 능력이 있다.

백신은 아이들의 발달장애를 낳는가

근본적으로 인간은 둘 이상의 이질적인 현상의 연관성을 탐구하지만, 먼저 일어난 사건이 다음에 일어난 사건의 원인이라는 증거는 아니다. 관찰한 두 사실이 인과적 관계인지 혹은 시간순으로 일어난 사건이 우연에 불과할 뿐인지 결정하기는 종종 어렵다. 그러나 오로지 이것만으로 한 사건이 다른 사건의 원인이라는 결론으로 비약하는 오류는 흔하다. 인과관계 오류를 다루는 비형식적 오류들은 **잘못된 인과관계의 오류**hoc ergo propter hoc('이것 다음에 일어났으므로, 따라서 이것 때문이다')라는 포괄적 용어에 포함되며, 매력적이고 간결한 문구에 해당 오류의 정수를 담고 있다. 인과관계에 필수적인 일련의 사건을 보여주기 때문에, 미심쩍은 인과 오류는 겉으로 볼 때는 매력적이다. 그러나 단순히 연속으로 일어나는 사건이 반드시 원인과 결과라는 보장은 없다.

수천 년 동안 인간을 괴롭혔던 말라리아라는 재앙을 예로 들어보자. 기원전 400년, 말라리아라는 이름이 생기기도 훨씬 전에 히포크라테스^{Hippocrates}는 이 질병의 원인으로 습지대 환경에서 나오는, 건강에 나쁜 공기를 지목했다. 히포크라테스가 의학의 아버지로 불리며, 지금도 의사들이 그의 이름이 붙여진 선서를 한다는 점을 고려할 때, 히포크라테스의 영향력이 오래도록 이어진 것은 어쩌면 당연하다. 로마 의사들도 말라리아에 시달리는 사람들이 주로 늪이나 습지대 근처에 살며, 밤에 일하는 사람들이 불규칙하게 걸린다는 데 주목했다. 이 관찰 결과는 최소한 고대 의학의 기준에서는 합리적이었다. 이와 대조적으로 동시대 의사였던 퀸투스 세레누스 새모니쿠스^{Quintus Serenus Sammonicus}는 환자의 열을 내리기 위해 부적에 '아브라카다브라'라는 단어를 쓴 뒤, 환자에게 이 단어를 종이에 여러 번 적되, 그때마다 글자를 하나씩 빼라고 권했다.

습한 환경과 지속되는 질병의 연결 고리는 여러 세대의 의사들을 통해 수차례 확인되었다. 마침내 확정된 질병의 이름에는 이 연관성이 반영되었으며, 말라리아는 '나쁜 공기'를 뜻한다. 1880년에서야 프랑스 군의관 샤를 루이 알퐁스 라브랑^{Charles Louis Alphonse Laveran}이 말라리아 환자의 혈액에서 기생충을 발견했다. 몇 년 후인 1887년, 인도 군의단의 영국 장교 로널드 로스^{Ronald Ross}는 말라리아의 주요 매개체를 연구하는 과정에서 모기가 말라리아 기생충을 전파한다는 사실을 증명했다. 모기는 야행성 곤충으로 고인 물에서 번식하므로, 고대에 발견한 습지대의 밤과 질병 위험도의 연관성은 정확했다. 그러나 이 추론은 엉터리였다. 질병의 원인은 나쁜 공기가 아니라 물 근처에서 번식하고 먹이를 잡는 모기에 물렸을 때 전파되는 기생충이었다.

말라리아와 정체된 공기의 연관성은 오해였지만, 결론은 해롭지 않았다. 오히려 모기가 먹이를 잡고 감염을 퍼뜨리는 장소에서 사람들이 멀어지게 해서, 우연이지만 사람들의 목숨을 구했을 수 있다. 제멜바이스의 손 씻기가 다른 이유로 젊은 산모들의 생명을 구한 것과 비슷하다. 그러나 이런 행복한 우연보다는 반대 상황이 더 자주 일어나며, 잘못된 결합이 해롭지 않을 수도 있지만 심각한 결과를 초래할 수도 있다. 1990년대 말부터 2000년대 초에 닥쳤던 백신과 자폐의 전설적인 연관성에 대한 절망적인 공포는 이런 사례를 가장 전형적으로 보여준다. 깨끗한 식수와 위생 관리에 이어, 백신은 지구에서 생명을 구할 단 하나의 위대한 수단이다. 그런데도 백신이 개발된 후부터 예방 접종을 반대하는 움직임이 있었다. 1772년에 에드먼드 매시^{Edmund Massey} 목사는 〈예방 접종은 위험한 죄악〉이라는 재미있는 제목으로 설교하면서 질병은 신이 내리는 성스러운 처벌이며, 따라서 천연두를 예방하는 행위는 신성 모독 버금가는 '사악한 행위'라고 주장했다.

신체의 통합성에 대한 주관적인 근거나 면역계 작용 매커니즘에 대한 완전한 오해를 바탕으로 백신을 반대하는 사람도 있다. 이런 반대론은 스스로를 제약하기도 하는데, 종교적 관점과 개인의 권리에 대한 우려를 근거로 백신 반대론이 나타났던 1873년의 스톡홀름을 예로 들 수 있다. 당시 다른 국가의 천연두 백신 접종률이 효율적 수준인 90퍼센트에 이르렀을 때, 스웨덴의 수도는 간신히 40퍼센트에 닿았다. 조금은 완강했던 스톡홀름 시민의 태도는 이듬해 천연두가 대량으로 급증하면서 빠르게 반전했고, 유행병이 절정에 달하면서 백신 접종률도 놀라울 정도로 높아졌다. 좀처럼 사라지지 않았던 스톡홀름 시민들의 자기만족은 천연두가 드러낸 노골적인 현실에 산산이 부서졌다.

1800년대 유럽에서는 유행병이 그저 작은 시련이 아니었다. 당시 천연두로 매년 40만 명이 넘는 사람이 목숨을 빼앗겼고 생존자 중 3분의 1은 시력을 잃었다. 환자들은 고름이 가득한 상처로 뒤덮였고 상처가 평생 남기도 했다. 질병은 계급이나 지위를 막론하고 덮쳤으며 왕자와 극빈자를 가리지 않았다. 치명적인 천연두의 창궐에 목숨을 잃은 수많은 희생자 중에는 영국 여왕 메리 2세Mary II, 오스트리아 황제 요제프 1세Joseph I, 스페인 국왕 루이 1세Loius I, 러시아 차르 표트르 2세Peter II, 스웨덴 여왕 울리카 엘레오노라Ulrika Eleonora, 프랑스 국왕 루이 15세Louis XV가 있다.

20세기가 시작될 무렵, 새로운 면역학 지식이 쌓이면서 태곳적부터 인류를 괴롭혔던 질병을 막을 예방 접종이 발명되었다. 천연두는 이 끔찍한 목록에서도 가장 꼭대기에 있었으며, 1959년 한 해에만 200만 명 이상의 생명을 앗아갔다. 1959년에는 전 세계가 본격적으로 천연두 예방 접종에 협력하기 시작했다. 1979년에 천연두 바이러스는 완벽하게 박멸되었다. 인간 역사상 처음으로 치명적인 바이러스가 역사책과 끔찍한 기억으로 밀려났고, 전 세계의 생물안전 등급이 높은 실험실에서 주의 깊게 보관하는 한 줌의 표본으로만 남게 되었다. 한때 흔했던 질병인

폴리오와 홍역 백신은 1950년대에 개발되었으며, 수많은 사람을 살리고 많은 질병의 고통을 기억에서 멀어지게 했다. 미국에서는 1994년에, 유럽에서는 2002년에 폴리오가 완벽히 박멸되었다.

그러나 여러 가지를 고려했을 때, 백신은 자신이 이룩한 성공의 희생자가 될 운명이었다. 한때는 피할 수 없었던 끔찍한 질병의 위력이 문화 의식에서 잊히기 시작했다. 사람들은 천연두 환자의 곰보투성이 얼굴도, 폴리오에서 살아남은 환자의 심각하게 손상된 몸도 볼 수 없었다. 공동체가 공유한 경험에서 홍역으로 죽거나 청력을 잃거나 뇌가 손상된 어린이들의 유령은 더는 출몰하지 않았다. 위험이 추상적이고 모호해지면서 안주하려는 분위기가 자리 잡았다. 사람들은 백신이 우리 세상을 근본적으로 바꾸었다는 사실을 잊기 시작했다.* 20세기에는 대부분 예방 접종률이 높았고, 끈질기게 백신을 거부하는 비주류를 막아냈다. 백신 거부감은 부글거리며 그림자 속에 숨었고, 상상할 수 있는 모든 질병을 백신 탓으로 돌렸다. 대부분 이런 공격은 너무나 괴상해서 무시당했다.** 20세기가 저물 때쯤 젊은 부모들은 부모 세

---

* 제1차 세계대전 중에 시인이자 병사였던 시그프리드 서순Siegfried Sassoon은 "직접 겪어보지 않고, 상상력이 부족해 알지도 못하는 고통을 바라보는 집에 있는 대다수의 냉담한 안일함"을 매도했다. 서순은 보이지 않는 곳에서 일어나는 대량 학살을 향한 대중의 눈먼 냉담을 말했지만, 나는 백신을 무시하는 사람들을 만날 때마다 종종 이 말을 떠올린다.

** 백신 반대 활동가들의 심리적 특성으로는 결함 있는 추론, 자료보다 일화에 의존하는 경향, 사고 패턴의 낮은 인지 복잡도가 있다. 비평가들이 악의적인 이익 집단의 대리자로 비난받으면서 음모론적 사고가 유행병처럼 퍼지고 있다.

대처럼 자녀가 유아기에 사망할까 봐 걱정하지 않았다. 이제 생존이 당연해지자, 새롭게 소비할 공포를 누군가가 발견했다.

이 중에서도 늘어나는 발달장애를 향한 우려가 가장 컸다. 20세기 후반에 어린이 자폐 비율이 눈에 띄게 치솟기 시작하면서 부모들을 놀라게 했다. 자폐스펙트럼 장애의 전형적인 특징은 보통 걸음마를 시작하고 예방 접종을 받을 때쯤 나타난다. 이런 사실이 누군가에게는 거북한 암시가 되었다. 어쩌면 백신 자체가 자폐를 일으키는 건 아닐까? 그러나 음침하게 이어지는 장면을 뒷받침하는 의학적 증거는 없었고 오히려 반박하는 증거가 많았다. 겉으로만 그럴싸한 이 연결 고리는 악명 높은 영국 위장병전문의 앤드루 웨이크필드Andrew Wakefield만 아니었더라면 서서히 대중 의식의 변두리에서 사라질 수도 있었다.

1998년에 웨이크필드와 공동 저자들은 자폐 아동 12명을 대상으로 한 소규모 연구 논문을 저명한 의학 학술지 《란셋The Lancet》에 발표하면서 자폐와 관련된 수많은 장내 증상을 발견했다고 주장했다. 저자들은 이 증상을 **자폐성 장염**autistic enterocolitis이라고 명명하고, 논문의 고찰에서 깊이 파헤치면서 이 증상이 어쩌면 홍역 백신과 연관됐을지 모른다는 확실하지도 않은 주장을 펼쳤다. 보강할 자료도 없는 덧없고 모호한 주장이었다. 정상이라면 이런 얄팍한 억측은 근거가 없어서 무시되었겠지만, 웨이크필드는 흔치 않은 행동, 즉 기자회견을 열었다. 성실한 과학적 행동이라는 제약에서 자유롭게 풀려난 웨이크필드는 자신이 자폐와 MMR(홍역-유행성이하선염(볼거리)-풍진) 백신의 연관성을 입증하는 증거를 발견했으며, 이 3가 백신이 안전하지 않다고 발표했다. 이 주장은 자폐가 점점 증가하면서 암암리에 자라나던 우려에 불을 지폈다.

웨이크필드의 깜짝 놀랄 만한 주장은 적어도 처음에는 대중 담론에 거의 영향이 없었다. 그의 주장은 더 강력한 다수의 자료와 상반되었다. 주류 과학과 건강 전문기자들은 수상쩍은 과학의 특징을 지적하고, 웨이크필드가 엄청나게 늘어놓은 자기 홍보를 경계할 만큼 해박한 지식이 있었다. 그래도 골수 백신 반대론자들은 과학 저널리즘의 문지기를 피해서 경솔한 기자들에게 흥미로운 이야기라며 기사를 뿌렸고, 서서히 주류로 몰아갔다. 과학 전문이 아닌 기자들은 우려의 목소리를 전한다는 핑계를 대면서 자폐의 특징이 백신을 맞은 후에 나타난다고 강조하고, 인과관계가 있다는 인상을 강화했다. 자신의 주장을 밀어붙이려면 대중의 공포가 필요했던 백신 반대론자에게는 하늘이 준 선물이었다. 2002년이 되자 영국에서 나온 모든 과학 기사의 대략 10퍼센트가 MMR 백신이 위험하다고 떠들었고, 이런 이야기의 80퍼센트는 과학이나 의학 지식이 없는 기자들이 써냈다. 의사이자 작가인 벤 골드에이커Ben Goldacre는 당시 어리석었던 상황을 간결하게 요약했다.

"어느 순간, 원래는 디너파티 가는 길에 오페어(가정에 입주해서 아이를 돌보며 보수를 받고 어학연수를 하는 젊은 외국인.—옮긴이)와 있었던 재미난 일을 이야기하던 사람들이 면역학과 전염병학의 복잡한 문제에 논평과 조언을 하고 있었다."

전문가와 언론 보도 사이에 나타나는 두드러진 단절성은 시사하는 바가 크다. 과학 전문기자들은 대체로 백신 반대 운동이 임상시험 증거를 왜곡하는 해묵은 작태에 익숙하며, 웨이크필드의 주장을 무시할 만큼 과학적 방법론에 충분히 숙달되어 있다. 과학 전문기자들이 MMR 백신을 보도할 때는 백신의 이점을 보여주는 증거의 신뢰도는 높지만, 자폐와의 연관성을 보여주는 증거는 사실상 없다는 점을 강조한다. 그러나 자녀를 보호하려는 온갖 항의와 공포의 소용돌이 속에서 백신이 수많은 생명을 살려냈다는 사실은 완전히 무시되었다. 종이는 잉크를 거절하지 않는다는 속담처럼, 과학 지식이 부족한 기자, 유명 인사, 공인이 유언비어를 퍼뜨리는 경멸할 만한 일에 뛰어들었지만 이를 완전히 간과하고 말았다. 언론은 웨이크필드와 지지자들에게 아양을 떨기 시작했다. 《텔레그래프Telegraph》는 웨이크필드를 "환자들의 수호자"라면서 떠받들기까지 했고, 백신의 안전성과 효능에 관한 의학적 합의는 철저하게 무시했다.

당연하게도 이 엄청난 논란은 값비싼 대가를 요구했다. 몇 달 안에 서유럽의 예방 접종률은 곤두박질쳤다. 믿을 수 없을 정도로 위험한 상황이었다. 특히 홍역은 공기를 통해 전염되므로 전파가 빠르고 피하기 어려워서 전염성이 강하다. 감염은 평균 12~18명의 2차 감염으로 이어진다. 감염 증상이 매우 불쾌한 데다가 홍역의 부작용은 청력 손실과 뇌 손상이어서 피해가 심각하고 매년 16만 명이 사망할 정도로 치명적이기까지 하다. 홍역 백신은 매년 100만 명의 목숨을 구하지만 현재 상황에 안주할 여유는 없었다. 홍역은 끈질겨서 유행을 막으려면 집단 면역력이 높아야 했다. 면역력을 갖춘 개인들이 영아나 환자처럼 예방 접종을 할 수 없는 사람들을 보호하는 '방화벽'을 제공한다. 홍역처럼 치명적인 질병의 발발을 막으려면 집단 면역을 반드시 94퍼센트로 유지해야 했다.

쉽게 속고, 솔직하게 말하면 개탄스러운 많은 언론의 행보 덕분에 웨이크필드의 미심쩍은 주장은 널리 퍼졌다. 백신의 놀라운 효율성과 안전성을 입증하는 수많은 증거가 넘쳐나는데도 최종 결과는 극적으로 과장된 백신의 위험이었다.* 논란의 진원지인 영국 전역에서 접종률이 62퍼센트까지 급락했다. 믿기 어려울 정도로 치명적인 질병의 발생은 상대적으로 드문 문제에서 너무나 흔한 문제가 되었다. 아이리시해를 건너 더블린에서는 예방 접종률이 낮아지면서 바이러스가 마구 퍼질 수 있는 이상적인 환경이 되었고, 어린이 셋이 죽고 여러 명이 영구 장애를 얻었다.

언론들이 보여준 실망스러운 행태 속에서 탐사 보도 기자 브라이언 디어Brian Deer는 단 하나의 훌륭한 예외였다. 날로 높아지는 백신을 향한 새된 비명에 회의주의적 시각을 들이댄 디어는 웨이크필드의 주장이 엄청난 양의 과학 자료와 정반대라는 사실

---

* '기계적 중립false balance'의 전형적인 사례다. 이는 5부에서 다시 다룬다.

을 깨달았다. 2004년에 디어는 웨이크필드가 백신 제조업체를 상대할 증거를 원하는 사무 변호사에게 5만 5000파운드(한화 약 1억 원)을 받았다는 증거를 보도했다. 과학 윤리에 정면으로 어긋나는 행동으로 웨이크필드는 이 중요한 이해충돌에 관해 입장을 밝히지 않았다. 디어는 웨이크필드가 MMR 백신의 경쟁 제품 특허를 출원했다는 증거도 제시했는데, 이 사실은 웨이크필드가 자신의 연구 결과와 대중 앞에서 한 주장이 완전히 반대라는 사실을 정확하게 인지하고 있었다는 증거였다. 《란셋》은 웨이크필드의 논문에 "치명적인 결함이 있다"라고 인정했으며, 웨이크필드는 그를 향해 달려드는 거대한 증거의 파도를 막으려 디어를 명예훼손으로 고소하는 뻔히 보이는 고압적인 시도를 했다. 세계를 위해서는 천만다행인 점이 웨이크필드는 디어의 끈기를 심각하게 저평가했고, 디어는 유죄가 확실한 웨이크필드의 행적을 취재해서 계속 보도했다. 2006년에 디어는 웨이크필드의 주장이 실현 가능성이 전혀 없으며, 웨이크필드가 그를 통해 MMR 백신이 해롭다는 증거를 찾으려던 법정 변호사에게서 46만 5653파운드(한화 약 9억 원)가량을 수수했다는 사실을 밝혀냈다. 결국 웨이크필드는 고소를 취하하고 모든 비용을 대야 했다.

이 판결은 웨이크필드를 향한 숭배에 끝을 고하는 종소리였다. 영국 일반의사회는 철저한 조사에 돌입했고, 과학적 사기의 증거를 찾아낸 《란셋》은 웨이크필드의 논문을 철회했다. 2010년 4월, 디어는 웨이크필드가 증거를 조작했다는 점을 입증했다. 한 달 뒤, 영국 일반의사회의원회는 웨이크필드가 직업상 부정직함과 발달장애 아동의 학대를 포함해서 전문가로서의 심각한 직권 남용이라는 점에서 유죄라고 판정했다. 웨이크필드의 의사 면허는 취소되었고, 디어는 웨이크필드가 허구의 질병을 진단하는 검사기기를 판매하려 계획했다는 증거를 발표했다. 웨이크필드는 이 사업으로 매년 4300만 달러(한화 약 578억 원)가량을 벌어들일 수 있었다. 웨이크필드가 언론의 총아에서 의학계의 부랑아로 추락하면서 사건은 마무리됐다. 《영국의학저널British Medical Journal》 편집자인 피오나 고드리Fiona Godlee 교수는 웨이크필드의 행동에 드러난 비열한 본질을 냉정하게 평가하며 다음과 같이 요약했다.

> 이 사기를 저지른 이는 누구인가? 웨이크필드가 주인공이라는 데는 의심의 여지가 없다 (…) (그는) 논문 결과를 재현하거나 실수가 있었다고 고백할 기회가 충분했다. 그는 어느 것도 하지 않았다. 10명의 공동 저자와 함께 2004년 논문의 해석을 철회하기를 거부했고, 계속해서 잘못을 부인했다. 현재 그의 임상 및 학술계 자격이 취소되었지만, 그는 자신의 주장을 계속 밀어붙인다. 그러는 동안에도 공중보건은 계속 무너지고 있으며, 균형을 잃은 언론 보도와 비효율적인 정부와 과학자, 학술지, 의학 전문가의 대응은 불에 기름을 붓고 있다.

자폐성 장염은 허구였고, 재현할 수 없으며, 오직 웨이크필드가 조작한 증거에 의해서만 뒷받침되었다.* 그러나 이 모든 증거가 사기라는 필연적인 결론을 가리키는데도 많은 사람이 여전히 웨이크필드 주변으로 모여들며, 자녀의 자폐가 MMR 백신 때문이라고 확신한다. 그들의 믿음을 뒷받침하는 가장 강력한 증거는 예방 접종을 하고 난 뒤에 자녀가 자폐 증상을 보이기 시작했다는 것이다. 이는 끔찍할 정도로 극단적인 **잘못된 인과 관계**의 오류로, 단순함이 매력이지만 결론은 옳지 않다. 치솟는 자폐 비율은 백신과 아무 상관이 없으며 가장 그럴듯한 범인은 자폐 진단 기준이 완화되었다는 사실이다. 자폐가 예방 접종 후에 나타났다는 점도 특별히 놀라운 사실은 아니다. 자폐는 초기 유아기에 나타나는데, 의사소통 장애 같은 숨길 수 없는 증상은 예방 접종을 마치고 얼마 되지 않은 시기인 두세 살에 명확하게 보이기

• 웨이크필드는 은밀하게 특허 신청을 냈던 1가 백신을 지지했으며, 최소한 처음에는 MMR 백신에만 특히 분노의 초점을 맞추었다는 점에 주목할 가치가 있다. 그래서 일부 기자는 웨이크필드가 백신 반대론자라고 믿지 않았다. 그러나 이는 잘못된 판단으로, 처음에는 '과량의 백신'이 어린이들을 해친다는 백신 반대 유언비어에서 시작했는데, 이 소문은 당시에도 거짓으로 판명되었다. 또한 백신 반대론자들이 종종 자신들을 그런 식으로 언급하기를 꺼리는 대신 '안전한 백신을 지지한다'라는 식의 완곡한 표현을 쓰는 점도 주목해야 한다. 이는 그저 의미론적인 눈가림일 뿐인데, 안전성과 효능에 관한 압도적인 증거를 무조건 무시하고 백신 반대론만 주장하면 올바른 신념으로 보이지 않기 때문이다. 그저 과학적 증거에 의문을 제기하면서 오래된 일화를 슬쩍 끼워 넣으면 사전 작업이 끝난다. 백신 반대론자(혹은 인종 차별주의자, 여성 혐오주의자 등)인지 아닌지를 결정하는 것은 행동이며, 여기서 자기 정체성은 거의 무의미하다. 웨이크필드의 MMR 백신 반대 견해는 오래된 백신 반대라는 허튼수작을 투사할 훌륭한 수단이었다. 아마 말년에는 웨이크필드가 백신 반대론을 제외한 모든 가식을 버리는 것을 보게 될 것이다.

시작한다. 인과관계로의 잘못된 귀책은 조작된 공포에 거짓된 신뢰를 심어주기 충분했다.

　MMR 백신에 대한 피해망상은 2000년대 초를 기점으로 진정되었지만 그 시기에 고통받은 희생자가 어린이만은 아니었다. 백신을 불안하게 여긴 부모들은 자녀의 예방 접종을 거부했고, 이런 공포는 서서히 세계로 확산되었다. 예방 접종도, 집단 면역이라는 필수 환경도 없이 자란 유럽과 미국 어린이들은 예상한 대로의 결과를 맞이했다. 2011년 유럽에서 홍역이 2만 6000건 발생하면서 9명이 사망하고 7288명이 입원했다. 2018년에는 이 숫자가 8만 2596명으로 늘어났다. 2012년에 영국에서는 홍역이 20년 만에 최고치까지 급등했으며, 2013년에 웨일스에서만 1200명이 감염되고 1명이 사망했다. 아일랜드는 2010년에 443건의 홍역이 발생했고 이는 이전 해보다 두 배 이상 치솟은 수치였다. 노스 코르크에서는 예방 접종률이 26.6퍼센트까지 떨어지는 기록을 세웠다.

　한때 홍역을 실제로 박멸했던 미국은 홍역 감염률이 풍토병 수준으로 높아졌다. 2014년에는 27개 주에서 677건이 발생했고, 이는 20년 만의 최고치였다. 이듬해 디즈니랜드에 갔던 홍역 감염자 1명이 최소 150명의 감염을 일으켰고, 전문가들은 "2015년 홍역 대유행은 기준에 못 미치는 예방 접종 준수율 탓"이라는 데 주목했다. 2019년 초, 뉴욕주는 최근 수십 년 중 최악의 홍역 대유행을 겪었다. 홍역 희생자들은 백신 공포의 유산이었으며, 헌신적인 백신 반대론자들은 여전히 두려움을 퍼뜨리고 다녔다. 세계보건기구는 이것이 새로운 현상이 아니라는 데 주목했다. "백신 반대 운동에 대처하는 방법은 에드워드 제너^{Edward Jenner} 시대 이후 언제나 문제였다.[•] 장기적으로 볼 때 최선은 근거 없는 잘못된 주장을 과학적으로 타당한 자료로 최대한 빨리 반박하는 것이다. 말은 쉬워도 행동으로 옮기기는 어려운데, 이 게임 상대는 대개 과학의 규칙을 따르지 않기 때문이다."

실체 없는 위험에 대한 불안들

여기까지가 오늘날의 문제 상황이며, 세계보건기구는 처음으로 백신 거부가 세계 보건을 위협하는 상위 10개 항목에 속한다고 선언했다. MMR 백신 공포는 때로 자폐 증상이 예방 접종 후에 나타난다는 단순한 관찰을 근거로 삼았다. 이 우연의 일치는 열성적인 백신 반대론자가 잘못된 인과관계의 오류를 순진한 사람들에게 밀어 넣는 트로이 목마가 되었고, 파괴적인 돌진에 기름을 들이부었다. 지금 우리가 겪고 있는 부정적인 현실은 잘못된 사고의 결과이며, 그 위험성을 일깨우는 강력한 경고다. 이 불길을 부채질한 공포의 또 다른 요인은 당시의 문화적 시대정신이다. 사건 전체를 되돌아볼 때, 여러분은 대중이 실체 없는 자폐 위험에 왜 그토록 크게 불안해했는지, 그 공포가 왜 백신의 보호

• 제너는 1796년에 최초로 백신을 발명한 인물이다.

라는 현실을 넘어 사람들에게 더 큰 경종을 울렸는지 어리둥절할지도 모른다.

여기에 대한 답으로는 가용성을 들 수 있다. 2000년 초 부모들의 문화 사전에는 홍역에 걸려 죽거나 영구 장애를 입은 어린이의 모습과 이야기가 없다. 여러 해 동안 연구와 공중보건에 들인 노력 덕분에 바이러스가 자주 나타나지 않는 확실한 결과를 얻었고, 따라서 부모의 우려도 줄어들었다. 반면 자폐는 일상에 너무나 자주 등장했다. 잡지와 신문은 자폐 아동이 마주하는 어려움을 쉴 새 없이 떠들었고 자폐 비율이 치솟는 명확한 상황의 원인을 추측해댔다. 이런 추측 보도에서는 이전 해에 자폐를 진단하는 기준이 크게 확대되었으며, 이에 따라 지적 장애로 진단했던 어린이를 자폐 스펙트럼으로 진단하게 되었다는, 재미없지만 중요한 사실은 무시했다. 이전에는 보호 시설에 격리되거나 보이지 않았던 어린이들이 갑자기 대중의 시야에 나타난 셈이다. '자폐'라는 개념은 대중의 마음속에 자리 잡았지만, 홍역의 파괴적인 영향력은 그렇지 못했다. 그리고 이 개념적 '가용성'은 대중의 인식을 깊이, 그리고 비극적으로 왜곡했다.

쉽게 얻은 정보나 최근 정보에 더 큰 비중을 두는 이 현상은 **가용성 휴리스틱**availability heuristic이라고 부른다. 개념을 평가하거나 의견을 형성할 때 머릿속에 즉각 떠오르는 사례에 의존하는 경향으로 사실상 사고의 지름길 역할을 한다. 이 사고는 기억해내기 쉽다면 중요한 정보라는, 아니면 최소한 다른 대안 설명보다는 중요하다는 추정을 중심으로 돌아간다. 기억해내기 쉬울수록 우리는 그 정보에 더 집착한다. 그리고 실제로 최근 정보나 기억하기 쉬운 사례 쪽으로 우리의 의견을 편향시킨다. 그러나 최근 정보라거나 떠올리기 쉽다는 사실만으로 그 정보가 사실인 것은 아니며, 빠른 사고에서 나온 결론이 완벽할 수도 없다. 존재하지도 않는 자폐 위험보다 홍역 위험이 훨씬 더 크지만 걱정이 많은 부모는 홍역으로 인한 사망보다 무서운 자폐 이야기를 더 많이 접했을 것이다.

그러나 가용성 편향은 수많은 휴리스틱 중에서 사고 지름길의 하나일 뿐이다. 때로는 질보다 속도가 중요하기 때문이다. 생존이 걸린 문제라면 빠른 판단이 유리할 수 있다. 야생의 세계에 있는데 갑자기 덤불 속에서 바스락거리는 소리가 들렸다고 해보자. 대부분은 위험하지 않을 것이다. 바람이 스치는 소리였거나 새나 여우일 수도 있다. 우리가 있는 장소와 지식을 고려하면 가장 그럴듯한 원인을 찾을 수 있다. 그러나 대개 우리는 그렇게 하는 대신 위험을 감지하는 즉시 반응한다. 바스락거린 것이 해롭지 않은 것이 아니라 덤불 아래 숨은 뱀이었다면 즉각적인 반응이 우리의 목숨을 구했을 것이다.

인간의 결정과 반응은 너무나 빨라서 능동적인 사고 자체가 관여하지 않는 듯 보이기도 한다. 신중히 처리하는 것이 오히려 실수일 때 추론을 짧게 줄여서 목숨을 구하려는 이런 경험 법칙이 휴리스틱이다. 물론 휴리스틱은 완벽하지 않지만, 일종의 자동조타장치 역할을 한다. 심리학자 대니얼 카너먼^{Daniel Kahneman}은 인간의 사고를 시스템 1과 시스템 2, 두 가지 상태로 분류했다.

카너먼의 주장에 따르면 시스템 1은 빠르고 직관적이며 자동 반응처럼 보이고, 이와 대조적으로 시스템 2는 느리고 더 분석적이며 추론이 지배한다. 두 시스템은 상호보완적이며, 논리적인 사고는 인지 비용이 많이 들고 휴리스틱은 우리의 생존을 담당한다. 카너먼에 따르면 "이것이 바로 직관적 휴리스틱의 정수다. 어려운 결정을 앞두고 우리는 종종 더 쉬운 답을 도출하며, 대개는 시스템이 교체됐다는 사실을 인식하지도 못한다".

직관의 오류

휴리스틱은 우리를 뱀에게서 보호하는 일 이상을 해내며, 우리가 사고하는 과정의 근본이기도 하다. 분석적인 사고를 할 때도 두 시스템의 요소를 함께 사용하며, 휴리스틱은 우리의 추론 과정에 깊이 관여한다. 카너먼 연구팀은 인간 추론 능력의 가장 핵심에 자리한 휴리스틱의 흔적을 발견했다. 문제는 쉽게 기억할 수 있는 사례를 통한 추론이 심각한 오류투성이라는 점이다. 보통 우리가 가장 잘 기억하는 사례는 제일 전형적이지 않은 감정적인 사례다. 사람들은 테러나 폭력으로 사망할 위험은 놀라울 정도로 과대평가하면서 심장병과 뇌졸중으로 사망할 가능성은 완벽히 과소평가한다. 그러나 휴리스틱에만 의존하면 추론은 부정확해지며, 결국 추론에 오류를 일으킬 위험은 명백하다. 카너먼의 말에 따르면 "휴리스틱은 상당히 유용하지만 때로 심각하고 체계적인 오류를 일으킨다".

　직관적 휴리스틱 추론은 빠르지만 곳곳에 위험이 도사리고 있다. 카너먼이 2011년에 출판한 저서 《생각에 관한 생각》에서 제기한 간단한 질문을 살펴보자. 야구공과 배트를 같이 사면 110달러다. 배트가 공보다 100달러 더 비싸다. 그렇다면 공은 얼마일까? 직관적으로 대부분 10달러라고 대답한다. 이는 오답이다. 배트 자체가 110달러라면 총 120달러여야 하기 때문이다. 정답은 이 문제를 말에서 대수학으로 바꾸면 얻을 수 있다. 배트 가격을 x, 공 가격을 y라고 했을 때, 우리는 단순한 식 두 개를 얻을 수 있다.

$$x+y=110$$

$$x-y=100$$

　위와 같이 연립방정식을 세울 수 있고, 두 방정식을 더하면 2x=210이 된다. 즉 x, 야구 배트 가격은 105달러다. 틀렸어도 기분 상할 필요는 없다. 카너먼이 말하길, 영리한 사람들도 이 오류를 피하기 어렵다고 한다.

　대학생 수천 명에게 야구 배트와 공 문제를 제시했을 때, 결과는 충격적이었다. 하버드대학교, 메사추세츠 공과대학교^{MIT}, 프린스턴대학교 학생 50퍼센트 이상이 직관적인 답, 즉 오답을 말했다. 등급이 더 낮은 대학교에서는 오답률이 80퍼센트를 넘었다. (…) 많은 사람이 자신의 직관을 과도하게 신뢰하며 과신한다. 사람들은 인지적 노력이 아주 조금이나마 불쾌하다는 사실을 분명히 깨닫고 가능한 한 회피하려 한다.

우리는 감이나 본능에 의지한다고 말하지만, 휴리스틱은 대체로 약간의 뉘앙스나 분석이 필요한 문제에 대한 차선책이다. 결정해야 할 상황에 부딪혔을 때 무조건 빠르고 옳은 것 같은 직관에만 의존한다면 우리는 종종 어긋난, 어쩌면 위험한 결과를 맞닥트릴 것이고, 마음에 들지 않겠지만 이것이 현실이다. 한정된 자료에서 인과관계를 추론할 때는 매우 조심해야 하며, 근거 없는 결론으로 비약하는 일을 경계해야 한다. 짜증 나는 오랜 격언과 달리 연기는 종종 불이 없어도 피어오른다. 여기서 비극적인 사실은 존재하지도 않는 불을 찾다가 되려 불길을 키우기도 한다는 점이다.

6장
야수의 본질

피부색을 둘러싼 차별과 혐오

이민처럼 날것 그대로의 긴장을 드러내는 문제는 흔치 않다. 낯선 침입자가 들끓는 상황에 대한 공포는 전 세계 어느 곳에서나 드러난다. 이 의도적인 침입자들은 특별히 낯선 자들도 아니지만, 같은 국가 안에서 민족이나 인종에 따라 결집하면서 두려움이 확대될 수 있다. 복잡한 인종 역사를 가진 미국은 이 문제에서 가장 좋은 사례일 것이다. 노예제도는 미국 남북전쟁에 불을 붙인 도화선이었다. 에이브러햄 링컨Abraham Lincoln이 대선에 승리하면서 흑인 노예 400만 명은 해방되었지만, 자유인이 된 후에도 흑인들은 자주 배척당하고 차별받았으며 사회 주변인으로 격하되었다. 전쟁이 끝나고 한참 뒤에도 인종분리정책과 유권자 권리 박탈이 시행되었고, 아프리카계 미국인은 빈번하게 2등 시민이라는 관념에 갇혔으며 이런 차별에는 폭력이 동원되기도 했다.

1950년대 공민권운동의 시작은 더 나은 세상을 향한 희미한 희망을 주었다. 1963년 8월 28일, 링컨 기념관 앞에서 마틴 루서 킹 주니어Martin Luther King Jr 목사는 25만 명의 공민권 지지자에게 모든 사람이 "피부색이 아닌 오직 그 자신으로만 판단받는" 날을 기다린다는 연설을 했다. 이후 10년이 채 지나기도 전에 투표권리법(미국에서 소수민족의 참정권을 보장하기 위해 제정한 법.—옮긴이)과 공민권법(미국의 흑인보호법.—옮긴이)이 가결되면서 인종 차별이나 인종 학대를 연방 범죄로 규정했다. 슬프게도 1968년에 암살당한 킹 목사는 살아서 이를 보지 못했다. 1970년대 초 언론은 공공연히 곧 '인종 사회 이후'의 새벽이 진정으로 올 것인지, 인종이 지운 운명을 견뎌내지 않아도 되고, 피부 멜라닌 농도에 근거한 편견이 과거의 유물이 되는 킹 목사의 꿈이 이루어질지 궁금해했다. 버락 오바마Barack Obama가 2008년 당시 미국 대통령에 당선되면서 마침내 인종 차별 없는 시대가 왔다는 낙관론이 퍼졌다.

슬프게도 이는 헛된 꿈에 불과했다. 낡은 인종주의는 법적 의무에 억눌렸을지 몰라도 사라지지 않았으며, 더 은밀하게 숨어들었을 뿐이었다. 사무실에서 오바마 대통령은 늘 그랬듯이 공공연하고 때로는 미묘한 인종 차별을 견뎌내야 했다. 그가 케냐에서 태어났으며, 따라서 그의 대통령직 수행은 불법이라는 음모론은 빠르게 모습을 드러냈다. 이른바 버서birther 운동(오바마의 출생증명서가 가짜이므로 대통령 당선이 위헌이라 주장하는 사람을 가리키는 신조어.—옮긴이)은 오바마 대통령의 출생증명서가 가짜이며 그가 비밀리에 이슬람교를 믿는다고 주장했다. 오바마 대통령을 음해하고 '미국인이 아니라고' 매도하려는 너무나 뻔한 시도였다. 이런 음모론을 대한 오바마 전 대통령 특유의 우아하고 당당한 태도는 높이 평가받아야 마땅하다. 그러나 이 음모론의 본질은 흑인이 '진짜' 미국인으로서 성공한 것을 인정할 수 없는 누군가가 존재한다는 점이다. 모든 '버서'들 중 가장 시끄럽게 떠든 사람은 당연하게도 리얼리티 텔레비전 스타 도널드 트럼프^{Donald J. Trump}였다.

미국의 트럼프, 영국의 브렉시티

트럼프가 2016년 대통령 선거 유세에 나섰을 때, 그는 적나라하게 인종 차별과 외국인 혐오를 반복했다. 그는 이민자들을 비난하면서 미국과 멕시코 국경에 비현실적인 장벽을 세우겠다는 공약을 내걸었다. 이민자들과 국외자들은 미국의 골칫거리라고 주장하면서 트럼프는 이들을 미국에서 몰아내겠다고 약속했다. 진보적인 세계라면 이 발언으로 입후보자 자격을 박탈당해야 했지만, 그러는 대신 트럼프의 공개적인 외국인 혐오는 백인 국수주의자들의 환호를 받았고, 갑자기 튀어나온 국수주의자들은 공개적으로 인종 차별주의를 대담하게 드러냈다. KKK단(미국의 비합법적 백인우월주의 비밀결사체.—옮긴이)의 전 지도자였던 데이비드 듀크^{David Duke}는 트럼프를 지지하면서 "트럼프가 미국을 예전으로 돌려놓을 것이다"라며 열변을 토했다. 트럼프의 선거운동은 스티브 배넌Steve Bannon이 이끌었으며 그의 웹사이트 브레이트바트Breitbart는 백인 국수주의를 전면에 내세웠다. 백인 우월주의자 리처드 스펜서Richard Spencer는 트럼프를 지지하면서 초기 알트라이트(극단적 백인 우월주의를 지향하는 미국 극보수주의 세력.—옮긴이) 운동을 결집했다. 미국 전역의 신나치주의자와 백인 국수주의자가 트럼프를 공개적으로 찬양했다. 이들의 결집은 명백한 죽음의 키스였지만 2016년 11월, 트럼프는 미국 대통령 선거에 당선되었고 백인 우월주의자에게는 환호를, 너무나 많은 사람에게는 절망을 안겨주었다.

비슷한 시기에 대서양 건너편에서도 이에 못지않은 열기가 끓어올랐다. 2016년 브렉시트 국민투표를 향해 달리던 영국에서는 증오범죄가 급증하고 있었다. '브렉시트 찬성'에 투표한 사람들의 가장 중요한 단 하나의 예측인자는 이민을 향한 부정적인 시선이었다. 선거운동은 외국인 혐오를 자주 드러냈다. 나이절 패라지Nigel Farage는 선동가이자 영국 독립당 대표로, 국경을 넘으려 대기하는 어두운 피부색의 사람들 행렬이 그려진 반이민 포스터를 공개했다. 이 포스터는 계속 유럽연합 회원국으로 남으면 일어날 결과를 보여주었으나, 여기 나타난 인종 차별적인 허구는 현실과 거리가 멀었다. 백인 국수주의가 자주 거론되면서 격앙된 수사법은 폭력에 자리를 내주었다. 노동당 정치인인 조 콕스Jo Cox는 길거리에서 총에 맞고 여러 번 칼에 찔렸고, 범인은 국수주의 구호를 외쳤다. 재판에서 범인은 무고한 젊은 여성을 잔혹하게 살해한 이유에 대해 콕스가 이민자를 도왔고, 유럽

연합이 그를 '협력자'로, 백인들이 그를 '배신자'로 지목했기 때문이라는 뒤틀린 변명을 늘어놓았다.

백인 국수주의가 새로운 현상은 아니며, 개탄스럽게도 미국과 유럽, 러시아 전역에 만연해 있다. 이들은 한결같이 백인에게는 보존해야 할 보편적인 문화적·민족적 정체성이 있다고 주장하고, 다문화주의, 낮은 백인 출생률, 백인이 아닌 이민자가 모두 위협이라고 믿는다. 더 나아가 인종 통합은 백인이 대다수인 국가들을 괴멸시키려는 술책이라고 믿는 사람도 있으며, 이를 '백인 학살'이라고 부른다. 백인 우월주의자들의 주장은 종종 공개적으로 발표되며, 백인이 다른 인종보다 지능, 예술, 전통, 그 외 다른 특성에서 더 뛰어나다고 주장한다. 이런 주장은 백인 문화가 근본적으로 이질적인 외부 문화에 포위당했다고 묘사한다. 불행하게도 이런 관점은 그저 주변부의 시선으로만 치부할 수 없다. 2017년 말, 버지니아대학교 정치학센터는 미국 전역에서 인종 간 긴장도를 조사했다. 결과는 우려할 만한 수준이었다. 응답자의 31퍼센트가 미국은 "유럽 백인의 전통을 보존하고 보호"해야 한다는 문항에 동의했고, 39퍼센트는 "백인은 현재 미국에서 공격받고 있다"라는 주장에 동의했다.

백인 우월이라는 어리석지만 강력한 환상

비록 완전히 비틀리긴 했지만 다른 강력한 소문처럼 이민 공포도 한 알의 진실은 담고 있다. 유럽의 출생률이 낮아진 것은 사실이지만 놀랄 일은 아니며 '백인 탄압'의 신호는 더더욱 아니다. 세계적으로 여성의 교육 수준이 높아지면서 피임약 사용률이 높아지고 출생률이 낮아지는 데 직접적인 연관성이 있다. 교육 수준은 여성이 갖는 자녀 수, 즉 합계출생률TFR도 낮춘다. 이 효과는 놀라울 정도로 냉혹하며 과장하기도 어렵다. 가나에서 고등학교를 졸업한 여성의 합계출생률은 2~3명이지만, 교육받지 않은 여성의 합계출생률은 6명이다. 그러면 교육 수준이 낮은 외국인의 유입이 현지민을 압도하리라는 수많은 이민 반대자의 우려는 무엇을 나타낼까?

이민자들이 현지민을 압도하리라는 공포는 새로운 현상이 아니다. 이민자들의 출생률이 더 높았던(이들 대부분은 아일랜드인이었다) 1860년대 미국에서도 비슷한 공포가 퍼졌고, 이민자와 현지민의 결혼이 빠르게 늘어나리라는 우려가 제기되었다. 미국이 어떻게 세워진 나라인지 역사를 생각해보면, 영리한 독자들은 아마 1800년대(어쩌면 지금도) 백인 미국인들의 이민자에 대한 우려에서 명백한 역설을 발견할 것이다. 어쨌든 이 경고는 근거가 부실했다. 이민 2세대의 출생률은 이미 상당히 감소하면서 평균으로 수렴하고 있었기 때문이다. 본래 출생률은 정력이라는 본질보다 사회·경제적 및 교육 요인과의 연관성이 훨씬 더 크므로 당연한 결과다.

1800년대 기록에서 흥미로운 점은 아일랜드인을 다른 인종으로 생각했다는 것인데, 지금 보기에는 어리석다. 이 재미있는 구별은 산적한 질문을 제기한다. 인종이란 정확하게 무엇이며, 이를 통해 무엇을 예측할 수 있을까? 수백 년 동안 인류는 인종이라는 개념 때문에 믿기 어려울 만큼 많은 피를 흘렸으니, 인종을 측정할 객관적인 근거가 있다고 생각하는 것도 무리는 아니다. 그러나 놀랍게도 인종은 아마도, 과학적 관점에서는 의미가 없다. 지구에 존재하는 인간 전체는 **호모 사피엔스**라는 단일종이다. 유전학적으로 인간은 아주 조금 다를 뿐, DNA 서열을 보면 평균 99.9퍼센트 이상 똑같다. 과학자 마이클 유델Michael Yudell의 말을 빌리면 "유전학적 방법으로는 인종을 구별해 분류할 수 없다".* 민족 집단을 정의하는 '핵심' 유전자나 고유 특성이 존재한다는 믿음은 실제로 과학적 근거가 없다. 오히려 민족 집단 속의 변이가 집단 간 변이를 능가한다는 증거는 풍부하다. 유전적 특징은 특정 집단과 연관될 수 있지만, 특정 집단에만 배타적으로 나타나지는 않는다. 경계선은 완전히 임의적이며 이를 뒷받침하는 증거는 없다. 과학적인 관점에서 '인종'은 모호해서 쓸모없는 용어다. 그 이유를 이해하려면 전 세계 백인 우월주의자들을 통합하는 한 가지만 보면 된다. 바로 피부색이다.

흰 피부는 유럽인이나 아리아인의 전형적인 특성이다. 상대적으로 단순한 이 돌연변이는 상당히 최근에 나타났고 기원은 복잡하다. 약 4만 년 전에 아프리카에서 나와 유럽에 정착한 최초의 현대 인간은 피부색이 어두웠고, 태양 빛이 넘쳐나는 지역

---

* 애덤 러더퍼드Adam Rutherford의 《모든 사람의 간략한 역사A Brief History of Everyone Who Ever Lived》는 우리가 공유한 인간의 유산에 대한 뛰어난 통찰이다.

에서는 확실한 장점이었다. 어두운 피부색은 8500년 전 중부 유럽에서 표준이었다. 대륙의 먼 북쪽 지역에서는 밝은 피부색이 선택되는 자연선택이 일어났다. 스웨덴 모탈라에 있는 7700년 전 유적지에서 발견한 인간은 SLC24A5 유전자와 SLC45A2 유전자가 있어서 색소탈실(피부 속 멜라닌 색소가 탈색되면서 피부색이 하얘지는 것.—옮긴이)과 밝은색 피부가 나타났고, HERC2/OCA2 유전자가 파란색 눈동자와 밝은색 머리카락을 만들었다. 이런 돌연변이는 태양 빛이 적은 환경에서 비타민D 합성을 최대한 늘리는 장점이 있다. 우유를 소화하는 능력도 비슷한 시기에 비타민D 흡수를 최대로 늘리려는 전략에 맞춰 진화한 산물이다.

수 세기 동안 흰 피부는 유럽 대륙의 최북단 지역에만 나타났다. 중동 지역에서 최초의 농부가 밝은색과 어두운색 피부 유전자를 모두 가지고 등장할 때까지 이 상태는 유지되었다. 농부들은 이 지역에 살던 수렵채집인과 성공적으로 교배했고, 시간이 지나면서 밝은색 피부는 유럽에 점점 퍼져나갔다. 한때 희귀했던 유전자 돌연변이 SLC24A5는 대략 5800년 전쯤에는 유럽 대륙에서 출현 빈도가 폭발적으로 높아졌다. 본질주의자의 생각과는 다르게 흰 피부 유전자는 보편적인 표현형이 되기까지 수많은 집단과 지속적인 교배를 거쳤다. 이 사실은 백인 우월주의자가 백인종의 순수성을 자랑하는 풍경을 역겹게 보이게 한다.

결국 인종 간 차이점이 거의 없다는 게 진실이다. 백인종이 사라진다는 공포는 현재 살아 있는 모든 인간이 서로 밀접한 관계이며 인간종 전체에서 볼 때 유전적 변이는 티끌 정도밖에 안 된다는 현실을 무시하는 것이다. 어쨌든 인간의 유전적 다양성이 높아지는 현상은 유익하며, 해로운 열성 형질이 전파되는 상황을 막는다. 낭성섬유증은 양쪽 부모가 모두 돌연변이 유전자를 갖고 있다면 후손에게 전해진다. 아일랜드 인구는 19명 중 1명이 유전적 돌연변이를 갖고 있다. 결과적으로 아일랜드는 낭성섬유증 유병률이 세계에서 가장 높다. 배타적인 집단 내 교배는 생존에 해로우며 인구 다양성을 통해서만 피할 수 있다. 인간은 언제나 호기심 많고 제멋대로인 종이었으며, 이 특성은 항상 인간의 장점이었다. '백인종'은 사실상 허구이며, 백인 우월주의는 그저 과거의 의문스러운 영광에 미약하게나마 의지해서 한심한 개인을 가리려는 껍데기일 뿐이다.

여기서 잠시 멈추고 자주 나오는 비판을 해명해야겠다. 누군가는 인종이 정말 의미 없는 개념이라면 민족 집단 사이에 명백하게 나타나는 지능 차이는 어떻게 설명하냐며 반대할 것이다. 미국에서는 IQ 검사에서 높은 점수를 기록하곤 하는 아슈케나지(유럽 중부 및 동부 유대인의 후손.—옮긴이) 유대인의 뛰어난 지능에 관한 연구가 많았다. 들리는 이야기로는 아프리카계 미국인은 백인보다 IQ 검사 점수가 낮다. 그러나 여기에는 어마어마한 교란 변수가 있다. IQ 검사 결과는 사회 및 교육 요인에 크게 좌우된다. 어린 시절의 적절한 영양 공급은 특히 중요하며 요오드 결핍증iodine deficiency은 지능을 평균 12점가량 낮춘다. 사회적 요인과 부모의 교육 수준 역시 IQ에 영향을 미친다. 미국에서 흑인 가정은 여전히 영양실조에 걸릴 위험이 더 크며 부유한 백인 가

정보다 교육 수준이 더 낮을 가능성도 크다.

인종 간 IQ 차이는 수십 년 동안 줄어들고 있으며, 유전이 원인이라기에는 변화 속도가 너무나 빠르다. 케냐는 놀랄 만한 사례로, 1984~1998년에 케냐인의 IQ는 26.3점이나 높아졌다. 이런 상승 추세는 국가적으로 영양, 보건, 부모의 문맹률이 개선되었다는 사실을 반영한다. 유대인의 뛰어난 IQ도 유전이 만들어낸 가공품이 아니다. 제1차 세계대전이 일어나는 동안 유대인 병사를 대상으로 한 IQ 검사 결과는 부진한 편이었다. 이 자료를 분석하면서 심리학자이자 우생학자인 칼 브리검Carl Brigham은 "유대인의 지능이 매우 높다는 일반적인 믿음을 뒤엎을 것이다"라고 말했다. 겨우 수십 년 뒤에 제2차 세계대전이 일어나자 유대인의 IQ 점수는 평균보다 높아졌다. IQ 검사의 공동개발자인 알프레드 비네Alfred Binet는 이 결과에 놀라지 않았다. 본래 IQ 검사는 학습에 어려움을 겪는 학생을 찾아 돕기 위해 프랑스에서 개발했다. 처음부터 비네는 지능은 다양하며 환경의 영향을 크게 받아 다양한 속도로 개발된다고 강조했다. 또 지능이 고정되지 않고 쉽게 변한다고 보았다. 물론 이 말에 주의를 기울이는 사람은 없었고, IQ 검사가 뛰어난 학습 보조법에서 차별적인 측정법으로 탈바꿈하는 과정을 지켜본 비네는 좌절했다.•

• 분명하게 말하자면, IQ 검사는 남용되었지만 그래도 유용하고 중요한 측정 도구였다. 스튜어트 리치Stuart Ritchie의 저서 《지능: 가장 중요한 것Intelligence: All That Matters》은 훌륭한 입문서다.

인종 차별주의자의 대실패는 인간의 사고에서 반복되는 위험을 드러냈고, 수천 년 동안 격렬하게 이어져 온 사물의 본질에 관한 철학 논쟁을 일으켰다. **본질주의**Essentialism는 철학적 사고의 깊은 역사를 빼놓고는 적절하게 설명하기 어렵지만, 간단하게 줄이자면 개념이든 집단이든 사물이라면 정체성의 핵심 특성이 존재한다는 주장이다. 이는 매우 오래된 개념으로, 지금은 모든 사물이 본질인 완벽한 형태를 숨기고 있다는 플라톤의 이데아론으로 알려졌다. 아리스토텔레스도 비슷하게 생각했고, 언어학자 조지 레이코프George Lakoff는 "사물이 그 사물이게 하는 특성, 이 특성 없이는 그 사물일 수 없는 특성"이라고 정확하게 요약했다.

본질주의는 장점이 많아서 응용 범위가 넓으며, 그중에서도 수학이 가장 뛰어난 사례다. 수학에서 정의는 가장 중요하며 집합의 특성은 반드시 명확하게 정의해야 한다. 수학자 제럴드 폴랜드Gerald Folland는 "최소한 수학을 하는 동안에는 거의 모든 수학자가 플라톤주의자라는 것은 보편적으로 인정되는 사실이다"라고 말했다. 그러나 같은 추론이라도 잘 정의된 집합이 아닌 것에 적용할 때는 주의해야 한다. 해당 집합에서 고유의 '정수' 혹은 본질을 포착하지 못하면 이 접근법은 근본적으로 실패하거나 비극에 이른다. 사람들은 수많은 실제 집합의 특성을 객관적으로 정의하는 대신, 특정 특성이 자신이 언급하는 집합의 핵심이라고 우기는 유감스러운 경향이 있다.

지금까지 살펴봤듯이, 인종 차별주의 기저에 깔린 근거는 대부분 인종마다 근본적으로 우월한 혹은 열등한 특성이 있다는 본질주의가 중심축이다. 그러나 자세히 들여다보면 이들이 주장하는 특성은 단순히 존재하지 않거나 너무나 모호하고 광범위해서 의미가 없다. 이 중 어느 것도 인종 차별의 공포를 막지는 못했다. 본질주의를 둘러싼 철학 논쟁이 매혹적이기는 하지만, 우리는 몇 가지 미심쩍은 특성에 적용되는 비형식적 오류만 탐색하기로 한다. 혼동을 피하고자 이 비형식적 오류를 **본질에 의한 논증**arguments from nature으로 분류하기로 한다. 단 여기서는 '본질' 자체가 남몰래 무슨 수단을 동원하더라도 허용되는, 조금은 변화하기 쉬운 용어라는 사실에 주의한다.

철학자 앤서니 플루Anthony Flew는 이런 유형의 모호한 추론을 보여주는 전형적인 사례를 설명했다.

《글래스고모닝헤럴드Glasgow Morning Herald》에서 〈브라이턴시의 성범죄자, 또다시 난동 부리다〉라는 기사를 읽은 스코틀랜드인 해미시 맥도널드Hamish McDonald를 상상해보자. 맥도널드는 충격을 받고 "스코틀랜드인은 이런 짓을 하지 않아"라고 말한다. 다음 날 《글래스고모닝헤럴드》에서 이번에는 스코틀랜드 에버딘시에서 브라이턴시 성범죄자는 신사처럼 보일 잔혹한 범죄가 일어났다는 기사를 읽는다. 이 사실은 맥도널드의 생각이 틀렸다는 것을 보여주지만, 그가 이 사실을 인정할까? 그렇지 않을 것이다. 그는 이번에는 이렇게 말할 것이다. "진짜 스코틀랜드인이라면 이런 짓을 했을 리가 없어."

위 이야기는 **진짜 스코틀랜드인의 무오류**No True Scotsman로 알려졌다.* 물론 스코틀랜드(혹은 그 어느 곳이든)에서 태어났다는 사실만으로 성범죄자가 되지 않는다는 뜻은 아니지만, 이 이야기에 나오는 허구의 인물인 맥도널드는 은연중에 스코틀랜드인에게 고유한 특성이 보편적으로 내재한다고 추정하며, 여기에는 스코틀랜드인이 성범죄자일 리 없다는 신념도 들어 있다. 맥도널드는 자신의 잘못된 추정을 수정하기보다는 고수하며 다루기 힘든 예시를 부인한다.

위 사례는 가상의 이야기지만 진짜 스코틀랜드인의 무오류는 종종 특정 집단에서 순수성을 호소하거나 나쁜 행동에의 비판을 무시하는 방법으로 활용된다. 단어 몇 개만 바꾸면 어떻게 되는지 살펴보자. '진짜 스코틀랜드인'은 '반스코틀랜드인'으로 바꿀 수 있다. 그러면 '진짜 미국인'은 '반미국인'으로 바꿀 수 있지 않을까? 이제 가벼운 사례에서 매우 심각하고, 실제적이며 정치적인 사례로 옮겨가보자. 1940년대에 악명 높은 미 하원 반미활동위원회는 미국 대중의 삶에서 공산주의의 흔적을 찾아내는 (가끔 실체가 없기도 했다) 조사 활동을 했다. 그러나 위원회의 이름은 명백하게 진짜 스코틀랜드인의 무오류를 보여준다. 미국은

* 전통 킬트를 속옷 없이 입는다는 뜻인 진짜 스코틀랜드인True Scotsman과 혼동하지 않도록 한다. 이것은 사실 전통 군복이다. 연대복going regimental이나 특공대원복going commando도 속옷을 입지 않는다는 완곡한 표현으로 자주 사용한다.

오랫동안 인구가 많고 다양성이 높은 국가였으며, 한 개인이 미국인이면서 공산주의 사상에 호의적인 것이 노골적으로 문제가 된 적은 없었다. 그런데 반미활동위원회는 공산주의 영향을 받은 것 같은 사람을 박해했고, 할리우드 블랙리스트를 만들어서 찰리 채플린Charlie Chaplin, 오손 웰즈Orson Welles, 험프리 보가트Humphrey Bogart, 로런 바콜Lauren Bacall 같은 업계의 거장에게도 영향을 미쳤다. 1959년에는 전 대통령 해리 트루먼Harry S. Truman을 "현대의 가장 반미적인 인물"로 선정했다.

최근에는 반미 라벨이 비닐봉지의 수수료부터 단체교섭까지 모든 것에 붙으면서 이들을 비슷한 결함이 있는 오류에 대한 호소로 만든다. 모든 비형식적 오류와 마찬가지로 수상쩍은 추론이 활용됐는지 검토할 때 뉘앙스와 문맥은 놀라울 정도로 중요하다. 진짜 스코틀랜드인의 무오류는 한 집단이 해당 집단 구성원의 자격 요건으로 필수적이지 않은 모호한 특징을 들먹일 때 나타난다. 단 집단 구성원에게 필수적이며 객관적으로 정의할 수 있다면 이는 매우 유의미한 특징이다. 맥도널드가 모든 형태의 폭력에 반대하는 평화주의자라고 주장한다고 생각해보자. 평화주의운동은 1901년에 스코틀랜드 글래스고에서 시작되었으며, 이 사례가 그의 평화주의자라는 설정을 그럴듯하게 해준다. 그러나 맥도널드가 뷰캐넌가에서 무분별하게 사람들에게 주먹을 휘두른다면 그의 행동이 표면적으로 천명한 입장과 다르므로, 그가 진짜 평화주의자라는 주장은 오류다.

이런 추론과 밀접하게 관련된 오류로는 **자연에의 호소**appeal

to nature가 있다. 이 수사학적 전술은 대상이 '자연스러워서' 좋거나 '자연스럽지 못하기'에 나쁘다고 주장한다. 대체의학 영역에서 자주 보이는데, 미심쩍은 제품을 공급하는 회사는 자사 상품이 '천연 제품'이므로 주류 의학 치료법보다 더 낫다고 말한다. 이런 치료제의 효능에 관한 짜증 나는 증거 부족은 차치하고라도, 이들이 의기양양하게 말하는 '자연스러운'이라는 개념도 본질적으로 공허하다. 무엇이 자연스럽고 자연스럽지 않은지 모호하게라도 정의하지 않는 이 주장을 지지하는 논리는 몹시 혼란스럽다. 어쩌면 관대하게 인간의 개입 없이 생기는 것을 '자연스러운'이라고 정의할지도 모르지만, 이 느슨한 정의에서조차 치명적인 가지속 식물부터 에볼라까지, 자연스럽게 우리를 죽이거나 불구로 만드는 것은 너무나 많다. 우라늄과 비소는 천연 물질이지만 아침 식사에 뿌려 먹으라는 조언은 경솔하다. 지나치게 단순화한 자연과 건강한 것 혹은 좋은 것의 융합은 불합리한 추론이며, '자연스러운'이라는 애매한 형용사에 몰살당할 수도 있다.

비슷한 주장이 '자연스럽지 못한'이라는 용어에도 적용된다. 가톨릭교회 관점에서 동성애는 매우 자연스럽지 못한 상태이며 근엄한 라틴어로 '**섭리, 즉 자연을 거스르는 죄**peccatum contra naturam'라고 한다. 그러나 이 역시 단순한 자연에의 호소 오류의 전형적인 사례이며, 자연계를 대충만 힐끔거려도 전혀 맞지 않는다. 동성애적 행동은 동물 왕국에도 흔히 나타나며, 기린부터 코끼리, 돌고래, 우리의 영장류 사촌까지 1500종의 동물에서 명확하게 관찰되었다. 이런 행동은 대부분 배타적이지 않으며 이성과의 사랑을 배제하지도 않지만, 배타적인 동성애 역시 관찰된다. 흔한 사례를 하나 인용하면, 숫양의 8퍼센트가량은 다른 숫양과 짝짓기를 하며 암양과는 절대 하지 않는다. 자연계의 성향은 전적으로 인간과도 관련 있으며, 오만한 척하지만 인간 역시 동물 왕국의 일부이고 다른 점이라고는 전전두엽이 진화해서 이 사실을 알 수 있는 메타인지가 있다는 것뿐이다.

'태양은 지구의 중심'이라던 갈릴레이의 최후

자연에의 호소 논증의 가장 파괴적인 변형 중에서는 **사람에 대한 반대의 추론**argumentum ad hominem(대인논증)이 가장 인기다. 이 논증은 기본적으로 개인적인 공격이며, 논의하는 논증 자체보다는 화자나 화자의 신뢰도를 겨냥한다. 만약 공격이 화자의 논증과 연관성이 없다면 이 전술은 아무 의미가 없다. 정해진 형식이 몇 가지 있으며 모욕이나 비하가 가장 많이 활용된다. 수사법상 예시는 너무나 많지만, 특히 상대방을 중상모략하거나 무너뜨리는 일이 흔한 정치계에서 자주 볼 수 있다. 2001년에 영국 논객 크리스토퍼 히친스Christopher Hitchens는 저서 《키신저 재판》에서 전 미국 국무장관을 향해 "전쟁 범죄, (…) 인류를 향한 범죄, 그리고 (…) 살인, 납치와 고문을 교사했다는 음모론을 포함한 관습법 혹은 국제법에 반하는 범죄"를 강도 높게 비난했다. 기자들이 키신저에게 이 고발에 대해 묻자, 그는 히친스를 홀로코스트 부정론자라며 무시했다. 유대인 혈통이었던 히친스는 당연히 이 공격에 분노했는데, 키신저가 냉소적으로 언론의 관심을 다른 곳으로 돌려버렸기 때문이었다.

사람에 대한 반대의 추론이 언제나 노골적이지는 않다. 가끔은 여러 수사법 속에 은밀하게 감춰져 있기도 하며 이를 파악하려면 꽤 공을 들여야 한다. 이런 공격은 화자의 주장에 정직하게 맞서기보다는 혐오스러운 것과 엮어서 화자의 신뢰도에 의심의 그림자를 드리우려는 미묘한 공작이다. 이런 시도가 어떻게 남에게 해를 미치고 불공정해지는지는 역사상 가장 악명 높은 재판을 살펴보면 된다. 바로 교황과 고전물리학의 아버지 갈릴레오 갈릴레이Galileo Galilei의 재판이다. 갈릴레이는 망원경의 구조를 크게 개선해 우리 태양계의 본질을 관찰하면서 전례 없는 수준으로 과학을 발전시켰다. 그는 선구적인 기술과 날카로운 물리학적 통찰을 통해 피할 수 없는 결론, 즉 태양이 지구를 도는 것이 아니라 지구가 태양 주위를 돈다는 결론에 빠르게 도달했다.

특별히 새로운 주장은 아니었다. 니콜라스 코페르니쿠스Nicholas Copernicus도 1543년 사망하기 전에 이론적 가능성을 제안했고, 갈릴레이는 빠르게 지동설의 타당성을 확신했다. 그러나 이는 위험한 생각이었다. 1600년대에는 《성경》이 틀림없으며 인간이 내놓은 그 어떤 주장으로도 반박할 수 없는 진실로 여겨졌다. 《성경》을 글자 그대로 해석해서 지구가 태양계의 기원이며 모든 만물이 이 완벽한 지구를 중심으로 돌고 있다고 믿었지만, 이는 갈릴레이가 빠르게 축적하는 자료와 상충했다. 당시는 종교와 사회적 갈등의 시대였으며, 1500년대 후반 프로테스탄트의 출현은 가톨릭교회의 패권을 무너뜨렸다. 로마 종교재판소는 이단적 믿음을 뿌리 뽑기 위해 세워졌으며, 경건하게 살아가는 대중이 순응하도록 공포라는 무기를 휘둘렀다. 그들의 행동은 악의적이고 유혈이 낭자할 때가 많았고, 실제 권한은 한계가 없었다. 이단에게 내려지는 형벌은 화형이었으며, 종교인이든 학자든 불길에서 빠져나올 수 없었다. 한 가지 예를 들자면, 이탈리아인 수사이자 철학자, 수학자인 조르다노 브루노Giordano Bruno는 코페르니쿠스 이론을 비롯해 여러 이단적인 사상을 믿었다는 이유로 1600년에 화형당했다. 갈릴레이가 똑같이 겪게 될 끔찍한 선례임이 틀림없었다. 이단이라는 고발만으로도 오점이 되기에 충분했고, 갈릴레이의 주장처럼 불편한 것은 무엇이든 다룰 필요도 없게 만들었다. 극심한 종교적 분위기와 정치 풍토를 의식한 갈릴레이는 《성경》〈시편〉, 과학, 이야기가 현실의 엄격한 서술이기보다는 영리한 우화와 은유로 볼 수 있다는 온화한 주장과 뒤섞어 자신의 주장을 누그러뜨렸다.

이토록 조심스러운 행보는 충직한 신앙인들의 의심스러운 눈길에서 갈릴레이를 보호하기에 충분하지 않았다. 1615년에 갈릴레이의 태양을 중심으로 하는 이론이 종교재판소에 보고되었다. 《성경》이 우화라는 갈릴레이의 해석은 이단의 경계선에 서 있었다. 갈릴레이는 로마 종교재판에 출석했지만 그의 말을 들어주는 사람은 없었다. 1616년, 심문위원회는 태양이 중심이라는 지동설은 "철학적으로 어리석고 터무니없으며, 《성경》 말씀과 여러 곳에서 명확하게 충돌하므로 형식적으로도 이단"이라며 호되게 비난했다. 교황 바오로 5세Paulus V는 갈릴레이에게 "태양이 세계의 중심에 멈춰 있고 그 주위를 지구가 돌고 있다는 주장을 이후로는 말이나 글로도 하지 말 것이며, 어떤 방법으로든 가르치거나 옹호하지도 말라"고 명령했다. 또 종교재판소는 코페르니쿠스의 연구를 신앙 모독이라 여겨 금지했다. 지독하게도 불공정했지만, 질책은 종교재판소가 즐겨 내리던 다른 처벌보다 가벼운 형벌이었다.

현명하게도 갈릴레이는 거의 10년 가까이 이 논란에 다시 발을 들이지 않았다. 1623년에 그의 친구이자 숭배자인 마페오 바르베리니Maffeo Barberini 추기경이 교황 우르바노 8세Urban VIII로 선출되었다. 바르베리니는 1616년까지 갈릴레이를 지지했고, 그가 교황이 되자 학문의 자유가 보장된 듯 보였다. 새로이 교황이 된 우르바노 8세에게 허가받아 갈릴레이는 마침내 지동설을 발표했다. 여기에는 몇 가지 조건이 걸려 있었는데 지동설을 지지하지 않고 여러 주장을 공평하게 설명하라는 경고가 가장 중요한 조건이었다. 우르바노 8세는 움직이지 않는 지구를 설명한 자신의 지구중심설도 넣으라고 요구했다. 이런 제약에도 《천문 대화 Dialogue Concerning the Two Chief World Systems》는 엄청난 성공을 거두었다. 이 책은 지동설 지지자인 샐비아티, 처음에는 중립적인 일반인인 새그레도, 천동설 지지자인 심플리시오의 대화로 구성되었다. 표면상으로는 양쪽을 모두 설명하지만 어떤 주장이 더 합리적인지는 명확하게 보였다.

천동설을 주장하는 심플리시오의 이름은 얄팍한 모욕이었다. 6세기 철학자 실리시아의 심플리시우스Simplicius의 이름을 따왔지만 '얼간이'라는 뜻이 분명했고 의도적이었다. 예술적 영감이 풍부한 갈릴레이는 자신의 가장 큰 적이자 보수적인 철학자 로도비코 델레 콜롬베Lodovico delle Colombe를 무례하고 둔한 심플리시오의 모델로 삼았다. 그는 갈릴레이의 적대자로 이루어진 피렌체 군단의 지도자였고, 갈릴레이와 그의 친구들을 '비둘기 연맹'이라고 부르며 조롱했다. 갈릴레이의 파격이 여기까지였다면 성미는 고약하지만 해롭지 않은 자들의 심기를 건드리는 데 그쳤을지도 모른다. 그러나 갈릴레이는 우르바노 8세와의 약속을 지키려다가 본의 아니게 교황과 종교재판소의 분노를 샀다. 약속을 지키려고 갈릴레이는 천국에서 지구의 지위가 최고로 높다는 교황의 주장을 책에 넣었고, 글자 그대로 옮겨썼다. 문제는 교황의 주장을 누가 봐도 멍청이인 심플리시오의 입을 통해 설명했다는 점이다.

이에 따라 갈릴레이와 교황의 우정은 틀어졌다. 갈릴레이의 책은 즉시 판매가 금지되었고 갈릴레이는 또다시 종교재판소에 출두해야 했다. 이번에는 이단으로 고발되었고, 고문으로 위협받으며 체포당했다. 1600년대에 이단 고발은 심한 모욕 정도가 아니라 견뎌내기에 대단히 위험한 오명이었다. 종교재판의 절정이었으며, 이 경멸적인 단어가 한 사람의 사회적 지위, 나아가 그의 생명을 소름 끼치는 방식으로 위협할 수 있었다. 이보다 더 심각한 것은 이단은 신뢰할 수 없고 그들의 생각은 무의미하다는 암시였다. 갈릴레이가 부정직하고 죄로 더럽혀졌다고 공격한 교황은 갈릴레이의 실제 주장에 대해서는 반박할 필요가 없었다. 종교재판소는 주장을 정당화하거나 반박하는 대신 갈릴레이를 폄하하고 이단이라는 꼬리표를 붙여 신빙성을 떨어뜨렸다.

1633년에 종교재판소는 "태양이 세상의 중심이며 움직이지 않는다는 주장은 철학적으로 어리석고 거짓이며,《성경》에 명확하게 어긋나므로 형식적으로 이단이다"라고 판결했다. 갈릴레이는 종교재판소에 자비를 구했지만 너무 늦은 후였다. 그는 남은 평생 자택에 구금되었다. 우르바노 8세가 갈릴레이를 외면했고 이단이라는 낙인은 지울 수 없었다. 1642년 갈릴레이가 사망했을 때도 적의를 품은 교황은 그가 가족묘에 묻히는 것을 허락하지 않았다. 그러나 종교재판소가 온갖 방법으로 갈릴레이를 음해하려 했어도 지동설을 지지하는 증거가 흘러넘치면서 결국 갈릴레이의 무죄가 입증되었다. 갈릴레이의 책은 1835년에 마침내 금서 목록에서 풀려났다. 200년도 더 지난 후였다.

본질주의를 경계할 것

사람에 대한 반대의 추론 오류의 변형은 반박하는('너도 마찬가지잖아') 언쟁에서 나타나며, 상대의 주장에 응수하면서 화자도 같은 행동을 하고 있다고 고발한다. 화자가 위선자라는 증거일 수는 있지만 주장의 가치를 깎아내릴 수는 없다. 장기 흡연자는 자녀에게 담배의 해로움을 알려주면서 중독성 높은 습관을 들이지 말라고 할 수 있다. 10대 자녀는 부모의 습관을 핑계로 충고를 거부하며 명백한 이중 잣대에 대거리할 것이다. 그러나 이는 잘못된 판단이며 개인적인 모순이 주장의 가치를 떨어뜨리지는 않는다. 이 사례에서 흡연이 치명적이라는 주장은 여전히 유효하며, 이 주장을 하는 사람이 굴뚝이 무색하지 않은 흡연자라 해도 마찬가지다. 이와 관련된 전술은 '우물에 독 풀기'로, 화자에 관한 부정적인 정보는(사실이든 아니든) 지금 다루는 문제와 관련이 없어도 화자의 신뢰도를 떨어뜨리는 데 선제적으로 활용된다.

자연에의 호소가 본질적으로 빈약하다면, 왜 이 논증에는 고유의 호소력이 있는 걸까? 아마 우리 인간이 내심 수학자처럼 근본적으로 본질주의자이기 때문일 것이다. 인간은 사회심리학자들이 **근본귀인오류**fundamental attribution error라 부르는 오류를 일으키는 경향이 있다. 타인의 행동을 관찰할 때 외부 요인이나 상황을 고려하기보다 개인의 특징(의도와 성격)을 과도하게 강조하면서 나타나는 성향이다. 운전 중에 앞으로 불쑥 끼어드는 사람은 이기적이라고 생각한다. 순전히 우연이거나 누군가를 병원으로 데려가는 중일 거라고는 생각하지 않는다. 반대로 우리가 실수할 때는 상황을 탓한다. 우리가 갑자기 끼어드는 건 약속에 늦었기 때문이라는 식이다.

이와 비슷하게 많은 사람이 노숙자나 극빈자의 곤경을 무시하기도 한다. 이들의 상황이 통제할 수 없는 사회적·경제적 요인 탓이 더 크다는 불편한 생각을 떠올리기보다는 그들이 본질적으로 결점이 있다고 확신한다. 타인의 불운이나 나쁜 짓은 그들이 나쁜 사람이기 때문이라고 믿는 경향이 지배적이며, 여기에 개입했을 상황 요인은 생각하지 않는다. 자연에의 호소 오류는 변명의 여지가 없는 행동과 형편없는 추론을 합리화하는 편리한 방편으로 너무 자주 활용된다. 또한 모든 민족에게 카인이라는 뚜렷한 표식을 남겨 유혈이 낭자한 억압적인 결과로 이끌었다. 타인을 비인간화하는 짓을 정당화하고 싶다면, 그들에게 본질적으로 결함이 있다고 주장하는 것이 가장 강력한 방법이다

우리가 인간이라는 종으로서 마주한 문제를 해결하려면 무조건 반사처럼 튀어나오는 본질주의를 조심해야 한다. 사람과 상황은 본질적으로 복잡하고, '좋다' '나쁘다'처럼 지나치게 단순화한 개념은 사람이나 주장 어느 것도 제대로 설명하지 못한다. 주장이나 상황에 마주쳤을 때, 우리는 선입견에서 벗어나야 한다. 장점을 보고 주장을 평가해야 하며 부적절하게 매도해서는 안 된다. 그렇지 않으면 복잡한 문제를 무언의 익살극으로, 온갖 미묘한 뉘앙스를 가진 사람들을 이차원적 영웅이나 악당으로 단순하게 격하할 수도 있다. 적어도 이는 무수히 많은 사람과 다양한 관점이 존재하는 세상에서 서로에게 더 친절해지는 원동력이 될 것이다.

7장
미끼와 바꿔치기 전략

다윈의 진화론과 대마초 합법화

1859년 11월에 출판된 《종의 기원》은 예상 밖의 히트를 쳤다. 초판본 1250권은 하루 만에 매진되었다. 찰스 다윈 Charles Darwin 의 저서는 자연선택에 따른 진화론으로 세상에 알려졌고, 과학적 성취의 정점을 이루었다. 일반 독자를 위해 쓴 이 책은 주변 환경의 선택 압력에 반응해서 종이 오랜 기간 진화한다는 논지를 아름답게 펼쳐놓았다. 이 가설은 다윈이 원정대를 따라다니며 축적한 증거들로 뒷받침되었고, 이 증거는 놀랍고도 겸허한 진실, 즉 지구에 나타나는 생명의 순수한 다양성은 공통 조상에게서 나왔다는 사실을 가리켰다. 다윈의 통찰은 현존하거나 멸종한 모든 종은 생명의 나무에서 확산한 가지이며, 지구상 모든 다른 생명체와 밀접하게 연관되었다고 밝혔다. 다윈의 저서가 출판되고 수십 년이 지나는 동안 진화의 증거는 그야말로 압도적으로 늘어났다.

다윈의 이론이 현대 진화생물학의 주춧돌이 되었으므로 오늘날에는 그의 업적이 미치는 영향력을 부정할 수 없다. 다윈 이론의 핵심은 우아하고 강력하다. 집단에서 나타나는 무작위 돌연변이는 각 개체 사이에 심각한 변이를 일으킨다. 가끔 부모는 이런 특성을 자녀에게 물려준다. 먹이와 자원 경쟁이 치열해지면 환경에 제대로 적응하지 못한 개체는 살아남아 번식하기가 어렵다. 반대로 환경에 잘 적응한 개체는 번식할 가능성이 더 크며 그들의 특성을 후손에게 전할 수 있다. 이 과정을 자연 선택natural selection이라고 하며, 서서히 시간이 지나면 돌연변이와 변이가 축적되면서 새로운 종의 탄생으로 이어진다. 철학자이자 생물학자인 허버트 스펜서Herbert Spener는 이를 '적자생존'이라고 했고, 다윈과 진화론의 선구자적 동료인 앨프리드 러셀 월리스Alfred Russel Wallace가 이 단어를 채택했다. 자연 스스로 활발하게 선택하고 있다는 오해를 피하려는 의도였다.

허수아비 공략하기

다윈과 동료들은 오해를 피하려 분투했지만, 오늘날까지도 해석은 분분하다. 진화는 특정 부분에서는 영원히 논란 속에 남을 것이다. 1860년 빅토리아 시대의 런던에서 자연선택은 가장 뜨거운 토론 주제였고, 다윈은 이 논문을 오해한 사람들에게 시달렸다. 열렬한 대중의 관심이 반발로 바뀐 것은 필연이었다. 자연선택은 인간을 동물과 동떨어진 뛰어난 개체가 아니라 동물 왕국의 일부로 격하했다. 이 책을 읽은 수많은 영국 성공회교도가 종의 돌연변이를 창조 과정에서 신을 끌어내린 모욕으로 받아들이면서 이 책은 그들의 종교적 감정을 거슬렀다. 다윈의 지질학 스승이었던 애덤 세지윅Adam Sedgwick 목사도 이 가설을 정면으로 거부했고, 오랜 친구가 《성경》의 무오성(《성경》은 오류나 잘못이 없고 신의 섭리는 항상 정확하다는 뜻.—옮긴이)을 수용하지 않는 한 천국에서 만날 일은 없으리라고 경고했다. 다윈의 놀라운 통찰은 강력한 적인 리처드 오언Richard Owen에게도 곧 불쾌감을 일으켰다.

오언은 영국 과학계의 거인이었고 숙련된 해부학자이자 자연철학자로 공룡이라는 단어를 만들고 영국 자연사박물관을 세운 장본인이었다. 감탄할 만한 업적을 이루었지만, 오언은 나쁜 짓을 공모하고 앙심을 품는 성품이기도 했다. 그와 관련된 특히나 추잡한 일화를 설명해보자면, 오언이 영리한 고생물학자 기드온 맨텔Gideon Mantell의 업적을 강탈하고 사회적으로 매장한 일을 들 수 있다. 질투심 때문이었을까. 오언은 영국 과학계에서의 고귀한 권위를 이용해서 맨텔의 선구적인 연구 논문을 억압하고 맨텔의 발견을 자신의 업적으로 둔갑시키는 뻔뻔함을 드러냈다. 끝없이 이어지는 비극으로 고통받던 맨텔이 마차 사고를 당해 불구가 되었을 때, 오언은 주저하지 않고 맨텔이 부지런히 연구하던 생물 종의 이름을 새로 지어 그의 명성을 훔쳤다. 맨텔은 "재능이 있어도 비열하고 시기심이 많으니 가여운 사람이구나"라고 한탄했다. 모르핀에 중독되어 궁핍해진 맨텔이 1852년에 사망했을 때조차 오언은 불운한 적대자를 깎아내리는 데 여념이 없었고, 익명으로 쓴 부고에서 맨텔을 업적이 거의 없고 별 볼 일 없는 과학자라고 무시했다. 이 같은 부당한 행동에 더해 오언은 맨텔의 척추를 꺼내서 영국 박물관에 전시하기까지 했다.

오언의 동료 과학자들은 그의 행동에 깜짝 놀랐고, 오언은 위험하고 강력한 인물이 되었다. 오언의 분노가 다윈을 향하면서 그는 자신의 특기인 오명 씌우기 전술을 사용해서《에든버러 리뷰Edinburgh Review》에 익명으로 다윈의 저서에 악의적인 논평을 냈다. 제삼자인 척하면서 자기 자신에게 격찬을 보내는 것도 잊지 않았다. 다윈의 명성이 커지자 오언은 점점 더 적대감을 키워갔다. 다윈은 맨텔이 오언을 두고 했던 평가를 떠올렸다.

"악의적이고 극단적인 적의를 보이며 영리하다. 런던 사람들은 내 책이 화제가 되자 그가 질투로 미쳤다고 말한다 (…) 오언이 나를 싫어하는 수준의 증오를 받는 일은 괴롭다."

건강이 나빠지면서 다윈은 자신의 이론을 방어하고 반대론자와 논쟁할 수 없게 되었지만, 성직자 같은 사고에 저항하기를 두려워하지 않는 과학자들과 철학자들이 나타나 다윈의 편에 섰다. 이들 중에는 훌륭한 해부학자이자 공공 과학교육에 선견지명이 있는 토머스 헨리 헉슬리Thomas Henry Huxley도 있었다. 처음에는 회의적이었던 헉슬리는 다윈의 우아한 개념과 세심한 증거에 빠르게 동조했고 자연선택을 지지하는 든든한 논객이 되었다. 오언의 연약한 자존심을 강력하고 공개적인 반박으로 찌그러뜨렸을 때도 헉슬리는 비열한 속임수를 쓰지 않았다. 헉슬리의 논리

1871년 영국의 한 신문 만평이 다윈을 원숭이에 빗대어 풍자한 그림을 실었다. 자연선택 이론은 인간을 동물 왕국의 일부로 격하시켰다고 생각한 성공회교도들의 분노를 샀다.

를 반박할 수 없었던 오언은 그를 "인간의 기원을 돌연변이 원숭이라고 주장하는 옹호자"라며 무시했고, 이 말이 다윈과 맞서던 정통 빅토리아인들의 마음속에 박히면서 결국 병든 학자는 온갖 비난을 받게 되었다.

바로 이 부분이 오언의 극단적인 악의를 보여주는데, 그는 인간이 현대 유인원에서 불거져 나왔다고 은연중에 암시했다. 그러나 이 말이 실제 다윈의 주장과 전혀 다르다는 사실을 깨닫는 데는 진화생물학 박사 학위까지도 필요 없다. 자연선택은 유인원과 인간이 멀고 먼 옛날에 공통 조상에서 나왔다는 생각에 무게를 실어주었지만, 인간이 현대 유인원의 후손이라고는 주장하지 않았다. 오언은 다윈의 주장에 허울만 그럴듯한 의도적인 암시를 우회적으로 주입하면 부주의한 사람들이 감정적인 반응을 일으키리라고 예상했다. 이 암시는 매우 강력했지만 지적이지 못한 공격이었다. 다윈의 비판자들은 이 역겨운 왜곡을 끊임없이 조롱했고 다윈은 원숭이 몸에 자신의 얼굴을 그린 풍자만화에 종종 등장해야 했다.

1860년 6월 30일, 다윈의 이론을 두고 저명한 지지자들과 반대자들이 모인 악명 높은 논쟁이 옥스퍼드 자연사박물관에서 벌어졌다. 반대파 지도자는 옥스퍼드 주교인 새뮤얼 윌버포스Samuel Wilberforce였다. 위대한 연설가였지만 아첨가라 평판은 좋지 않았다. 영국 총리 벤저민 디즈레일리Benjamin Disraeli는 그를 "번지르르하고 기름이 줄줄 흐르며 알랑거리는" 인물이라며 조롱했고, 윌버포스는 '아첨쟁이 샘'이란 별명을 얻었다. 논쟁 전날 밤, 오언은 윌버포스에게 논쟁에서 활용할 전략을 일러주었다. 당연한 일이지만 오언의 음흉한 계책은 논쟁의 정점에서 등장했고, 윌버포스는 헉슬리에게 당신이 만약 유인원의 후손이라면 조부와 조모 중 어느 쪽이 유인원이었냐는 악의적인 질문을 던졌다.

'다윈의 불도그'라는 별명이 무색하지 않게 헉슬리는 당황하지 않고 윌버포스를 도륙했다. "만약 (…) 저 질문이 내게 초라한 유인원을 조부로 둘지, 아니면 본질적으로 천부적인 인간이지만 엄청나게 비열하고, 뇌물이나 바치며, 아직도 아첨이나 하며, 진지한 과학 논쟁을 조롱이나 하겠다는 사소한 목적을 위해 영향력을 행사하는 인간을 조부로 둘지 묻는 거라면, 나는 주저하지 않고 유인원이 되는 것을 선택하겠소." 윌버포스가 장전했던 모욕과 헉슬리의 신랄하고 날카로운 비판이 이어진 후, 논쟁은 광대극으로 전락했다. 이 논쟁은 다윈이 탔던 비글호의 전 선장인 로버트 피츠로이$^{Robert\ Fitzroy}$가 청중에게 거대한 《성경》을 흔들어 보이면서 신이 인간 위에 있다는 사실을 받아들이라고 간청하는 기묘한 풍경으로 막을 내렸다.[•]

다윈의 주장을 왜곡하는 오언의 비뚤어진 전략은 **허수아비 논증**$^{strawman\ argument}$의 전형적인 사례다. 이 논증의 가장 기본은 '미끼와 바꿔치기' 전략이며, 상대방의 주장을 반박하는 대신 무너뜨리기 더 쉬운 대체물을 공격해서 반박했다는 인상을 준다. 허수아비 논증은 특히나 적절한 이름인데, 검사가 자신의 공격을 막아낼 수 있는 적 대신 짚으로 만든 모형을 상대로 기량을 뽐내는 풍경을 떠올리게 한다. 모형은 쓰러뜨리기 쉽고, 바꿔치기한 대상에 진짜 주장과 표면적으로나마 비슷한 점이 있다면 설득력이 있어 보인다. 본래부터 항상 악의가 있지는 않으며, 기량이 부족해서 다른 두 개념을 실수로 융합했을 수도 있다. 위대한 수학자이자 철학자인 러셀은 종종 일어나는 이 문제를 두고 피곤하다는 듯 이렇게 말했다.

"어리석은 사람이 현명한 사람의 말을 정확하게 전달하기란 불가능하다. 어리석은 자는 자신이 들은 말을 무의식적으로 자신이 아는 말로 바꾸기 때문이다."

[•] 지금은 옥스퍼드 과학도서관으로 이어지는 박물관 외부에 이 유명한 논쟁의 명판이 걸려 있다. 이 건물에는 인류학 전시관인 피트리버박물관이 함께 있는데, 이 홀을 호령했던 사람들처럼 매혹적이면서도 별난 공간이다. 공룡 화석부터 쪼그라든 머리까지 온갖 수집품이 있으며 이 도시에서 내가 가장 좋아하는 전시 공간이기도 하다.

허수아비 논증은 많은 연설가가 활용하는 최고의 무기로, 매우 기만적인 목적을 위해 의도적으로 이용하기도 한다. 주장을 부정확하게 전달하면 무너뜨리기도 쉬워서 이 전략의 사례는 삶의 모든 순간에 무수히 존재한다. 사실 이 전략의 실례를 찾으려면 그저 신문을 집어 들거나, 대립하는 두 정당이 주고받는 지루한 정치 언쟁을 듣거나, 거친 인터넷 세상에서 벌어지는 담론에 발을 담그면 된다. (어이쿠, 맙소사!) 본질적으로 이런 논쟁은 지루하며, 초당적인 분석이라면 재빨리 물러나야 한다. 가끔 합리적인 주장을 감정적으로 잘못 표현하면 분노와 역겨운 반응을 일으키면서 피해를 보기도 하며, 이런 불운한 주장은 대중의 마음속에서 강화되고 본능적인 반응이 이어지면서 이성적인 담론을 막을 수 있다.

슬프게도 진화는 이 공허한 수사법의 주요 표적으로 남았다. 1860년의 난폭했던 논쟁 이후, 다윈의 주장은 증거가 쌓이면서 완벽하게 정당성을 입증했고, 진화는 여러 도전을 극복하면서 근본적인 생물학 원칙이 되었다. 그러나 150년이 넘는 시간 동안 진화를 거부하는 종교단체들의 허수아비 논증식 반박도 빠르게 이어졌다. 진화론은 인간이 현대 원숭이에서 진화했다고 언급한 적 없어도 혹은 새로운 종이 출현하려면 특정 종이 멸종해야 한다고 언급한 적 없어도, 무시든 고의적 악의든 "만약 인간이 원숭이에서 진화했다면 왜 여전히 원숭이가 존재하는가?"라는 주제의 변주는 끝없이 쏟아진다.

객관적인 사실에 무관심한 독실한 종교인의 주변에서는 소란스럽게 거짓이 지속된다. 2007년에 전도사 레이 컴퍼트Ray Comfort와 커크 캐머런Kirk Cameron은 악어와 오리 사진을 포토샵으로 대충 합성해 들고 나와서 누구도 악어-오리 같은 혼종의 뼈 화석을 발견하지 못했으므로 진화론은 틀렸다고 주장해서 과학계가 할 말을 잃게 했다. 진화론을 향한 공격 중에서도 가장 멍청한 주장 상위에 오를 만하다. 근본적인 오류를 지적한 러셀의 "현자의 말을 기록하는 어리석은 자"에 관한 금언에 무게를 실어주는 사례였다. 위대한 진화생물학자이자 과학저술가인 리처드 도킨스Richard Dawkins가 이 같은 어리석음에 격분한 채 답했던 것도 이해할 만하다. 내게 보낸 편지에서 도킨스는 다음과 같이 말했다.

"진화에 관한 지식이 너무나 뒤틀려 있다. 개구당나귀나 악어오리가 나타나리라고 기대한다면, 개하마와 코끼팬지가 없는 이유도 비꼬아야 한다. (…) 여기에 기형의 키메라와 살아 있는 모든 종이 뒤섞인 종도 더해야 할 것이다."

슬프게도 역량에 관한 공허한 논쟁은 창조과학 운동을 정의하는 특징으로 남았으며, 이는 반진화론자의 지적 완전성에 관해 많은 것을 시사한다. 2001년 미국 루이지애나주 하원의원 샤론 브룸Sharon Broome은 '다윈주의 사상'을 인종 차별주의라고 비난한 결의안을 제안했다.

루이지애나주 입법부는 이로써 인종 차별에 관한 모든 사례와 모든 사상을 개탄하며, 특정 인종과 계급이 본질적으로 다른 인종보다 우월하다는 다윈주의 사상의 핵심 개념을 거부하며, 인종 차별주의의 관례를 정당화하고 승인하는 데 이용당하는 이런 철학을 비난하며 결의한다.

물론 이 결의안은 다윈이 조심스럽게 설명했던 주장을 완벽히 도살하는 행위다. 불행하게도 이런 선동적인 주장은 반진화론 운동에서는 너무나 흔하며, 감정에 호소하고 얄팍한 관계로 퇴색시키는 주장이다.* 허수아비 논증의 결말을 받아들이는 일은 언제나 좌절감을 주지만, 좌절감보다 더 심각해질 수도 있다. 교활한 주장이 선동적이라면, 엉뚱한 사람을 표적으로 삼거나 비판을 통해 허술한 주장을 가다듬을 수 있다.

예를 들어 대마초는 수천 년 동안 유흥과 치료 용도로 사용해왔다. 인간과 오래 함께했지만, 대마초만큼 열띤 논란을 일으키는 물질도 드물다. 온라인에는 대마초가 치료에 효과적이라는 주장이 광범위하게 유포된다. 간단하게 '대마초 치료'라는 검색어로 구글을 검색해보면 상상할 수 있는 모든 질병에서 기적 같은 효능을 나타낸다는 간증을 볼 수 있다. 대마초가 암의 만병통치약이라는 주장이 특히 많고, 뇌전증이나 자폐를 완화한다는 주장도 있

---

* 도킨스는 이런 수준 낮은 공격은 다윈의 동시대인인 디즈레일리처럼 "인간이 유인원인지 천사인지 묻는다면, 신이시여, 저는 천사의 편에 서겠습니다"와 같은 점잖은 위트로 반박할 수 있다고 상기시켰다.

다. 증언이 쏟아지지만, 대마초가 보편적인 만병통치약이라는 주장은 명백하게 증거와 상충한다. 2017년 미국국립과학원에서 낸 논평은 대마초와 대마초 유래 제품의 의학 치료와 효능을 연구한 논문 1만 편을 분석해서, 세 가지 치료법에서 믿을 만한 증거를 발견했다. 첫째, 테트라하이드로칸나비놀tetrahydrocannabinol(THC, 대마초의 주요 정신 활성 물질)이 암을 치료할 때 나타나는 메스꺼움과 구토를 줄인다는 증거는 유력하다. 이런 항구토제 특성은 수십 년 동안 임상에서 암 증상을 관리하는 데 이용되었다. 논평은 대마초가 만성통증과 다발경화증의 연축(경련)에도 효능이 있다는 훌륭한 증거를 발견했다. 그러나 여기에는 경고가 따라붙었다. THC는 일률적으로 효과가 있지는 않으며 많은 환자에게서 구토를 가라앉히기보다는 악화했다. 더 안전하고 효율적인 치료제와 진통제가 있으므로 THC에서 유래한 임상 화합물은 주로 다른 치료법이 듣지 않을 때를 대비하는 용도였다.

그러면 전 세계 대마초 지지자들이 열정적으로 설파하는 보편적인 치료 효능은 무엇일까? 이에 대한 논평의 결론은 충격적이었다. 끝없는 과장에도 불구하고, 대마초가 다른 질병에 치료 효능이 있다는 증거는 아주 적었고 확실하지도 않았다. 저자들은 대마초가 ADHD와 뇌전증, 파킨슨병, 과민대장증후군, 에이즈 환자의 식욕 조절에 치료제로서 유용하다는 확실한 증거를 찾을 수 없었다. 대마초가 암을 치료하거나 치유한다는 증거도 전무했다. 이 논평의 저자 중 하나인 숀 헤네시Sean Hennessy는 증거와 믿음의 격차에 대해 "사람들이 의료용 대마를 사용하는 이유는 대개 이 식물의 효능이 유익해서가 아니다"라고 말했다. 그러나 상대적으로 사소하고 한정된 대마초 효능은 의료용 대마를 지지하는 사람들을 막지 못했고 그들의 주장을 꺾지도 못했다.

맥이 빠질 정도로 엄청난 수의 웹사이트에서 이 허구를 전파하면서 "대마초가 암을 치료한다"라는 속설은 좀비처럼 꿈틀거린다. 소셜미디어를 통해 우려할 만한 수의 게시글이 끝없이 순환하면서 대마초유나 THC 추출물이 암을 치료한다고 주장한다. 종종 이런 소문은 심약해진 암 환자와 가족, 환자 지원 단체를 향하기도 한다. 이런 주장은 표면적으로는 허수아비를 활용해서 유지하며, 대마초가 암을 치료한다고 '증명'하기 위한 사례를 "고농도 THC는 페트리디시에 든 암세포를 죽일 수 있다"라는 식으로 든다. 이 주장은 사실이지만 치료와는 상관없다. 세포를 죽이는 일은 간단하다. 페트리디시에 있는 암세포는 산부터 열, 표백제까지 많은 성분으로 쉽게 죽일 수 있다. 그러나 눈치 빠른 독자라면 인간은 페트리디시에 든 세포가 아니라는 점에 주목할 것이다. 인간에게 효율적인 항암치료제는 건강한 세포는 놔두고 암세포만 식별해서 공격해야 한다. 대마초가 선별적으로 작용한다는 증거는 전혀 없다. 하지만 이런 거짓 소문이 끊이지 않기 때문에 영국 암연구소나 국립암연구소 같은 기관은 거짓 소문에 대처하기 위해 많은 자원을 투입해야 했다.

헛소문은 기껏해야 증거와 어긋나는 주장을 얄팍한 신뢰로 감춰 줄 뿐이다. 그러나 최악의 경우, 헛소문은 위험한 상태의 환자에게 심각한 피해를 줄 수 있다. 암이 널리 퍼져 있어도 대중은 여전히 암에 대해 잘 알지 못하며, 완곡한 표현과 문제를 회피하는 쪽을 선택한다. 대부분은 자신이나 가족이 진단받기 전까지는 암을 진지하게 생각하지 않는다. 현대 암 치료법과 생존율은 계속 개선되고 있지만 방사선 치료법, 항암화학요법, 면역요법 같은 치료법의 전망은 당연하게도 두려운 수준이다. 이렇게 환자가 가장 취약할 때, 부작용 없는 '천연' 영약이라는 유혹은 건강한 회의주의를 무시할 만큼 매혹적일 수 있다. 이런 주장은 환자와 의학계, 과학계 사이에 불신을 퍼뜨린다는 면에서 매우 교활하다. 진정한 신도는 믿음을 지키기 위해 증거가 부족하다는 사실을 무시해야 하는데, 이는 모두 '거대 제약회사'의 교묘한 책략이기 때문이다. 괴짜들이라며 무시하면 편하겠지만 이 헛소문을 믿는 사람이 너무나 많으므로 다른 장에서 살펴보겠다.

이런 헛소문은 필연적으로 연구자와 의료진을 우스꽝스러운 악당으로 전락시켜 경멸과 독설의 표적으로 삼는다. 설상가상으로 기적의 치료제 이야기가 너무나 열렬하게 전해지면서 이이야기를 들은 많은 환자가 주류 의학 치료를 중단한다. 그 결과는 생명으로 치러야 하며 앞으로도 그럴 것이다. 나는 개인적으로 이런 사례를 증언할 수 있다. 2016년에 아일랜드 의회에 표면상으로는 의료용 대마초를 지지하는 법안이 상정되었다. 이미 아일랜드에서 의료용 대마초는 처방전을 통해 사용할 수 있는데도 말이다. 상정된 법안이 명시한 목적 뒤에 숨겨진 진짜 목적은 명확했다. 바로 효능이 입증되지 않은 질병에 대해서도 규제 없는 대마초 접근을 허용하는 것이었다. 그에 더해 대마초를 의약품으로 내세우는 동시에 국가 마약규제기관의 소관에서는 배제했다. 기본적으로 이는 슈뢰딩거 법안이었다. 대마초를 의료품이라고 주장하면서도 그에 따르는 규제나 통제의 대상은 아니라고 우겼다.

이들의 막무가내식 태도는 과학적인 성향의 사람들이 의혹을 제기할 만한 심각한 붉은 깃발이었다. 생물적 혹은 의학적 효능이 있는 것은 대개 부작용이 있기 마련이며, 대마초도 예외는 아니다. 대마초가 상대적으로 안전하긴 하지만 현재 자료를 보면 정기적으로 사용할 경우 조현병을 포함한 정신 건강 장애를 겪을 확률이 높아진다. 이 효과는 어린이와 청소년에게서 더 확연하게 나타나고, 학습과 사회적 성취에 부정적인 영향을 미친다. 모두가 오해하지만, 대마초는 중독될 수 있으며 사용하다가 문제가 있는 일도 흔하고, 이런 현상은 어린 나이에 시작하거나 남용할수록 더 분명하게 나타난다. 이런 점에서 볼 때, 대마초의 의약품 규제를 배제하자는 법안의 주장은 숨겨진 다른 동기를 보여주었다. 표면적으로는 의약품으로서의 용도에 초점을 맞췄지만, 법안은 유흥 목적의 대마초를 비범죄화하려는 트로이 목마였다. 법안은 환자를 소비자로 규정하고 복용량을 온스 단위로 정했는데, 전통적인 의약품이 복용량을 밀리그램 단위로 정한다는 점을 볼 때 이런 의심은 더 증폭되었다.

꼭 나쁘지만은 않다. 대마초를 합법화하려는 더 뛰어난 논거도 **있다**. 그러나 이런 목적을 숨긴 위험한 오해의 소지가 있는 의학적 주장은 절대 수용할 수 없으며, 이들의 태도는 솔직하지 못하다. 이 법안을 의학 문제의 틀에 욱여넣은 법안 상정자들은 자신들이 전 세계 대마초 괴짜의 군대라고 인정했다. 설상가상으로 입법 캠페인과 선전의 논조는 놀라울 정도로 무책임했다. 법안 지지를 호소하는 공청회에서 '이익보다 사람People Before Profit, PBP(법안 상정인들)' 단체는 대마초가 암을 치료한다는 포스터를 공개했다. 소셜미디어를 통해 사람들은 대마초로 병을 치료한 경험담을 나누었고, 기적이라기에 모자람 없는 일화가 넘쳐났다. 이런 일화 중 어느 것도 입증되지 않았지만(종종 거짓임이 밝혀지기도 했다) 사실로 받아들여지는 데 전혀 문제가 되지 않았다. 2017년에 유명해진 밈의 하나는 데이비드 히비트David Hibbitt의 특별하고 놀라운 열여덟 가지 이야기로, 그는 대마초유로 암을 치유했다고 주장했다. 이 밈은 열광적인 대마초 지지자에게 널리 퍼졌지만, 지지자들은 히비트가 암을 치료하기는커녕 2016년에 사망했다는 사실을 모르거나 무시했다.

마음을 울리는 감정적 호소는 언론과 캠페인의 중요한 요소였다. 병든 딸을 위해 대마초유를 구하려 애쓴 어느 어머니의 고난은 언론의 관심을 받기에 충분했다. 물론 대마초유가 문제의 질병에 효능이 있다는 증거는 없었지만, 이 사례는 새 법안이 통과해야 하는 근거로 널리 알려졌다. 쏟아지는 공감과 분노 속에서 아일랜드에서 대마초유가 식품으로 규정되고, 합법화하며, 구하기 쉬워진다는 사실은 대중의 마음에서 잊혔다. 매스컴의 관심이 높아지면서 '암 치료제' 이야기는 대중 담론에 더 깊숙이 파고들었다. 아일랜드 암협회 연구책임자 로버트 오코너[Robert O'Connor]는 피곤한 얼굴로 말했다. "가는 곳마다 대마초나 대마초유가 암을 치료할 수 있냐고 묻습니다. 연구 결과가 명확하게 사실이 아니라고 밝혔는데도 이 거짓말은 언론, 특히 소셜미디어에 너무 널리 퍼져서 수많은 대중의 마음에서 정설처럼 굳어졌습니다."

예측대로 그리고 슬프게도, 취약한 환자들은 대마초 치료로 종양이 줄었다는 빛나는 일화의 표적이 되었고, 악의는 없었겠지만 오판했다. 그러나 아일랜드 암협회와 종양 전문가가 계속 강조했듯이 이 주장은 완벽한 거짓이었다. 대중의 오해가 커질수록 나는 더 많은 언론사에 이 주장이 의심스러운 이유를 설명했다. 《아이리시타임스[Irish Times]》《더 스펙테이터[The Spectator]》에 기고문을 썼고, 법안과 온라인 속 법안 지지자들이 내세우는 여러 주장의 거짓을 밝히면서, 독자들에게 증거를 보고 주장에 휩쓸리지 말라고 당부했다. 아일랜드 의회는 이 법안을 평가할 초당적 위원회를 소집했고, 2017년 7월 보고서를 받았다. 보고서 결론은 충격적이었는데, 주요 법안에는 문제가 수없이 많았고, 의도치 않은 정책 결과와 해로운 오용을 막을 안전장치도 미비했다. 법안이 제시한 의학적 동기도 허울만 그럴듯할 뿐이었다. 위원회는 만장일치로 법안을 거부했고 "대마초의 의료적 사용을 촉진하는 만큼 대마초 사용을 비범죄화한다"라고 보았다.

위원회의 냉정한 거부는 법안을 물거품으로 만들었고 더는 입법을 진행할 수 없었다. 노골적인 이중성과 순수한 어리석음이 무모하게 섞인 데서 나온 실패였다. '이익보다 사람'의 지노 케니Gino Kenny는 위원회의 논평을 받아들이기보다는 위원회가 법안을 "고의로 방해했다"라고 불평하며 편향되었다고 비난했다. 소셜미디어의 법안 지지자들은 가장 유명한 비평가를 공격하는 것으로 반응했다. 위원회에서 활동한 케이트 오코넬Kate O'Connell이 공격 대상으로 선정되었고, 그의 약사 자격증은 공격하는 사람들에게 그가 알 수 없는 거대 제약회사의 동맹이라는 '증거'로 제시되었다. 인터넷에서 여성이 종종 겪듯이, 오코넬을 겨눈 비난은 극단적인 여성 혐오를 드러냈다.

광신자들은 오코너와 아일랜드 암협회가 제약산업계의 앞잡이 노릇을 했다며 고소했고, 암 자선단체가 대마초 트롤에게 공격당하는 볼썽사나운 광경으로 이어졌다. 나도 무사히 피해가지는 못해서, 내 표면적인 동기는 맹렬히 검열당했고 욕설이 담긴 메시지가 폭포처럼 쏟아졌다. 나는 물리학자인데도 실체가 없는 '거대 제약회사'가 실재한다는 증거로 지목되었고, 그들의 비도덕적인 후원을 받는다는 꼬리표가 달렸다. 더 마음이 상했던 것은 우리의 비판이 환자를 가엾게 여기지 않고 고통을 무시하는 증거라는 장광설로 이루어진 지속적인 고발이었다. 법안비판자에게 훌륭한 보건 혁명을 무너뜨리려는 방해꾼이라는 꼬리표를 달아서 법안을 반대하는 자는 환자를 생각하지 않는 사람이라고 주장하는, 한 단계 발전한 허수아비 논증이었다. 위원회가 법안을 거부하면서 발표한 내용과 신중한 고찰에 대한 완벽한 허위진술이다. 실제로 그 법안은 환자를 보호하기는커녕 위험에 빠뜨렸을 것이다. 그 점을 고려할 때 '이익보다 사람'이 대마초를 만병통치약으로 밀어붙인 행동은 매우 무모했다. 법안을 반대하는 의견을 부적절하게 오해하면서 법안 지지자들은 법안 자체가 위험했으며 결함이 많고 음흉했다는 사실에서 관심을 거두었다. 대신 그들은 타당한 우려를 나타낸 반대자들을 표적 삼아 빗나간 분노를 쏟아냈다.

이 난장판에서 발견한 한 줄기 희망의 빛이 있다면, 그건 바로 취약한 환자에게 이상한 치료법이 흔하게 퍼져 있는 상황을 두고 진지한 토론이 이루어졌다는 점이다. 이를 조금이나마 막아보고자 케이트와 나, 그 외 많은 사람이 수상한 치료법에서 암 환자를 보호하는 법안을 만들기 시작했다. 아니나 다를까, 대마초 지지자 대체의학 기업은 우리가 이 법안 계획을 발표하자마자 허수아비로 삼아 공격했고 "암 치료제를 억압"한다며 엄청나게 비난했다. 오코넬은 이를 두고 "당연히, 정치를 하면 언제나 비난받는다. 그러나 비난을 넘어선 수위의 독설은 (…) 상상 이상이다"라고 말했다.* 여기서 핵심은 허수아비 논증에 실재하는 기만적인 힘이다. 타당한 비판을 공허한 주장으로 바꿀 뿐 아니라 왕이 벌거벗었다고 지적하는 사람을 노골적으로 악마화하도록

* 이 글을 쓰는 현재, 이 '암 치료법 (광고) 법안 2018'은 아일랜드 하원에서 논의 중이다.

조장한다. 이런 관점에서 허수아비 논증은 타격을 두 배로 입히므로, 이를 경계하는 일은 매우 중요하다.

순환논법의 오류

지금까지 설명한 비형식적 오류 대부분은 **인과적 오류**causal fallacies 를 변형한 것이다. 이것들은 비형식적 오류의 신전에서 높은 위상을 차지하며, 형태가 무한한 듯하다. 엄격하다는 허식을 얻으려 유연한 정의와 전제를 활용하는 비형식적 오류를 살펴보는 일은 유익하다. 이 목적을 이루는 가장 단순한 방법은 논리적으로 완벽하게 폐쇄된 동시에 완전한 동어반복을 하는 것이다. 다음의 주장을 살펴보자. "인간은 포유류다. 따라서 인간은 포유류다." 뻔할 정도로 빈약한 주장으로, 화자는 자신의 결론을 정당화하기 위해 기본적으로 결론에서 시작한다. 이런 얼빠진 추론을 **순환논법**循環論法이라고 한다.

이 주장은 불쾌할 정도로 뻔하지만, 역사적 내력은 인상적이다. 딱 하나만 인용해보자면, 종교 경전의 진실성에 관한 주장이 만족스럽지만 지루한 순환논법에서 나왔다. 이 문제는 아브라함계 종교를 오랫동안 괴롭혔다. 유대교가 세워진 후 종교학자들은 《토라Torah》가 정확한 신의 말씀이라고 주장했는데, 근거는 《토라》에 그렇게 기록됐기 때문이다. 이 공허한 논법은 유대교의 영향을 받아 세워진 다른 종교에서도 열광적으로 채택되었다.《성경》속 사례를 하나만 보자. 〈디모데서〉 3장 16절이다. "모든 《성경》은 하나님의 영감에서 나온 것이며, 교리·책망·징계·훈계에 유익하다." 장황함을 걷어내면 다음과 같이 쓸 수 있다. "경전은 진실이다. 신에게서 영감받은 것이기 때문이다. 경전에 그렇게 기록되어 있다." 헌신적인 신자는 안심할지도 모르지만, 다른 이들에게는 조금은 공허하다.《쿠란》도 예언자 무함마드에게 전하는 경전의 계시는 경전의 신성한 기원을 입증했다고 주장한다. 신이 존재하든 아니든, 이런 명백한 순환논법으로는 저 가설을 발전시키는 데 아무 소용이 없다.

신학적인 예시는 상대적으로 명료하지만, 순환논법은 동의어와 분석해야 하는 복잡한 구절로 모호해지기 십상이다. 이런 상황은 연관된 오류인 **선결문제 요구의 오류**^{begging the question}에서도 자주 나타난다.[•] 선결문제 요구의 오류에서는 입증해야 하는 결론이 주장의 전제에 포함되어 있으며, 전체 주장을 동어반복 연습으로 만들어버린다. 선결문제가 종종 얻어야 하는 결론과 비슷한 이념 문제에서 고질적으로 악용된다. 동시대 사례로는 논란이 끝나지 않는 낙태 논쟁 수사법을 살펴야 한다. 낙태를 반대하는 일반적인 주장은 다음과 같은 논리를 펼친다. "낙태는 살인이다. 살인은 불법이다. 따라서 낙태는 불법이어야 한다." 선택의 여지가 없는 설득력 있는 주장 같지만, 절망적인 결함이 있다. 낙

• 　현학자의 경고: 여기서 설명하는 '선결문제 요구의 오류'는 논리적 오류다. 이 구절은 종종 "질문을 제기한다"라는 뜻으로 부정확하게 사용된다. 문맥을 살피면 뜻을 명확하게 알 수 있지만 그건 내가 정말 싫어하는 일이다.

태가 불법이어야 한다는 결론은 낙태가 살인이라는 놀라울 정도로 불확실한 주장에서 나온다. 주장의 결론은 전제에 포함되어 있으며, 전제는 낙태가 살인이라는 가정을 그 어떤 추론이나 증거 없이 당연하게 받아들이도록 요구한다. 요구한 전제가 수용되면 전체 주장은 논리적으로 일관성을 유지하지만, 근본적으로는 정확한 것은 아무것도 없는 순환논법의 무의미한 연습일 뿐이다.

이는 사실상 말하기 껄끄러운 중요한 문제를 제기한다. 지금까지는 추론의 일반적인 비형식적 오류를 살펴보았지만, 여기서 잠시 멈추고 우리가 살펴봤던 수많은 사례를 관통하는 공통 주제, 바로 논리와 믿음의 전투를 생각해보자. 믿음이 추론에 미치는 영향은 지금까지 우리가 회피했던 문제와 관련 있다. 불완전한 추론이 가장 중립적이며 부주의한 관찰자에게도 영향을 미칠 수 있다는 데는 의심의 여지가 없지만, 그보다는 동기가 종종 더 의심스러울 때가 많다. 논리적으로 잘못된 추론은 단순한 오해에서 비롯될 수도 있지만, 우리의 믿음이 올바르게 사고하는 능력에 해로운 영향력을 행사했을 가능성을 무시해서는 안 된다. 인간은 선입견을 과도하게 신뢰하면서 편향된 렌즈를 통해 주장을 거를까? 우리가 소중히 간직한 신념을 지키려 잘못된 추론을 할 가능성이 더 클까? 만약 그렇다면 그건 의도적일까 아니면 의식적으로 인지하지 못하는 걸까? 추론에 대한 도전을 진실로 이해하려면 논리와 인간의 복잡성을 별개로 보아서는 안 된다. 인간이 실수하는 이유를 제대로 알려면 우리 모두에게 피할 수 없는 영향을 미치는 인간의 특성을 반드시 탐색해야 한다.

2부 진실은 단순하지 않다

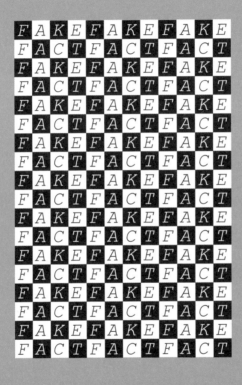

인간의 결점은
타인의 잘못을 가장 먼저 발견하고
가장 늦게 용서한다는 것이다.

— 레티티아 엘리자베스 랜던Letitia Elizabeth Landon

8장
슈뢰딩거의 빈 라덴

꺼지지 않는 사이비 신앙과 기후위기 부정론

20세기 초 러시아는 격동의 시대를 지나고 있었다. 1917년 10월 혁명으로 볼셰비키 군대는 세계 최초의 공산국가를 세웠다. 거대한 과도기를 지나면서 정치적 공백이 나타났고, 권력을 갈망하던 자들과 가끔은 부도덕한 자들이 열정적으로 그 자리를 차지했다. 이오시프 스탈린Josef Stalin은 이 악당 무리에서도 가장 악명 높았다. 세력은 약해졌지만 혁명의 영웅이자 소비에트연방 정부 의장인 레닌에게 스탈린의 권력을 향한 야심은 뚜렷이 보였다. 경계심 많은 레닌은 스탈린 대신 레온 트로츠키Leon Trotsky를 후계자로 내세웠다. 이런 상황에서도 1924년 레닌이 사망하자, 스탈린은 모든 경쟁자를 노련하게 압도하고 권력을 완벽하게 굳혔다. 트로츠키는 망명했지만 결국 스탈린의 명령으로 멕시코에서 얼음도끼로 암살당했다. 스탈린주의의 잔혹성은 역사책에 잘 나와 있지만, 동시대 또 다른 야심가의 이야기는 잘 알려지지 않았다. 바로 트로핌 리센코^{Trofim Lysenko}다.

과학과 사상이 만나면

리센코는 정치보다는 식물에 더 열정을 보였다. 동료들이 혁명에 뛰어들 때, 그는 키이우에서 니콜라이 바빌로프^{Nikolai Vavilov}를 스승으로 삼아 종자를 연구했다. 스승과 제자의 최대 관심사는 밀 생산량에 영향을 미치는 조건이었다. 새로운 러시아 지도자들이 농업경제에서 산업경제로 빠르게 전환하면서 이 문제는 정책적 긴급성을 인정받았다. 부유한 소작농인 쿨라크는 '계급의 적'으로 지목되어 박멸되었고, 그들이 소유했던 기름진 땅은 집단농장이 넘겨받았다. 그러나 소비에트연방의 역량 부족으로 러시아 전역에 만성 관리부실이 뒤따랐고 기근이 닥쳐왔다.

1928년에 리센코는 작물 생산량을 획기적으로 늘릴 새로운 방법을 발견했다고 발표했다. 리센코가 '춘화처리'라고 부르는 이 방법은 공산당의 귀에 달콤한 노래처럼 들렸고, 소비에트연방 기관지 《프라우다^{Pravda}》는 리센코를 후하게 치하했다. 공산당 선전 활동은 독창적인 노동자가 현실 문제를 재치 있게 해결하도록 격려하는 이야기가 대부분이었다. 그러므로 정규 과학교육도 받지 않은 농민 출신의 농학자로서 부르주아가 일군 주류 과학을 압도한 결과는 하늘이 내린 선물이었다. 리센코는 정치와 과학계 상을 모두 받았고 공산당 내 계급도 높아졌다. 그러나 이 포상은 성급한 결정이었다. 과학적 훈련을 받지 못했던 리센코의 실험은 제대로 통제되지 않아 수준 이하의 결과를 냈다. 영웅 이미지를 유지하려 자료를 조작해서 자신의 주장을 뒷받침하지도 않았다.

그래도 의심스러운 결과는 문제되지 않았고 찬양도 수그러들지 않았다. 리센코는 의심할 여지 없이 공산당의 인기인이었다. 그는 점차 자신이 조작한 과장 광고도 진짜라고 믿게 되었고, 종자를 자기가 고안한 대로 춘화처리하면 놀라운 특성이 유전되어서 호밀이 밀로, 밀이 보리로 바뀐다고 주장했다. 이 주장은 오랫동안 실험적으로 반박된 이론인 라마르크 이론(용불용설用不用說. 한 개체에서 형질 변화가 일어나는 원인을 설명하는 이론.—옮긴이)으로 선회한 것이어서 생물학자들은 실망하고 말았다. 한물간 이 이론은 개체가 획득한 특성이 후손에게 전해진다고 주장했다. 식물의 잎을 뽑으면 잎이 없는 후손이 나온다는 식이다. 생물학자 줄리언 헉슬리Julian Huxley는 의미심장한 말을 남겼다. "이 이론이 옳다면 모든 유대인 소년은 포피foreskin 없이 태어날 것이다."

리센코와 달리 대부분의 러시아 식물학자와 생물학자는 혁명 이전에 과학교육을 받았다. 그들은 관찰한 사실을 더 충실하게 설명하고 정교한 실험이라는 불꽃의 시험을 통과한 다윈의 진화론을 알고 있었다. 유전자라는 유전의 단위를 제시한 그레고어 멘델Gregor Mendel의 실험과 초파리 실험도 알고 있었다. 하지만 정치 지도자 계급인 리센코는 과학자들의 우려에 전혀 동의

하지 않았다. 과학자들의 관찰 결과를 반박할 수 없게 되자 리센코는 **인신공격** 논법에 의지했다. 1935년에 리센코는 자신의 주장을 인정하지 않는 사람은 마르크스주의를 거부하는 사람과 다르지 않다고 말하면서 생물학자들을 "초파리를 사랑하고 사람을 증오하는 자"라고 맹렬하게 비난했다. 리센코가 격노하자, 스탈린은 가장 먼저 일어서서 손뼉 치며 크게 외쳤다. "브라보, 리센코 동지, 브라보."

찬사를 받은 리센코는 보다 대담해졌다. 스탈린에게 직접 허락받자 리센코는 자신의 농업 아이디어를 공산주의 사상과 혼합하기 시작했다. 유전학 전체가 리센코의 주요 목표물이었고, 공산주의 사상에 따라 살면 인간의 특성 자체가 바뀔 수 있다는 식으로 마르크스주의 교리를 해석해서 적용했다. 이렇게 획득한 개선점은 다음 세대에 유전되어 영웅적인 '새로운 소비에트연방인'이 탄생한다. 변하지 않는 유전자가 개체의 특성을 결정하며, 따라서 '호밀은 절대 밀로 바뀔 수 없다'는 유전학보다 정치적으로 이용하기 좋은 신념이었다. 리센코는 다윈의 경쟁을 통한 자연선택설을 부인하고 다윈 진화론을 반공산주의적 이념으로 매도했다.

제2차 세계대전이 유럽을 휩쓸자, 리센코는 스탈린의 지원을 받아 자신의 거창한 주장에 반대하는 과학자들을 숙청하기 시작했다. 그의 스승이자 초기 지지자였던 바빌로프는 과장된 죄목으로 체포되어 사형을 선고받았다. 물론 나중에 징역형으로 감형받기는 했다. 바빌로프는 감옥에서 영양실조로 1943년에 사망했다. 1941년에 나치 독일은 러시아를 공격했고, 길고 피비린 내 나는 전쟁이 이어지면서 리센코의 십자군전쟁은 잠시 중단되었다. 1945년에 전쟁이 끝나면서 소비에트연방은 승리를 거두었으나 어마어마한 전쟁 비용을 떠안았고, 2700만 명에 달하는 러시아인이 전쟁에서 사망했다. 리센코는 여전히 강대한 권력을 쥐고 있었지만, 일부 과학자는 대담하게도 공개적으로 리센코의 독재적인 영향력을 비판하기 시작했다. 리센코의 논문을 검토한 결과, 그의 주장이 부당하거나 노골적인 조작이라는 사실이 드러났다. 자신의 권력이 무너질까 봐 걱정한 리센코는 스탈린에게 소련의 밀 생산량을 열 배로 늘리겠다고 장담하면서 지원을 호소했다. 리센코의 장담은 실현할 수 없으며 그가 무능하다는 증거가 충분했지만, 스탈린은 호언장담이 지나친 이 프롤레타리아 천재를 받아들였고, 소비에트연방의 정치국 전체를 하사했다.

이에 따라 1948년에 리센코는 유전학이 '파시스트'이며 '부르주아적 왜곡'이라고 공식적으로 선언했다. 공산당 정치국은 소비에트연방에서 유전학 전체를 금지하고 리센코의 가설만이 유일하게 '정치적으로 정확한 이론'이라고 선언했다. 이를 증명하는 당령은 리센코와 스탈린이 직접 작성했다. 모든 유전학 연구는 금지되었고 논의도 불법이었다. 소비에트연방 전역의 생물학자와 유전학자는 무조건 해고되었고 연구 결과는 공개적으로 비난받았다. 과학자 약 3000명이 처형되거나 굴라크(소련의 강제수용소.—옮긴이)나 감옥에 보내졌다. 박해받은 유전학·생물학·의학 과학자 들의 자리는 리센코에게 충성하는 무능한 아첨꾼들이 차지했다. 리센코의 퇴보한 농업정책이 연방을 더 극심한 기아로 몰아넣으면서 일은 꼬여만 갔다.*

강철 같은 지배력은 과학 담론을 얼어붙게 했다. 1953년 스탈린 사망 이후 권력을 물려받은 흐루쇼프는 리센코에게 동조했다. 1964년에 흐루쇼프가 실각하자 러시아 과학계는 마침내 리센코를 공격할 수 있었다. 러시아 국립과학아카데미 총회에서 핵물리학자** 안드레이 사하로프Andrei Sakharov는 리센코를 가리켜 "소비에트연방의 생물학 및 유전학을 특히 퇴보시켰고, 유사 과학 보급, 모험주의, 학습 저하, 많은 유능한 과학자를 비방과 해고, 체포, 심지어는 사망하게 한 수치"라며 비난했다. 비판적인 평가와 함께 리센코와 그의 무리가 증거를 조작하고 곡해했다는 보고서도 제출되었다.

보호해줄 정치적 뒷배가 사라지자, 거리낌 없는 과학적 검토라는 조명 아래 리센코가 카드로 지은 집은 산산조각이 났다. 소비에트연방 과학의 목을 조르던 리센코에게 종말의 전조가 울렸다. 한때 리센코를 천재라며 치켜세우던 언론은 이제 그를 비난했다. 리센코는 사람들에게서 잊혔고 1974년에 아무도 모르게 사망했다. 리센코 숭배는 소비에트연방의 유전학과 생물학, 의학의

    • 리센코의 신념 대부분이 중국에 이식되면서 앞서 소개한 중국 대기근이
    악화하는 비극이 일어났다.
    •• 흥미롭게도 가혹한 보복을 당할 걱정 없이 리센코 가설을 비판할 수 있
    는 과학자는 물리학자뿐이었다. 역사가 토니 주트Tony Judt는 "스탈린이 핵물리
    학자들을 내버려두고 그들의 연구 결과를 절대 비판하지 않았다는 점은 중요
    하다. 스탈린은 미쳤을지 몰라도 멍청이는 아니었다"라고 말했다

발달을 억눌렀고, 그의 평화로운 마지막은 그가 난폭하게 숙청했던 과학자들의 최후와 냉혹한 대조를 이루었다. 리센코 사건은 과학자 제프리 비일Geoffrey Beale의 말을 빌리자면 "가장 기이한 비극인 동시에 한 번도 벌어진 적 없었던 어리석은 과학 전투다".

대재앙 예언

리센코의 사례는 한 남자의 자만심에 관한 이야기를 넘어서 우리에게 인간의 조건을 말해준다. 리센코의 업적이 그토록 숭배된 이유는 이념에 치우쳤기 때문이다. 여기에는 비판적으로 평가한 증거 대신 이미 가진 신념을 재확인하며 의도적으로 해석하는 너무나 인간적인 심리적 오류, **동기화된 논증**motivated reasoning의 전형적인 특징이 보인다. 본질적으로 편향된 감정적인 의사결정 방식이다. 자신의 신념에 반하는 증거에는 매우 엄중한 기준을 내세우면서도 욕구에 맞는 생각은 얄팍한 증거를 비판 없이 수용한다. 동기화된 논증은 신념을 확인하거나 부인할 증거를 이성적으로 평가하기보다는, 편향을 활용해서 우리가 이미 믿는 것에 들어맞는 증거만 보고 우리를 뒤흔드는 증거는 무시한다.

　동기화된 논증은 **확증편향**確證偏向과 밀접한 연관이 있다. 확증편향은 자기 신념과 세계관에 맞는 정보를 추구하고 기억하고 틀에 맞추는 한편, 반대되는 정보는 최소화하려는 성향을 말한다. 정보를 거르는 내부 문지기가 있다는 생각은 이제 새롭지 않다. 기원전 4세기에 그리스 역사가 투키디데스^{Thucydides}는 다음과 같이 말했다. "우리의 바람에는 경솔한 희망을 품고, 좋아하지 않는 대상은 멋대로 추론해서 치워버리는 것이 인류의 습성이다." 20세기 심리학자들은 편리한 허구로 스스로 위로하는 인간의 능력을 공식적으로 검토해서 이 주장을 충만한 증거로 뒷받침했다. 얼마나 안온하든 간에 허구에 집착하면 값비싼 대가를 치러야 하는데, 인간은 왜 이런 행동을 하는 걸까?

이 문제는 한 주제에 대해 두 개 이상의 상반된 신념을 동시에 가지면 정신적 동요로 이어진다고 가정한 선구적인 심리학자 레온 페스팅거^{Leon Festinger}의 흥미를 끌었다. 페스팅거는 이미 가진 신념과 충돌하는 정보나 행동을 만났을 때 개인이 느끼는 불안을 인지부조화^{認知不調和}라고 정의했다. 인간은 상반된 정보를 만나면 불쾌하다고 느끼고 누그러뜨리려 한다. 믿고 있던 신념에 결함이 있거나 불완전하다고 인정할 수도 있고 이상적인 과학자처럼 새로운 증거에 따라 관점을 수정할 수도 있다. 그러나 이념의 성향을 바꾸려면 인지적 비용이 많이 들기 때문에 신념을 지키고 현실을 부인하는 더 쉬운 방법을 택하게 된다. 페스팅거 패러다임에서 동기화된 논증은 충돌하는 정보에서 생겨나는 불편을 모면하려는 매커니즘이며, 도전적인 현실을 회피하고 우리를 위로해주는 거짓을 수용하도록 '동기를 부여'한다.

1950년대 초에 이 개념을 만든 페스팅거는 가설을 증명할 방법을 궁리했다. 그때 지역신문에 그의 흥미를 끄는 기사가 났다. 〈클라리온 행성에서 온 예언자가 경고하다: 홍수가 다가오니 피하라〉라는 제목의 기사는 클라리온 행성에서 온 메시지를 자동 글쓰기^{automatic writing}로 전달받는다고 주장하는 시카고 주부 도러시 마틴^{Dorothy Martin}의 사이비 종교집단을 취재했다. 외계인은 메시지를 통해 세상이 1954년 12월 21일에 종말을 맞이한다고 말했다. 마틴은 이전에도 L. 론 허버드^{L. Ron Hubbard}의 다이어네틱스(나중에 사이언톨로지로 바뀌었다) 운동에 함께했고, 허버드의 B급 SF 소설적 미학을 도용했다. 마틴은 종말 전날 밤, 홍수가 지구를 덮치기 전에 우주선이 나타나 믿음을 가진 이들을 클라리온 행성으로 데려가리라고 선언했다. 마틴의 종교는 청명한 영혼과 구원을 추구했으며 '시커스^{the Seekers}'라는 단체 이름 역시 이런 열망을 반영했다.

시커스의 특이한 신앙은 미국 전역의 종말론 집단 중에서도 단연 눈에 띄었다. 마틴은 사람들이 자신을 믿든지 말든지 상관없어 했고, 전도에도 관심 없었으며, 언론과 얽히는 것을 싫어했다. 그런데도 그의 예언을 진심으로 믿는 헌신적인 소수의 추종자는 마틴을 떠받들었고, 마틴을 따르기 위해 사회적 지위와 재산뿐 아니라 결혼과 가족까지 포기했다. 반박의 여지가 없는 증거가 신념을 무너뜨렸을 때 강력한 믿음이 어떻게 대응하는지 연구할 절호의 기회라고 생각한 페스팅거 연구팀은 학생들을 이집단에 잠입시켜 직접 관찰했다.

1954년 12월에 시커스는 곧 닥쳐올 세상의 종말을 준비했다. 초조하게 클라리온 행성에서 올 다음 메시지를 기다렸고

12월 20일 오전 10시에 마틴에게 메시지가 왔다. 메시지는 그들이 종말에서 구원받을 것이며 우주로 날아가리라고 장담했다. 우주선에 피해가 가지 않도록 몸에서 모든 금속을 제거해야 했고, 따라서 브래지어 와이어, 지퍼, 금속 장신구는 모두 벗어놓았다. 온종일 수많은 메시지가 도착했고, 이 중에는 구원받을 사람들이 자정에 도착할 구조선에 탈 때 필요한 암호도 여럿 있었다. 신자들은 이 암호를 달달 외우면서 자신들이 지구의 종말에서 살아남으리라고 확신했다. 11시 15분에 마틴은 신도들에게 코트를 입으라고 했고, 자정이 다가오자 이들은 침묵 속에 옹기종기 모여들어 구원을 기다렸다.

자정이 됐지만 아무 일도 일어나지 않았다. 방의 시계는 12시 5분이었지만 다른 시계는 11시 55분이었다. 불안이 쌓이면서 신도들은 느린 시계가 정확하다고 생각했다. 이 시계가 자정을 가리킬 때까지 신도들은 기대감에 싸여 또 기다렸다. 그러나 시곗바늘이 겹칠 때까지 구원자는 나타나지 않았다. 이후 몇 시간 동안 애처로운 불안이 방을 가득 채웠다. 대재앙은 오전 7시에 지구를 집어삼킬 예정이었고, 약속된 구원은 실현되지 않았다. 새벽 3시가 되자 절망에 휩싸인 신도들은 혹시라도 간과해버린 숨겨진 상징이 있는지 예언을 샅샅이 훑기 시작했다. 그러나 그들의 합리화 시도는 허무하게 끝났다. 새벽 4시가 되자 우는 사람들과 충격으로 멍하니 주저앉은 사람들로 나뉘었다. 그러나 낙담한 분위기는 오래가지 않았다. 새벽 4시 45분에 마틴이 신도들을 불러 방금 클라리온에서 도착한 메시지를 전했기 때문이었다. 메시지는 다음과 같았다.

오늘날 지구에 신은 오직 한 분뿐이며 그분은 여러분 가운데 계
시고, 그분의 손으로 우리가 이 말씀을 받아썼습니다. 전능한
신의 말씀으로 여러분은 구원받았고, 죽음의 입구에서 해방되
었습니다. 일찍이 지구에 이런 권능이 내려온 적은 없었습니다.

시커스 신도들은 열광하며 지구를 종말에서 구원했다고 확
신했다. 자신들이 받들었던 예언의 참혹한 실패를 영광으로 덧
칠하면서 합리화해버렸다. 이전의 태도를 완전히 뒤바꾸어 전도
하기 시작했고 빠르게 언론과 접촉하기 시작했다.

확신에 찬 사람은 바뀌지 않는다

위대한 예언이 실현되지 않았어도 신념을 지키는 데 전력을 다
한 집단은 시커스 신도들이 최초도, 최후도 아니라는 데 주목할
필요가 있다. 밀러 운동Millerite movement은 예수 그리스도가 1844년
에 재림한다고 믿었고 재림하지 않자 '위대한 실망'이라고 명명
했다. 이 역시 합리화되었다. 밀러 운동에서 탄생한 재림교회 신
도가 2010년에는 전 세계적으로 약 2200만 명에 이른다. 그들이
믿는 교리가 명쾌하게 반박된 후에 더 열렬한 신도가 되는 모습
이 이상하게 보이지만, 이는 페스팅거 연구팀이 예측한 그대로

였다. 믿음에 관한 중대한 연구인 저서 《예언이 끝났을 때》에서 이 일이 일어나기 위한 다섯 가지 조건을 설명했다.

- 믿음에 확신이 깊고 행동, 즉 신도가 무엇을 하는지 혹은 어떻게 행동하는지와도 연관성이 있어야 한다.
- 믿음을 가진 자는 헌신해야 한다. 즉 믿음을 위해서라면 하기 힘든 중요한 행동을 해야 한다. 대체로 더 중요한 행동일수록, 되돌리기 어려운 행동일수록 믿음에 대한 개인의 헌신은 더 크다.
- 사건이 분명하게 믿음을 반박할 수 있도록 믿음은 매우 특별하고 현실 세계와 충분히 깊이 연관되어야 한다.
- 믿음이 진실이 아니라는 부인할 수 없는 증거가 반드시 나타나야 하며 믿음을 가진 자에게 인지되어야 한다.
- 각각의 신도는 사회적으로 지지받아야 한다. (만약) 확신을 가진 개인이 모인 집단이 (…) 서로서로 지지해주면 믿음은 유지될 수 있고, 신도는 신도가 아닌 사람에게 믿음이 올바르다고 설득하거나 개종시키려 할 것이다.

페스팅거는 이 모두를 간결하고 함축적인 관찰로 요약했다. "확신을 가진 사람은 바뀌기 어렵다. 그에게 동의하지 않는다고 말하면 그는 돌아설 것이다. 사실이나 숫자를 들이대면 자료의 출처에 문제를 제기할 것이다. 논리에 기대면 요점을 파악하지 못한다." 종교에만 해당하는 실패 사례가 아니다. 기후변화에 관한 불필요한 논란도 비슷한 이유로 지지받는다. 기후변화에 대해 과학적으로 논란이 있다는 인식이 널리 퍼져 있지만 오해일 뿐, 과학계는 생물 종으로서의 인간이 기후를 급격하게 바꾸고 있다는 데 전적으로 동의한다. 인식과 현실의 격차가 생기는 이유는 보도가 왜곡되기 때문이며, 이 주제는 다른 장에서 다룰 것이다. 한 세기가 지나는 동안 기후변화 매커니즘은 자세히 밝혀졌다. 1827년에 프랑스 박식가 조제프 푸리에Joseph Fourier는 인간이 기후에 미치는 영향을 추측했고, 1864년에 아일랜드 물리학자 존 틴들John Tyndall은 이산화탄소와 여러 온실가스 효과를 실험적으로 입증했다.

인간이 기후에 영향을 미친다는 사실은 놀랄 일이 아니다. 정작 놀라운 사실은 영향을 미치는 속도가 너무나 빠르다는 점이다. 고대 빙상 코어는 수십만 년간의 기온과 대기의 기록이며, 현재 온난화 속도가 과거 그 어느 때보다 수백 배는 빠르다는 점을 명확하게 보여준다. 이보다 더 놀라운 사실은 이전의 빙하기나 간빙기 어느 때에도 이산화탄소 농도가 300피피엠ppm(백만분율)에 도달한 적이 없다는 것이다. 2016년 9월에 이산화탄소 농도는 400ppm을 넘어섰고, 앞으로 수십 년 안에 600ppm에 이르리라는 관측이 나온다. 분명 자연스러운 변동이 아니며, 이 변화가 인간 활동과 무관하다고 책임을 회피할 수도 없다. 화석연료를 태우면서 나오는 이산화탄소는 독특한 화학적 특징이 있어서 연기가 피어오르는 총의 방아쇠에 찍힌 지문처럼 곧바로 인간이 유죄라고 지적한다. 우리 인간이 우리 자신의 환경을 파괴하고 있다는 결론을 피할 수 없다.

증거는 사실상 반박의 여지가 없지만, 여기에 반대하는 무리도 상당하다. '기후 회의주의자'라고 스스로 주장하는 자들은 기후변화의 수많은 증거를 경멸하거나 인간은 책임이 없다고 주장한다. 그러나 이른바 '기후 회의주의자'는 불순한 의도로 붙인 부적절한 명칭이다. 과학적 회의주의는 특정 가설이 증거로 뒷받침되는지 탐색하는 과정에서 아주 중요하며, 과학 탐구 과정의 필수 요소다. 그러나 기후 회의론자는 자신의 주장에 반하는 경험적 증거를 끈질기게 무시한다. 이것은 회의주의가 아니라 순수한 현실부정론이며, 비판적 사고와 완벽하게 대립한다. 그런 이유로 나는 학문적 전통에 따라 이런 사람들을 회의주의자가 아니라 기후변화 부정론자라고 부른다. 미국국립과학교육원도 기후변화 부정론이 노골적인 거부와 부적절한 의심을 아우른다는 점에 주목한다.

그러나 과학적 증거가 전혀 없다는 사실은 안락의자에 앉아 아무런 지식도 없이 전문가 행세를 하는 진정한 전사들에게는 문제가 되지 않는 듯 보인다. 이들은 전 세계 댓글에 숨어서 기후과학을 깎아내린다. 기후학자는 종종 이들에게 분노의 대상이 되며, 기후변화 연구를 전달하는 기자들도 마찬가지다. 인터넷 댓글과 포럼에서만 열정적으로 경멸을 드러내며 거품을 무는 것도 상당히 나쁘지만 이런 태도는 종종 언론에도 나타난다. 많은 타블로이드 신문은 종종 부정론자와 비슷한 태도를 보이며, 그중 머독Murdoch의 언론사들은 유독 현실을 부정하느라 격앙되어 있다.

이 같은 분열은 특히 정치에서 분명하게 나타나고, 맥이 빠질 정도로 많은 부정론자가 전 세계에서 정권을 잡고 있다. 2009년에 오스트레일리아 총리 토니 애벗Tony Abbott은 기후변화는 "완전히 헛소리"라고 말했다. 영국에서는 독립당과 보수당조차 기후변화를 경시했다. 그러나 가장 강력한 정치적 부정론 세력은 미국에 있다. 2016년 설문조사에서 미국 의회의 3분의 1이 기후변화 부정론자라는 결과가 나왔다. 미국 공화당은 전 세계 주요 보수정당 중에서도 확고한 부정론자라는 점이 독특하다. 상원의원 짐 인호프Jim Inhofe•는 기후변화가 연구비를 받으려는 과학자들의 음모론이라고까지 말했다. 어쩌면 가장 터무니없는 건 기후변화가 미국 산업을 방해하려는 중국의 음모론이라고 주장한 당시 공화당 소속 트럼프 대통령일 것이다.

이런 주장을 반박하는 과학적 증거의 무게가 너무나도 무겁다는 점을 고려할 때, 이런 믿음이 목소리를 내고 끊임없이 지지받는 이유는 무엇일까? 순진하게 단순한 오해라고 생각할 수도 있다. 지구의 평균 기온 상승은 갑작스러운 한파처럼 역설적이며 반직관적인 영향을 미칠 수 있다. 이것이 문제라면 더 자주, 더 명확하게 과학적 세부 사항을 설명하는 것이 확실한 대책이다. 그러나 좋은 의도와 '정보 부족'이라는 접근법의 문제점은 대중이 증거의 균형을 보고 태도를 정한다고 추정하는 것이다. 우리가 보았

• 인호프 상원의원은 2015년에 지구 온난화는 사기라는 사실이 증명됐다며 의회에 눈덩이를 가져왔던 사건으로 유명하다. 기후변화 부정론자들의 무분별한 기준에서 봐도 이 사건은 특히나 멍청한 짓이었다.

듯이 맹렬한 항변 기저에 숨어 있는 동기의 본질이 이념이라면, 좋은 의도의 접근법은 항상 헛될 수밖에 없다.

이성이 아닌 이념에 따라 과학을 거부한다는 증거는 충분하다. 기후변화 부정론자는 정치적으로 보수적이며 전통 가치를 추구하는 사람들이 훨씬 더 많다. 스테판 르완도프스키Stephan Lewandowsky 연구팀은 기후과학을 수용하거나 부정할 때 이념의 역할을 계속 연구해왔다. 르완도프스키 연구팀이 발표한 환상적인 논문 제목은 〈미국 항공우주국의 달착륙은 거짓이다―그러므로 (기후)과학은 사기다: 과학 거부 동기의 해부학〉으로, 음모론을 지지하는 사람은 과학 주장을 모두 부정하는 성향이 있으며, 보수적인 성향이 강하거나 자유시장주의적 관점을 가진 사람은 규제를 암시하는 과학적 발견, 즉 기후과학만 거부하는 성향이 있다는 사실을 발견했다.

이 양상은 반복해서 입증되었고 정치적 관점이 기후변화 부정론자의 가장 중요한 예측인자임을 보여준다. 기후변화에 반대하는 투표자들과 정치인이 보수적이며 자유시장 이념에 열정적인 믿음을 가졌다는 사실은 놀랍지 않다. 자유시장에 관한 신념이 강할수록 기후변화를 거부할 소지도 더 크다는 증거는 많다.*적극적인 시장규제 반대론자는 기후변화 문제가 자신의 이념과 어긋난다고 생각한다. 허무주의자가 아니라면 인간의 활동이 다른 곳에 영향을 미친다는 사실을 수용하기가 인지적으로 어려울

* 이 모든 상황은 문제를 혼란스럽게 하려는 로비 단체의 교활한 노력으로 악화하는 중이다. 이 문제는 15장에서 살펴보기로 한다.

수 있으며, 이는 개인 철학을 세부적으로 재정비하라고 강요하는 일이 될 수 있다. 대개는 깊이 의지하던 믿음과 충돌하는 증거를 무시하거나 공격하며 노골적인 부정 뒤로 숨어서 인지적 불편함을 없애는 편이 더 쉽다.

확고한 자유시장주의자에게 기후변화는 깊이 신뢰하던 믿음이 틀렸다고 말한다. 인간으로 인한 기후변화를 인정하면 기존 신념을 지지할 수 없게 된다. 그러나 많은 자유주의자에게 규제의 악마는 너무 멀리 있는 다리다. 그들이 동의하건 말건 기후변화가 모두에게 영향을 미친다는 점에서 규제 없는 천연자원 활용은 타인의 재산권을 침해하며, 이념적으로 무단침입이나 마찬가지다. 따라서 재산권이라는 카드로 만든 집은 무너지게 된다. 이렇게 이념적 딜레마에 부딪히면 일부 자유시장주의자는 자신이 고수하는 자명한 이치를 수정하는 대신 그저 기후변화라는 현실을 부정해서 필연적인 인지적 불협화음을 해결하는 쪽을 선호한다.

이런 시도는 타당한 우려와 의문을 무시하려는 의도가 전혀 아니라는 점에 주목해야 한다. 기후변화를 가장 잘 설명할 방법에 대한 고민은 엄청나게 많고, 이 주제에 관한 솔직한 대화도 필요하다. 신념을 지키기 위해 기후변화에 눈감는 것은 자유시장주의자만이 아니다. 그러나 건설적인 해결책은 현실을 인정할 때만 찾을 수 있으며, 문제를 인식하지 않으면 바로잡을 수도 없다. 이런 측면에서 부정론자는 문제를 무시하고 꼭 필요한 대화를 거부하는 첫 번째 장애물에 부딪힌 셈이다. 저항 강도를 보면 이들은 페스팅거의 UFO 사이비 집단처럼 자신의 주장을 증거로 진화시킬 의지도, 가능성도 없다는 점을 알 수 있다. 그들의 분노는 이성보다는 감정적인 태도를 드러낸다. 자신의 주장을 정당화할 수 없으면 스스로의 인식과 충돌하면서 불편하게 만드는 사실을 억누르려 하며, 자기의 완벽한 신념에 현실이 침입하지 못하게 한다. 이성을 향한 이들의 한결같은 비난 때문에 지구의 미래를 바꾸지 못한다면 그저 슬플 뿐이다.

이념에 발목 잡힌 추론능력

인간이 세상을 인지할 때 이념의 렌즈가 미치는 영향은 매우 크며, 따라서 이 영향력을 측정하려는 시도가 있었다. 2013년 예일 대학교 댄 카한Dan Kahan 연구팀의 실험은 악명 높은데, 연구팀은 실험대상자에게 특정 연고가 발진을 완화할 수 있는지에 관한 중립적인 문제를 제시했다. 실험대상자에게 다음의 자료를 주고 이 연고에 효과가 있을지 물었다.

위 질문에 정확하게 답하려면 약간의 상식이 필요하다. 사람들은 직관적으로 큰 숫자를 고르는 경향이 있으며 부주의한 사람은 대부분 효과가 있다고 추측한다. 더 자세히 분석하려면 연고를 사용한 환자 수가 사용하지 않은 수보다 두 배 이상이라는 점에 주목해야 한다. 즉 질문의 정확한 답을 찾으려면 비율을 계산해야 한다. 연고를 사용한 환자는 298(223+75)명이고 연고

	발진이 개선됨	발진이 악화함
새 연고를 사용한 환자	223	75
연고를 사용하지 않은 환자	107	21

를 사용하지 않은 환자는 128(107+21)명이다. 연고를 사용한 집단에서는 298명 중에 223명(대략 75퍼센트)의 발진이 개선되었고 25퍼센트는 악화했다(75명). 대조군에서는 128명 중에 107명(약 84퍼센트)의 발진이 개선되었고 16퍼센트(21명)는 악화했다. 이렇게 분석해보면 처음의 추측과 반대로 연고는 환자의 발진을 개선하지 않았다.

실험대상자들 몰래, 연구팀은 연고보다 더 시급한 문제를 준비했다. 실험대상자는 은밀하게 정치적 성향에 따라 보수와 자유 집단으로 분류되었다. 연고에 대한 중립적인 질문은 실험대상자의 59퍼센트가 오답을 말하면서 정치적 성향과 상관없이 많은 사람에게 어느 정도 어렵다고 입증되었다. 여기서 수학적인 계산을 할 수 있는 대상자가 선별되었으므로 연구팀은 비슷한 실험을 또 하나 진행했다. 이번 질문은 실험대상자가 미국 정치 단층선의 가장자리에서 흔들릴 만한 질문, 바로 총기 규제와 범죄 문제였다. 총기 규제가 범죄를 줄이거나 늘린다는 무작위 자료가 연고 문제에서 제시했던 것과 비슷한 표로 만들어졌다.

이제 문제는 확연하게 정치색을 드러냈고, 보수주의자와 자유주의자에게 무작위로 분배되었다.

결과를 분석했을 때 특이한 점이 나타났는데, 앞선 문제에서와 달리 수학 능력은 실험대상자가 얼마나 문제를 잘 해결했는지에 대한 예측인자로 활용할 수 없었다. 총기 규제가 범죄를 줄였다는 자료를 본 자유주의자들은 비율을 계산하는 능력이 눈에 띄게 좋았지만, 반대 자료에서는 이들의 수학 능력은 소용없었고 오답을 말하는 경향을 보였다. 보수주의자들도 결과가 반대로 나타났을 뿐, 정확하게 같은 양상을 보였다. 느슨한 총기 규제법이 범죄를 줄인다는 자료에서는 문제를 정확히 풀었지만, 반대되는 자료를 봤을 때는 완전히 오답을 내놨다. 더 놀라운 사실은 개인의 능력이 당파심을 극복할 수 없었다는 점이다. 평균적으로 수학 능력이 뛰어난 실험대상자들은 자신의 신념과 일치하는 자료를 제시했을 때 정답을 내놓을 가능성이 더 컸다.

카한의 연구는 과학과 기술 혹은 정책과 증거 논쟁의 원인이 정보 부족이라는 생각을 부수었다. 그보다는 이념적 동기가 인간의 추론 능력을 왜곡한다고 알려준다. 왜 이런 일이 일어나는 걸까? 카한은 **정체성 보호 인지**identity-protective cognition 성향 때문이라는 가설을 내세웠다. "충돌과 회피하고 가치 있는 집단에서 소외되지 않기 위해 개인은 잠재의식 속에서 정해진 가치를 위협하는 사실적 정보에 저항한다." 인간은 신념과 자신을 분리하지 않으며 어느 정도는 신념이 우리를 정의한다. 따라서 우리가 누구인지에 관한 개념, 그리고 우리와 같은 이념과 세계관을 공유한 사람들과의 관계를 보호하는 일은 심리학적으로 중요한 작업이다. 자아감과 신념을 구분하기는 대단히 어려우며, 이에 따라 너무나 자주 독단적인 열성으로 잘못된 태도를 고수하고, 우리의 정체성을 위협할까 봐 대안을 지지하기 꺼리게 된다.

이 말이 이상하게 들린다면 집단이 물려받은 의심할 수 없는 주요 신념과 가설, 그리고 집단 정체성에 저항하는 사람이 맞이할 결과를 생각해보자. 인간은 자신의 신념과 의견을 반영하는 반향실反響室(기존 신념만으로 구성된 커뮤니케이션에 의해 정보가 증폭 및 강화되고, 같은 입장을 지닌 정보만 지속적으로 되풀이하여 수용하는 현상.―옮긴이)에서 살아간다. 이런 경향은 감정적인 주제, 특히 종교와 정치, 신념에서 뚜렷하게 나타난다. 이 영역에서 특정 관점에 대한 집단의 동의는 해당 신념이 의심의 여지 없는 정설이 될 때까지 강화된다. 이 신념에서 벗어나려면 사회적 및 개인적 대가를 치러야 하고, 심하면 집단에서 배척당할 수도 있다. 개인의 신념에 의문을 제기하는 일은 종종 해당 신념에 배신감을 느끼는 것과 혼동할 수 있으며, 집단에서 버림받을 위험도 있다.

흥미롭게도 인지부조화는 선택적인 측면이 있는 듯하다. 2012년 켄트대학교 연구팀이 발표한 논문에 따르면 음모론자는 상호배타적인 두 가지 신념을 동시에 믿을 수 있다. 한 연구에서는 다이애나Diana 왕세자비가 거짓으로 자신의 죽음을 꾸며냈다는 음모론을 믿는 사람은 그가 살해당했다고 더 굳게 믿었다. 이와 유사하게 또 다른 연구에서는 미국 특수부대가 파키스탄에 있는 빈 라덴의 은신처를 공습하기 전에 그가 이미 죽었다고 믿

는 사람은 빈 라덴이 살아 있다고 더 굳게 믿는다는 사실을 발견
했다. 음모론자는 어떻게든 괴상한 슈뢰딩거의 빈 라덴을 수용
해서 빈 라덴이 살아 있는 동시에 죽어 있다고 믿을 수 있었다.
음모론자에게 신념의 충돌이 일어나지 않았던 이유는 믿음 자체
의 세부 사항은 중요하지 않았기 때문이다. 음모론의 서사가 존
재하는 한 이들의 세계관은 보존되었다.* 연구팀은 "음모론 믿음
의 본질은 음모론이 서로 직접적으로 지지하는 형태가 아니라
보편적인 음모론을 지지하는 더 폭넓은 믿음이다"라고 결론 내
렸다.

　　인간에게 자신이 가진 신념과 충돌하는 정보는 걸러내고 이
념적으로 끌리는 것을 믿는 경향이 있다는 사실은 놀라운 일이
다. 이것은 우리 모두를 괴롭히는 문제이자 극복하기 위해 적극
적으로 경계해야 할 문제다. 합리적인 태도라고 느낀다면 합리적
이지 않을 가능성이 크며, 오히려 합리적인 사고의 껍데기를 뒤
집어쓴, 그리고 우리가 자신을 정의하는 바로 그 껍질로 뒤얽힌
감정적인 결정일 수 있다. 그러면 우리는 합당한 자료가 촉구할
때조차도 생각을 바꾸지 않으려 한다. 풍자 작가 조너선 스위프
트Jonathan Swift가 말했듯이, "추론은 인간의 그릇된 의견을 바로잡
을 수 없을 것이다. 추론으로는 절대 할 수 없는 일이니까".

　　그러나 본질적으로 비이성적인 믿음에 매달리는 것은 인간
에게 해롭다. 문제가 기후변화든 보건정책이든 정치든 간에, 우

---

* 　음모론의 수용은 통제 욕구와 강력한 연관성이 있다는 훌륭한 심리학적
증거가 많다. 또래보다 더 많은 정보를 알고 있다는 자아 유발 요인도 한몫한다.

리의 인식을 물들이는 이념의 렌즈로 비트는 일 없이 유용한 정보를 비판적으로 평가할 수 있어야 한다. 인간은 놀라울 정도로 확고한 신념을 갖고 있지만 현실은 우리 신념에 전혀 신경 쓰지 않는다. 우리가 계속 증거가 아닌 신념을 선택한다면 우리 자신과 타인 모두를 위험에 빠트리게 된다.

9장
기억은 환상일 뿐

목격자의 왜곡된 증언

형사재판에서 목격자의 증언은 매우 중요하다. 범죄 사건 당시의 기억은 배심원단에게 강력한 영향을 줄 수 있다. 가끔은 용의자에게 유죄나 무죄 판결을 내리는 결정적 단서가 되기도 한다. 우리는 그런 증거를 신뢰하지만 어쩌면 이 신뢰는 부적절할지도 모른다. 사람을 잘못 알아보는 현실적인 위험은 차치하고라도 목격자는 정기적으로 정보 조각을 일관성 있지만 부정확한 이야기로 재구성하기 때문이다. 즉 인간은 정보를 이치에 맞도록 배열해서 저장한다. 여기서 적용되는 기억의 틀은 개인의 경험, 문화적 훈련, 심지어 편견에 따라 형성된다. 잠재의식 속에서 이런 요인에 맞춰 사건과 사건이 일어난 순서에 관한 기억을 변형하며, 이는 차례로 우리의 인식을 비튼다. 너무나 매끄럽게 이어지므로 우리는 이 과정이 일어나는지도 모른다. 기억은 실제 같고,

경험에서 핵심을 뽑아내지만, 객관적인 증거로는 본질적인 결함이 있다. 사법개혁 단체인 이노센스 프로젝트^{Innocence Project}(억울하게 유죄 판결을 받은 사람들을 과학 기술을 활용해서 돕는 미국 인권단체.—옮긴이)는 그릇된 유죄 판결의 73퍼센트는 잘못된 목격자 증언이 주요인이라는 사실을 발견했다.

의도적인 기만은 아니지만 기억하는 과정의 작은 결함이 원인인 듯하다. 목격자의 증언이 종종 충돌하는 상황도 마찬가지로 기억의 근본적인 유연성에서 나온다. 하지만 왜 그럴까? 다행스럽게도 신경과학자들은 오랫동안 기억의 변덕스러움에 매혹되었고, 올리버 색스^{Oliver Sacks}는 이 주제를 상세하게 설명했다. 색스는 자서전에서 어린 시절을 보냈던 런던 블리츠 근처에서 터마이트 소이탄(마그네슘과 알루미늄에 산화철을 혼합한 소이제를 넣은 폭탄. 비인도적 재래식무기 엄금협약으로 사용이 금지되었다.—옮긴이)이 터져 지상을 맹렬하게 뒤흔들었던 끔찍했던 경험을 자세히 설명했다. 책이 출간된 후, 색스의 형은 그에게 폭탄이 떨어졌을 때 색스가 거기에 없었다고 말했다. 아마 이 사건을 상세하게 써보냈던 형의 편지에서 색스의 선명한 기억이 튀어나온 것 같았다. 어린 색스를 매혹했던 인상적인 이야기는 색스의 기억과 혼란스럽게 뒤섞였다.

소중히 간직한 기억의 일부가 일어나지도 않았거나 내가 아닌 다른 사람에게 일어났다는 사실을 깨닫는 순간은 매우 놀랍다. 나는 온전히 내 것이라 여긴 많은 열정과 충동이 의식적이든 무의식적이든 내게 큰 영향을 준 다음 잊힌 타인의 제안에서 비롯한 것은 아닌가 의심하곤 한다.

색스의 일화가 특이한 편은 아니다. 우리는 기억이 이전에 있었던 모든 일의 초기 기록이며, 우리를 우리로서 존재하게 하는 모든 경험과 감정, 사건의 보관소라고 흔히 생각한다. 그러나 사실 실제처럼 느껴질수록 그 기억은 기껏해야 근사치일 뿐이며, 계속 재기록되고 침식되며, 시간이 흐르면서 부식하고 바뀐다. 인간의 마음은 사건과 대안 서사를 뒤섞어버리고, 순서를 윤색하며, 단순화하는 기상천외한 성향이 있다. 따라서 인간의 기억은 틀림없는 사건의 기록과는 거리가 멀고, 우리 자신과 타인이 조작하기 쉽기로 악명 높다. 우리는 자신의 삶을 이야기할 때조차 믿음직하지 못하며 생각보다 타인의 영향을 쉽게 받는다.

기억의 가변성에 직접 부딪히면 당황스러울 수 있다. 내게 2007년은 수많은 괴상한 사건들이 연이어 일어나 친한 사람들을 괴롭혔던 파란만장한 해였다. 그해에 일어난 힘겨웠던 혼란을 정리할 겸, 나는 여러 달 동안 자세하게 일기를 썼다. 몇 해가 지난 뒤, 친구와 나는 그때의 추억을 나누었다. 작가였던 친구는 그해에 일어났던 사건들을 변형해서 그의 소설 배경으로 쓰고 싶어 했다. 친구가 참고하도록 나는 예전 일기장을 찾았다. 그런데 우리의 기억은 놀라울 정도로 달랐다. 다양한 범위에서 우리의 기억과 사건 순서는 일기와 달랐으며 심지어 친구와 내 기억도 일치하지 않았다. 호기심이 생긴 나는 오래된 이메일과 메시지 같은 그 당시의 유물을 철저하게 조사했다. 그 결과 기록한 일기가 정확하다는 점을 확인했지만, 시간이 흐르면서 기억이 세부 사항과 사건 순서를 독립적으로 재구성했다는 불편한 결론도 남겼다.

기억의 취약성은 놀랍지만, 기억을 연구하는 크리스토퍼 프렌치Christopher French가 부드럽게 설명했듯이 "우리의 모든 기억은 재구성된 결과물이며, 크든 작든 뒤틀린 부분이 있게 마련이다". 기억의 타래는 거짓 기억을 만들어낼 만큼 취약하다. 세계적인 기억 연구자인 엘리자베스 로프터스Elizabeth Loftus는 이 사실을 '쇼핑몰에서 길을 잃는' 실험으로 입증했다. 일련의 실험에서 로프터스 연구팀은 완전히 인위적인 사건을 실험대상자에게 주입하고, 이 기억이 실제 기억으로 수용되는지 조사했다. 연구팀은 실험대상자의 가족에게서 아주 어릴 적에 일어났던 여러 경험에 대한 정보를 모았다. 그러고는 정말로 일어났던 이야기들 속에 단 하나의 거짓 경험을 섞어 대화했다. 바로 실험대상자가 쇼핑몰에서 가족과 떨어져 길을 잃었다가 한 노인의 도움으로 가족의 품으로 돌아왔다는 이야기다. 이 사건은 완벽히 날조된 기억이지만, 실험대상자의 대략 25퍼센트가 이 일이 정말 일어났다고 믿었을 뿐 아니라 이 사건의 진실성을 확신하면서 이야기의 세부 사항을 꾸며내기 시작했다. 일시적인 현상도 아니었다. 다른 기억 이식 실험에서도 전체 실험대상자의 평균 37퍼센트가 연구자들이 주입한 거짓 기억을 실제로 인정했고, 거기에 세부 사항을 덧붙였다.

게다가 거짓 기억을 뒷받침해줄 표면상의 증거가 있으면 가상의 기억과 세부 사항 수준은 놀라울 정도로 높아졌다. 한 실험에서는 연구자들이 실험대상자가 어린 시절 열기구를 타고 있는 사진을 조작해서 제공했다. 이 사진은 존재하지도 않은 경험을 상세하게 설명하는 실험대상자 수를 놀라울 정도로 증가시켰다. 물론 실험대상자들은 고의로 연구팀을 속인 것이 아니었고, 인간의 기억이 형성되고 해석되는 과정에서 나온 결과물이었다. 로프터스의 말에 따르면 "기억은 사건을 기록하고 나중에 다시 보는 영상기록 장치라기보다는 나와 타인이 언제든 내용을 바꿀 수 있는 위키피디아 사전과 더 비슷하다".

소중한 기억이 우리 자신뿐 아니라 타인에 의해서도 바뀔 수 있다는 생각은 걱정스러운 부분이지만, 과학적 증거로 탄탄하게 뒷받침되었다. 인간의 기억은 사회 요인에 엄청나게 영향받는다. **기억의 순응**conformity of memory은 이런 현상의 하나로, 개인의 기억에 관한 보고가 타인의 회상에 영향을 미치는 것이다. 특히 유명한 사례로는 스웨덴 외교부 장관 안나 린드Anna Lindh 살인 사건을 들 수 있다. 이 사건의 목격자들은 증언하기 전에 차례를 기다리면서 한 방에 모여 있었다. 분명히 서로 대화하지 말라고 지시했지만, 목격자들은 각자 목격한 사건을 두고 이야기를 나누었고 서로의 기억에 과도한 선입견을 심어주었다. 가해자인 미야일로 미야일로비치Mijailo Mijailovic가 마침내 보안 카메라에 찍혀 체포되었을 때, 범인의 모습은 목격자들의 증언과 전혀 비슷하지 않았다. 목격자들의 진술은 일치했지만, 확증 진술은 그저 환상에 지나지 않았다.

인간의 기억은 스트레스가 심각할 때도 불안정해진다. 모의 전쟁 포로 상황에서 훈련받은 병사들은 모의 훈련이 끝난 뒤에도 미심쩍은 기억의 재구성을 통해 침략한 대상을 계속 오인한다고 입증한 흥미로운 논문도 있다.

조작당하는 기억들

신뢰할 수 없는 인간 기억의 본질을 인식하지 못한 가장 수치스러운 실패는 아마 프로이트의 억압된 기억 개념일 것이다. 1973년에 캐나다 정신과 의사 로런스 파즈더Lawrence Pazder는 빅토리아주에 있는 자신의 진료실에서 미셸 스미스Michelle Smith라는 환자를 만났다. 3년 동안 스미스의 진료는 대체로 평이했다. 그러나 1976년에 유산한 스미스는 우울증을 앓으면서 진료가 어려워졌다. 모호한 태도로 스미스는 파즈더에게 중요하게 해야 할 말이 있다고 했지만 그게 무엇인지는 기억하지 못했다. 잠시 뒤, 스미스는 어린아이 목소리로 말하다가 25분 동안 계속 비명을 질렀고, 그렇게 진료는 끝나버렸다. 이 기괴한 행동에 흥미를 느낀 파즈더는 스미스의 비밀을 파헤치기로 하고, 임상의의 무기고에서 상대적으로 새로운 기법인 최면 회귀hypnotic regression(최면술로 전생의 기억으로 되돌아가는 기술.—옮긴이) 기법을 사용하기로 했다.

최면의 도입은 이전의 억압되었던 모든 기억을 해방하는 격변을 예고했다. 여기서 드러난 이야기는 충격이었다. 스미스는 다섯 살 때부터 그의 어머니가 상상할 수 있는 가장 사악한 악마 숭배의식에 그를 제물로 바쳤다고 주장했다. 무아지경 속에서 풀려난 듯 보이는 스미스의 구체적인 기억은 섬뜩한 묘사로 가득했다. 스미스는 자신이 우리에 갇혀 있었으며 어둠의 의식에서 신체 및 성적으로 학대받았다고 말했다. 또한 영아 살해 의식을 보았고 살해된 아기의 핏물을 뒤집어썼으며, 악마의 이름으로 행해진 이해할 수 없는 81일간의 광란의 의식과 폭력을 끝으로 그의 시련은 마무리되었다고 했다. 이후 숭배자 중 나이 많은 사람들이 스미스의 기억을 지웠고 흑마법으로 스미스의 상처를 치료했다.

독실한 로마가톨릭인 파즈더는 그 이야기에 수긍했다. 그는 스미스의 치료에 완벽히 집중했고, 더 많은 정보를 알아내려 스미스에게 600시간 이상 최면 회귀를 시행했다. 파즈더의 헌신은 결국 그의 결혼 생활을 끝장냈고, 곧이어 파즈더와 스미스는 결혼했다. 1980년에 부부는 지금은 악명 높은 《미셸의 기억 Michelle Remembers》을 출판해서 파즈더가 "악마 숭배의식에서의 아동 학대"라고 이름 붙인 스미스의 증언을 상세하게 설명했다. 충격적인 내용이었지만 책은 즉시 베스트셀러가 되었다. 종교단체와 복음주의 단체는 미국 전역에 악마 숭배가 활개 치고 있다는 증거로 받아들였다. 사법 집행 기관은 악마 숭배의식 범죄에 관한 질문 세례에 파묻혔다. 비슷한 경험을 고백하는 사람이 미국 전역에서 나타났고, 파즈더는 전문가로 대접받으며 조직화한 악마 숭배 단체에 관한 증언을 바티칸에 전하기까지 했다.

그러나 《미셸의 기억》을 둘러싼 온갖 소동과 언론 보도에는 기본적인 회의주의가 빠져 있었다. 처음에 파즈더는 사탄교회가 이 학대 의식 뒤에 숨어 있다고 주장했다가 사탄교회 창립자인 안톤 라베이Anton LaVey가 고소하자 이 주장을 철회했다.* 한술 더 떠서 스미스의 주장은 수많은 증거와 정반대였다. 스미스의 정체는 빠르게 폭로되었는데, 스미스의 어머니 버지니아 프로비Virginia Proby는 스미스가 10대였을 때 암으로 사망했다. 《미셸의 기억》에서 주장한 바와 달리, 진짜 프로비 부인은 배려심과 동정심이 많은 여성이었다. 스미스의 아버지 잭 프로비Jack Proby는 책에 나왔던 주장 대부분을 반박했고, 출판사를 고소하겠다고 하면서 영화화 제안은 무산되었다.

피상적인 검토만으로도 스미스의 생생했던 설명은 허물어졌다. 이에 더해 스미스의 충격적인 설명, 이를테면 예수와 대천사 미카엘이 "적절한 시기가 올 때까지" 그의 기억을 억눌렀다는 이야기에서는 스미스의 증언에 의구심을 품어야 마땅했다. 그러나 그러는 대신 스미스의 이야기는 미국인의 마음 깊숙이 파고들었고, 수많은 사람이 미국 전역에 악마 숭배의식이 만연하다고 주장했다. 끔찍한 판단 오류가 일어나면서 《미셸의 기억》은 사회복지사의 교육용 교재로 채택되기도 했다. 법률 집행 기관

• 　종종 오해받지만, 사탄교회는 어떠한 학대 의식도 용납하지 않는다. 라베이 사탄주의는 유신론의 사탄 개념도 믿지 않는다. 사탄교회는 개인주의를 표방하며 '반대하는 자'라는 히브리어에서 이름을 따왔다.

과 사회 복지 기관은 악의적인 아동 학대 조직이 실재한다고 확신하게 되었고, 악마 숭배의식과 아동 학대라는 끔찍한 불안에 대항하려는 극도의 경계심이 자라났다.

이런 분위기 속에서 이어진 사건은 어쩌면 필연이었다. 조직적인 아동 학대 혐의는 미국 전역의 유치원에서 빠르게 드러났으며, 사건 정황은 갈수록 더 끔찍한 이야기로 채워졌다. 1982년 캘리포니아주 컨군에서 악마 숭배 소아성애자 단체가 검거되었으며, 어린이 60여 명이 학대당했다고 증언하면서 36명이 기소되었다. 1984년 매사추세츠주 펠스 에이커스 주간보호센터에는 어린이들의 증언을 근거로 유죄 선고가 잇따라 내려졌다. 기소된 여러 혐의 중에는 칼로 위협해서 강간했다는 혐의도 있었고, 숨겨진 방에서 로봇과 광대에게 폭행당했다는 증언도 있었지만 물리적인 증거는 없었다. 1980~1990년대 미국 전역에서 악마 숭배의식에서의 아동 학대 재판이 폭발적으로 늘어났다. 1991년에 텍사스주 오크힐 어린이들은 하얀 로브를 입은 악마 숭배자에게 성적 학대를 당했으며 우는 아기의 팔다리를 절단하도록 강요받았다고 증언했다.

어린이들에게서 나온 믿기 힘든 주장은 악마 숭배의식에서 아동 학대가 일어난다는 것을 믿는 사람들의 정당성을 입증하는 듯 보였다. 대체로 이를 의심하는 언론은 거의 없었다. 이 사건에 관련된 모든 사람은 물리적인 확증이 전혀 없었지만 유죄 판결이 내려졌다. 대중에게 물리적인 증거는 중요하지 않았다. 어린이들이 거짓말할 이유가 없지 않은가? 게다가 악마 숭배의식에서의 아동 학대를 믿는 사람들은 어린이들이 직접 경험하지 않고는 성적 행위를 당했던 거짓 기억을 그토록 상세하고 생생하게 꾸밀 수 없으리라고 생각했다. 이 문제를 해결하려면 가장 악명 높은 사건이자 모든 악마 숭배 공포의 전형이 된 사건을 살펴봐야 한다. 바로 1984년 맥마틴McMartin 유치원 재판이다.

악마 숭배의 공포로 둘러싸인 미 대륙

맥마틴 가족은 캘리포니아주 맨해튼 비치의 상류층 거주 구역에서 유치원을 운영했다. 1983년에 주디 존슨Judy Johnson은 유치원생인 그의 아들이 별거 중인 남편과 유치원 선생인 레이 버키Ray Buckey에게 성추행당했다고 경찰에 신고했다. 버키는 유치원 운영자 페기 맥마틴 버키Peggy McMartin Buckey의 아들이자 설립자 버지니아 맥마틴Virginia McMartin의 손자였다. 이에 더해 주간보호센터 직원이 동물과 성관계를 했고 레이 버키는 하늘을 날 수 있다고 주장했다. 경찰은 그를 심문했지만 당연하게도 버키가 땅 위를 걸어 다니는 정상인이며 존슨의 주장을 뒷받침할 증거가 없다고 결론 내렸다. 그러면서도 경찰은 약 200여 명의 학부모에게 편지를 보내 혹시라도 학대받은 어린이가 있는지 확인했다. 버키에게 무슨 일을 당한 적이 있었는지 자녀에게 묻도록 권한 이 편지에는 해당 사건이 상세하게 설명되어 있었다.

결과는 압도적이었다. 몇 주 안에 국제아동연구소는 수백

명의 어린이를 대상으로 아동 학대 면담을 해야 했다. 사회복지사 키 맥팔레인Kee McFarlane이 운영하는 국제아동연구소는 어린이들과 면담할 때 흥미로운 기술을 활용했다. 특히 국제아동연구소 상담사는 사건을 암시하면서 어린이에게 역할극을 권했고, 이를 통해 어린이들이 겪었던 사건을 기꺼이 밝히기를 바랐다. 연구소의 의도는 칭찬할 만했지만, 이들의 질문은 너무나 암시적이었고 긍정적인 답변을 강요했다. 국제아동연구소가 어린이들에게 던진 질문을 직접 살펴보는 편이 더 빠르겠다.

> **상담사** 옷을 벗은 사진이 기억나니?
>
> **어린이** ('아니오'라는 뜻으로 고개를 젓는다.)
>
> **상담사** 그때가 기억 안 나?
>
> **어린이** ('아니오'라는 뜻으로 고개를 젓는다.)
>
> **상담사** 잠깐 그 부분을 잘 생각해보자. 금방 기억날 거야. (…) 사진에 이 아이들 보이지? 여기 있는 아이들도 모두 여기서 말했단다. 굉장하지? (…) 이 아이들도 여기 와서 우리한테 유치원의 구역질 나는 오래된 비밀을 말해줬단다. 모두 비밀을 털어놓았어. 이 아이들은 유치원에서 무슨 일이 일어났는지 알아내도록 우리를 돕고 있단다. (…) 벌거숭이 영화배우는 어때? 그 게임은 기억나니?[*]

[*] 이 게임은 나중에 알고 보니 캘리포니아주 놀이터에서 다른 아이들을 놀릴 때 쓰는 말이었다. "네가 말하는 게 바로 너야/넌 벌거숭이 영화배우!" 섬뜩한 기원 같은 건 전혀 없다.

어린이 아니오.

상담사 다들 그 게임을 기억하던데. 뭔지 한 번 알아보자.

뒤늦게나마 이 문제는 확실히 밝혀졌다. 사실상 이들은 어린이의 분명한 대답을 부인하거나 새로운 생각을 어린이에게 주입하는 식으로 어린 목격자에게 거짓 증언을 유도했다. 타인의 영향을 받기 쉽고 칭찬에 약한 어린이들은, 어른들이 제시한 질문에 그들이 듣고 싶어 하는 답을 말하려 열심히 노력했다. 설상가상으로 이런 암시는 아이들이 전혀 겪어보지 못했던 끔찍한 학대의 기억을 만들어냈다. 이런 방식은 기본적으로 결함이 있으며 어린이들은 나중에 더 강하게 주장하라는 지시도 받았다. 지나치게 열성적인 신도들과 무비판적인 언론이 갈수록 기이해지는 어린이들의 주장이 이상하다는 점을 전혀 몰랐다는 사실 역시 전형적인 특징이다. 어린이들은 지하 터널에서 날아다니는 마녀들에게 학대당했다는 비밀스러운 이야기를 털어놓았다. 로프터스의 연구에서는 어린이 중 하나가 여러 사진 중에서 배우 척 노리스Chuck Norris를 학대자로 지명했으며, 이는 열기구 여행 이야기처럼 윤색된 것이었다.

1984년 봄, 버지니아 맥마틴, 페기 맥마틴 버키, 레이 버키는 다른 직원들과 함께 48명의 아동을 321차례 학대한 혐의로 고발되었다. 거의 2년간 이어진 법정 심리에서 레이얼 루빈Lael Rubin 검사를 필두로 검찰은 악마 숭배의식에서의 아동 학대의 충격적인 상황을 설명했다. 학대 혐의를 조사한 고위 수사관들은 바로

이즈음 스미스와 파즈더가 해당 의식을 묘사하도록 도우려 관련 어린이들을 만났으리라 생각한다. 언론은 이 사건을 기소하도록 열정적으로 왜곡 보도했고, 물리적 증거가 없는데도 모든 관련자가 재판받았다. 1986년, 최초 고발인이자 오랫동안 조현병을 앓았던 존슨이 알코올중독에 빠졌다. 어린이들의 증언은 상반되었고 허위라는 점이 명백했으며, 지방 검사는 이 사건이 "믿을 수 없을 만큼 허술하다"고 맹비난했다. 그는 레이와 페기 맥마틴 버키를 제외한 모든 피고인에 대한 고소를 취하했다. 1990년에는 유죄 판결도 받지 않은 채 5년 이상 갇혀 있던 레이와 페기 맥마틴 버키에 대한 고소도 취하했다.

7년이 소요되었고 비용만 1500만 달러(한화 약 200억 원)가 들었으나 유죄 판결도 내려지지 않은 이 재판은 미국 역사상 가장 비싼 재판으로 남았다. 그 여파로 유치원은 너무나 큰 오점을 떠안은 채 문을 닫았다. 비밀 지하 터널이 있다는 증거는 끝내 찾을 수 없었다. 어렸던 증인들이 자란 뒤, 그중 일부는 의식에 대한 증언을 철회하면서 인터뷰했던 어른들의 압박에 기억을 만들었다고 말했다. 비디오로 녹화한 증언을 검토한 영국 심리학자 마이클 멀로니Michael Maloney는 질문 기법이 강압적이며 지시적이라고 혹평했고, 인터뷰에서 '어린이 대부분'의 진술은 스스로 서술했다기보다는 조사관에 의해 조작되었다고 결론 내렸다. 이 어린이들을 진정으로 학대한 것은 악마 숭배의식이 아니라 의심스러운 질문 기법을 통해 조작되어 심어진 거짓 기억이었다.

이 끔찍한 사태에서 얻은 유일한 긍정적인 결과는 의도가 선하다 해도 어린이 목격자에게는 거짓 기억을 심기 쉽다는 사실을 인정하고, 어린이 목격자를 심문하는 방식을 검토하기 시작했다는 점이다. 한때는 《미셸의 기억》이 완벽한 신뢰를 얻었지만, 최면기법으로 뽑아낸 기억은 허구와 다를 바 없다는 증거가 방대하게 쏟아지면서 그 진실성은 이제 완전히 무너졌다. 맥마틴 직원들에게 가해진 불공정한 처우는 믿기 힘들 정도지만, 많은 면에서 이들은 악마 숭배의식을 통한 아동 학대가 일으킨 도덕적 공황(사회 질서를 위협한다고 간주되는 문제에 집단이 발산하는 강렬한 감정.—옮긴이)에 휩쓸린 다른 사람들보다는 운이 좋았다. 1980~1990년대에 비슷한 재판이 폭주하면서 수백 명이 똑같이 결함 있는 증언으로 유죄 판결을 받았다. 대부분은 이후 파기되었지만 이 글을 쓰는 지금도, 수많은 사람이 순전히 허구의 범죄를 사유로 교도소에 갇혀 있다.

명백한 거짓과 모호한 진실

기억의 순수한 유용성을 부인하려는 것도, 모두가 경험하는 일반적인 기억 왜곡이 의도적인 거짓말과 같다고 암시하려는 것도 아니다. 이야기를 만들어내는 인간의 성향은 우리의 경험에서 피할 수 없는 부분으로 보인다. 그렇지만 이것이 사건을 선천적으로 잘못 서술했다는 뜻은 아니며, 그저 별개의 가능성이 있다는 의미다. 이 골치 아픈 측면은 학대나 성폭행처럼 목격자마다 다른 증언이 유일한 증거가 되는 대인 범죄 관련 재판에서 나타난다. 대개는 목격자 중 누군가가 거짓말을 한 것이지만, 몇몇 사례에서는 목격자 혹은 목격자들의 기억이 그저 부정확하거나 외부의 영향을 받은 결과일 수도 있다는 진실은 우리를 불편하게 한다. 누구도 속일 의도가 없더라도 이런 양상은 해당 사건의 순서를 파악하기 어렵게 한다.

당연하게도 이 상황은 격한 반응을 촉발할 수 있다. 우리는 진실한 증언과 명백한 거짓말이라는 단순한 이분법에 너무나 깊숙이 빠져 있어서 미심쩍은 기억의 회색지대를 무시한다. 기억 전문가 로프터스는 세간을 떠들썩하게 했던 여러 범죄 재판에 출석해서 기억의 미묘한 본질을 설명했다. 전문가인 그의 증언은 수많은 오심을 바로잡았지만, 그를 비난하는 사람도 있었다. 결과적으로 그는 일하는 내내 고소당했고 폭력의 대상이 되었다. 로프터스는 2016년에 센스어바웃사이언스 존 매덕스상(《네이처》와 콘 재단, 센스어바웃사이언스가 주관하는 상으로 공익을 위해 과학적 근거를 진흥한 개인을 기린다.—옮긴이)을 받았는데, 비난을 이겨내고 과학적 증언에 힘쓴 것을 인정받은 결과다. 위협과 폭력에 굴하지 않고 로프터스와 여러 기억 연구자들은 인간의 마음이 너무 쉽게 기억을 뒤틀어버릴 수 있으며, 아주 작은 암시만으로도 가장 음습한 허구를 지어낼 수 있다고 끈질기게 증명했다.*

최면 회귀와 다른 암시적인 기술은 기억을 복구하는 기법으로서의 권위를 완전히 잃었으며 거짓말을 걸러낼 때만 사용된다. 그런데도 최면 회귀는 일부 영역에서 위험할 정도로 인기 있으며,

해로웠던 과거가 알려졌는데도 여전히 사용된다. 오래전에 폐기된 이 기법을 어설프게 사용하다가는 가족 사이에 심각하고 불필요한 균열이 일어난다. 프렌치는 다음과 같이 말했다.

내게는 사랑스러운 딸이 셋 있다. 둘은 십대가 되었고 하나는 청소년이다. 어느 날 셋 중 누군가가 불안과 불면, 우울 같은 평범한 심리 문제를 치료하다가 '복구한' 기억에 근거해서 나를 아동 성학대로 고소한다면 이보다 더 끔찍한 일은 없을 것이다. 그 주장이 분명 진실이 아님을 알고 있어도 내 변명이나 행동이 딸을 설득하지 못할 가능성도 충분하다.

가설이 아니다. 전 세계에는 특별히 거짓 기억으로 피해를 본 희생자를 돕는 협력 단체가 있다. 그러나 회귀라는 무대가 없을 때도 기억은 일상에서 우리가 길을 잃게 할 수 있다. 결정적으로 너무나 쉽게 변하는 인간의 마음에 암시가 미치는 영향을 간과할 수 없다. 인간의 기억을 조작할 수 있다는 생각은 우리를 불안하게 한다. 조지 오웰George Orwell은 《1984》에서 역사 기록을 편

• 거짓 기억은 속이려는 의도가 없다는 점이 중요하다. 로프터스도 거짓 기억에 관한 자신의 경험을 자세히 설명했다. 로프터스가 10대였을 때, 그의 어머니는 익사했다. 몇 년이 지난 후, 친척이 로프터스에게 그가 엄마의 시신을 발견했다고 알려주었으며, 이로 인해 로프터스는 고통스러운 기억이 떠올랐다고 한다. 그러나 로프터스는 이윽고 자신이 시신을 발견하지 않았으며, 친척이 착각했다는 사실을 깨달았다. 로프터스의 고통스러운 거짓 기억은 암시의 힘을 보여주는 증거였다.

집하는 사악한 행위를 묘사했다.

매일매일, 거의 시시각각 과거는 새롭게 갱신되었다. 이런 방식으로 당이 내놓았던 모든 예측은 옳았다는 기록이 증거로 보존되었고, 현재의 요구와 상반되는 기사나 의견은 기록으로 남길 수 없었다. 모든 역사는 필요할 때마다 깨끗하게 긁어내고 정확하게 다시 새기는 양피지와 같았다. 어쨌든 일단 이렇게 하고 나면 어떤 위조가 일어났어도 입증할 수 없었다.

외부 요인이 인간의 정신 기록을 편집한다는 생각은 정말이지 간담을 서늘하게 한다. 확실히 언론과 각자가 속한 사회 집단이 우리의 기억과 인식에 미치는 영향을 걱정할 만하다. 언론의 주목, 사회 압력, 맹목적 암시에서 나오는 힘은 종종 우리의 기억과 인식을 뒤흔들기에 충분하다. 그러나 외부 영향이 없어도 기록으로서 인간의 기억이 오웰의 소설에 나오는 오류와 노골적인 위조로 범벅이 된 신문처럼 불완전하다는 생각은 훨씬 더 끔찍하다. 기억은 우리 인간에게 매우 중요하지만, 기억이 절대적으로 확실하다고 여겨서는 안 된다. 이는 굴러다니는 바위에 닻을 내린 격이며 가라앉을 위험을 초래한다.

10장
감각에 의지하지 말 것

왜곡되는 인간의 지각 능력

인간의 마음은 계산하고 생각하는 도구이며 인간의 감각은 우리가 인지하는 모든 것의 문지기다. 인간은 소리, 시야, 맛, 냄새, 감각의 지속적인 대혼란에 둘러싸여 있지만 인간의 뇌는 쉽게 이 혼란을 정리한다. 의식적으로 생각하지 않고도 새소리와 화염이 타오르는 소리를 바로 구별한다. 살짝 만지기만 해도 차가운 강철과 거칠거칠한 참나무를 구별할 수 있고, 흘깃 보고도 바다의 파도와 피어오르는 구름을 구분한다. 인간의 감각은 우리가 세상을 계산하는 데 필요한 입력값이며, 효율적으로 신호와 소음으로 이루어진 삶의 교향곡을 걸러낸다.

감각을 굳건하게 믿어도 될까? 감각이 우리를 속일 수 있다는 사실은 알려진 지 꽤 되었으며 놀랍지도 않다. 맥베스의 유명한 독백은 단검의 환영을 축으로 선회하며, 맥베스의 악당은 자신이 인식한 것의 본질을 고찰한다.

> 내 앞에 보이는 이것은 단검인가,
>
> 칼자루가 나를 향한 이것이? 오라, 잡아보자.
>
> 손에 닿지 않으나, 여전히 단검이 보인다.
>
> 치명적인 환상은, 만질 수 있는가,
>
> 보이듯 느낄 수 있는가? 아니면 이 단검은
>
> 열기로 고통스러운 뇌에서 나온
>
> 내 마음속 단검, 거짓의 창조물인가?
>
> 아직 단검이 보이네, 손에 만져질 듯하네.
>
> 지금 내가 꺼내 든 이 단검처럼.

모호한 인간 지각의 본질은 윌리엄 셰익스피어William Shakespeare가 자주 다룬 주제였으며, 셰익스피어는 자신의 희곡에서 유령과 환영의 본질을 의도적으로 모호하게 표현했다. 셰익스피어는 초자연적 현상을 극적 장치로 활용해서 믿지 못할 인간 감각의 본질을 드러냈지만, 사람들은 초자연적 현상을 오랫동안 믿어왔다. 초자연적 현상 이야기는 역사에 만연하며 외계인 납치부터 신과의 영적 만남까지 다양하다. 죽은 뒤에도 망자와 대화할 수 있고 그들이 산 자에게 오랫동안 영향을 미칠 수 있다는 믿음은 사라지지 않았고, 유령의 출몰, 환영, 신의 메시지와 관련한 이야기는 지리와 문화를 초월해 인간 삶의 모든 영역에서 나타난다.

곳곳에 존재하는 이런 이야기는 의문을 품게 한다. 이중 어떤 이야기는 노골적인 거짓이거나 망상의 징후겠지만, 이것만으로는 모든 현상을 설명할 수 없다. 우리는 대부분 설명할 수 없는 영과의 만남 같은 진심 어린 일화에 익숙하며, 어쩌면 직접 경험한 독자도 있을 수 있다. 인간의 지각이 틀릴 수 있다는 점을 알면서도, 진지하게 털어놓는 놀라울 정도로 상세한 이야기에 우리의 의심은 무너진다. 인간의 감각이야 불완전하다고 해도, 인간의 마음이 우리를 오도하는 특별하고도 설득력 있는 방식은 대체 어떤 것일까? 이 문제를 해결하려면 지각을 더 깊이 이해해서 인간의 지각이 길을 잃는 이유를 알아야 한다.

답은 인간이 패턴을 찾는 데 능숙하며, 때로는 존재하지도 않는 패턴까지 찾아내기 때문이다. 심령술 유행이 절정에 달했을 때, 대중 과학 잡지 《사이언티픽 아메리칸Scientific American》은 토머스 에디슨Thomas Edison에게 그의 발명품이 망자와의 대화에 활용될 수 있을지 물었다. 축음기 발명가이자 자기 홍보에 능숙한 에디슨은 영혼이 영향을 미칠 수 있다면 다른 어떤 장치보다 전기 기록 장치가 영혼을 더 잘 탐지하리라고 답했다. 20세기 초에는 심령술 페티시즘이 쇠락하고 있었지만 개념만은 끈질기게 살아

남았다. 1950년대에 오픈릴식 테이프 녹음기가 발명되자, 사진사 아틸라 본 샬라이Attila Von Szalay가 망자와의 대화를 테이프로 녹음할 수 있다고 주장하면서 '전자 음성 현상'은 르네상스를 맞이했다.

전자 음성 현상을 향한 관심은 주류 문화를 덮쳤고, 지금까지도 이 초자연적 현상의 열광적인 지지자가 남아 있다. 신봉자들은 변화가 없는 소음을 사후세계에서 온 메시지라고 해석했지만 사실 전파 방해와 희망적인 사고만 있다면 설명 불가능한 메시지는 없다. 무작위 자료에서 패턴을 찾아내는 이 현상을 심리학적 용어로 **아포페니아**apophenia라고 한다. 같은 맥락으로, 가정용 녹음기가 보급되면서 대중음악을 거꾸로 틀면 숨겨진 메시지가 들린다는 이야기가 퍼졌다. 그러자 이질적인 두 집단이 녹음테이프를 거꾸로 듣는 데 집착하는 별난 광경이 연출되었다. 음악에 관심이 많고 자유시간도 너무나 많은 10대들과, 록 음악에 악마의 메시지가 숨어 있다고 확신하고 도덕적으로 격분한 종교집단이었다.

재미있어서 한 게 아니라면 잘못된 노력이었다. 거꾸로 들었을 때 다른 메시지가 들리는 연속적인 소리를 만들기는 매우 어렵다. 그렇지만 음악에 숨겨진 사악한 이야기는 전설이 되었다. 레드 제플린Led Zeppelin의 〈천국으로 가는 계단Stairway to Heaven〉을 거꾸로 틀면 악마의 학대에 관한 음울한 이야기가 나오며, "공구 창고가 있네. 그가 우리를 고통스럽게 한 곳이지. 슬픈 악마"라는 말이 들린다고 주장한다. 그룹 퀸의 〈또 한 명이 쓰러지네Another One Bites the

Dust〉에도 대마초의 환희를 강조하는 숨겨진 메시지가 있다는 주
장이 나왔다.* 적절한 암시만 주어지면 표면적인 메시지를 만들
어내는 것이 바로 아포페니아의 힘이다.

거꾸로 돌린 노래에 숨겨진 메시지?

숨겨진 메시지 때문에 일어난 도덕적 공황은 대부분 역사의 괴
이한 각주로만 남았지만, 당시의 영향력은 복음주의 단체의 편
집증을 초월했다고 기억한다. 아마 주다스 프리스트Judas Priest의
흥미로운 재판보다 이런 믿음의 유행을 더 잘 보여주는 전형적
인 사례는 없을 것이다. 영국 메탈 밴드의 최고봉인 주다스 프
리스트는 최고의 판매고를 기록한 여러 앨범으로 인정받았다.
1978년에 발표한 앨범 《Stained Class》에 수록된 〈Better by You,
Better than Me〉는 장미 가시처럼 밴드를 괴롭혔다. 곡을 발표하
고 몇 년이 지난 뒤, 지구 반대편 네바다주에 사는 10대 소년 제
임스 반스James Vance와 레이 벨크냅Ray Belknap은 1985년 어느 밤, 사막
의 열기에 지친 채 이 곡을 듣고 있었다. 이유는 알 수 없지만 두
소년은 총을 머리에 대고 방아쇠를 당겼다.

> • 　하드록을 사랑하는 사람으로서 나는 이런 메시지를 조금이라도 들어보
> 려고 음악 테이프를 거꾸로 돌려 듣는 건강하지 못한 10대 시절을 보냈다. 결
> 과는 당연히 횡설수설만 잔뜩 들었다. 10대들이 자신만의 놀이문화를 만들 수
> 없다고 장담하지 않는 게 좋을 것이다.

벨크넵은 즉사했지만 반스는 살아남았고, 3년 뒤 약물 합병증으로 사망했다. 비극이 일어나자 소년들의 유족은 어린 자녀가 무의미한 죽음에 이르게 된 이유, 자살의 복잡성을 대신할 희생양을 찾았다. 유족들은 두 소년이 헤비메탈을 사랑한 것에 주목하고 주다스 프리스트가 소년들의 자살에 촉매가 되었을 가능성을 제기했다. 하지만 밴드의 수많은 앨범 어디에도 간접적으로라도 자살을 조장하는 내용은 없었다. 그러나 학교 지도교사는 반스가 자살 사건의 원인으로 노래를 지목했다고 주장했다. 유족과 검찰 측은 해당 곡을 거꾸로 재생하면 수많은 음 속에 깊숙이 숨겨진 메시지가 들린다고 주장했고, 이 곡에 숨겨진 자살 약속을 유도하는 불길한 명령어는 "해라Do it"였다.

주다스 프리스트로서도 처음 듣는 이야기라 그들은 곡에 그런 메시지를 넣지 않았다고 확고하게 주장했다. 그래도 반스 유가족은 명백하게 입증할 수 있다고 했고, 노래가 소년들도 모르는 사이에 자살하라는 명령을 주입했다고 말했다. 우려 속에서 제리 커 화이트헤드Jerry Carr Whitehead 판사는 판례가 있다고 했다. 판사는 부지불식간에 영향을 미치는 메시지는 수정헌법 제1조의 보호를 받을 수 없다고 판결해서 문제를 더 복잡하게 만들었다. 결국 이 사건은 1990년 8월에 기각되었다. 피고 측 증인으로 나섰던 심리학자 티머시 무어Timothy E. Moore는 《스켑티컬 인콰이어러Skeptical Inquirer》 논평을 통해 그 가사가 왜 그렇게 들렸는지, 이런 실체 없는 명령이 들리도록 잠재의식 속에서 조작하는 일이 얼마나 쉬운지 정확하게 설명했다.

지각은 적극적이며 건설적인 과정이다. 따라서 사람들은 인지 성향에 따른(혹은 인지하도록 격려받은) 결과를 자주 보거나 듣는다. 3분 길이의 헤비메탈 록 음악에서 수십 개의 정보를 성실하게 분리하고 확충하다 보면 아마도 정상적인 청취 상황에서는 쉽게 이해할 수 없는 단어나 구절을 듣게 될 것이다. 사실 그런 '발견'이 전혀 없다면 그게 더 놀랍다.

유령을 목격한 사람들

아포페니아는 청각 현상에만 국한되지 않으며, 어떤 감각이든 혼란스럽게 해서 우리의 인지를 왜곡할 수 있다. 세상을 해석할 때 가장 중요한 감각은 시각이므로 우리가 지각적 착각에 특히 취약하다는 사실은 놀랍지 않다. **변상**變像은 자극을 받으면 사실은 존재하지 않는 알려진 패턴을 인지하는 심리 현상이다. 선천적으로 사회적 동물인 인간은 얼굴과 사람 모습을 찾아내려는 성향이 있다. 게다가 인간은 대부분(자폐스펙트럼장애가 있다면 예외다) 얼굴에서 '감정'을 찾을 수 있다. 명백히 어리석은 짓이지만 우리가 본능적으로 하는 일인 만큼 인간이라는 종에게는 매우 중요하다. 변상은 오랫동안 예술에서 중요한 역할을 해왔다. 주세페 아르침볼도Giuseppe Arcimboldo의 1566년 작품인 유명한 〈법학자 The Jurist〉를 보면, 얼굴이 생선과 닭으로 그려졌다. 레오나르도 다빈치Leonardo da Vinci도 예술가들에게 지각적 장난을 활용해서 작품을 향상하라고 격려했으며, 벽을 응시하면 볼 수 있는 것들을 말하기도 했다.

산과 강, 바위, 나무, 대평원, 계곡과 언덕을 다양한 방식으로 묘사한 수많은 풍경과 유사하다. 여러 전투 장면도 볼 수 있고 금방이라도 움직일 듯한 기이한 인물, 얼굴에 떠오른 표정, 복장, 그 밖에도 무한히 많은 것을 볼 수 있다….

다빈치는 15세기에 석조 벽이 자신의 강렬한 상상을 펼칠 캔버스라는 사실을 알아차렸다. 우리가 여름날 재미 삼아 구름을 보며 형상을 찾는 것과 같다. 그러나 변상이 항상 의식적인 행위는 아니며 분명하지도 않다. 미국 항공우주국이 쏘아 올린 바이킹1호가 1976년에 화성에 접근해서 찍은 사진을 전송했을 때, 사이도니아 지역을 찍은 사진 하나에 희미한 인간형 얼굴이 떠올랐다. 이 사진은 고대 외계인의 신전 폐허라느니, 화성 문명이 멸종한 증거라느니 하는 광란의 추측을 불러왔다. 그러나 '화성의 얼굴'은 바이킹호가 보낸 사진의 해상도가 낮아서 생긴 착시였다. 이후 고해상도 영상을 통해 이것이 메사(꼭대기는 평평하고 등성이는 급사면으로 된 탁자 모양의 언덕.—옮긴이)였음이 밝혀졌다. 물론 아직도 미국 항공우주국이 외계인이 남긴 증거를 없애고 있다고 주장하는 음모론자 군대에는 이 사실이 아무런 문제가 되지 않았다.

독실한 종교인에게 무작위 패턴은 어쩌면 작은 기적일 수

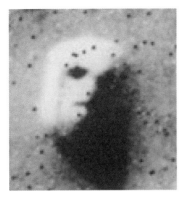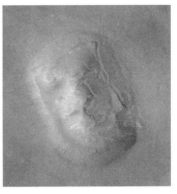

1976년 바이킹 1호가 찍은 화성의 '얼굴'(좌). 화성 정찰 궤도선이 촬영한 같은 지역의 고해상도 사진(우)을 보면, 얼굴로 보였던 것이 암석 메사임을 명확하게 알 수 있다. (미국 항공우주국 제공)

있다. 성인의 얼굴이 나타났다는 물건들을 소개하려면 이 책을 전부 채우고도 모자라지만, 일부만 보자면 예수 얼굴은 변색한 목재, 스파게티, 캔들 왁스에 나타났고, 원숭이 신 하누만은 나무 유합조직(나무에 상처가 났을 때 생기는 조직.―옮긴이)에 나타났으며, 알라의 이름은 먼지 위에 떠올랐고, 심지어 성모 마리아는 구운 치즈 샌드위치에 나타났다.

그러나 명백한 초자연적 현상이 일어나면 결함이 있는 지각은 제멋대로 우리를 속인다. 이야기의 새벽이 밝은 후로 유령·악마·외계인 이야기는 언제나 존재했다. 계몽주의 시대를 거치고도 수백 년이 흘렀지만 초자연적 현상에 대한 믿음은 여전히 남아 있다. 2017년 유고브 설문조사에서는 응답자 50퍼센트가 유령의 존재를 믿었고, 2015년 퓨리서치 설문조사 결과는 응답자 18퍼센트가 유령을 보았다고 주장했다. 이 모든 주장을 거짓이라고 무시한다면 무례한 일일 것이며, 일화나 개인의 경험이 이 토록 많다면 잠시 회의적으로 검토해볼 만하다.

유령을 목격한 사람들이 겁이 많다고 치부할 수도 없다. 제 2차 세계대전 이후 윈스턴 처칠Winston Churchill은 백악관을 방문했다. 욕조에 몸을 푹 담근 후 스카치위스키를 실컷 마시고 시가를 피운 처칠은 비틀거리며 옆방으로 들어갔다가 에이브러햄 링컨 Abraham Lincoln의 유령과 마주쳤다. 홀딱 벗고 있었지만 전 총리는 놀라지도 않고 "좋은 밤입니다, 대통령 각하, 하필이면 제가 불리 할 때 오셨군요"라고 농담을 건넸다. 링컨의 유령은 활짝 웃은 뒤 사라졌다고 한다. 냉소적인 사람은 이 유령과의 조우가 엄청난 양의 스카치위스키를 마신 결과거나 처칠에게 윤색한 이야기로 스스로를 전설로 만드는 재능이 있었다고 평가할 것이다. 이야 기의 진실성이야 어떻든 간에, 상당수의 사람이 고인의 영혼과 우연히 만났다고 주장한다.

이런 경험은 사별한 후에 종종 일어난다. 내가 열일곱 살이 었을 때 정말 친했던 마이클 삼촌이 갑작스럽게 돌아가셨다. 삼 촌은 우리 집에서 거의 함께 살았고, 손님 방은 때때로 그냥 '마 이클 방'으로 부르기도 했다. 삼촌이 돌아가시고 얼마 후, 어느 저 녁에 나는 방으로 이어지는 계단을 오르는 그림자를 얼핏 보았 다. 그럴 리 없다고 머리로는 알고 있었지만 내 마음은 마이클 삼 촌을 떠올렸고, 삼촌과 대화하고 싶다는 열망으로 혼란스러웠다. 이런 이야기는 흔하고, 시야 주변부에서 '그림자 사람('검은 덩어 리'라고도 부른다)'을 보는 경험은 보편적이다.

이 현상은 대개 단순한 변상 현상으로 설명할 수 있지만, 모든 사람이 똑같이 영향을 받지는 않으며, 초자연적 현상을 믿는 사람은 무작위 패턴을 의도적인 힘으로 오인할 가능성이 더 크다. 한 실험 결과를 보면 초자연적 현상을 믿는 사람은 회의주의자보다 무작위적인 빛의 패턴 속에서 '걷는' 형상을 더 많이 보았다. 무작위로 움직이는 형상을 보여주면서 찍은 뇌 영상 실험을 보면, 초자연적 현상을 믿는 사람은 화면에 나타나는 무작위 움직임에 동기를 부여하면서 의도와 연관된 뇌 영역의 활동이 늘어났다.

이 결과는 인간 사회에서 초자연적 현상에 대한 믿음이 지속하는 이유를 일부나마 설명할 수 있지만, 신봉자들은 이것만으로 많은 유령 출몰 이야기에 나타나는 존재감을 설명할 수 없다고 반박할 것이다. 흔히 몸에서 분리된 유령이 존재한다는 느낌은 이 경험이 착각이 아니라는 확신을 얼마나 강하게 줄 수 있는가와 연관된다. 이 존재감도 종종 간담이 서늘하고 악의를 느끼는 것인데, 유령과 조우하는 장소는 대개 불길하거나 모호한 곳이다. 고딕 문학에 묘지나 외딴집, 어두운 지하실이 자주 등장하는 데는 다 이유가 있다. 널리 알려진 바로는 우연히 유령을 만난 사람은 형체 없는 유령을 볼 뿐 아니라 틀림없는 존재감과 변함없는 두려움도 경험한다고 한다.

이런 설명은 소설이나 직접 겪은 경험담에 많다. 이런 이야기가 흡입력이 있지만 **존재감**feeling of presence은 분명 더 현실적으로 설명할 수 있다. 인간의 뇌는 서로 충돌하는 신호에서 의미를 찾으려 한다. 존재감은 종종 조현병이나 뇌전증 증상이기도 하다. 연구 결과를 보면 이런 감각은 감각 운동이 서로 어긋나거나 몸의 감각과 인지가 단절되는 현상과 관련 있다고 한다. 전두두정 피질이 손상되면 이런 증상이 나타난다는 증거가 있다. 전두두정 피질은 자아 인식과 우리가 마주하는 내부와 외부 자극의 통합을 관장한다. 이 영역이 손상되면 개인의 존재 감각이 어그러질 수 있다. 이 효과는 완벽하게 건강한 실험대상자에게도 유도할 수 있다. 한 실험에서 눈가리개를 한 실험대상자 뒤에 로봇을 두고 그의 동작을 완벽하게 따라 하게 했다. 정상적인 실험 결과, 대상자들은 자기가 자기 등을 만지는 기분이었다고 보고했는데, 흔치 않지만 명백하게 환각은 아닌 감각이었다. 그러나 로봇이 아주 짧은, 0.5초의 간격을 두고 따라 하자 실험대상자는 불안에 빠졌고, 뒤에 무언가 존재감을 느꼈다고 보고했다. 이 불안감이 너무나 큰 나머지 많은 실험대상자가 실험을 중단해달라고 요청했다.

극단적인 사건을 겪으면 이질적인 존재를 느끼는 경향이 있다. '제3의 인간' 개념을 처음 제시한 사람은 탐험가 어니스트 섀클턴 경Sir Ernest Shackleton으로, 그와 탐험대는 마지막 남극 탐험 도중 영적 존재를 느꼈다. 이 감각은 특히 등산가, 마라톤 선수, 난파선

생존자, 혼자 항해하는 선원도 흔히 느낀다. 에베레스트산을 혼자 등반한 영국 등산가 프랭크 스미스Frank Smythe는 보이지 않는 유령 등반 파트너가 실제로 존재한다고 확신한 나머지 빵을 떼서 그에게 나누어 주었다. 제3의 인간 증후군은 어둠과 황량한 풍경 속에서 지루함과 고립감을 느낄 때 나타나는 것으로 보인다. 심각한 추위, 부상, 굶주림과 갈증 역시 연관성이 있다. 극단적인 피로도 유령의 존재라는 환영으로 나타날 수 있으며, 수면 부족은 우리의 감각을 교란하고 그에 따라 인지 역시 혼란에 빠진다. 항공술의 선구자 찰스 린드버그Charles Lindbergh는 파리로 향하는 비행 중에 나타났던 분명한 환영을 다음과 같이 회상했다.

> 비행기 뒤쪽은 유령 같은 존재가 차지했다. 흐릿하게 윤곽만 보이는 형태로 투명하고 움직였으며 무게감도 없었지만 나와 함께 비행했다 (…) 비행에 관해 대화를 나누거나 조언하기도 하고, 내 조종술의 문제를 토론하기도 했으며, 나를 안심시키고, 일상에서는 얻을 수 없는 중요한 메시지를 건네기도 했다.

인간의 뇌는 전기 및 화학 신호가 북새통을 이루는 곳이므로 우리는 전기나 화학적 붕괴에 따른 지각 왜곡에 취약하다. 환각은 이런 지각 왜곡의 하나로 원인은 다양하다. 입면 환각은 잠이 들거나 깨어날 때 환청과 환각이 나타나는 현상이다. 보통은 잠들기 전에 환각이 스치고, 실체가 없는 환청이 덮쳐오고, 촉감이 느껴지기도 하며, 이를 경험하는 사람은 대개 이 자극이 환영이라는 사실을 자각한다. 에드거 앨런 포^{Edgar Allan Poe}는 "오직 (…) 잠들기 직전에, 내가 꿈꾸고 있다고 자각한 상태로"라는 구절과 함께 자신이 본 환각을 기록했다.

지각을 왜곡시키는 수면 상태

그보다는 덜 유쾌하지만 수면 마비 현상도 음울한 환각과 함께 자주 일어난다. 안구가 빠르게 움직이는 렘^{REM}수면에서는 근육이 움직이지 않는 무긴장無緊張 현상이 일어나면서 우리가 꿈에서 하는 행동을 실제로 하지 못하게 막는다. 그러나 무긴장은 약간 비틀린 상태로 나타날 수 있는데, 몽유병이 그 결과 중 하나다. 그 외의 사건수면事件睡眠, parasomnias으로는 잠자는 동안 성적 행동을 하는 수면섹스장애sexsomni도 있다. 이보다 드문 사례로는 몽유병 살인이 있으며, 잠든 상태에서 다른 사람, 대개는 가족을 죽인다. 흥미로운 예외로는 1880년대 프랑스 탐정 로베르 르드뤼Robert Ledru 가 조사했던 르아브르 해안 살인사건이 있다. 살인범은 엄지발가락이 없는 발자국을 남겼다. 이를 본 르드뤼는 자신이 몽유병 살인의 범인이라며 자수했다. 회의적이었던 동료 경찰은 르드뤼가 잠든 채 걸어 다니고 그의 감방 안에 놓아둔 총을 쏘는 것을 보기 전까지는 그의 말을 믿지 않았다. 르드뤼는 살인에 대해 무죄를 선고받았으나 법원의 명령으로 잠긴 방에서 혼자 잘 수 있는 지방 농장으로 추방되었다. 모든 측면에서 볼 때, 이 판결은

3부 마음의 조작

의심스러운 살인자를 총기와 함께 두는 것보다 분명히 더 합리적이었다.

수면 마비는 여전히 무긴장으로 근육이 마비된 상태에서 의식이 돌아오기 시작할 때 일어난다. 의식은 깨어 있지만 움직이거나 말할 수 없다. 수면 마비는 수초에서 수분까지 이어지며 대개는 악의를 품은 침입자가 있다는 두려움을 동반한다. 일부 사람에게 이 경험은 악마의 목소리가 들리거나 침입자가 잠자는 사람의 가슴을 짓누르는 감각 같은 출면 환각(잠에서 막 깨어날 때 나타나는 감각.—옮긴이)으로 더 악화한다. 간간이 일어나는 수면 마비를 오랫동안 겪어온 경험자로서, 무슨 일이 일어나는지 잘 알고 있어도 이 상태가 견디기 매우 불쾌하다는 점을 보장할 수 있다.

수면 마비는 가장 오래되고 널리 퍼진 악마의 전설, 즉 인쿠비Incubi(로마 신화에서 여성에게 나타나는 몽마.—옮긴이)와 서쿠비Succubi(로마 신화에서 남성에게 나타나는 몽마.—옮긴이) 전설과 연관된 것으로 보인다. 이 혐오스러운 존재들은 잠든 사람 위에 올라타 정기를 빼앗는다. 희생자는 몽마의 무게에 깔려 짓눌린 채 움직일 수 없다. 괴이한 이 악령 이야기는 전 세계의 역사가 이어지는 내내 존재했다. 인쿠비는 기원전 2400년경에 만들어진 수메르인의 기록부터 《성경》의 〈창세기〉, 잠자는 사람의 가슴 위에 올라타 악몽을 선사하는 독일의 암말 전설까지(여기서 '나이트메어(나이트night는 밤, 메어mare는 암말을 뜻한다.—옮긴이)'라는 단어가 나왔다) 어디에나 숨어 있다. 인쿠비의 원형은 남아프리카의 토코

로쉬부터 튀르키예의 카라바산까지 세계 어디서든 찾을 수 있다. 수면 마비가 지각을 왜곡한다는 사실을 몰랐다면 역사적으로 이 현상을 문화적 환경에 따라 인쿠비든 외계인이든, 초자연적 존재의 공격이라고 생각했을 수 있다. 이 같은 존재에 대한 역사적 믿음은 아마도 인간이 자기 지각을 극단적으로 신뢰하는 경향이 있으며, 사실이 아니지만 은연중에 우리의 감각이 항상 정확하다고 생각한다는 사실을 보여주는 증거일 것이다.

인간의 지각이 화학적 변화에 따른 것이라는 사실은 고대부터 진짜 같지만 비현실적인 환영을 끌어내는 환각제를 통해 관찰되었다. 아메리카 원주민 문화에서는 환영을 끌어낼 때 정신 활성 물질이 든 페요테(미국 서남부와 멕시코에 자라는 선인장으로 향정신성 알칼로이드 성분이 있다.—옮긴이)를 이용했으며, 영적인 존재와 대화한다고 생각했다. 후이촐족(멕시코 서부 시에라마드레 산맥에 사는 민족으로 고유언어를 사용하며 애니미즘을 믿는다.—옮긴이)의 종교에서는 페요테가 주신이다. 우연히 환각성 물질을 먹으면 훨씬 더 무서운 일이 벌어진다. 진균인 맥각균麥角菌, Claviceps purpurea에 감염된 호밀을 먹고 맥각에 중독되면 경련과 지독한 정신병 같은 증상이 나타난다. 맥각 중독은 중세 시대에는 흔했으며 성 안토니우스의 불이라고도 불렀는데, 불에 타는 듯한 감각 때문이기도 하고 성 안토니우스 수도원에서 맥각병 환자들을 치료하는 데 헌신했기 때문이었다. 리세르그산다이에틸아마이드LSD는 바로 이 진균에서 추출되었으며 환각을 일으키는 이 약물의 효과를 널리 알려 경계해야 한다.

갑작스럽게 화학 약물 복용을 중단하면 이 또한 지각을 비틀 수 있다. 진전섬망delirium tremens은 알코올 섭취를 중단하면 빠르게 나타나는 정신 착란으로, 몸이 용감하게 항상성을 되찾거나 안정 상태를 이루려는 현상이다. 진전섬망이 일으키는 화학 연쇄반응으로 극심한 고통에 빠진 사람은 끔찍한 환청과 시각적 환각을 보며, 이 환각은 너무나 끔찍해서 '푸른 공포'라고 완곡하게 표현한다. 메스암페타민methamphetamine 중독은 종종 시야 주변부에 나타나는 그림자 사람들이 섬뜩하게 느껴진다. 대개는 중독과 회복을 반복하면서 수면 부족이 오랫동안 이어지면 나타난다. 제3의 인간 증후군처럼, 암페타민 남용에 따른 수면 부족은 가장 신중한 사람조차도 숨어 있는 존재를 확신하게 한다.

선입견에 따라 신체가 움직인다

지각은 완벽하다기보다는 쉽게 변하며 외부 영향에 바로 교란된다. 그러나 선입견이 지각을 형성하며, 의식하지 못하는 사이에 자극에 따른 신체 반응에까지 영향을 미친다는 점이 더 중요하다. 19세기 중반부터 심령술에 관한 관심이 폭발하면서 망자가 산 자에게 말할 능력과 의향이 있다는 생각이 자리 잡았다. 물론 망자와 직접 대화하는 일은 드물었다. 상류 사회에서는 고인과 대화할 수많은 비밀스러운 기술에 더해 타고난 쇼맨십으로 무장한 영매의 수요가 늘어났다. 영혼의 영향력을 가장 극적으로 입증하는 현상으로는 '테이블 터닝table-turning'을 들 수 있는데, 교령회에 참가한 사람들이 탁자에 둘러앉으면 탁자가 미리 정해진 알파벳 쪽으로 기울어지면서 유령이 메시지를 전했다. 신봉자들에게는 죽은 후에도 영혼이 사라지지 않는다는 긍정적인 증거였다. 심지어 사람들은 이 매커니즘을 엑토닉력ectenic force이라 불렀고 이는 엑토플라즘ectoplasm(영매의 몸에서 나온다는 점성 물질로, 유령이 관련된 현상의 근원 물질.—옮긴이)과 영적 에너지를 탄생시켰다.

그러나 모두가 납득한 것은 아니었다. 선구적인 영국 물리학자 마이클 패러데이Michael Faraday는 특히 엑토닉력에 회의적이었다. 열정적인 경험주의자였던 패러데이는 테이블 터닝의 근거를 찾는 실험에서 주의 깊게 변수를 제거하고 대안 가설을 탐색했다. 나무와 고무로 저항을 높이자 패러데이는 탁자가 움직이지 않는다는 사실을 관찰했다. 여러 실험을 통해 패러데이는 테이블 터닝이 기이한 초자연적 현상이 아니라 '유사 불수의不隨意 근육 운동'에 지나지 않는다고 결론 내렸다. 신묘한 탁자의 움직임에 초자연적 원인은 필요 없었다. 예로부터 전해 내려오는 스스로를 속이려는 인간의 성향만으로도 충분했다.

노력했지만 좌절한 사람은 패러데이만이 아니다. 프랑스 화학자 미셸 외젠 슈브뢰이Michel Eugene Chevreul도 꼼꼼한 실험을 통해 심령론자의 믿음에 쐐기를 박았다. 수없이 많은 업적을 쌓은 그는 과학에 이바지한 공로로 에펠탑에 이름이 새겨진 72명 중 하나다. 패러데이처럼 선구적인 과학 사상가였던 슈브뢰이는 속임수에 항상 반대했고, 1800년대 중반에는 심령론자의 도구 세 가지, 테이블 터닝, 다우싱 막대기(개암나무 가지로 만든 막대로 수맥을 찾는 데 사용했다.— 옮긴이), 마술 추에 관심을 보였다. 1854년에 발표한 논문에서 슈브뢰이는 인간의 의지와 상관없는 무의식적인 근육의 움직임이 겉보기에 마술적인 현상의 원인이라고 설명했다. 막대기를 잡은 사람이 일단 자기 행동을 의식하면 움직임은 멈추고 재현할 수 없게 된다. 같은 해, 의사 윌리엄 카펜터William Carpenter는 이 현상을 관념운동 반응ideomotor response이라는 용어로 설명했다.

관념운동 반응은 심령론자들이 사교장에서 보여주는 또 다른 숨은 재주인 자동 글쓰기도 설명한다. 자동 글쓰기는 초자연적인 '채널링'으로 먼 곳에서 보내오는 글을 받아쓰는 것이며, 무아지경에 빠진 영매는 저승에서 유령이 불러주는 메시지를 쓴다고 주장했다. 육체에서 벗어난 채 글을 쓰는 이 뛰어난 재주는 영국 상류층의 마음을 사로잡았지만, 찰스 아서 머시어Charles Arthur Mercier는 예외였다. 머시어는 허튼수작에 귀중한 시간을 낭비할 생각이 없는 정신과 의사였고, 많은 시간을 들여 무아지경에 빠진 영매의 속임수를 폭로했다. 자동 글쓰기에 관심을 가진 머시어는 이 신기한 현상이 관념운동 반응의 하나라는 점을 입증했다. 1894년에《영국의학저널British Medical Journal》에 발표한 논문에서 머시어는 영혼이 자동 글쓰기의 원인이라는 심령론자의 주장을 철저히 분해하면서 "영혼의 대리인이 필요하지도, 끼어들 여지도 없으며, 영매의 주문은 비과학적일 뿐 아니라 무지를 보여주는 신호다"라고 직설적으로 명시했다.

관념운동 반응의 무의식적인 근육 운동은 19세기 후반부터

20세기 초반에 성행했던 교령회의 으스스한 현상을 뒷받침하는 신비는 없으며, 그저 자극적인 착각과 노골적인 사기의 혼합체일 뿐이라는 점을 입증했다. 관념운동 반응으로 인한 온전한 착각이었지만, 이미 널리 퍼진 사기는 수습할 수준이 아니었다. 당대의 유명한 트랜스 영매는 기이한 장치와 순수한 쇼맨십으로 어마어마한 청중을 끌어들였다. 미나 크랜던Mina Crandon은 악명 높은 영매로 자신의 '엑토플라즘'이 질에서 나온다면서 누드 교령회를 열었다. 크랜던의 명성이 절정에 이르렀을 때, 마술사이자 탈출 곡예사 해리 후디니Harry Houdini가 그의 사기를 폭로했다. 후디니는 영매들이 벌이는 사기극을 폭로하는 일을 즐겼다. 그는 영매가 사람들을 착취한다며 교령회에 몰래 숨어들어가 자신의 날랜 손재주로 사기극을 폭로했다. 후디니는 대의에 너무나 열중한 나머지 《사이언티픽 아메리칸》 위원회에 심사위원 직책까지 만들어서 초자연적 현상을 입증하는 사람에게 현상금을 내걸었다. 지금까지도 이 현상금을 가져간 사람은 없다.

당연하겠지만 사기극을 열성적으로 폭로하는 후디니는 심령론자들에게 인기가 없었고, 그는 그 열정 때문에 친구 하나를 잃었다. 이 친구는 두려움을 모르는 탐정 셜록 홈스의 창조자 아서 코난 도일 경Sir Arthur Conan Doyle이었다. 아들을 제1차 세계대전에서 잃은 후, 도일 경은 영적인 모든 것을 믿었다. 후디니가 속임수를 밝혀내도 도일 경은 자신의 믿음을 요지부동으로 지켰고, 결국 후디니가 엄청나게 좌절하면서 두 사람은 멀어졌다. 심지어 도일 경은 젊어서 세상을 떠난 후디니에게도 초자연적 힘이 있었다고 주장하기도 했다.

의도를 투사당한 환자들

과학적 반박에서 이어진 순수한 압박은 다우징 막대기로 수맥 찾기부터 위저보드(심령술에서 쓰는 점괘판.—옮긴이)까지 모든 심령론에 종말의 전조로 들렸을 테지만, 심령술은 인간의 문화 의식 한구석에 고집스럽게 살아남았다. 관념운동 반응이 거의 2세기 동안 널리 알려졌지만, 끊임없이 재발명하고 실수에서 교훈을 얻지 못하는 탓에 인간은 여전히 포장만 다르고 내용물은 같은 환상의 희생자가 될 수 있다.

특히나 비열한 사례로는 2013년 톱을 파는 상인 짐 매코믹^{Jim} ^{McCormick}이 이라크 군대에 엉터리 폭탄 탐지 키트를 판매한 혐의로 유죄 판결을 받은 사례를 들 수 있다. 매코믹의 폭탄 탐지 키트는 쓸모없는 다우징 막대기를 현대적으로 변형한 완전히 비윤리적인 상품이었다. 또 다른 부끄러운 사례를 들자면 2013년 관념운동 카탈로그에 C패스트$^{C-Fast}$라는 탐지 막대 제품이 실렸는데, 이 제품은 간 질환을 빠르게 탐지하는 기계로 판매되었다. 센스어바웃사이언스사의 실레 레인$^{Sile Lane}$은 이 제품에 관해 "희망을 주지만 그 이상은 아니다"라고 혹평했다.

이런 사례가 경멸스럽긴 하지만 이 지겨운 망상의 훨씬 더 비극적인 후손은 따로 있다. 바로 촉진적 의사소통$^{Facilitated\ Communication}$

이다. 촉진적 의사소통은 상담사가 환자의 팔을 화면이나 키보드에 올려주어 의사소통을 돕는 것이다. 심도 있는 의사소통이 필요했던 환자 가족에게 로제타석처럼 모호한 힌트인 촉진적 의사소통은 효능에 관한 증거가 전혀 없는데도 돌파구로 선전되었다. 1980년대 후반이 되자 희망이 경험을 누르고 압도적인 승리를 거두었으며, 말하지 않는 자폐 아동과 심각한 정신 장애가 있는 환자를 해방시켰다는 놀라운 일화가 증거로 받아들여지면서 촉진적 의사소통이 널리 퍼졌다. 하룻밤 사이에 정신에 근본적인 장애가 있는 아동이 시인이나 석학이 되었고, 상담사와 함께 책을 낸 사례도 등장했다.

대중은 촉진적 의사소통에 열광했지만, 유사 과학이라는 경고도 처음부터 터져 나왔다. 1991년 초, 40편이 넘는 실증 연구 결과는 촉진적 의사소통이 효과적이라는 증거는 찾지 못했지만 상담사의 유도가 있었다는 증거는 넘쳐났고, 이는 관념운동 반응의 전형적인 특징이었다. 상담사는 억눌린 생각을 해방시키는 것이 아니라 자신의 생각을 투사했다. 악마 숭배의식에서의 아동 학대 공포처럼 이 이야기들은 필연적으로 어두운 면을 드러냈고, 상담사들은 장애아동들이 개탄스러운 학대의 희생자라는 메시지를 드러내기 시작했다. 우울하지만 예상대로 수많은 사람이 장애아동의 증언을 토대로 체포되었다. 언론은 겉보기에는 상담사 제나이스 보인턴Janyce Boynton과 의사소통하는 열여섯 살의 무발화 자폐아 베시 휘턴Bestsy Wheaton이 그의 아버지가 "내게 아버지의 성기이이이(이 인용은 원문 그대로다)를 잡게 했어"라고 폭로한 사례에 집중했다. 곧 휘턴은 그의 가족 전체가 자행한 가장 끔찍한 아동 학대를 상세하게 묘사했다.

이 주장의 진실성을 파악하기 위해 언어병리학자 하워드 셰인Howard Shane과 심리학자 더글러스 하울러Douglas Howler는 간단하지만 기발한 검사를 했다. 휘턴과 그의 상담사를 그림 보여주는 기구 앞에 앉히고 휘턴에게 그림에 보이는 물체가 무엇인지 물었다. 그 과정에서 상담사 제나이스가 모르게 중간중간에 휘턴과 제나이스에게 의도적으로 다른 그림을 보여주었다. 모든 사례에서 휘턴은 제나이스가 보는 것을 답으로 말했으며, 이는 의사소통의 주체가 휘턴이 아닌 상담사 제나이스라는 반박의 여지가 없는 증거였다.* 이 통탄할 만한 상황과 뒤따르는 반발은 촉진적 의사소통을 끝장냈어야 했지만, 비현실적인 가능성을 제시하는 많은 유사 과학처럼 이 또한 사멸되지 않았다. 한때 신봉자이기도 했던 하울러는 이처럼 굳건한 증거로도 촉진적 의사소통론자들의 신념을 바꿀 수 없으리라는 점을 날카롭게 인지했다. "우리에게는 상담사가 환자를 통제한다는 압도적인 증거가 있다. 상담사들이 받을 영향이 충격적이리라는 점은 분명해지기 시작했다. 촉진적 의사소통은 그들의 믿음 체계에서, 그리고 그들의 자아에서 필수 요인이 되었다."

하울러의 경고는 놀라운 선견지명이었다. 촉진적 의사소통이 주는 자극적인 희망은 여전히 절망에 빠진 부모를 뒤흔들면

---

* 제나이스의 변론을 보면 그는 나중에 촉진적 의사소통을 부인하고 과학적 증거를 인정했다.

서 자녀와 소통하고 있다는 확신을 준다. 대부분 부모는 자녀에게 의사소통에 필요한 인지기능이 없다는 슬픈 현실보다는 자녀와 의사소통한다는 망상을 더 선호하며, 따라서 촉진적 의사소통은 많은 부모의 지지를 즐겁게 받고 있다. 최근 이 주제에 관한 논평은 피로에 지친 어조로 이 현상을 언급했다. "부모와 상담사는 계속 촉진적 의사소통의 효능을 장악하고 강화할 것이다."

촉진적 의사소통은 위저보드나 다우싱 막대기처럼 과학적 신뢰도를 잃었지만, 지금도 유령처럼 진저리날 정도로 불쑥불쑥 나타난다. 아마 가장 충격적이고 슬픈 사건은 2015년 애나 스터블필드Anna Stubblefield 사례일 것이다. 법정에서는 D.J.로만 언급된 심각한 장애 환자를 담당했던 그는 D.J.가 정신적으로 둔감한 편이 아니라 오히려 학구적이며, 무엇보다 자기에게 변함없는 사랑을 고백하는 남성이라고 빠르게 확신했다. 음침한 사건들이 이어지면서 스터블필드의 독실한 믿음은 동의 의사를 표현할 수 없는 남성과의 성관계로 이어졌다. 학자와는 거리가 먼 D.J.의 지능은 유아 수준이었다. 유죄 판결을 받았는데도 스터블필드는 자기 믿음을 버리지 않았고, D.J.의 장황한 사랑 고백은 자신의 잠재의식이 독단적으로 만들어낸 환상이 투사된 결과라는 현실을 받아들이지 않았다.

이 모든 것은 중대한 사실을 알려준다. 우리는 개인의 경험을 중요하게 여기는 경향이 있으며, 종종 다른 가능성은 차단해 버린다. 그러나 인간의 기억이나 지각을 항상 신뢰할 수는 없다는 것이 냉혹한 현실이다. 의도가 선해도 인간은 자기 경험을 말할 때만큼은 신뢰할 수 없는 화자다. 앞서 살펴보았듯이 우리는 개인의 이야기를 너무 깊이 신뢰한다. 그러나 호도하려는 의도는 없더라도 인간 지각에 결함이 있다는 현실은 우리가 대안적 설명을 제일 먼저 배제해야 한다고 말한다. 어떤 설명이든 우리를 둘러싼 세계의 영향으로 인한 파멸에는 면역력이 없다. 물론 여기에는 우리 자신도 포함한다.

11장
믿고 싶은 것을 믿는 마음

MBTI와 대체의학의 유사점

괜찮다면 잠시 간단한 실험을 해보자. 아래 문항을 읽고 여러분에게 몇 개나 해당되는지 세어본다. 편의상 문항마다 0(가장 낮음)부터 5(가장 높음)까지 점수를 매긴다.

- 다른 사람이 당신을 좋아하고 칭찬해주기를 바란다.
- 자신에 대해 비판적이다.
- 아직 드러내지 않은 장점이 무궁무진하다.
- 성격에 약점이 있지만 대개는 이를 보완할 줄 안다.
- 성적 파트너와 만족할 만한 관계를 맺기가 어렵다.
- 겉으로는 단련되고 자기 통제력이 있어 보이지만 사실은 걱정 많고 자신이 없다.
- 때로는 자신이 한 결정이 옳았는지 혹은 옳은 일을 하는지

의심스럽다.

- 어느 정도는 변화와 다양성을 선호하며 규제와 제약에 둘러싸이면 불만스럽다.
- 독립적으로 사고한다는 긍지가 있으며 만족할 만한 증거 없이는 타인의 주장을 수용하지 않는다.
- 타인에게 자신을 너무 솔직하게 내보이는 것은 현명하지 않다.
- 가끔은 외향적이고, 상냥하며, 사교적이지만 때로는 내향적이고 경계심이 강하며 내성적이다.
- 상당히 비현실적인 포부가 있다.
- 안전은 삶의 주요 목표 중 하나다.

평가 문항은 얼마나 잘 들어맞았는가? 이상할 정도로 정확해서 지금 교활한 시장조사 프로젝트의 목표물이 되었는지 걱정할지도 모르겠다. 안심해도 좋다. 통찰처럼 보이지만 사실은 모두 착각이다. 지금 여러분이 한 평가에는 재미있는 역사적 기원이 있다. 1948년 심리학자 버트럼 포러Bertram Forer는 자신이 가르치는 학생들의 성격 분석문을 작성했다. 학생들은 방금 여러분이 했듯이 위 문항을 각자 읽은 뒤, 분석문의 정확도를 최고 5점까지 매겼다. 학생들은 포러의 신묘한 지식에 깊은 인상을 받았고 평가 정확도를 평균 4.26점으로 판정했다.

학생들은 몰랐지만 포러는 모두에게 똑같은 평가가 담긴 '분석문'을 보냈고, 이 분석문은 다양한 별자리 점괘에서 무작위로 선택한 문장들로 구성되었다. 이렇게 작성한 분석문이 방금 여러분이 읽은 문장들이다. 이 실험은 최초로 포러 효과Forer effect, 즉 아주 모호해서 수많은 사람에게 해당하는 성격 설명이 자기에게만 특별하게 적용된다고 믿고 높은 점수를 매기는 성향이 있다는 관찰 결과를 학술적으로 증명했다. 이런 열린 결말의 진술을 전설적인 서커스 기획자이자 사기꾼인 바넘*의 이름을 따서 바넘 진술Barnum statement이라고도 부른다.

이어진 연구는 더 미묘한 차이를 보여주었다. 사람들은 평가자의 권위를 믿을수록, 읽는 글이 자기에게 특화되었다고 믿을수록 더 잘 속았다. 물론 평가 내용도 중요하며, 가장 확실한 점은 실험대상자들은 부정적인 글보다 아첨하는 설명을 더 잘 믿었다. 과학자들이 실험대상자의 정확한 성격 평가 문구와 포괄적인 바넘 진술을 함께 썼을 때의 실험 결과는 특히 흥미로웠다. 어떤 평가 문구가 가장 정확했는지 물었을 때, 실험대상자 대

* 바넘은 "1분마다 멍청이들이 태어난다"라는 말을 자주 했다지만 그가 말했다는 증거는 없다. 그러나 청중을 속이는 데 뛰어난 바넘은 위대한 전설로 남았다. 전시품 주변을 어슬렁거리는 손님들을 '나가는 길'이라고 쓴 표지판을 세워 해결했다는 일화를 나는 가장 좋아한다. 흥분해서 이 표지판을 제대로 읽지 않고 무작정 달려든 관중들은 밖에 서 있는 자신을 발견하곤 했다. 설상가상으로 바넘은 다시 들어오려는 관중에게 요금을 또 받았다.

부분은 개인 맞춤형 평가보다 알랑거리는 바넘 진술을 선택했다. 현실을 압도하는 자만심의 승리였다.

포러 효과는 오래전에 파훼된 신념을 고수하려는 인간의 집단적 성향을 보여준다. 행성과 별의 움직임이 인간의 운명에 영향을 미친다고 믿는 점성술은 고대부터 현대까지 오랜 비판의 대상이었다. 아주 오래전인 12세기에 철학자이자 의사인 마이모니데스Maimonides는 진력이 난 채로 "점성술은 질병이다. 과학이 아니다"라고 선언하며 전면적으로 점성술을 거부했는데, 현대 전문가가 할 법한 말이다. 과학은 점성술을 의심했으며 많은 사람이 점성술이 내놓은 예언의 질을 평가하려 했다. 평가 결과 점성술가의 예언이 들어맞을 확률은 예외 없이 우연의 확률과 비슷했다.

그러나 증거가 절대적으로 부족한데도 점성술에 대한 믿음은 변함없이, 그리고 흔들림 없이 남아 있다. 계몽시대 이후 수 세기가 지났어도 여전히 전 세계 신문에는 포러가 자신의 유명한 실험에 차용했던 점성술 칼럼이 바넘 진술과 함께 넘쳐난다. 이런 글에 상대적으로 아첨 문구가 많거나 독자의 힘을 북돋우는 성향이 있는 것은 우연이 아니다. 점성술에 대한 믿음도 여전히 굳건하다. 2010년 미국인 45퍼센트는 점성술이 '일종의' 과학이거나 '매우' 과학적이라는 데 동의했다. 재미있는 점은 독실한 점성술 신봉자는 잘못된 예측을 들었어도 자신의 점성술 결과가 매우 정확하다고 단언한다는 것이다.

꽤 놀라운 것은 차치하고라도, 투자자를 대상으로 이 유사 과학을 금융시장에 접목한 금융 점성술 시장도 번창하고 있다. 은행가 존 피어폰트 모건John Pierpont Morgan은 개인적으로 점성술사를 고용했으며, 전해지는 말에 따르면 "백만장자는 점성술사를 믿지 않지만 억만장자는 믿는다"라고 말했다고 한다. 이 어처구니없는 관행은 오늘날에도 이어진다. HSBC의 책임 기술적 분석가는 2000년에 "점성술 대부분은 사실이 아니지만 사실인 것도 있다"라고 말했으며, 또 다른 유럽 은행가는 점성술적 사건과 금융 사건의 연관성은 "기묘하다"라고 말했다. 최근 금융위기에 미친 어마어마한 충격을 생각했을 때 두려울 정도다.

금융 점성술이 얼마나 쓸모없는지 알리기 위해, 영국과학진흥협회는 2001년에 금융 점성술사와 투자자, 다섯 살 어린이에게 각각 5000파운드(한화 약 850만 원)를 주고 FTSE100에 투자하는 실험을 했다. 냉정하게 말하자면 금융 점성술가는 투자금을 가장 많이 잃었다. 더 우려스러운 사실은 무작위로 투자한 다섯 살 어린이가 금융 점성술사와 투자자보다 나은 투자 수익을 얻었다는 점이다. 이 어린이가 서번트증후군(정상인보다 지적 능력은 떨어지지만 특정 분야에서는 비범한 능력을 보이는 증후군.—옮긴이)이었다는 말도 안 되는 가능성은 제쳐두더라도, 이 실험 결과는 투자자는 물론 금융 점성술사의 능력을 비판하는 고발이기도 하다.

앞서 우리는 위로가 되는 진부한 이야기를 능숙하게 활용하는 영매를 살펴보았다. 이들은 '무지개 전략', 예를 들어 "당신은 친절하고 동정심도 많지만 배신당했다고 생각하면 분노와 억울함이 아주 강해진다" 같은 모든 상반된 성격 특성을 아우르는 진술을 활용한다. 이런 평가는 본질적으로 무의미하지만, 증거는 많은 사람이 자신에게 특별히 맞춰진 평가보다는 공허하고 의미 없는 평가에 동의한다고 보여준다. 이런 점을 이용해서 영매는 사람의 반응을 조종하고 마음을 읽으며 무형의 불가사의한 지식에 접근했다는 인상을 주지만, 사실 대상자에 대해 영매는 아무것도 모른다. 이런 속임수들의 효과가 더해지면 극단적인 확신에 이를 수 있으며, 데렌 브라운Derren Brown과 이언 롤런드Ian Rowland 같은 현대 유심론자들은 이 기술을 활용해서 사람들의 삶에 대해 외견상으로는 기묘한 통찰을 얻지만, 솔직하게 말하자면 이들에게 신비로운 능력은 전혀 없다.

MBTI와 플라세보 효과

바넘 진술은 초자연적 현상을 보존하는 데 그치지 않는다. 포러의 원래 실험처럼, 성격 평가는 바넘 진술에 비옥한 토대를 제공한다. 가장 널리 활용되는 사례는 마이어브릭스 유형지표 Myers Briggs Type Indicator, 즉 MBTI로 많은 기관에서 편애하는 검사다. MBTI는 의사결정 방식의 심리적인 유형을 측정한다고 주장하며, 직업이나 개인 훈련에 대한 태도, 심지어 결혼 상담에서도 활용된다. 그러나 MBTI가 적극적으로 활용된 지 오랜 시간이 지났지만, 최근까지 연구 결과는 MBTI의 타당성이 낮고, 측정한다고 주장한 요소를 측정할 수 없다는 사실을 보여준다. 이것만으로는 부족하다면, MBTI의 재현성이 낮고 불과 며칠 지난 뒤에 동일 인물이 근본적으로 다른 성격으로 판정될 수 있다는 사실도 들 수 있다. MBTI 검사에 대한 비판은 대부분 모호한 질문에 집중되는데, 모호한 질문은 포러 효과를 일으켜서 긍정적인 설명에 더 높은 점수를 매기기 때문이다. 이런 결함 때문에 심리 측정 전문가 로버트 호건Robert Hogan은 "대부분의 성격심리학자는 MBTI를 공들인 중국 포춘쿠키보다 조금 나은 정도로 여긴다"라고 주장했다.

포러 효과는 인간이 무작위 소음에서 개인적인 의미를 암시하는 것에 끌리고 자신을 포괄적인 진술에 맞추려는 성향을 보이는 이유를 설명한다. 그러나 심리학에서 더 흥미로운 특성은 기대감과 믿음만으로도 현실에 대한 인간의 인식을 형성할 수 있다는 놀라운 사실이다. **플라세보 효과**placebo effect는 이 기묘한 기벽을 가장 잘 드러내며, 가짜 치료를 받은 환자의 질병이 뚜렷하게 나아지는 현상이다. 통증 반응은 플라세보 효과의 전형적인 사례다. 1996년 실험에서 대상자들은 한쪽 검지에는 국부 마취 진통제를 바르고, 다른 쪽 검지에는 아무 치료도 하지 않았다. 그런 다음 양쪽 손가락을 바이스로 조인 후, 통증 수준을 평가했다. 예상대로 진통제를 바른 손가락은 예외 없이 통증이 줄었다. 그러나 사실 진통제는 물과 요오드, 기름으로 만든 가짜 약이었다. 크든 작든 우리는 모두 플라세보 효과에 영향받으며, 나아지리라는 기대감만으로도 종종 플라세보 효과를 촉발한다.

플라세보 효과는 활성 성분이 없는데도 생리 지표를 바꾸기도 한다. 다른 연구에서는 가짜 치료법이 극단적일수록 사람들은 더 효율적이라고 기대하며, 가짜 주사와 수술은 위약보다 인식에 더 강력한 영향을 미친다고 증명했다. 이를 볼 때 플라세보 효과는 자기 충족적인 예언이며 기대감의 힘을 보여주는 증거다. 그러나 플라세보 효과는 온전히 지각에 의한 현상이며, 마음이 몸을 지배한다는 신비로운 사례도 아니고, 긍정적인 생각만으로 병을 고칠 수 있는 것도 아니다. 나아졌다는 지각은 감기나 일반적인 통증에는 도움이 될지 몰라도, 더 심각한 질병의 의학적 치료를 대체하지는 않는다. 지금도 의학계에서 플라세보 효과는 뜨거운 윤리적 논란거리다. 나중에 살펴보겠지만, 명백한 플라세보 효과는 대부분 기초통계학으로 설명할 수 있다.

'플라세보placebo'라는 단어 자체는《성경》을 번역한 성 예레니모St Jerome에서 유래했으며 대충 '나는 만족할 것이다'라는 뜻이다. 중세 프랑스에서는 유족이 문상객에게 부조금을 나누어주던 장례식 풍습이 있었다. 이 풍습은 슬픈 척하면서 금전이나 음식을 요구하는 애매한 친척들과 노골적인 가짜 문상객을 장례식에 끌어들였다. 성 예레니모의 "살아 있는 땅에서 주님을 기쁘게 하리라placebo Domino in regione vivorum" 구절을 슬픈 척 외우면서 기생충처럼 빌붙는 행동이 만연하자, 이런 문상객을 경멸하는 '플라세보 소리꾼placebo singer'이라는 말이 생겨났다. 이 단어는 곧 해협을 건너 퍼져나갔으며, 제프리 초서Geoffrey Chaucer의《캔터베리 이야기》에 묘사된 플라세보는 이런 혐오스러운 특성을 구체화한 변치 않는 아첨꾼이다. 과학적 의학 이전 시대에 플라세보 치료는 효과 있는 치료제 대신 널리 사용되었다. 15세기 프랑스의 선구자적 외과 의사인 앙브로와즈 파레Ambroise Paré는 의사의 의무가 "가끔은 치료하고 자주 완화하며 항상 위로하는Guérir quelquefois, soulager souvent, consoler toujours" 것이라고 논평했다.*

대체의학의 치명적인 위험

플라세보 효과는 기치료, 홍채 진단법(홍채로 질병을 진단하는 대체의학.—옮긴이), 두개천골요법 등 수많은 가짜 혹은 효과 없는 치료법이 인기 있는 이유를 설명한다. 이런 치료법에 생리적 근거는 없지만 때로 질병이 완화되었다는 착각을 일으킨다. 따라서 해롭지 않은 사기라고 생각할 수도 있다. 어쨌든 사람들은 수 세기 동안 수상한 돌팔이 의사에게 뱀 기름을 사거나 선의로 사람들을 현혹한 만병통치약을 사용해왔고, 이들은 거의 해롭지 않은 사치로 여겨졌다. 그러나 대체의학 치료사들은 주류 의학을

* 과학이 발달하기 전에 살았지만 파레는 과학적 방법으로 주장을 검토했고, 증거에 근거한 의학을 펼쳤다. 파레는 수술 도구들을 발명했고 전쟁 의학을 크게 발전시켰다. 당시 의술로는 전쟁 시 부상을 종종 감당할 수 없어서 병사들은 크게 다친 동료를 안락사시키기도 했다. 1536년 밀라노전투에서 파레는 화약으로 끔찍한 화상을 입은 병사 둘을 만났다. 파레가 두 병사를 위해 아무것도 할 수 없다고 인정하자 동료 병사가 단검을 꺼내 두 병사의 목을 그었다. 깜짝 놀라 질책하는 파레에게 그 병사는 침착하게 내가 그랬다면 바랐을 행동이라고 대답했다.

멀리하며, 환자에게 주류 의학 치료법이 위험하다고 말하기도 한다. 대개 의학 분야 자격증이 없는 경우가 많고, 전통 의학 치료법을 깎아내리면서 심각한 질병의 분명한 징후를 너무 자주 무시한다. 이는 환자의 사망으로 이어지며, 대개는 부모가 열렬한 대체의학 지지자일 때 자녀들이 비극적인 결말을 맞는다. 이런 사례는 수십 권의 책을 채우고도 남는다. 왓츠더함www.whatstheharm.net 에는 환자가 사망했거나 대안 치료사에 의해 고통받은 수천 건의 사례가 올라와 있다.

여기에 더해 많은 대체의학 단체는 기본적으로 백신처럼 생명을 구하는 치료법을 거부한다. 동종요법同種療法 의사가 담당한 환자의 83퍼센트가 백신을 맞지 않았으며, 말라리아와 홍역 같은 치명적인 질병에 의학적인 효능이 없는 조제약을 판매했다는 연구 결과도 있다. 이런 상황은 전적으로 통제되지 않으며 완전히 잘못된 판단으로 매우 위험하다. 사람들이 약학적 치료와 진료의 부작용을 두려워하는 것은 당연하고, 약물 부작용에 대한 우려는 완벽하게 타당하고 근거도 있다. 그러나 대체의학은 그 어떤 심각한 질병도 치료할 수 없는 우아한 플라세보 그 이상이 아니다. 대체의학은 잘해봐야 쓸모없는 것에 불과하지만, 최악의 상황에는 의학뿐 아니라 총체적인 과학 지식에 결정적인 피해를 준다. 대체의학 지지자들은 추종자들이 망상을 고수하게 하고, 우리가 지난 세기 동안 주변 세계와 인간의 몸에 관한 지식을 쌓으며 이룬 거대한 진전을 깎아내린다.

현대 의학의 플라세보 활용법은 과학적 의학의 새벽과 함께 찾아왔다. '플라세보'라는 용어는 1920년 《란셋》에 T.C. 그레이브스T.C. Graves가 표면상으로는 쓸모없는 치료법이 "진짜 정신치료학적 효과를 나타낸 것 같다"라고 언급하면서 의학계에 처음 등장했다. 과학자들은 시험대상자를 무작위로 나누어 한 집단에는 시험할 신약을, 다른 집단에는 플라세보를 주면 신약을 시험하는 뛰어난 방법이 되리라고 재빨리 깨달았다. 이 결과를 분석하면 신약이 단순한 암시(플라세보)를 넘어서는 효과가 있는지 확인할 수 있으며, 사실 이것이 이중맹검(연구자도 시험대상자도 어느 집단이 어떤 약을 받는지 모른다는 뜻이다) 플라세보 대조군 시험을 진행하는 방식이고, 신약의 효능을 평가하는 황금률이다.

플라세보 효과는 효과 없는 다수의 치료법이 치료 효과를 나타내는 근거를 제공한다. 하지만 반대의 효과가 날 수 있을까? 해당 치료법이 전혀 해롭지 않은데도 환자가 해롭다고 생각한다면 그에게 해롭게 작용할까? 답은 '그렇다'이다. 사람이 완전히 동요해 그렇게 믿는다면, 같은 심리적 매커니즘에 따라 해롭지 않은 약에 부정적인 반응을 나타내는 경향이 있다. 플라세보의 반대 효과를 노세보 효과nocebo effect라고 하며, 이는 플라세보 효과보다 훨씬 강력하다. 해롭지 않은 사촌, 즉 플라세보 효과처럼 노세보 효과도 라틴어에서 기원했으며, '나는 아플 것이다'라는 뜻이다. 용어 자체는 1960년대가 되어서야 만들어졌지만, 개념이 나타난 시기는 최소한 1500년대, 교회 권위자들이 악령에게 홀렸다고 생각한 환자에게 가짜 성유물을 팔던 시기까지 거슬러 올라간다. 고통받는 사람들이 이런 사기에 폭력으로 대응하면

이들이 악령에게 홀린 것은 초자연적 현상이라기보다 어리석기 때문이라고 여겼다.

아프다는 믿음이 현실이 될 때

이 현상을 명백하게 보여주는 현시대 사례로는 전자기 과민성 electromagnetic hypersensitivity이 있다. 전자기 과민성 환자는 전기나 전자기 방사선에 알레르기가 있고 피로, 수면장애, 포괄적인 통증, 피부질환이 포함된 흥미롭고도 다양한 증상이 나타난다. 우리의 시야를 밝히는 익숙한 가시광선부터 전 세계에 방송을 전파하는 라디오파까지, 전자기 방사선은 매우 흔하므로 환자는 극도로 쇠약해진다. 전자기 과민성 환자를 가장 많이 괴롭히는 것은 현대 통신수단이다. 전자기 과민성을 향한 믿음은 강력하고 진심이어서, 다양한 헌신적인 지지 단체가 전 세계에 퍼져 있다. 전기 감응력의 위험에 대해 해로운 주장을 하는 수상쩍은 건강 전문가도 넘쳐나면서 전자기 과민성은 뱀 기름 치료제와 엎치락뒤치락한다.

이 문제에 관해 환자들은 너무나 진지하고, 심지어 법적 조치도 진행해서 많은 주목을 받았다. 미국 산타페에서는 활동가 단체가 건강을 이유로 공공 와이파이 핫스폿(와이파이 접속 가능 지역)을 금지하는 운동을 전개했다. 2014년에는 매사추세츠주의 한 가족이 학교에 설치한 와이파이 때문에 아들이 병에 걸렸다면서 자녀의 학교를 상대로 소송을 제기했다. 비극적인 사건으로는 2015년, 열다섯 살 제니 프라이Jenny Fry의 부모가 전자기 과민성으로 아이가 자살했다면서 영국 공립학교에서 와이파이를 없애라는 운동을 시작했다. 같은 해 프랑스 법원은 전자기 과민성 환자에게 장애 수당을 받을 권리가 있다고 판결 내렸다. 전자기 과민성 환자는 고통의 원인을 피하려 이사도 불사했다. 미국 버지니아주 그린뱅크스처럼 천문학 연구와 군사적 이유로 설정된 라디오 콰이어트 존radio quiet zone(텔레비전 같은 각종 전자기기의 전파 송신이 제한되는 구역.—옮긴이)에 있는 마을은 휴식을 원하는 전자기 과민성 환자들로 가득 들어찼고, 가끔 지역민들과 충돌하기도 했다.

환자들은 분명히 고통을 실제로 느끼지만, 고통의 원인이 전자기 방사선이라는 이들의 주장과 달리 이 질병이 온전히 정신신체질환(정신적인 영향으로 나타나는 기질 및 기능적 장애.—옮긴이)이라는 증거는 넘쳐난다. 가장 강력한 증거는 전자기 과민성 환자를 다양한 전자기 방사선에 노출한 뒤 반응을 측정하는 자극 연구 결과에서 나타난다. 지금까지 실험 결과로는 환자들이 진짜 전자기 방사선과 가짜를 전혀 구별하지 못했다. 환자들의 고통은 오직 믿음과 실제로는 전자기 방사선이 나오지 않는 허위 방사선원으로 촉발된다. 비슷한 결과로 환자들은 진짜 전자기 방사선에 노출되는 중에도 이를 인식하지 못하고 증상을 보고하지 않았다. 이 결과는 수많은 실험으로 재현되었으며, 전자기 방사선과 전자기 과민성은 아무 연관성이 없고 이 모든 증상이 인간의 흥미로운 심리 작용이라는 사실은 피할 수 없는 현실이다. 세계보건기구는 전자기 과민성에 공감하면서도 다음과 같이 명백하게 보고했다.

"증상은 실제이며 고통의 강도는 폭넓게 나타난다. 원인이 무엇이든 간에 전자기 과민성은 영향을 받은 개인에게 장애가 될 수 있다. 전자기 과민성은 명확한 진단 기준이 없으며, 전자기 과민성 증상과 전자기 방사선 노출의 연관성에는 과학적 증거가 없다."

물리학적 관점에서 전자기 과민성이 노세보 효과가 아니라 해도 마이크로파 광자를 범인으로 지목한 것은 수상쩍다. 앞서 살펴보았지만, 마이크로파는 가시광선보다 에너지가 수천 배나 낮다. 전자기 과민성을 마이크로파와 연관 지어서 전자기파 공포의 기원으로 고작 마이크로파 오븐을 지목한 것은 예상치 못했던 일이다. 마이크로파 오븐은 유도 전기 가열^{dielectric heating}로 음식을 데우는 기기다. 물은 부분적으로 양전하와 음전하를 띠는 분자로 전기장에서는 같은 방향으로 회전한다. 일반적인 가정용 마이크로파 오븐은 대략 2.45기가헤르츠^{GHz}의 광자를 발산한다. 즉 이 광자들이 전기장 극성을 1초에 24억 5000만 번 뒤집는다는 뜻이고, 이는 극성을 띤 물 분자가 빠르게 진동하는 전기장 속에서 회전하는 중에 서로 빠르게 부딪히게 만든다. 빠른 충돌은 마찰을 일으키면서 결과적으로 음식을 데운다. 이 매커니즘은 마이크로파 오븐이 대개 수분 많은 요리를 데울 때 효율적이고, 반대로 음식에 수분이 없을 때는 끔찍하게 비효율적인 이유를 설명한다.

마이크로파 에너지는 유용하지만 별난 점 덕분에 불행하게도 오해받으며, 수상한 전문가 무리는 마이크로파 오븐으로 요리한 음식은 방사선에 '노출'되었으므로 해롭다고 주장한다. 이런 주장은 터무니없는 것으로 마이크로파는 방사성을 띠지 않는다. 마이크로파는 음식에 '방사능을 쬐는' 것이 아니라 음식을 데우기 위해 진동에너지를 이용한다. 잘못된 추론은 쓸모없는 우려를 낳는다. 바로 "만약 마이크로파 오븐이 고기를 요리할 수 있다면 와이파이 라우터와 휴대전화도 우리를 요리할 수 있지 않을까?"라는 우려다. 이런 공포 역시 오해에서 비롯되었다. 통신 기기 출력은 마이크로파 오븐의 출력보다 수천 배 더 낮고, 일반적인 가정용 라우터 출력도 100밀리와트^{mW} 이하다. 사실 오븐은 특별하게 설계한 도파관(도체로 만든 속이 빈 도관으로 마이크로파의 전기 에너지나 신호를 전하는 전송로.—옮긴이)을 이용해서 고출력 마이크로파를 한곳에 집중시키도록 특별하게 만들어졌으며, 이를 각각 마그네트론과 반사실이라고 한다. 평범한 통신 기술과는 접촉점도, 관련도 없다.*

이런 사실에도 불구하고 와이파이와 휴대전화의 위험을 경고하는 혐오스러운 주장은 엄청나게 많아서 우리의 위험 인식을

* 어떤 경우든 구형으로 발산하는 공급원의 전자기 방사선 강도는 거리와 역제곱 관계다. 방사선 공급원에서 2미터 떨어지면 방사선 강도는 1미터에서 받는 강도의 4분의 1밖에 되지 않는다. 3미터 떨어지면 9분의 1로 낮아진다. 이 물리법칙은 전자기 방사선의 강도가 아주 조금 떨어진 거리에서도 어마어마하게 감소한다는 사실을 알려준다. 차단막을 설치하지 않은 와이파이 라우터도 마찬가지다.

왜곡한다. 여기에 더해 우리는 현대 기술에 익숙하지만 그 기술이 작동하는 과정을 잘 모른다. 이런 요인이 얽히면서 마이크로파 방사선이 노세보 효과를 끌어들이는 자석이 된 상황은 어쩌면 당연한 듯 보인다. 전자기 과민성이 심리적 질병이기보다는 정신신체 질환이라는 사실은 전자기 과민성 환자가 고통의 원인을 오해하고 있더라도 실감할 수 없는 설명이다. 슬프게도 환자들은 자신의 질병이 심리적인 질환이라는 수많은 증거를 인정하지 않는다. 훌륭한 과학을 믿는 대신 그들은 과학적 증거를 음모론의 결과라거나 기술 부족을 탓하면서 무시하는 자칭 전문가라는 자들의 말에 의지한다. 영국 전기감응력협회장 새러 대크레Sarah Dacre는 "정부가 지원하는 주류 과학은 건강 문제에 관해서는 신뢰할 수 없는 지표다. 진실이 새어나가지 않도록 단속하는 기득권층이 있다"라고 말했다.

앞서도 살펴보았지만 이런 주장은 절망적일 정도로 많다. 음모론은 재평가하는 대신 확증편향으로 되돌아가는 안락한 퇴각처다. 노세보 효과는 다른 비슷한 질병에도 폭넓은 근거를 제시한다. 수돗물 불소화 정책에 관한 수상쩍은 주장의 멈추지 않는 맹습도 비슷한 사례다. 수십 년 동안 불소화한 수돗물이 안전하며 구강 건강을 향상한다는 자료를 공개했지만, 전 세계적 네트워크는 요지부동이며 수돗물 불소화가 모든 질병의 원인이라고 강경하게 항의한다. 여기에도 노세보 효과가 나타난다는 증거가 있다. 1992년 핀란드에서는 과격한 수돗물 불소화 반대론자들이 쿼피오 시의회를 압박해서 이를 철회시켰다. 그러나 불소는 공표한 날에 수돗물에서 제거되지 않았고, 대신 다른 날에 불소를 제거하는 실험이 진행되었다. 설문조사 결과 사람들은 수돗물에 불소가 들어 있다고 생각할 때만 부작용을 보고했으며, 실제 불소의 유무와는 상관없었다. 스스로를 속이는 기대감의 힘이 다시 한번 증명된 셈이다.

물론 이 이야기는 익숙하다. 백신 반대 운동은 백신을 접종한 후 일어난 부작용에 초점을 맞추며, 바로 여기가 노세보 효과가 종종 그 흉물스러운 머리를 들이미는 지점이다. 아마 여러분은 전문가 의견이 정반대인데도 사람들이 어떻게 그토록 괴이한 주장을 믿는지 궁금할 것이다. 여기서 음모론적 이야기는 확실히 중요하지만, 인지 착시cognition illusion도 한몫한다. 1999년에 발표된 〈미숙하고 부주의한—자신의 무능을 인지하지 못하면 자기 평가를 부풀린다〉라는 멋진 제목의 논문에서, 심리학자 데이비드 더닝David Dunning과 저스틴 크루거Justin Kruger는 능력이나 전문성이 부족한 사람들이 자신의 인지 능력이나 지식을 실제보다 훨씬 더 높게 평가하는 현상을 관찰했다.

우월감 환상

더닝-크루거 효과Dunning-Kruger effect는 백신 반대 단체에서 가장 확실하게 나타난다. 2017년 논문은 실험대상자에게 자폐의 원인에 관한 자신의 지식이 의학과 과학 전문가와 비교해서 어느 정도 수준인지 점수를 매기도록 했다. 더 나아가 백신과 자폐의 연관성에 어디까지 동의하는가도 물었다. 결과는 암울했다. 자폐 지식 시험에서 가장 낮은 점수를 받은 사람 중 62퍼센트가 자신이 의학 전문가보다 많이 알고 있다고 믿었고, 백신과 자폐의 연관성을 강력하게 지지한 사람 중 71퍼센트는 이 주제에 대해 자신이 뛰어난 지식을 갖추었다고 주장했다.

사회심리학에서는 이를 우월감 환상illusory superiority이라고 부른다. 타인과 비교해서 자기 능력을 과대평가하는 현상이다. 이들은 "지금 일어나는 문제의 근본 원인은 현대 세계의 멍청이들이 지나치게 자신만만한 데 비해 지식인들은 의심으로 가득 차 있다는 데 있다"라는 철학자 러셀의 금언을 마음 깊이 새겨야 할 것이다. 어쩌면 이것이 모든 종류의 절대론자와 원리주의자가 대중 인식에 불규칙한 영향을 미치는 실질적인 이유일지도 모른다. 현실에서 총체적인 객관성은 인간이 닿지 못할 이상이다. 우리의 기대감은 언제나 우리의 인식과 반응을 형성한다. 우리가 점술가와 점성술을 믿는 이유는 타당성을 찾으려 하기 때문이며, 부정적이든 긍정적이든 효과에 대한 작은 암시만으로도 충분히 본능적인 반응을 끌어낼 수 있다.

의식하지 않더라도 인간은 근본적으로 사회적 동물이며, 이 사실은 우리가 인정하는 것보다 훨씬 더 큰 영향을 미친다. 우리의 인식에 강력한 역할을 하는 기대감은 주변 사람과 우리가 노출된 것에 의해 형성된다. 특히 우리가 소비하는 미디어·광고·정보는 엄청난 영향을 미친다. 언론 보도로 백신 공포가 커진 것도,

전자기 과민성과 수돗물 불소화에 대한 공포가 유사 과학 블로그에서 불이 붙은 것도 우연이 아니다.

물론 우리는 정보의 시대에 살며 숫자는 인간의 인식에 영향을 미친다. 우리는 매일 세상을 이해하는 단서인 숫자와 통계, 동향 정보에 폭격당한다. 숫자는 우리의 행복에 중요하지만 인간은 전체적으로 어느 정도 숫자 공포증이 있으며, 때로는 명확해 보이는 경향 속에도 우리를 당혹하게 하는 작은 문이 숨어 있기도 한다. 이들의 영향력은 얼마나 중요하며, 얼마나 위험한 오류가 흩뿌려진 결론으로 인간을 몰아갈 수 있을까? 복잡하지만 중요한 질문이므로 다음에 이어질 여러 장에서 다루기로 한다.

4부 거짓말, 빌어먹을 거짓말, 그리고 통계

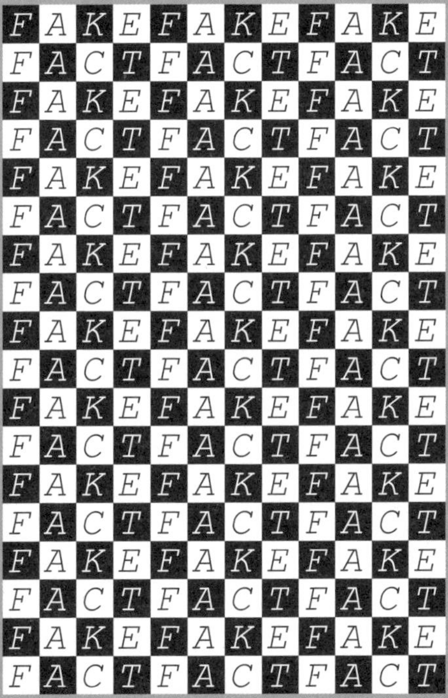

정치인은 술 취한 자가 가로등을 이용하듯이
통계를 사용한다. 밝히기보다는 기대려 한다.

— **앤드루 랭**Andrew Lang

통계의 위험성

작가이자 극작가라는 이름이 잘 어울리는 매릴린 보스 사반트 Marilyn vos Savant는 지능이 높기로 유명했다.[*] 1986~1989년 기네스북에 세계에서 IQ가 가장 높은 사람으로 기록되었다. 심리측정 검사에 신뢰도가 없다는 사실이 명확해지자 기네스북은 이 부문의 기록을 없앴지만, 보스 사반트의 지능이 높다는 사실은 의심할 여지가 없었다. 유명해진 그는 주간지 《퍼레이드 Parade》에 독자가 보낸 논리 문제에 답하거나 퍼즐 푸는 칼럼을 매주 연재했다. 1990년에 메릴랜드주의 크레이그 휘터커 Craig Whitaker는 다음과 같은 질문을 했다.

●　보스 사반트는 자빅과 갑작스럽게 결혼했다. 앞서 나왔던 그 자빅이 맞다.

게임 쇼에서 세 개의 문 중 하나를 선택해야 한다. 한 군데에는 자동차가, 나머지에는 염소가 있다. 당신이 1번 문을 선택하자 문 뒤에 무엇이 있는지 아는 진행자가 다른 문, 그러니까 3번 문을 열었다. 3번 문에는 염소가 있었다. 진행자가 "2번 문으로 바꾸시겠어요?"라고 묻는다. 선택한 문을 바꾸는 편이 나을까?

이 기묘한 문제는 '거래합시다Let's Make a Deal'라는 게임 쇼 참가자가 마주치는 역설을 가져온 것으로, 쇼에서 진행자 몬티 홀Monty Hall은 선택을 바꿀지 고수할지 묻는다. 대부분 사람은 답이 분명하다고 생각한다. 문이 두 개가 남았다면 확률은 어차피 50 대 50이 되므로, 선택을 바꾸든 말든 상관없지 않을까? 하지만 보스 사반트의 답은 달랐다. 그는 선택을 바꾸는 편이 더 나은 전략이라고 조언했다. 곧 그에게 무지하다고 깎아내리는 분노의 편지가 쇄도했다. 이 칼럼에만 1만 통 이상이 쏟아졌는데, 그중 대략 1000통은 박사 학위를 받은 일반인이 쓴 편지였고 수학자들과 과학자들도 많이 보냈다. 오만에 빠진 이 편지들은 수에 무지한 대중을 오도한다며 그를 비난했다.

하지만 보스 사반트가 옳았다. 문을 바꾸면 참가자가 자동차를 탈 확률이 3분의 2지만, 처음 선택을 바꾸지 않으면 3분의 1이기 때문이다. 보스 사반트의 무지를 비난한 사람들이 이 문제를 더 깊이 고민했더라면 이미 1975년에 통계학자 스티브 셀빈Steve Selvin이 '몬티 홀 문제'를 제시하고 해결했다는 사실도 알았을 것이다. 어떻게 이런 이상한 결과가 진실인 걸까? 자동차가 문

자동차 위치	A를 선택	B를 선택	C를 선택
A	**바꾸지 않으면 승리**	바꾸면 승리	바꾸면 승리
B	바꾸면 승리	**바꾸지 않으면 승리**	바꾸면 승리
C	바꾸면 승리	바꾸면 승리	**바꾸지 않으면 승리**

A 뒤에 있었다고 가정해보자. 만약 여러분이 문 A를 선택했다면 문 B나 C를 열어 염소를 보여줬을 것이다. 만약 여기서 선택을 바꾸면 자동차는 탈 수 없다. 그러나 여러분이 처음에 문 B를 선택했다면 진행자가 문 C를 열었을 테고 이때 선택을 바꾸면 여러분은 자동차를 가지게 된다. 마찬가지로 처음에 문 C를 선택했다면 몬티가 문 B를 열었을 테고 이번에도 선택을 바꾸는 편이 승리 전략이다. 확률이 3분의 2이므로 선택을 바꾸는 것이 최상의 전략이다.

위 표에 나타낸 보수행렬pay-off matrix은 모든 가능한 경우의 수를 나열하며, 사례의 3분의 2는 선택을 바꾸지 않는 것보다 바꾸는 편이 승리한다. 이 결과가 정말 터무니없어 보이는 이유는 우리가 선택을 바꾸든 안 바꾸든 달라질 게 없어야 한다고 직관적으로 생각하기 때문이다. 결과가 당혹스러운 건 여러분만이 아니다. 《퍼레이드》의 격분한 독자 외에도 수많은 논문을 발표한 헝가리의 수학자 팔 에르되시 $^{Paul\ Erdős}$까지 이 해답의 진실성을 의심했지만, 결국 전산 모의실험 결과에 승복했다. 이 문제는 전형적인 확률의 초석이며 여전히 전문가들조차 헷갈리게 한다. 비둘기 실험을 보면, 흥미롭게도 비둘기는 전환 전략이 최상이라는 점을 빠르게 알아차린다. 비둘기의 이런 태도는 인간과 엄연히 대비되는데, 연구자들은 "인간을 대상으로 같은 실험을 했을 때, 인간은 포괄적인 훈련을 받고도 최상의 전략을 세우는 데 실패했다"라고 덤덤하게 기록했다.

도박사의 오류

마주치는 모든 것에서 패턴을 찾아 정량화하는 인간의 선천적인 능력은 우리가 가진 가장 뛰어난 생존 기술이다. 주변 세계를 파악하려는 욕구와 끝 모르는 호기심은 문명을 세우고, 위대한 발견을 하며, 주변의 물리 세계를 사실상 지배하는 종으로 인간을 이끌었다. 그러나 이 뛰어난 본능은 우리가 매일 만나는 소음과 혼란스러운 패턴을 마주했을 때 완전히 무너질 수 있다. 불확실한 세계에서 확률과 통계는 실제와 환상을 나누는 칼날이며 지혜롭게 휘둘러야 한다. 우연히 일어난 사건은 확률로 이해할 수 있으며, 도시 계획부터 양자역학, 의학 연구와 경제학까지 모든 영역에서 근본적으로 중요하다. 통계와 확률은 효용성이 높지만

이 기술의 기원은 조금은 세속적인 동기, 즉 도박으로 거슬러 올라간다. 인류는 수천 년 동안 결과를 운에 맡기는 게임을 즐겨왔지만 17세기까지 주사위 도박은 인간의 영역을 벗어났다고 생각했으며, 신비로운 신의 섭리는 사람의 힘이 미치지 않는 영역이었다. 도박의 결과를 대략이라도 예측하기는 불가능해 보였고, 막연히 불경하다고 여겼다.

1664년 괴짜 프랑스 작가 슈발리에 드 메레Chevalier de Méré가 제기한 흥미로운 문제가 17세기 프랑스의 가장 뛰어난 지성, 블레즈 파스칼Blaise Pascal과 피에르 드 페르마Pierre De Fermat의 관심을 사로잡지 않았다면 계속 신의 영역으로 남았을 것이다. 파스칼은 결국 드 메레의 문제를 해결했고, 주사위 하나를 네 번 굴려서 6이 한 번 나올 확률(51.77퍼센트 확률)이 두 개를 스물네 번 굴려서 6이 최소 한 번은 동시에 나올 확률(49.14퍼센트 확률)보다 아주 조금 더 높다고 증명했다. 프랑스혁명 이전의 살롱 문화를 배경으로 위대한 두 지성은 풍부한 재능을, 이익을 극대화하려는 교활한 도박꾼의 잔에 쏟아부었다. 두 지성의 주사위 게임 연구는 비천한 실내 놀이에서 확률론의 탄생으로 이어졌다. 그러나 지금까지 살펴봤듯이 예민한 인간의 본능은 패턴 찾기를 정교하게 연마했으며, 그 결과 우리의 확률론 인식은 결함이 있거나 무작위로 결정되는 경향이 있다. 진정한 무작위 사건은 이전 사례라는 '기억'이 없으며, 따라서 자신이 관찰한 결과에서 추론하려는 인간의 고집스러움은 종종 잘못된 결론으로 이끈다.

복권을 예로 들어보자. 모든 것이 공평하다면 숫자 1, 2, 3, 4,

5, 6은 그 어떤 조합이든 똑같이 나올 수 있다. 그러나 다양한 숫자가 모두 똑같이 나올 가능성은 직관적으로 작을 것처럼 느껴지며, 따라서 우리는 대개 이 생각에 수긍하지 않는다. 마찬가지로 결점 없는 동전을 스무 번 던질 때마다 매번 윗면이 나오면 확률은 여전히 정확히 50퍼센트지만 우리는 스물한 번째에는 뒷면이 '나오리라고' 기대한다.* 이것은 '**도박사의 오류**gambler's fallacy'로 많은 사람의 몰락을 뒷받침했다. 그러나 다행스럽게도 인간은 유용하지만 종종 잘못된 방향으로 가는 본능에만 휘둘리지는 않으며, 수 세기 동안 이어진 인간의 호기심은 우리가 신호와 소음을 구별하는 도구를 만들도록 이끌었다.

통계의 신뢰와 오해

21세기가 되자 통계와 확률 지식은 널리 퍼졌고, 시장부터 약물, 경기 결과와 날씨까지 온갖 정보를 실어 나른다. 통계가 설득력이 있는 것은 직관적이기 때문이다. 그러나 단순함이라는 허식은 종종 오해를 부르며, 중요한 세부 사항을 숨겨 우리를 탈선시키기도 한다. 통계의 불투명성과 인간의 광범위한 수리력 부족은 통계를 너무 쉽게 잘못 해석하게 만든다. 더 걱정스러운 것은 이런 상황을 이용해서 모사꾼들이 잘못된 주장을 지지하도록 우리

---

* 스무 번 연속으로 윗면이 나올 확률은 104만 8576분의 1에 불과하므로, 이 시점에서는 '동전이 얼마나 흠 없이 균일한가'라고 질문해야 합당하다.

를 속인다는 점이다. 이는 우리 모두에게 손해이며, 통계를 향한 냉소주의는 널리 퍼져 있다. 부정직에는 세 종류가 있다는 악명 높은 재담이 괜히 나온 게 아니다. "거짓말, 빌어먹을 거짓말, 그리고 통계"라는 말은 확실하지는 않지만 오스카 와일드부터 마크 트웨인Mark Twain까지 위대한 현자들 덕분에 생겼다.

냉소주의에 공감하더라도 통계를 그저 거짓을 숨긴 트로이 목마쯤으로 여기고 무시하면 벼룩 잡으려다 초가삼간 태우는 격이다. 통계학자 프레더릭 모스텔러Frederick Mosteller는 "통계로 거짓말하기는 쉽지만 통계 없이 거짓말하기는 더 쉽다"라고 말했다. 이 말은 사실이다. 정확하게 적용하면 통계는 매우 유용하며 잘 연마한 눈도 놓치기 쉬운 은밀한 경향을 뚜렷하게 보여준다. 이 통찰력 덕분에 통계는 의학에서 정치학에 이르는 모든 영역에서 유용한 도구가 되었다. 그러나 통계를 활용하려면 통계 정보가 제시되었을 때 빠질 수 있는 모든 위험에 주의해야 한다. 논거로 숫자 정보를 인용할 때 통계는 너무 많이 남용된다. 우리는 기량 부족이나 속임수를 피할 수 있도록 통계 지식을 제련해야 한다.

최상의 상태라면 통계는 불확실한 세상에서 삶을 정량화하는 데 놀라울 정도로 유용하다. 그러나 최악의 상태라면, 즉 맥락과 지식이 없다면 통계는 혼란스럽고 오해의 소지가 크다. 통계와 확률의 특이한 본질을 설명하려면 두 가지 측면을 설명하는 반직관적인 사례를 살펴보아야 한다.

여러분이 99.99퍼센트의 정확도를 나타내는 HIV 검사를 한다고 생각해보자. 검사 결과가 양성이었다면 HIV에 걸렸을 확률은 얼마일까? 대부분은 본능적으로 HIV에 걸린 게 확실하다고 여길 테고, 꽤 합리적인 생각이지만 대개 틀렸다. 우리 대부분이 HIV에 걸렸을 확률은 50퍼센트에 가깝다. 이 결과에 어느 정도 당혹했어도 걱정할 것 없다. 여러분뿐 아니라 모두 그럴 테니까. 의학 전문가를 포함해서 대부분 사람은 조금은 괴이하게 들리는 이 주장에 모두 당황하기 마련이다.

이 흥미로운 결과는 베이즈 정리^{bayes theorem}로 설명할 수 있다. 조건부확률을 연결하는 수학적 틀인 베이즈 정리는 확률이 가지를 쳐나가는 과정을 보여준다. 베이즈 정리는 양성 결과를 받았을 때, HIV에 걸렸을 확률은 검사뿐 아니라 당신이 정말로 HIV에 걸릴 가능성에도 달려 있다고 알려준다. 검사 자체는 거의 완벽하지만, 검사의 정확도는 또 다른 조건, 즉 당신이 애초에 HIV를 가지고 있었을 확률에 따라 달라진다. 여기서 베이즈 정리의 형식적인 서술은 하지 않겠다. 우리가 다루는 범위를 벗어날 뿐 아니라 수학 개념에 익숙하지 않은 독자에게 쓸데없이 겁만 주기 때문이다. 하지만 베이즈 정리의 토대를 이루는 논리는 이해하기 쉽고 앞으로의 내용을 이해하는 데도 필수다. 역설적으로 보이는 수많은 통계 뒤에는 베이즈 정리가 숨어 있기 때문이다.

HIV 검사 사례로 돌아와보자. 정확도가 99.99퍼센트인 검사 결과에서 어떻게 일반 환자가 HIV에 걸렸을 확률은 절반밖에 안 되는 걸까? 전형적인 저위험 대상은 감염률 기준이 1만 명 중 1명이다. 이제 저위험 대상 1만 명이 HIV 검사를 한다고 생각해보자. 이 중 하나는 실제로 바이러스에 감염되어서 양성 반응이 나올 것이 거의 확실하다. 그러나 검사 정확도의 한계 때문에 남은 9999명 중에서 양성이 하나 더 나오면서 둘이 양성 결과를 받게 되지만, 진짜 양성 결과는 하나뿐이므로 양성 검사 결과를 받은 사람은 HIV에 걸렸을 확률이 50퍼센트가 된다.

결정적으로 이 거슬리는 결과는 검사가 부적절하다는 뜻은 아니며, 이 사례의 HIV 검사는 놀라울 정도로 정확한 편이다. 질병의 발병률이 제한적이므로 **조건부확률**은 우리가 직관적으로 예상하는 것보다 훨씬 더 낮다. 사실 특정 대상이 HIV에 걸렸을 선험적 우도^{likelihood}(고정된 관측값이 확률분포에서 어느 정도 나타나는지에 대한 확률.—옮긴이)는 불가분하게 결과의 정확도와 얽히게 된다. 같은 검사를 고위험군, 즉 정맥 주사용 약물 사용자 집단에 시행했을 때를 생각해보자. 이 집단의 감염률은 약 1.5퍼센트다. 이 집단 1만 명을 검사한다고 다시 한번 상상해보자. 여기에서는 대략 150명이 바이러스에 감염되었으며 양성 결과가 나올 것이다. 남은 9850명의 환자 중에서는 거짓 양성 결과가 1명 나올 것이다. 이 사례에서 양성 결과를 받은 사람 중 HIV 감염 확률은 더는 50 대 50이 아니다. 고위험 환자군에서 양성 결과를 받은 환자 중 HIV에 감염되었을 우도는 151분의 150 혹은 99.34퍼센트로, 저위험 집단보다 훨씬 더 높다.

저위험군과 고위험군 시나리오는 다음 그림에 나온 빈도 트리를 이용하면 더 직관적으로 설명할 수 있다. 두 집단이 극단적으로 다르다는 사실은 잠시 들여다볼 필요가 있다. 여기서 다음과 같은 질문이 나오는 것은 당연하다. 계층화가 이루어지는 이

HIV 검사 신뢰도를 나타내는 빈도 트리

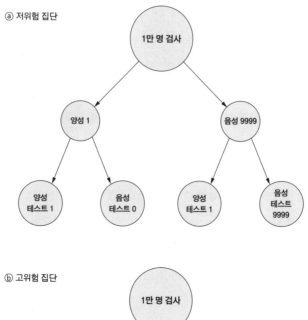

ⓐ 저위험 집단

ⓑ 고위험 집단

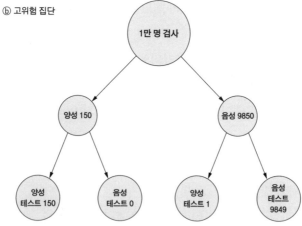

ⓐ에서 양성 반응은 총 2명이며 진짜 양성 반응은 1명, 해당 검사의 양성 반응에서 HIV가 있을 확률(저위험)은 2분의 1(50퍼센트)이다. ⓑ에서 양성 반응은 총 151명이며 진짜 양성 반응은 150명, 해당 검사의 양성 반응에서 HIV가 있을 확률(고위험)은 151분의 150(99.34퍼센트)이다.

유는 무엇인가? 같은 검사법인데 두 집단의 정확도가 크게 다른 이유는 무엇일까? 직감적으로 검사가 잘못되었다고 생각하겠지만 그렇지 않다. 검사가 식별하지 못하는 것도, 환자에 따라 검사의 정확성이 선택적으로 향상되거나 악화하는 것도 아니다. 바늘에는 신통력이 없으며 모든 환자에게 99.99퍼센트의 정확도를 보인다. 여기서 가장 중요한 것은 이 정보 자체만으로는 다른 확률에 좌우되는 문제의 결론을 끌어내기에 부족하다는 사실을 베이즈 정리가 보여준다는 점이다. 확률에는 종종 조건이 있으며 맥락 없이 숫자만 있을 때는 분석에 주의해야 한다.

확률과 통계가 겉보기에는 직관적이지만, 그 단순함 뒤에는 오해하기 쉬운 복잡성이 여러 겹 숨어 있다. 이런 오해는 우리를 완전히 잘못된 결론으로 몰아갈 수 있으며, 수상쩍은 추론과 통계적 오해는 너무 자주 해로운 결과를 가져온다. 이런 오해 뒤에 숨은 근거는 학문적인 사소한 문제도, 교묘한 수학적 수완도 아니다. 우리는 통계 정보가 과학, 정치, 경제, 그 외 상상할 수 있는 모든 영역의 정책을 결정하는 시대에 살고 있다. 우리 삶에서 통계와 확률이 매우 흔하다는 것은 이것들이 의학 치료든 정부 조치든 생사의 문제를 자주 결정한다는 뜻이다.

이럴 경우, 우리의 삶은 확률 정보에서 올바른 결론을 끌어내는 데 달려 있다. 실수라도 하면, 특히 결정권자들이 실수하면 많은 인명이 희생될 수도 있다. 에이즈 위기가 닥쳐왔던 초기, 항레트로바이러스제를 발명하기 이전에는 HIV 양성 결과가 사형선고로 여겨졌다. 많은 의사가 HIV 검사의 신뢰도를 착각해서 오진했고, 많은 환자가 질병에 걸리지 않았는데도 HIV 진단을 받았다. 거짓 양성 결과였지만 많은 사람이 우울증에 빠져들었고 무모한 선택을 했다.

확률이 많은 사람의 운명을 결정했던 또 다른 영역은 바로 법정이다. 배심원단과 판사는 유죄 여부를 알아내는 골치 아픈 업무를 맡는다. 결론을 내릴 때까지 검찰과 변호인 양쪽에서 통계 정보가 쏟아지는 상황은 자주 발생한다. 서로 대립하는 법률 사건에서는 양측이 모두 통계 정보를 제시할 권리가 있으며, 말하자면 배심원단은 고객이다. 양측은 정보를 제시해서 배심원단을 흔들려고 하지만, HIV 검사 사례에서 살펴보았듯이 종종 이런 통계 숫자는 그 자체만으로는 우리에게 알려줄 수 있는 것이 실제로는 없으며 오해하기 쉽고, 심지어 배심원단을 현실과 어긋난 결론으로 끌고 가기도 한다. 통계는 인상적인 한마디가 될 수 있지만 적격한 정보가 빠지면 사실을 이해시키는 만큼 오해도 일으킬 수 있다.

7300만분의 1이 가져다준 비극

부적격한 정보가 얼마나 비극적인 결과를 가져오는지 알고 싶다면, 로이 메도 경Sir Roy Meadow 사건만 봐도 알 수 있다. 메도는 유명한 영국 소아과 의사로 1977년 뮌하우젠증후군Munchausen Syndrome에 관한 학술 논문으로 유명해졌다. 아동 보건 분야에서 세운 공을 인정받아 기사 작위를 서임받았고, 메도의 주장은 한동안 사회 복지사와 국립아동학대방지협회에 엄청난 영향을 미쳤다. 그는 '메도의 법칙'Meadow's law으로 알려진 격언으로도 유명해졌다. "한 아이의 죽음은 비극이고, 두 아이의 죽음은 의심스러우며, 세 아이의 죽음은 다른 원인이 증명되지 않는 한 살인이다."

언제나 어둠의 힘을 찾아내는 메도의 성향은 통계 지식이 부족한 탓이었지만 그의 무지는 수많은 생명을 앗아갔다. 샐리 클라크Sally Clark가 1990년대 후반에 겪은 시련보다 끔찍한 일은 없을 것이다. 샐리와 스티브는 부부 변호사로 두 아들을 영아돌연사증후군으로 잃는 충격적인 불운을 겪었다. 첫째 아들 크리스토퍼는 겨우 생후 11주에 의식을 잃고 사망했다. 둘째 아들 해리도 비슷하게 생후 8주에 사망했다. 두 아들이 사망했을 때 샐리는 아이들과 혼자 있었다. 몇 가지 의심스러운 외상이 있었지만 샐리가 아들들에게 제정신이 아닌 채 소생법을 시도한 것이라 여겼고, 샐리가 혐의를 벗어나기에는 충분했다.

샐리와 스티브 모두 살인 혐의로 기소되면서 부부가 마주한 놀라운 슬픔은 악화했다. 물리적 증거가 거의 없는 탓에 스티브의 소송은 취하되었지만 샐리의 재판은 계속되었다. 메도는 당시 영국에서 가장 유명한 아동 학대 권위자로서 샐리의 재판에 검찰 측 증인으로 나섰다. 메도는 통계를 논거로 유죄를 주장했다. 그는 클라크 부부처럼 비흡연자인 중산층 가정에서 영아돌연사증후군이 일어날 우도는 8543명 중 하나에 불과하다고 주장했다. 따라서 한 가족 내에서 영아돌연사증후군SIDS이 두 번이나 일어날 확률은 대략 7300만 명 중의 1명꼴이라고 메도는 추론했다. 메도는 배심원단에게 이 확률이 극단적으로 기이한 경주에서 이기는 것과 같다고 비유했다.

여러분도 알다시피, 이 확률은 가능성이 희박한 그랜드내셔널 (영국 리버풀에서 매년 3월에 열리는 경마.—옮긴이) 우승 확률과 같습니다. 우승할 확률이 80분의 1이라고 해봅시다. 지난해에 우승마에 돈을 걸었을 확률이 80분의 1이라면, 다음 해에 또 우승마를 고를 확률은 여전히 80분의 1이고, 여러분이 선택한 말이 우승할 확률은 항상 80분의 1입니다. 지금 상황을 여기에 빗대어보면, 아시다시피 7300만분의 1이라는 확률은 우승 확률이 80분의 1인 그랜드내셔널 경주에서 4년 연속 우승하는 것과 같습니다. 그렇습니다. 여러분은 아주, 매우 운이 좋은 겁니다. 매해 확률은 겨우 80분의 1인데, 아시다시피 우승마를 골랐고, 그런데 이 일이 4년 연속으로 일어날 확률은 모두가 알다시피 극히 이례적이며 드문 일입니다. 두 아동의 사망도 똑같습니다. 일어날 것 같지 않은 사건이 두 번 일어났고 이 역시 아주, 매우, 극히 일어나기 어려운 일인 겁니다.

숫자는 확실했고, 적나라했으며, 분명했다. 샐리의 손에 결정적 단서가 있는 듯 보였다. 언론은 난공불락의 유죄 증거라며 이 멋들어진 비유를 덥석 물었고, 배심원단 역시 다르지 않았다. 메도의 증언에 큰 힘이 실리면서 샐리는 증오의 대상이 되었고,

유명 언론은 샐리를 무자비한 아동 살해범이라며 비난했다. 배심원단은 대중의 여론을 수용했고 결국 샐리는 두 건의 영아살해로 유죄 판결을 받았다.

배심원단의 평결은 당연하게도 통계학자들을 놀라게 했다. 메도는 독립적인 두 사건의 확률을 단순히 곱해서 7300만분의 1이라는 숫자를 만들었다. 동전 던지기나 룰렛 돌리기처럼 각각의 사건이 이전 사건과 완벽하게 독립적이라면 올바른 방법이다. 그러나 각 사건이 독립적이지 않다면 이 방법은 전혀 옳지 않다. 1990년대 후반에도 역학 조사를 통해 영아돌연사증후군이 가족 내에서 일어나는 경향이 있으며 유전이나 환경 요인이 원인이라고 알려져 있었다. 이 사실을 보면 두 아동의 사망이 독립적인 사건이라는 분별없는 가정은 완전히 터무니없으며, 따라서 샐리에게 적용한 확률은 극단적으로 잘못된 숫자였다.

재판에서의 오류는 이것만이 아니었다. 메도의 한심하고 서투른 통계 활용에 더해서, 가짜 통계를 근거로 배심원단과 언론 모두가 샐리가 유죄라고 가정한 것은 법정에서 흔히 일어나는 일로 **검사의 오류**prosecutor's fallacy라고 한다. 잠시 메도의 계산이 맞는다고 해보자. 이는 샐리가 무죄일 가능성이 7300만분의 1이라고 해석해야 한다. 하지만 이 추론은 완전히 틀렸다. 연이은 영아돌연사증후군 사례가 드물기는 하지만 생모의 연이은 영아살해 역시 드물기는 마찬가지다. 어느 쪽이 가능성이 더 큰지 따져보려면 두 경쟁 가설의 상대적인 우도를 비교해야 한다. 샐리의 사례에서 이런 가능성을 적절하게 분석하면 두 건의 영아돌연사증후군이 일어날 우도가 두 건의 영아살해가 일어날 우도보다 훨씬 크며, 이는 검사의 오류에 내재한 문제를 분명하게 드러낸다.

샐리가 받은 부당한 처사는 이내 세상에 알려졌다. 영국 왕립통계학회는 예외적으로 강한 어조로 검찰의 통계 오용을 포괄적으로 힐책했고, 대법관에게 사건을 더 주의 깊게 다루어야 한다고 말했다. 당시 《영국의학저널》 편집자였던 스티브 왓킨스Stephen J. Watkins는 이 판결에서 의학 통계를 오용한 일을 비판하면서 "피고는 환자와 똑같이 보호받아야 한다"라고 사설에 썼다. 슬프게도 이들의 항변은 소귀에 경 읽기였다. 샐리가 겪어야 했던 일들을 이해할 수는 없다. 아이들을 모두 잃은 슬픔에 더해 잘못된 유죄 판결까지 부당하게 겹치면서 엄청난 충격을 받았을 것이다. 샐리는 언론에서 악마로 비난받았고 교회에서는 저주받았다. 교도소에서는 다른 재소자들이 샐리의 죄목을 핑계 삼아 배척했고, 샐리가 변호사이자 경찰관의 딸이었다는 이유로 악몽 같은 나날은 더 악화되었다.

몇몇 헌신적인 사람들의 노력이 없었더라면 이 끔찍한 오심을 바로잡을 수 없었으리라는 사실이 무척이나 걱정스럽다. 스티브는 맨체스터에 있는 동업자를 떠나 샐리가 수감된 교도소 근처의 법률 사무소 사무장으로 이직했고, 집을 팔아 변호사 수수료와 항소 비용을 마련했다. 유명한 변호사 매릴린 스토Marilyn Stowe가 수임료를 받지 않고 스티브를 도왔으며, 스토는 전문가다운 판단력으로 클라크 사건이 존재하지도 않는다고 확신했다. 샐리의 변호는 고된 과정의 연속이었고 첫 번째 항소에서 판사는 잘못된 통계의 오류를 숫자 놀음마냥 대단치 않게 여겼다.

결국 스토의 강인한 지략 덕분에 두 번째 항소심 재판부는 여기에 주의를 기울였다. 여러 인상적인 조사 끝에 스토는 검찰 측 병리학자 앨런 윌리엄스Alan Williams가 해리의 부검 중에 실시한 미생물 검사에서 황색포도알균 군집 증거를 발견했다는 사실을 알아냈다. 황색포도알균이 변호인이나 수사관에게 알려지지 않은 해리의 사망 기여 요인이라는 강력한 암시였다. 스토와 스티브의 노력으로 샐리의 판결은 2003년에 마침내 뒤집혔다. 두 번째 항소심에서는 통계 오류가 배심원단을 완벽히 혼란스럽게 했고, 절망적으로 편향된 판결로 이어졌다고 인정했다. "메도 교수가 설명한 그랜드내셔널 경주에서 우승마를 매년 연속으로 맞출 기이한 확률에 관한 도식 자료가 (배심원단의) 사고에 주요한 영향을 미쳤다고 생각된다."

샐리의 무죄판결은 도미노 효과를 일으켰다. 사실상 절대적인 전문가 증인으로서 메도의 훌륭한 평판은 완전히 무너졌고 그가 증언했던 판결들이 재검토되었다. 곧 끔찍한 통계를 활용한 메도의 증언으로 유죄를 선고받았던 수많은 여성 수감자가 석방되었다. 석방 당시 샐리는 교도소에서 지옥 같은 3년을 버티는 혹독한 시련으로 극심한 충격을 받은 후였다. 스티브는 슬픈 표정으로 샐리가 오래 지속된 슬픔과 수많은 심각한 심리 장애에서 "다시는 회복하지 못하리라"고 말했다. 샐리는 2007년에 급성 알코올 중독으로 사망했으며 그의 삶은 통계에 무지한 전문가와 일반 대중에 의해 돌이킬 수 없이 망가졌다.

샐리의 비극적인 이야기는 숫자가 중요하다는 강력한 경고문이다. 맥락과 조건에서 분리된 통계는 혼란이 활개치기에 좋은 무대라는 사실을 이해하는 것이 무엇보다도 중요하다. 수상쩍은 통계적 추론에 의지하는 법률 사건이나 수학적 착오로 유죄 판결을 받는 무고한 사람들을 생각하면 매우 심란하다. 뛰어난 과학도 형편없는 추론을 끌어낼 수 있다. DNA 감식법과 우리 인간을 만드는 암호를 해독하는 전례 없는 능력을 생각해보자. DNA 증거가 강력하다는 말은 종종 대중과 법률 전문가 모두에게 비난을 피할 증거, 오류가 있을 수 없는 증거로 여겨진다는 뜻이다. DNA 증거가 범죄자를 법의 심판대에 세울 강력한 도구라는 점은 부인할 수 없는 사실이지만, 절대적으로 확실하지는 않으며 다른 과학적 조사법과 똑같이 오류 가능성이 있다.

HIV 검사 사례처럼, DNA 증거에서 나온 결론의 신뢰도는 해당 사건의 선험적 정보에 좌우된다. 범죄 현장에서 발견된 부분 DNA가 대략 100만 명 중 1명꼴로 나타난다고 해보자. 유치장에 이 DNA와 일치하는 용의자가 있다면 '핫 히트'가 될 것이고 이 DNA는 강력한 증거일 것이다. 그러나 1000만 명이 있는 거대한 데이터베이스를 대대적으로 조사한다면, 순전히 우연인 '콜드 히트' 열 개를 찾을 것이다. 베이즈 정리는 유죄 가능성을 판단하려면 검사 결과뿐 아니라 검사 결과가 나온 빈도와 표본 크기도 고려해야 한다고 말한다. 따라서 이 DNA 조각의 증거로서의 신뢰도는 하나의 대상에서 얻었는지, 아니면 데이터베이스에서 핫히트를 찾았는지에 좌우된다. 이런 정보가 없다면 배심원단은 검사의 오류를 저지를 위험이 있다.

이는 기술의 한계가 아니라 해석의 문제라는 점을 다시 한번 강조한다. DNA 증거가 소송 절차에 혁신을 일으켰다는 점을 부인할 수는 없지만, 부주의한 해석은 엉뚱한 용의자를 만들어 낼 수 있으며, 따라서 이런 확률론적 위험을 피하려면 매우 주의해야 한다. 표면상으로는 간단해 보일지 몰라도, 겉으로 보이는 확률의 직관적인 단순함이 종종 환상에 불과한 것이 현실이다. 숫자가 우리에게 말하는 것을 진실로 이해하려면 맥락과 숙고가 필요하며, 때로 숫자가 전달하는 진실한 메시지는 우리가 받은 첫인상과 완벽히 상충할 수도 있다.

통계의 역설적인 본질은 겉보기에 명확한 성향이 우리를 오도할 수 있으며, 설사 자료가 특정 가설을 지지하는 것처럼 보이더라도 마찬가지라고 말한다. 우리는 직관적으로 숫자가 스스로 말한다고 믿지만, 숫자를 해석해야 한다는 사실은 종종 잊는다.

13장
신호를 바꾸다

실리콘밸리 최대의 사기극

1973년, 캘리포니아주 버클리대학교는 성차별로 고소당했다. 증거는 상당히 불리해 보였다. 존경받는 이 대학에 지원한 남성 중 44퍼센트는 합격했지만, 여성은 겨우 35퍼센트만 합격했다. 이런 불공평한 차이는 의심스러웠고, 입학 과정에 숨어 있는 성차별을 암시했다. 따라서 이러한 편향을 드러내어 부수기 위해 법적 이의제기가 이루어졌다. 그러나 이어진 조사는 흥미로운 결과를 밝혀냈다. 입학지원서를 분석한 결과를 보면 "대부분 학부에서 교수마다 여성에게 유리한, 작지만 의미심장하고도 중요한 편향"이 나타났다.

어떻게 서로 반대되는 상황으로 보이는 결과가 나올 수 있을까? 만약 여성이 남성만큼 해당 학부에 입학할 가능성이 크다면(심지어 조금이라도 더 가능성이 크다면), 왜 이런 결과는 처음의 통계에 잡히지 않았을까? 이 역설의 해답은 심사한 입학 자료를 조금만 더 깊이 들여다보면 저절로 보였다. 그 속에는 '입학률 백분율' 통계에서는 곧바로 명백하게 보이지 않는 패턴이 숨어 있었다. 평균적으로 남성은 자격을 갖춘 후보자 사이에서 공학처럼 경쟁률이 낮아 입학률이 높은 학부에 지원하는 경향이 있다. 반면 여성 후보자들은 자격을 갖춘 후보자 사이에서도 영문학처럼 경쟁률이 엄청난 학과에 지원하는 경향이 있다.

버클리대학교 사례의 문제는 대학 입학 사정에서의 노골적인 젠더 차별이 아니라, 젠더에 따른 선택이 전체 합격률을 왜곡하는 **잠복 변수**lurking variable(혹은 **교란 변수**confounding variable)였다. 논문에서 저자들은 "편향을 측정하는 일은 대개 생각보다 어렵고, 증거는 때로 예상과 다르다"라고 말했다. 성차별주의의 해로운 영향을 부인하려는 의도는 전혀 없으며, 저자들이 "학부 입학 사정에서 입증할 만한 편향은 없었다고 해도 교육과정이나 교수 활동의 정점에 이르는 과정 같은 다른 부분에서도 없다고 결론 내릴 수는 없다"라고 언급한 점은 인정받을 만하다. 버클리대학교의 이상한 통계 뒤에는 **심슨의 역설**Simpson's paradox, 즉 하위 집단 자료에서는 명백하게 나타나는 경향이 전체 자료에서는 사라지거나 심지어 반전되는 반직관적인 현상이 있다.

자료를 모으는 일은 항상 어렵지만, 현재 우리가 마주한 까다로운 문제는 힘들게 얻은 정보와 경향성을 미숙하게 해석하는 순간, 현실과 완전히 동떨어진 결과를 얻는 것이다. 심슨의 역설은 정치와 사회, 의학 분야에서 자주 머리를 들이밀며, 빈도 자료에서 부정확한 인과관계를 추출할 때 나타난다. 예를 들어 병원에서 사망한 사람의 비율은 우체국에서 사망한 사람의 비율보다 훨씬 높지만, 우체국이 병원보다 의학 치료에 더 적합한 장소라는 추론은 완전히 잘못된(그리고 바라건대 매우 명백한) 결론이다. 통계 자료에서 인과관계를 끌어내기는 어렵기로 악명 높다. 부주의한 사람이라면 단 하나의 교란 변수 때문에 완전히 잘못된 결론으로 빠질 수 있다. 전형적인 사례로는 익사율이 아이스크림 할인판매 기간에 높아지는 경향을 들 수 있다. 두 요인 사이의 통계적인 관계는 상당히 탄탄하지만, 아이스크림이 익사의 원인이라는 가정은 말이 안 된다. 여기서 잠복 변수는 그냥 좋은 날씨다. 날씨가 좋으면 아이스크림 판매도 늘어나고 물놀이 사고도 늘어난다.

굴러떨어질 수 있는 모든 토끼굴 중에서도 인과적 오류만큼 오류가 가득한 굴은 없을 것이다. 우리는 앞서 논리적 오류 중에서 **잘못된 인과관계의 오류**를 살펴보았지만 통계 자료의 맥락에서는 이런 오류들이 수사학적 사촌들처럼 항상 확실하게 보이지는 않는다. 주장이나 논거에서 인과관계의 오류를 지적하기는 대체로 쉽지만, 인간은 모두 수리력이 형편없는 수준이어서 통계가 있는 곳에는 인과관계의 오류가 레이더망을 피해 낮게 날아들 수 있다. 대중은 통계 정보와 경향에 집착하지만 굳건한 인과관계를 찾는 일이 놀라울 정도로 어렵다는 사실은 종종 잊는다. 대개는 교란 변수가 너무 많아서, 만약 관계가 존재한다면 아주 조심스럽게 통제된 분석을 통해 숨어 있는 관계를 찾아내야 한다. "상관관계가 인과관계를 뜻하지는 않는다"라는 진언은 반드시 새겨둘 필요가 있다.

원인과 결과를 적절하게 분리하려면 꼼꼼한 조사가 필요하다. 상관관계는 연관성을 암시하는 단서지만 심슨의 역설과 교란 변수가 존재하므로 정보 자체를 주의 깊게 다루어야 한다. 잘못 분석하면 완벽히 틀린 이야기가 경계심 없는 사람들의 마음속에 자리 잡는다. 통계학자 데이비드 애플턴David R. Appleton 연구팀은 1970년 초, 위컴이라는 영국 마을에 사는 여성 사망률 통계와 20년 후의 후속 연구에 관한 사랑스러운 사례를 들었다. 통계 자료를 대충 해석해보면 흡연이 유익한 것처럼 보였는데, 비흡연자는 사망률이 43퍼센트인 데 반해 흡연자는 겨우 38퍼센트였기 때문이다. 이 놀라운 결과는 심슨의 역설을 고려해 해석하자 바로 사라졌는데, 결과를 연령별로 구분하자 흡연은 모든 연령 집단에서 해롭다고 나타났다. 처음 설문 조사했을 때의 흡연자들은 20년 후 설문 조사한 대상보다 어렸다는 점이 교란 변수로 작용한 결과다. 이런 사례를 보면 부도덕한 세력이 통계를 조심스럽게 조작해서 진실을 왜곡하는 방법을 쉽게 알 수 있다.

거짓 연관성은 어디에나 있으며, 교란 변수를 배제하지 못하면 희미한 연관성을 원인이라고 주장하는 미성숙한 태도를 보이게 된다. 진짜 원인을 알아내려면 연관성은 교란 변수가 없어도 주의 깊게 분석해야 한다. 우산 사용과 비의 연관성을 정확하게 연관 지을 수는 있어도, 우산이 비의 원인이라는 추정은 잘못된 것이다. 비논리적인 연관성은 희극적인 효과에 악용될 수 있다. 정보분석가 타일러 비겐Tyler Vigen은 전혀 다른 자료 집합, 예를 들어 미국 치즈 소비량과 이불에 뒤엉키는 사람의 사망률, 또는 교살로 비롯한 사망과 노스캐롤라이나주 변호사 수에서 강력한 연관성을 발견했다. 풍자적인 종교인 플라잉 스파게티 몬스터교의 창시자 보비 헨더슨Bobby Henderson은 해적 복장을 권장하고, 전 세계 해적의 수와 지구 평균 온도 사이에는 통계적으로 중요한 역상관 관계가 있으므로 해적이 지구 온난화를 막는다고 주장했다.*

이러다가는 통계적 상관관계가 의미 없다는 인상을 줄까 봐 걱정스러우니 이쯤에서 멈춰야 할 것 같다. 사실 이보다 진실에서 더 멀어질 수는 없다. 통계적 상관관계는 탐정 이야기의 중요한 요소다. 범죄가 연이어 일어났다고 상상해보자. 통계적 상관관계는 범죄가 일어났던 그 시간에 용의자가 그 장소에 있었다고 보여줄 것이다. 이 사실 자체는 유죄라는 증거가 아니지만, 수사를 더 해야 할지 결정하기에는 좋은 출발점이다. 마찬가지로 용의자의 동선과 범죄 사이에 관계가 없다면 무시하면 된다. 교란 변수의 영향을 차단하는 것에 주의하면서 통계 도구를 적절히 이용해야 한다. 잠시 탐정 이야기로 되돌아가면, 일련의 살인 사건에서 아마 살인범과 검시관의 동선에는 상관관계가 있겠지

---

* 의도적으로 만든 괴상한 패러디 종교지만 해적 문제를 안고 있는 소말리아 같은 나라는 대개 부유한 국가보다 이산화탄소 배출량이 더 적다. 빈곤과 산업의 미성숙이 더 그럴듯한 기저 원인이겠지만, 나라면 무슨 핑계를 대서라도 16세기 해적처럼 방랑하겠다.

만, 이 증거만으로 검시관을 기소하는 것은 어리석은 짓이다. 물론 검시관이 야간 부업으로 연쇄살인범 노릇을 했다는 확실한 근거가 없을 때 이야기다.

우물가의 비극

거짓 결론에 이르지 않으려면 통계 정보는 주의 깊게 분석해야 한다. 19세기 중반의 의학계는 여전히 질병이 더러운 공기를 통해 전파된다는 미아스마miasma설이 지배했다. 사회 개혁가 에드윈 채드윅 경Sir Edwin Chadwick은 "모든 냄새는 질병이다"라는 유쾌한 말로 이 믿음을 나타냈다. 말라리아에서 살펴봤듯이 미아스마에 대한 믿음은 널리 퍼졌고, 질병이 출현하는 곳에 악취가 함께 나타나면서 이 믿음은 강화되었다. 채드윅 경은 런던 빈민의 자유주의 투사였으며 1842년에는 위생이 중요한 보건 문제라는 사실을 정확하게 인지했다. 그의 감독 아래 런던 하수도위원회가 서서히 하수도 시설을 개선하면서 20만 개 이상의 오수 저수지를 없앴다.

흥미롭게도 미아스마설은 잘못된 믿음이었지만 하수도 처리시설을 정비하면서 미아스마설을 향한 믿음은 한동안 더 강해졌다. 오수 저수지를 없애자 콜레라 유행이 줄어드는, 매우 중요하지만 잘못 분석한 연관성 덕분이었다. 더러운 공기가 콜레라와 다른 질병의 매개체라는 믿음을 확인한 것이다. 질병의 기원에 대한 믿음과 파괴적인 질병의 유행은 비슷한 시기에 파리 재건과 파리 하수도 시설 복구로 이어졌다. 질병의 유행은 조르주 외젠 오스만Georges-Eugène Haussmann의 파리 재건을 정당화하는 데 일조했으며, 파리는 비좁고 음습한 도시에서 아름답고 널찍한 대로와 쾌적한 공원이 있는 영리한 계획도시, 현재 우리가 아는 빛의 도시로 태어났다.

이때에도 미아스마설의 문제를 지적한 소수는 있었다. 의사 존 스노우John Snow가 그런 사람이었다. 1854년에는 아직 도시의 소호 구역까지는 런던 하수도 시설이 설치되지 않았고 빠르게 인구가 유입되면서 거주 공간은 비좁아졌다. 오수 저수지는 한계에 이르렀다. 1854년 8월 31일, 포악한 콜레라가 소호 브로드가를 덮쳤다. 사흘 만에 127명이 사망했다. 공포가 밀려들었고 그다음 일주일 동안 주민의 대략 4분의 3이 집을 떠났다. 1854년 9월 중순이 되자 콜레라로 500명이 사망했고 사망률은 12.8퍼센트에 이르렀다.

스노우는 당시 사회적 통념인 더러운 공기가 원인이라고 생각하지 않았다. 대신 헨리 화이트헤드Henry Whitehead 목사의 도움을 받아 철저하게 조사하기 시작했다. 생존자의 이야기를 듣고 희생자의 동선을 추적하자 모든 사례와 연결되는 패턴이 드러났다. 브로드가에 있는 펌프 하나였다. 스노우는 신기하게 생각했을 것이다. 오랫동안 미아스마설에 깊은 의심을 품고 있었지만, 이때는 파스퇴르가 미생물 유래설을 발표하려면 7년을 더 기다려야 하는 시기였다. 결과적으로 질병이 전파되는 과정에 관한

19세기의 유행병 지식에는 허점이 있었다. 그런데도 선구적인 통계 분석을 활용하고 주의 깊게 지도를 만든 스노우는 펌프를 의심하게 되었다.

물론 교란 변수가 있었다. 해당 지역 수도사는 유행병에 영향받지 않았고, 지역 맥주 양조장에 사는 사람들도 병에 걸리지 않았다. 스노우는 더 깊이 조사한 끝에 수도사들은 수도원에서 만든 맥주만 마시며, 양조장 사람들도 맥주만 마신다는 사실을 알아냈다. 맥주를 발효하는 과정에서 콜레라균이 죽으므로 수도원과 양조장의 콜레라 면역력을 설명할 수 있다.* 다른 기이한 이상치도 눈에 띄었는데, 다른 펌프와 더 가까운 지역에서 일련의 사망 사례가 나타났다. 그러나 스노우와 화이트헤드의 꼼꼼한 조사를 통해 이 펌프 구역의 희생자들은 물맛이 다르다며 일부러 브로드가 펌프에서 물을 떠 온 사실이 밝혀졌다. 모두 종합해 보면 이 사실들은 펌프가 진짜 원인이라고 강하게 암시했다. 이 보고를 받은 지역 유지들은 브로드가 펌프 손잡이를 빼버렸고 콜레라 유행은 마침내 멈췄다.

총 616명이 콜레라로 사망했지만 스노우와 화이트헤드의 발 빠른 조사로 더 많은 생명을 구했다는 점은 확실했다. 더 중요한 것은 아마 과학에 미친 영향일 것이다. 과학과 의학의 한 분야로서 질병이 영향을 미치는 범위·분포·원인에 초점을 맞추는 역학에서 '감염지도'가 전환점이 되는 결정적 순간이었다. 엉뚱한

* 수질을 언급하는 중요한 관찰이다. 수질이 의심스럽다면 차라리 맥주를 마셔라.

범인이 누명을 쓰지 않도록 명확해 보이는 상관관계를 검토해야 한다는 사실도 보여주었다. 의과학의 관점에서 소호 지역 콜레라 유행은 미아스마설에는 종말의 전조였다. 스노우의 펌프는 공기만이 유일한 질병 매개체라는 진언의 적나라한 저항을 뚫고 물이 질병의 매개체가 될 수 있다는 사실을 적절하게 증명했다. 불과 몇 년 뒤 미생물이 발견되면서 한물간 이론의 관에 마지막 못이 박혔고, 현대 의학의 문이 열렸다.

콜레라가 유행한 원인은 먼 훗날에야 밝혀졌는데, 브로드가 펌프가 오물통에서 불과 1미터 떨어져 있었기 때문이었다. 분변에서 나온 세균이 수돗물로 흘러 들어가 폭발적으로 증식했다는 불쾌한 진실이 드러났다. 아마 영리한 정치 관전자들에게는 익숙하겠지만, 모든 일이 끝나자 흥미로운 부차적 사건이 뒤를 이었다. 일단 눈앞에 닥친 위험이 진정되자 지역 유지들은 스노우의 증거를 격렬하게 부인하고는 새로운 콜레라 유행이 닥칠 위험이 실제로 존재하는데도 펌프 손잡이를 다시 달았다. 이 추악한 부인은 순수하게 신중함과 정치적 고려에서 나왔는데, 사실상 반박의 여지가 없는 증거를 받아들이면 분변-구강 경로 전파의 가능성도 인정해야 했다. 지역 관리들은 이 사실을 대중에게 설명하기는 너무 혐오스럽다고 생각했고, 훌륭한 증거보다는 여론을 더 중요하게 여기는 정치인들의 오랜, 그리고 맥 빠질 정도로 일관된 습성을 보여주었다. 바로 이런 태도가 대중에게는 치명적인데도 말이다.

불쾌한 통계 자료를 받아들이지 못하는 태도는 정치인의 전유물이 아니며 시간이 흘러도 사라지지 않는다. 동시대 사례로는 실리콘 밸리의 총아 엘리자베스 홈스Elizabeth Holmes의 영광스러운 등장과 수치스러운 몰락을 들 수 있다. 청년치고는 조숙했던 홈스는 일찍부터 사업가 자질을 증명했으며, 고등학교 때 이미 첫 사업을 시작해서 C++ 컴파일러를 중국 대학교 여러 곳에 판매했다. 겨우 열아홉 살이었던 2004년에는 스탠퍼드대학교를 자퇴하고 등록금을 시드펀딩(벤처기업이 창업해서 시제품을 만드는 데 투자받는 자금.—옮긴이)으로 삼아 새 벤처사업을 시작했다. 이 스타트업은 보건의료 분야에 혁신을 일으킨다는 매우 인상적인 목표를 세웠다. 홈스의 야심을 드러내기 위해 '테라피therapy'와 '진단diagnosis' 두 단어를 합친, 곧 악명을 떨칠 혼성어 '테라노스Theranos'를 선택했다.

홈스는 가장 인기 있는 차세대 의료기기에 투자하려는 벤처 투자자들과 빠르게 친분을 쌓았다. 그해 말에 테라노스는 600만 달러(한화 약 80억 원)가 넘는 펀딩을 획득했고, 회사 운영을 공개하지 않고 웹사이트조차 만들지 않았는데도 2010년에는 투자자를 유혹해 9200만 달러(한화 약 1227억 원)를 투자받았다. 모두 의도적이었다. 홈스는 기술에 선견지명이 있다는 이미지를 구축했고, 스티브 잡스Steven Jobs의 터틀넥까지 따라 입으면서 잡스 스타일을 숭배했다. 잡스처럼 홈스도 보안을 최고 수준으로 유지했고 고용인들이 업무를 주제로 서로 토론하는 것을 폭넓게 금지했다. 아주 사소한 것이라도 모든 결정은 홈스가 했다. 비밀주의를 고수해도 홈스가 속삭인 매혹적인 아이디어의 힘에 끌린 투자자에게서 자금이 흘러들어왔다. 이 아이디어가 바로 혈액 몇 방울로 다양한 질병을 진단할 간단한 검사 도구였고, 주삿바늘이라는 골칫거리를 과거로 만들어버리겠다는 약속이었다.

홈스는 투자자에게 이 검사가 빠르고 정확하다고 장담했고 아주 작은 혈액 단 한 방울로 테라노스는 수십 개의 질병을 진단한다고 약속했다. 권위자들이 이사회에 모여들었고, 여기에는 정치계 거물 헨리 키신저Henry Kissinger와 윌리엄 페리William Perry도 있었다. 초창기를 지나 회사가 성장하자 더 많은 칭송을 받게 된 홈스는 개인숭배의 중심 신격으로 탈바꿈했다. 돈과 명성이 계속 굴러들어왔다. 홈스가 스타로 성장했을 때, 대중 언론은 성인 언행록에나 실릴 말을 잔뜩 떠들어댔다. 진단 분야를 근본적으로 바꾸겠다는 홈스의 자신만만한 태도와 호언장담은 언론을 매료시켰고,《포보스Forbes》《포춘Fortune》《월스트리트저널Wall Street Journal》《Inc.》같은 매체 커버스토리에 실리면서 홈스는 '차세대 잡스'로 불렸다.

2014년이 되자 테라노스의 평가 가치는 90억 달러(한화 약 12조 원)가 되었다. 홈스가 주식의 50퍼센트를 보유했고《포브스》는 홈스의 순자산을 45억 달러(한화 약 6조 원)으로 평가하면서 세계 최연소로 자수성가한 억만장자라고 소개했다. 홈스는 소비자의 선택이라는 명분을 업고 드러그스토어 체인인 월그린과 동업 관계를 맺어 혈액 진단 도구를 공급하면서 진단 분야를 무너뜨리겠다는 약속을 지켰다. 홈스의 사업 확장을 막는 법률적 장애물은 빠르게 무너졌다. 2015년에 애리조나주는 홈스와 공동으로 의사의 처방 없이 환자가 혈액 진단 도구를 주문할 수 있도록 법안을 만들었다. 홈스는 "여러분 스스로 건강에 접근하는 방법"에 관한 새로운 법안이라며 열변을 토했다. 그러나 영악한 관전자들은 이 법안이 테라노스가 가진 야망의 핵심인 경이로운 진단 도구 에디슨의 결과를 분석할 테라노스에 막대한 재정 이익을 안겨주리라는 사실에 주목했다.

온갖 과장된 찬사와 천문학적 액수의 돈이 이 기술에 투자되었지만 과학계는 의심을 거두지 않았다. 테라노스는 기업비밀이라고 주장하면서 겉보기에는 혁신적인 진단 도구의 세부 사항을 발표하지 않았다. 그러나 과학자들에게 이 변명은 공허하게만 들렸다. 존 이오니디스John Ioannidis는 2015년 《미국의학협회저널Journal of the American Medical Association》 사설에서 '스텔스 검사'의 모호한 본질을 비판하면서 진단 검사 도구의 홍보가 대규모로 이루어지는 이유에 우려를 표했다. 그는 "새로운 발견을 탐색하기보다는 제품과 서비스 개발이 주요 동기로 보인다"라고 의견을 내비쳤다. 회의론을 내놓은 사람은 이오니디스만이 아니었고, 수많은 다른 과학자도 의구심을 나타냈다. 이 의심은 에디슨의 검사 결과 신뢰도가 너무나 낮아서 테라노스가 경쟁기업의 진단 도구를 사용한다는 폭탄선언으로 강화되었다. 홈스가 처한 곤경을 확인이라도 시켜주듯이, 홈스를 칭찬했던 《월스트리트저널》은 불과 몇 달 후, 퓰리처상을 받은 작가 존 캐리루John Carreyrou가 홈스를 비판한 탐사 보고서를 실었다.

테라노스는 전투적인 태세로 반응했고, 해당 기사는 불만을 품은 직원들이 선동한 끔찍한 저널리즘이라고 책망했다. 그러나 이런 엄포로 반박을 설득하기에는 역부족이었고 몇 주가 지나면서 작은 개울처럼 보였던 문제는 급류로 바뀌었다. 2016년 1월, 메디케어와 메디케이드 서비스센터는 테라노스에 연구시설 조사 결과를 통보하면서 테라노스 검사에서 나온 걱정스러운 오류가 "환자 건강과 안전에 즉각적인 위험"을 일으킬 가능성이 있다고 밝혔다. 그해 말에 제재가 내려졌고, 홈스는 최소 2년간 연구실을 운영하거나 소유할 수 없게 되었다. 다른 조사에서는 에디슨 진단 결과에 더 많은 의혹을 제기했고, 테라노스는 어쩔 수 없이 많은 시험 결과를 무효로 처리했다. 이전 사업 파트너였던 월그린은 빠르게 손절하고는 계약 파기로 인한 1억 4000만 달러(한화 약 1867억 원)를 배상하라는 소송을 제기했다.

테라노스가 정부 담당자와 투자자에게 에디슨 진단 도구의 정확성을 호도했다는 상당한 증거에 근거해서 범죄 수사도 시작되었다. 운명이 뚜렷하게 뒤바뀌면서 애리조나주법을 성공적으로 바꾸었던 이 기업은 애리조나주 법무부 장관에게 혈액 진단 검사 도구에 관해 "오랫동안 기만적인 행동과 허위진술로 이어진 음모"에 관련한 소송을 제기당하는 신세가 되었다. 해고가 뒤따르면서 테라노스연구소는 빠르게 문을 닫았고 이어진 모든 후속 검사도 실패했다. 2016년 6월, 《포브스》는 테라노스와 홈스의 순자산을 급히 재평가했고, 현실을 더 잘 반영한다고 느끼는 가치, 0원으로 표시했다. 완벽하게 아무것도 남지 않았다.

에디슨 진단 도구는 겉보기만 그럴듯한 파티용 속임수이며, 사실은 정교한 '체스 두는 터키인'*에 불과했다. 이 영웅 전설은 그간의 모든 부정행위와 어리석음, 자만심까지 상세히 알려졌지만,**이 이야기에는 우리가 생각해봐야 할 더 중요한 것이 있다. 테라노스의 급상승은 대부분 회사가 끌어들인 믿기 힘든 액수의 자금 덕분이었지만, 경고음은 훨씬 더 전에 울렸어야 했다. 가장 분명한 경고음은 극소량의 혈액으로 정확한 검사 결과를 약속한 점이었다. 극소량으로 검사하기가 어려운 화학적 및 물리적 근거는 확고하며, 실제로 회의론은 대부분 여기에 초점이 맞춰져 있었다. 그래도 이 부분은 극복하기 어렵지 않았다. 에디슨 기술이 미세유체공학의 거대한 도약을 이루었을 수도 있었고, 아마 투자자들은 이를 확신했을 것이다.

민감도와 특이도

테라노스의 주장이 훨씬 더 치명적인 경고음으로 들렸어야 할 미묘한 이유가 있다. 이른바 상식 있는 첨단기술 투자자들이 통

* 1770년에 만들어진 체스 두는 기계다. 거의 84년 동안 이 기계는 나폴레옹부터 벤저민 프랭클린까지 많은 인물을 체스로 이겼다. 그러나 사실은 기계 속에 사람이 숨어 있었던 아주 정교한 속임수였다. 이 기계를 조작했던 사람 중에는 세계에서 가장 뛰어난 체스 선수도 여러 명 있었다.
** 테라노스 전설에 관한 영화 판권은 이미 판매되었다.

계학자와 3분만 이야기해봤다면 이 투자를 피해야 한다고 확신했을 것이다. 테라노스가 광범위하고 무분별한 접근법을 장점으로 미화했다는 사실이 이미 이 아이디어가 근본적으로 실패할 운명이라는 경고였다. 왜냐고? 먼저 우리는 의학 검사 자체가 결정적 증거가 되는 일은 거의 없으며, 다른 증상이 나타나야만 질병을 진단할 수 있다는 사실을 인정해야 한다. 증상이 나타나기 전에 질병을 검사할 수 있다는 주장은 틀림없이 매력적이지만 의학적 측면에서는 쓸모없다. 증상이 아직 없다면 이런 검사는 기껏해야 좋은 쪽으로 오도하거나 최악의 경우 적극적으로 해를 미칠 수도 있다.

이를 이해하려면 중요한 개념 두 가지를 알아야 한다. 우선 **민감도**sensitivity는 얼마나 많은 수의 양성 결과가 정확하게 식별되었는가를 나타낸다. 이런 이유로 민감도는 때로 '진양성 비율'이라고도 하며, 특정 검사가 양성 결과 100개를 내놓았을 때 90개 결과가 정확하다면 이 검사는 민감도가 90퍼센트라고 말한다. 반대 개념은 **특이도**specificity라고 한다. 음성 결과 중에서 진짜 음성의 비율을 나타내며 역시 '진음성 비율'이라고 한다. 완벽한 세상이라면 검사 결과는 민감도 100퍼센트(진양성 결과만 나온다)와 특이도 100퍼센트(거짓 음성은 완벽하게 나오지 않는다)를 보여줄 것이다. 그러나 우리가 사는 세상은 완벽하지 않고, 가장 품질이 좋은 검사도 이 기준에 미치지 못한다. 실제로는 민감도와 특이도가 90퍼센트만 넘으면 좋은 검사 도구로 인정받는다. 결정적으로 진단 검사 도구만으로는 진단을 확신할 수 없으며, 이 사실은 극단적으로는 진단 검사 도구의 유용성을 의심하게 만든다.

우리는 앞서 HIV 검사에서 이런 사례, 즉 특이도가 사실상 완벽해서 거짓 음성 결과를 내놓지 않는 사례를 이미 살펴보았다. 그러나 보기 드물게 민감도가 높아서 99.99퍼센트에 이르더라도 저위험군 집단에서 양성 결과의 50퍼센트가 거짓 양성이라는 사실을 확인했다. 어떤 검사든 진단의 품질은 본질적으로 민감도와 특이도 모두와 연관되며, 반드시 주의해서 분석해야 한다. 민감도와 특이도 같은 변수는 질병의 유행과 별개의 요소지만, 검사의 양성 혹은 음성 추정치는 해당 질병이 얼마나 흔한지에 좌우되므로 베이즈 정리를 주의 깊게 적용해야 해서 더 복잡해진다. 다른 요인을 고려하지 않고 닥치는 대로 진단 검사 도구를 사용하면 결과는 본질적으로 결함을 안게 된다. 엘레프테리오스 디아맨디스Eleftherios P. Diamandis는 사설에서 이 문제를 통렬하게 비판했다.

> 일반인은 전립샘 특이항원PSA 수치가 $20\mu g/\ell$라면 통계를 근거로 전립샘암이 있을 확률이 50퍼센트 이상이라고 추측하고 조직검사를 할 것이다. 그러나 며칠 전 전립샘 특이항원 수치가 $1\mu g/\ell$였다면 암일 확률이 사실상 없으므로 전립샘 특이항원 수치가 증가한 원인은 아마 양성이자 치료할 수 있는 급성 전립샘염일 것이다. '임신 테스트'에서 양성 결과를 본 남성은 당황하겠지만 훈련받은 의사라면 고환암을 의심할 것이다.

홈스는 '보건의료의 민주화'를 내세우면서 환자들을 자가검사로 이끌었지만, 그 과정에서 의사가 특정 검사를 선택하고, 검사 대상을 제한하는 견고한 근거를 무시했다. 진단 검사가 폭넓게 실시될수록 거짓 양성 비율은 높아진다. 한정된 양의 혈액으로 무려 30여 가지 질병을 검사하겠다는 테라노스의 호언장담은 상황을 악화했는데, 각기 다른 다양한 검사를 하면 검사의 결함은 커지기 때문이다. 자세히 설명하면, 만약 모든 검사가 민감도 90퍼센트라면, 30종의 검사를 한 뒤 최소 하나의 거짓 양성 결과를 얻을 확률은 95퍼센트라는 놀라운 결과가 나온다. 각각의 검사를 99퍼센트 민감도로 시행해도 최소한 하나의 거짓 양성 결과가 나타날 확률은 25퍼센트에 이른다. 이는 다수의 독립적인 검사에 내재하는 한계이며, 추가적인 각각의 검사는 전체 예측 정확도를 소음 수준으로 떨어뜨린다.

경이로운 기구가 실제로 제 기능을 하더라도 통계의 현실 때문에 기구가 보장했던 약속은 완전하게 무너진다. 선험적인 정보도 없이 다수의 환자 집단에 다양한 검사를 일제히 한다는 단순한 생각, 그리고 그 검사 결과를 환자의 건강 상태를 예측하는 데 사용한다는 생각은 완전히 비논리적이다. 에디슨 진단 도구는 사용자를 의사에게서 해방할 수 없을 뿐 아니라 불필요한 공포의 노예로 만들 것이다. 환자와 입법자, 투자자를 오도했다는 비난의 화살은 확고하게 홈스를 향했고, 홈스의 많은 주장이 사기에 가까웠다는 점은 틀림없다. 비판을 반박하려는 홈스의 시도가 소용없었다는 점도 확실하다. 그러나 테라노스의 대실패를 온전히 홈스의 탓으로만 돌리는 것은 잘못된 판단이다. 투자자들이 부지런히 홈스의 주장을 기본적으로만 검증했더라도 그의 주장이 그렇게나 마음에 들었을지는 의문이다. 이럴 때 딱 들어맞는 격언이 있다. 바보는 금방 돈을 잃는다.

14장
숫자는 클수록 좋은 법

자연치유와 동종요법의 여전한 인기

2015년 10월, 전 세계 육식주의자들은 반갑지 않은 소식을 들었다. 가공육이 암을 유발한다는 소식이었다. 《데일리 익스프레스 Daily Express》는 "베이컨과 핫도그는 암을 유발하며 흡연만큼이나 해롭다"라며 목소리를 높였다. 이에 질세라 《가디언즈 The Guardian》도 "가공육이 흡연이나 석면과 같은 위험도로 암을 유발한다"라고 전했다. 이 기사는 암의 원인을 연구하는 세계보건기구 산하 단체 국제암연구기관이 언론에 배포한 흥미로운 보도자료에서 나왔다. 국제암연구기관은 가공육이 대장암 위험을 18퍼센트 가까이 높였다면서 흡연·방사선과 함께 가공육을 1급 발암물질로 분류했다. 해당 공식 성명에서 붉은 고기는 인간에게 '발암 우려 물질'인 2A급 발암물질로 분류했다. 고기가 흡연만큼 위험하다는 발표는 많은 사람에게 실망을 안겨주었다.

이 끔찍한 기사들은 야비한 헛소리였다. 국제암연구기관의 불가사의한 등급 체계는 위험 **수준**이 아니라 그 위험을 초래한다는 **증거의 신뢰도**를 토대로 하기 때문이다. 즉 암 유발 위험을 열 배 높이는 물질과 무시해도 될 정도로 적게 높이는 물질이 같은 등급으로 분류될 수 있다. 이 분류법은 해당 물질이 얼마나 위험한지는 알려주지 않으며, 다만 위험할 것이라는 확실성만 알려준다. 1급 발암물질은 위험하다는 증거가 강력한 것들로 흡연과 태양 빛, 알코올이 있다. 2A급과 2B급 발암물질은 각각 암을 유발할 '우려가 있는' 물질과 '가능성 있는' 물질이다. 실제로는 위험에 관한 증거가 제한적이거나 애매하다고 바꿔 쓸 수 있다. 위험하지 않다고 증명하기가 매우 어려운 점을 생각할 때, 2급 발암물질은 역학 결과의 쓰레기 매립지나 다름없다. 2018년 기준으로 유일하게 인지된 4급 발암물질(인간에게 발암물질로 의심되지 않는 물질)은 카프로락탐caprolactam인데, 요가복을 만드는 소재다.

　이 모든 것이 믿기 힘들 정도로 우둔하고 반직관적으로 들린다면 여러분이 제대로 들은 것이다. 암을 연구하는 과학자로서는 위험을 계층화한 이유를 이해한다. 그러나 대중에게 과학을 전달하는 사람으로서는 혼란을 일으킬 가능성이 가득한 분류 체계에서 드러나는 선견지명의 부족을 저주한다. 일반인이 교대 근무부터 커피까지 모든 것이 '발암 가능 물질'이라는 말을 들었을 때, '위험도를 나타내는 증거가 약하고 불분명하다'라고 해석하지 못하는 것은 당연하다. 과학저술가 에드 용Ed Yong은 국제암연구기관이 "두 가지로 유명하다. 첫째, 국제암연구기관은 살충제부터 태양 빛까지, 어떤 물질이 암을 일으키는지 주의 깊게 평가하고 위험 가능성을 확정적인 단어로 전달하려 했다. 둘째, 국제암연구기관은 자신의 발견을 설명하는 재능이 끔찍이도 없다"라고 말했다. 명확성을 향한 비판은 그렇다 쳐도 가공육은 도대체 얼마나 위험한 걸까?

이 질문에 대한 답은 우선 토대가 된 자료를 살펴볼 필요가 있다. 영국인 1000명 중 61명은 평생 한 번은 대장암에 걸린다. 가공육을 최소량만 먹은 사람은 1000명 중 56명이었고 최대량을 섭취한 사람은 1000명 중 66명이었다. 가장 열정적인 육식주의자는 육식을 절제해서 섭취한 집단보다 대장암이 1000명당 10명 더 많다. **상대위험도**relative risk는 노출되지 않은 집단과 비교할 때 노출된 집단에서 높아지는 위험도로 정의한다. 여기서는 (66-56)/56, 즉 56분의 10으로 대략 18퍼센트이며, 국제암연구기관이 언론에 발표하면서 인용한 숫자가 여기서 나왔다. 또 다른 방법으로는 **절대위험도**absolute risk가 있다. 가공육 섭취 집단과 육류는 섭취하지 않는 집단이 평생 대장암에 걸릴 위험도의 차이는 1000분의 10이며, 정확하게 1퍼센트다. 사실 평생 대장암에 걸릴 위험도는 가공육을 최대치로 먹는 집단이 전혀 먹지 않는 집단보다 1퍼센트 높다. 이 숫자는 그다지 놀랍지 않다.

확률 자료를 보고하는 방식은 우리가 자료를 이해하는 과정과 해당 정보를 감정적으로 처리하는 과정에 매우 큰 영향을 주며, 특히 건강과 사망률 정보가 그렇다. 영리한 언론 관찰자라면 많은 레드톱 타블로이드(신문 제호를 1면에 빨간색으로 표기하는 영국 타블로이드 신문.—옮긴이)가(그리고 더 많은 정보를 가졌을 일간지 몇 군데가) 완벽한 창작품을 깔끔하게 암 치료법/원인의 이분법으로 환원하려 벌이는 성전을 눈치챘을 것이다. 같은 정보를 전달해도 상대적인 통계는 무명수(단위가 붙지 않은 보통의 수.—옮긴이)보다 항상 더 냉혹하게 들린다. 상대적인 위험도가 더 선정적으로 들리므로 매스컴은 이를 선택했을 것이다. 그러나 상대위험도는 오해를 부를 수 있으며 대중이 이해하기에는 절대위험도가 더 낫다는 훌륭한 증거가 있다.

상대위험도에 지나치게 매달리는 것은 매스컴과 세계보건기구 본부만이 아니다. 이런 식의 통계적 과잉 보상은 약학 분야에서 눈에 띄게 나타나며, 제약회사는 자사 제품이 더 효과적이라는 인상을 심어주려고 효능을 상대적 용어로 설명하는 경향이 있다.* 환자 2000명을 대상으로 하는 심장질환 임상 시험을 진행할 때, 1000명은 위약을, 다른 1000명은 신약을 먹는다. 위약을 먹은 대조군에서 심장마비가 1년에 다섯 번, 신약 그룹에서 네

---

* 벤 골드에이커Ben Goldacre의 저서 《불량 제약회사Bad Pharma》는 제약회사의 경영과 임상 시험 보고서 문제를 탐색한다.

번 일어나면, 절대위험도는 겨우 1000분의 1, 즉 0.1퍼센트 감소한다. 이 숫자는 특별히 인상적이지 않다. 두 집단의 차이가 그저기쁜 요행수가 아니라면, 의사는 단 한 번의 심장마비를 예방하기 위해 환자 1000명에게 신약을 처방할 것이다. 신약을 시장에내놓는 데 드는 총비용을 고려할 때, 상대위험도 20퍼센트가 시장이 수용하기에는 더 그럴듯하게 들린다.

이 현상이 다양하게 변주되면서 경제와 정치 분야에서는통계를 악용해서 잘못된 비교를 늘어놓는다. 집값이 20만 유로였던 부동산의 가치가 1년 동안 50퍼센트 떨어진 뒤, 다음 해에50퍼센트가 올랐다면, 이 집이 이전의 시장가격을 회복했다고보도할 수도 있다. 그러나 이는 명백한 거짓이다. 첫해 말에 집값은 겨우 10만 유로다. 다음 해에 50퍼센트 회복하면 15만 유로로,기존 가치의 75퍼센트를 간신히 회복했을 뿐이다. 이런 눈속임이 나타나는 이유는 50퍼센트라는 통계 자료의 기준이 각각 다르기 때문이다. 첫 번째 50퍼센트의 기준값은 원래의 집값이고,두 번째 50퍼센트의 기준은 절반으로 떨어진 값이다. 백분율은가끔 다른 숫자에 대한 상대적인 값일 수 있으므로 문제를 이해하지 않은 채 단순하게 더하거나 뺄 수 없다.

지금까지 내가 의도적으로 얼버무리면서 회피한 것이 하나있다. 바로 골치 아픈 문제인 **통계적 유의도**statistical significance다. 예전에는 해롭지 않다고 생각했던 것이 통계적으로 암과 강한 연관성이 있다거나 특정 식단이 치매 위험을 통계적으로 유의미하게 줄인다는 식의 기사에 시선이 끌릴 때가 있다. 이건 정확하게 무슨 뜻일까? 유의도는 아마 과학에서 가장 오해를 많이 받는 단어일 것이며, 가끔은 과학자들조차 오해하기도 한다.

편두통 환자에게 유익할 경이로운 신약을 만들었다고 생각해보자. 우리의 가설은 신약 X가 편두통이 발생하는 빈도를 줄인다는 것이다. 반대로 신약 X와 편두통 발생 빈도의 연관성이 없다는 귀무가설歸無假說(가설검정의 대상이 되는 가설로, 기각될 것을 예상하고 세운 가설.—옮긴이)도 있다. 임상시험이 시작되면 시험 대상을 두 집단으로 나눈다. 한 집단은 시험군으로 신약 X를 준다. 다른 집단은 대조군으로 플라세보, 즉 위약을 준다. 시험이 끝났을 때 우리가 해답을 찾고 싶은 진짜 질문은 이것이다. 신약 X는 정말 효과가 있을까? 우리는 귀무가설을 파기할 수 있을까?

실제로 이 해답을 찾으려면 통계적 방법이 필요하다. 인간은 놀라울 정도로 다양하며, 두 집단 모두 다른 반응을 보이는 환자들이 분포되어 있다. 완벽한 세상에서는 표본 집단이 전적으로 현실을 반영하지만, 우리에게는 유한한 수의 시험 대상만 있을 뿐이다. 한쪽 혹은 양쪽 집단에 있는 이상치는 평균을 왜곡할 수 있고, 연구자를 오도할 수도 있다. 그래도 양쪽 집단이 우연히 다를 가능성도 어느 정도 존재하므로 정말 차이가 있는지 알아보기 위해 우리는 통계를 사용한다. 꼼꼼하게 관리한 실험에 정확하게 활용하면 통계는 소음을 제거하고 두 집단 사이에 정말 차이가 있는지 결정하는 데 매우 유용하다. 결과가 우연이 아닌 것 같으면 통계적으로 의미가 있다고 표현하며, 결과가 진짜라는 뜻이다. 그러나 통계적 유의도는 그저 신약에 효능이 있다는

사실만 시사하며, 흔히 생각하는 것처럼 유의도를 통해 신약의
효능이 특히 강력한지는 알 수 없다.

저평가받는 과학의 현실

이런 절차가 지켜졌다면 왜 그 많은 연관성이 모호하거나 잘못
됐다고 밝혀지는 걸까? 이런 현상은 대개 우리가 앞서 살펴봤
던 오류에 면역력이 없는 과학자와 의사에게 책임이 있다. 평판
이 높은 과학 학술지는 세심한 동료 평가를 거치지만 통계적으
로 수상쩍은 주장은 틈새를 빠져나갈 수 있으며, 실제로도 빠져
나간다. 대체의학의 한 분야인 자연요법naturopathy은 이 현상의 주
요 사례. 반사요법反射療法(마사지·지압·열 자극 요법.—옮긴이)부터
동종요법同種療法(질병의 유사한 증상을 활용하는 치료 요법.—옮긴이),
두개천골요법까지 모든 것을 아우르는 자연요법은 생기론生氣
論(생명은 생물이 가진 생기에서 비롯되며, 생기가 무생물과의 근본적인
차이점이라는 믿음.—옮긴이)이 바탕이 되며, 무형의 생명력이 질
병과 건강에 영향을 미친다는 개념이다. 자연요법은 오랫동안
경험적인 발견으로 반박되었고, 무엇이 됐든 이 치료법에 의학
적 효과가 있다는 신뢰할 만한 증거가 없다. 그러나 과학의 시
대에도 이 치료법들은 여전히 인기 있다. 이유는 자연에의 호소
와 부작용이 없다는 잘못된 인식 덕분이다.* 간단한 건강 공식과
손쉬운 답을 알려주면서 자연요법은 의학과 인간의 몸 모두의

복잡성을 가볍게 여긴다.

흥미롭게도 자연요법은 자신들의 치료법이 환자에게 통계적으로 유의미한 효과가 있다는 과학적 증거가 존재한다고 주장한다. 자연요법에 그럴듯한 매커니즘이나 임상 효과가 정말로 없다면 어떻게 이런 상호배타적인 주장이 공존할까? 답은 통계적 유의도의 미묘한 본질에 있다. 통계적인 접근은 품질 좋은 자료를 상황에 맞게 분석하면 큰 깨달음을 준다. 그러나 무턱대고 활용하면 결과는 무의미해진다. 자연요법이 애지중지하는 한 줌의 긍정적 연구는 언제나 연구 수준이 낮고 소규모 집단을 표본으로 삼는다. 표본이 작으면 단 하나의 이상치가 전체 분석을 왜곡할 수 있기에 이 사실은 중요하며, 표본 집단이 작을수록 여기서 나오는 결론 역시 굳건하지 못하다. 대규모 표본 집단을 분석할수록, 그리고 임상 시험 수준이 높아질수록 명확했던 자연요법의 치료 효과는 사라지며, 이는 충분히 예상한 바다. 널리 알려진 자연요법 치료 효과의 유의도는 전적으로 환상에 불과하다.

자연요법의 치료 효능은 모두 플라세보 효과였으며, 더 정확하게는 **평균으로의 회귀**regression towards the mean의 결과일 것이다.** 평균으로의 회귀란 변수를 측정할 때 처음에 극단적인 측정값이

• 코미디언이자 전 물리학자인 다라 오브리앙Dara ÓBriain은 동종요법을 두고 재미있는 말을 했다. "동종요법의 위대한 점은 과다 복용할 수 없다는 겁니다. 아, 익사할 수는 있겠네요."

•• 엉터리 치료에서 플라세보 효과는 상대적으로 적으며 평균으로의 회귀가 보고된 효능 대부분을 나타낸다는 굳건한 증거가 있다.

나오면 다음 측정값은 평균에 가까워지는 경향이다. 사람들은 대개 질병 증상이 절정에 달했을 때 도움을 청한다. 이는 극단적인 상태이며 시간이 흐르면 정상적인 기준치까지 증상은 약해진다. 그러나 많은 사람이 여전히 경이로운 면역계 덕분이 아니라 오래전에 엉터리라고 밝혀진 민간요법 덕분에 몸이 회복되었다고 생각한다. 노벨상 수상자 피터 메더워Peter Medawar는 다음과 같이 말했다. "만약 어떤 사람이 ⓐ 아파서 ⓑ 치료를 받았는데 ⓒ 몸이 나으면, 의과학계가 아는 그 어떤 추론으로도 환자에게 회복 치료 덕분이 아닐 수도 있다고 설득할 수 없다."

이는 저평가받는 과학 연구의 한 측면을 보여준다. 모든 연구가 동등하게 시행되지는 않으며, 통계적 유의도를 발견해도 그 자체가 항상 효과가 있다는 뜻은 아니다. 슬프게도 무의미한 통계적 유의도를 내놓은 연구들이 통계 분석을 앞세워야 하는 많은 연구를 망치고 있고, 여기에는 의학과 유전학 연구도 포함된다. 2005년, 이오니디스는 도발적인 제목의 논문 〈발표된 연구 결과가 대부분 거짓인 이유〉를 발표하고 아주 매력적인 결론을 몇 가지 내놓았다. 그는 의학 연구에서 나온 많은 유의미한 결과는 그저 형편없는 실험 설계, 역량이 부족한 연구, 의미 있는 결론을 끌어내기에는 너무 적은 수의 표본 집단에서 나온 인공의 결과물이라고 주장한다. 그러면서 주장의 진실성을 평가할 때 기억해야 할 지표 여섯 가지를 서술했다.

1 과학 분야에서 연구 표본 수가 적을수록 연구 결과가 진실일 가능성은 적어진다. 표본 수가 적으면 집단의 대표성도 낮아

지고 거짓 양성 반응 비율은 증가한다. 이는 정확하게 자연요법 연구를 지지하는 논문이 고수하는 방식으로, 적은 수의 표본 집단으로 허술하게 설계한 실험이다.

2 과학 분야에서 효과 크기effect size가 작을수록 연구 결과가 진실일 가능성은 적어진다. 연관성 자체도 중요하지만 효과 크기도 중요하다. 효과 크기는 현상이 얼마나 강력한지 측정한 지표로, 관찰한 연관성이 우연인지 실재인지 결정할 때 유용하다. 효과 크기가 아주 작다면 효과는 그저 우연일 수 있다.

3 과학 분야에서 시험한 연관성의 수가 클수록, 그리고 선택한 연관성이 적을수록 연구 결과가 진실일 가능성은 적어진다. 간단하게 말하자면, 실험 결과에서 많은 연관성이 나타났다면 이중 몇몇은 우연히도 거짓 양성일 가능성이 있다. 발견한 연관성이 많을 때는 우연으로 나타난 통계적 연관성을 체리피킹하기가 쉽다.

4 과학 분야에서 설계와 정의, 결과, 분석 형식의 융통성이 높을수록 연구 결과가 진실일 가능성은 적어진다. 정의에서 재량을 허용한다면 편향이 숨어들면서 '음성' 결과가 교묘하게 조작되어 거짓 양성 결과로 나타날 수 있다.

5 과학 분야에서 재정·이익·편견이 클수록 연구 결과가 진실일 가능성은 적어진다. 특히 생의학 분야는 자금 후원자와 연구 결과 사이에서 이익 충돌이 자주 일어나면서 편향을 부른다. 이오니디스가 분명히 밝혔듯이 이익의 충돌은 꼭 자금 문제만은 아니다. 과학자들은 특정 개념에의 이념적 헌신에 면역력이 없

으며 이는 결과를 바꿀 수 있다.

6 과학 분야에서 인기 있을수록(더 많은 연구팀이 연구할수록) 연구 결과가 진실일 가능성은 적어진다. 반직관적이지만 중요한 사실이다. 원칙적으로 특정 분야의 연구가 더 많이 이루어지면 결과의 품질이 높아져야 하지만, 연구팀 사이에 경쟁이 과도해지면 반대 결과가 나타난다. 이런 경우, 시간이 중요하므로 연구팀은 논문을 성급하게 발표하고 결국 거짓 양성 결과가 많아진다. 이오니디스 연구팀은 이 단계를 '프로테우스 현상'이라고 불렀으며, 극단적인 주장과 극단적인 반박이 빠르게 이루어지는 현상이다.

과학 연구의 설득력이 낮아진 이유

이 우려스럽고도 세심한 연구 결과는 긴급한 문제를 제기했다. 발표한 연구 대부분이 잘못됐다면 과학 연구는 무슨 쓸모가 있는가? 과학 연구에 의미가 있을까? 우선 주목해야 할 것은 이오니디스가 언급한 연구들은 '모든' 연구가 아니라 "대개는 P값이 0.05보다 작은 공식적인 통계적 유의도로 평가한 단 한 편의 연구를 토대로 결정적인 결과라고 주장하는 근거 없는 전략"을 중심으로 빙글빙글 돌아가는 연구를 가리킨다. 무분별한 접근법을 닥치는 대로 적용하는 방식은 통계적 상관관계에 크게 의존하는 과학 분야에서는 분명 문젯거리다. 하지만 실험이 알려진 원칙에 근거해서 제대로 설계되었다면 뚜렷하게 문제가 되지 않는다. 예를 들어 강입자충돌기(입자 빔을 서로 광속으로 충돌시켜 빅뱅을 재현하는 입자 가속 및 충돌기.— 옮긴이)에 기록된 사건은 새로운 기본 입자가 검출됐는지 확인하는 엄중한 통계 분석을 거친다. 입자물리학에서 통계적 유의도 한계선은 이례적으로 너무나 높아서 거짓 양성 결과는 거의 없다.

그러나 의학과 생의학 분야는 이오니디스가 지적한 문제가 산적해 있다. 이 분야는 복잡한 상호작용을 피하기 어렵기 때문에, 과학자들은 제대로 세운 가설에서 시작하기보다는 '발견 지향적' 탐색 연구를 주로 한다. 이는 거짓 발견으로 이어지기 쉽고, 우연으로 나타난 자격 없는 결과가 우선권을 얻는다. 문제는 통계적 유의도의 '차단' 기준, 즉 P값의 본질이 임의적이라는 데 있다. 0.05보다 적은 P값은 종종 결과가 유의미하다는 뜻이며, 많은 과학자가 이 숫자를 맞추는 데 비굴할 정도로 전념한다. 그러나 P값은 진실한 혹은 이상적인 측정 기준으로 정해진 적이 없다. 생물학자 로널드 피셔[Ronald Fisher]는 1920년대에 처음으로 P값을 통계의 경험 법칙으로 내세웠으며, 이때 P값은 실험 결과를 부차적으로 확인하는 비공식적인 검사였다.[*]

당시에는 피셔의 최대 라이벌인 폴란드 수학자 예지 네이만[Jerzy Neyman]과 영국 통계학자 에곤 피어슨[Egon Pearson]이 수학적으

[*] 이 글은 이미 꽤 기술적인 면으로 치우쳤으므로 P값의 개념은 빠르고 쉽게 설명했고, 여기서는 결과가 더 연구할 가치가 있는지 확인하는 일반적인 검증으로 정의했다.

로 엄격한 통계학을 추종하고 있었다. 네이만과 피어슨은 검정력 statistical power을 통계 개념으로 공식화하면서도 피셔의 혁신은 경멸하며 저지했다. 네이만은 피셔의 혁신을 "수학적으로 쓸모없는 정도가 아니라 최악이다"라며 무시했고, 피셔는 네이만의 접근법을 "지성의 자유에 반하는 충격"이라며 멸시했다. 두 앙숙의 신경전에 끼어 지쳐가던 다른 통계학자들은 두 사람의 틀을 섞어버렸다. 피셔의 경험 법칙은 네이만과 피어슨의 수학적 틀에 강제로 통합되었고 전혀 생각도 못 했던 것이 되었다.

이는 결국 남용과 착오로 이어졌다. 어떤 과학자는 효율적으로 데이터 마이닝을 했고, 이 결과가 정말 유의미한지 아니면 그저 우연의 산물인지 고민하지 않고 무턱대고 통계적 유의도를 찾기도 했다. 왕립협회 회원인 데이비드 콜쿤David Colquhoun은 오랫동안 이런 과학자들을 "유의도 검정은 웃음거리가 되지 않도록 막아주는 것이지, 가치가 없는 결과를 발표할 만하게 만드는 것이 아니다"라는 인상 깊은 말로 책망해왔다. 마침 적절한 두문자어가 만들어지는 탓에 이런 유형의 데이터 마이닝에 '통계적 가설 추론 검정'이라는 용어가 붙었다. 작용 매커니즘이나 탄탄한 기본 원칙도 없이, 상관관계는 원인으로 여겨지기 시작했다. 그저 유의도를 찾기 바라면서 단순하게 수많은 **사후**검정을 하다 보면 보통 뭐라도 결과가 나오기 마련이다. 그 결과가 큰 깨달음을 주기보다는 대체로 무의미하지만 말이다. 경제학자 로널드 코스Ronald Coase는 "자료를 오랫동안 고문하면 결국 자백할 것이다"라고 말했다. 이런 자백은 당연히 신뢰할 수 없다.

과학자들은 왜 권위도 없고 의문스러운 결과를 발표하는 걸까? 통계적 이해 부족이 비과학자에게만 해당하지 않는 것도 한 요인이다. 그러나 또 다른 요인은 더 암울한 동기, 바로 출판 편향과 과학자에게 가해지는 압력에서 비롯된다. 과학 학술지는 부정적인 결과를 발표할 가치가 있다고 생각할 가능성이 작다. 따라서 과학자들은 겉으로만 그럴싸한 연관성일 수도 있는 위험을 감수하고라도 현상 간의 연결고리를 찾아야 한다는 압력을 엄청나게 받는다. 이는 기본적으로 근시안적인 생각이다. 부정적인 결과는 중요한 발견만큼이나 가치가 있다. 신약에 효능이 없다는 사실이 효과적이라는 부정확한 주장보다 훨씬 더 유용하다.

여기에 더해 최근 과학계는 '출판 아니면 소멸'이라는 파괴적인 격언에 감염되었다. 과학자들은 긍정적인 결과를 충분히 발표하지 않으면 연구자금을 마련할 수 없지만, 질보다 양이라는 가치는 우리 모두를 위험에 빠뜨릴 것이다. 이런 이유로 과학자는 한 편의 논문에도 주의해야 하며, 특히 매커니즘보다는 상관관계를 탐구하는 의학과 다른 분야에서는 더욱 그렇다. 통계적 유의도는 그 자체로 결과가 '진실'이라는 뜻이 아니며, 우리는 이 중요한 경고를 잊지 말아야 한다.

우연히 이오니디스와 나는 이 문제를 함께 탐색했었고, '출판 아니면 소멸'이라는 압력이 과학 논문의 신뢰성에 미치는 영향을 모델화했다. 예상한 대로, 연구 결과는 현재 패러다임이 엄격한 연구보다 수상쩍은 논문을 보상하는 경향이 있으며, 이 문제를 영속화한다고 암시했다. 과학은 재현성 위에서 번성하며 재현할 수 없다면 연구 결과는 유효하지 않다. 그런 이유로 이 문제는 최근에 더 치열하게 논의되었고, 오픈액세스Open Access와 오픈데이터Open Data 운동이 일어났다. 과학자들은 긍정이든 부정이든 모든 결과와 결론을 뒷받침하는 데 사용한 자료를 제출해서 다른 과학자들이 이를 활용할 수 있게 공개했다.

여러 논문, 특히 결과가 상충하거나 논문 수준이나 권위가 있는 다양한 논문과 비교하는 강력한 방법도 있다. 이런 방법의 하나가 바로 **메타분석**meta-analysis이며, 논문의 품질을 판단하고 모든 유용한 자료에서 더 선명한 그림을 뽑아내는 방식이어서 모든 논문의 연구로 여겨진다. 메타분석은 결정적으로 품질과 범위라는 용어를 충족할 만큼 논문이 풍부해야 하고, 이 점이 모든 논문의 결과가 예비 자료이자 바뀔 수 있는 대상으로 여겨져야 하는 정확한 이유다. 과학적 발견은 항상 잠정적이며 언제나 변동한다. 이것은 약점이 아니라 자기 수정이라는 과학의 중요한 핵심이다.

숫자의 결함을 발견하기

이 장에서 우리는 통계와 숫자가 우리를 어리둥절하게 만들고, 서로 충돌하는 논리 속에서 불명료해지고 잠재적으로 오해를 일으키는 과정을 여러 사례를 통해 살펴보았다. 맥락을 벗겨낸 숫자는 정확하게 보고해도 잘못된 인상을 전달할 수 있으며, 여기에 숨은 진짜 메시지를 보려면 능숙한 수완과 예리한 질문이 필요하다. 통계는 강력한 도구지만 인간이라는 집단의 통계 분석은 부족한 점을 자주 드러낸다. 통계 분석으로 진정한 이익을 얻으려면 지식을 더 쌓아야 하며, 그렇지 않으면 오해의 희생자가 될 뿐이다.

통계의 남용은 선동 정치가의 가장 친한 친구로, 비뚤어진 허위진술이 자신감을 주는 숫자라는 신비로운 갑옷을 입고 거리낌 없이 논쟁에 뛰어들게 한다. 으르렁거리는 정치인들이 맥락에서 벗어난 숫자들을 수류탄처럼 서로에게 던져 점수를 얻으려는 정치 담론은 숫자의 분석이나 진실성에는 근본적으로 무관심하며 신경 쓰지도 않는다. 우울한 광경이지만 우리는 합리적으로 질문해야 한다. 어떻게 해야 이런 상황을 피할 수 있는가? 개인 차원에서는 통계의 활용과 남용에 주의를 기울이는 수밖에 없다. 사회 차원에서는 숫자에 대한 인류 공동의 두려움이 절대적인 것처럼 휘둘러지는 통계를 경계하게 할 것이다. 인간은 숫자 관련 능력에 자신감이 부족하므로 통계 남용은 계속된다. 그러나 이 장에서 다룬 기초 지식만 있어도 금방 이해할 수 있다. 일반적인 활용법에 널리 퍼진 중대한 결함을 알아채기 위해 전문가가 될 필요는 없다.

통계를 실제 숫자로 설명하면 더 잘 이해한다는 설득력 있는 증거도 있다. 환자에게 약물 치료 중 특정 부작용이 생길 가능성이 10퍼센트라고 말하는 대신 "이 약물치료는 환자 100명당 10명이 이 부작용을 겪을 것으로 예상합니다"라고 말하면 숫자의 맥락을 더 잘 이해한다. 전문가들도 마찬가지다. 앞서 베이즈 정리 사례에서 놀라울 정도로 많은 의학 전문가가 HIV 감염 확률을 잘못 계산했지만, 같은 내용을 12장의 빈도 트리로 설명하면 이 현상은 급격하게 줄어든다. 이렇게 설명하면 설문조사했던 의사는 거의 만장일치로 정확한 결과를 내놓았다. 숫자가 통계로 제시되었을 때와 완벽한 반전을 이룬다.

통계에는 직관적인 호소력이 있지만, 동시에 수많은 복잡미묘함을 가려서 우리는 어리둥절한 채로 허둥거리며 거짓으로 향하게 된다. 실제 맥락에서 숫자들을 재해석하는 단계를 우리는 너무 자주 건너뛰어버린다. 의심스럽다면 인상적인 통계가 실제로 무엇을 뜻하는지, 거기서 무엇을 추론할 수 있는지 더 깊은 질문을 던져야 마땅하다. 엄격하게 검증하지 않으면 숫자 때문에 혼란에 빠지거나 이념적으로 비뚤어진 채 길을 잃을 위험이 있다.

아무런 경고 없이 숫자만 있으면 아무것도 알 수 없지만, 숫자는 너무 자주 선정성에 불을 지른다. 하지만 통계 자체만이 아니라 통계의 출처에 대한 신뢰 역시 우리를 오도할 수 있다. 통계가 전달되는 이야기는 종종 우리의 인식을 형성한다. 우리가 소비하는 언론은 매일 마주치는 수많은 숫자의 주요 출처이며, 이들의 영향은 부인할 수 없다. 우리가 얼마나 쉽게 오도되는지 인정하고 이를 막으려면 우리가 주변 세상을 이해하도록 돕는 전통 미디어와 새로운 미디어의 역할을 반드시 이해해야 한다.

FAKE FAKE FAKE
FACT FACT FACT
FAKE FAKE FAKE
FACT FACT FACT
FAKE FAKE FAKE
FACT FACT FACT
FAKE FAKE FAKE
FACT FACT FACT
FAKE FAKE FAKE
FACT FACT FACT
FAKE FAKE FAKE
FACT FACT FACT
FAKE FAKE FAKE
FACT FACT FACT
FAKE FAKE FAKE
FACT FACT FACT

신문은 자전거 사고와 문명의 붕괴를

구분하지 못하는 듯하다.

— 조지 버나드 쇼George Bernard Shaw

15장
중립 지키려다 초가삼간 다 태운다

트럼프의 거짓말과 탈진실 정치

자욱했던 먼지가 마침내 가라앉고 미래의 역사가가 21세기 초를 돌아봤을 때, 2016년 미국 대통령 선거에서 일어난 괴상한 사건들은 여전히 터무니없지만 매혹적일 것이다. 민주당 후보 힐러리 클린턴Hillary Cinton과 공화당 후보 트럼프의 경쟁은 특별한 것 없이 전형적이었다. 나는 2016년 11월 8일에 플로리다주에 있었고 다른 과학자들과 함께 이보 시티의 한 바에서 개표 방송을 보았다. 전 세계 대부분 사람처럼, 우리는 미국의 첫 번째 여성 대통령 선출을 기대했다. 어쨌든 클린턴은 의심의 여지없이 사랑받았고 상대 후보보다 논란이 훨씬 적었다. 그러나 플로리다주는 트럼프를 선택했고, 전례 없는 예상 밖의 대선 승리를 목격하고 있다는 불안한 느낌은 점점 더 강해졌다. 이른 아침이 되자 결과는 거의 확실해졌다. 예측과 반대로 트럼프는 대통령 선거에서 승리했다.

세계로 퍼져나간 충격파가 앞으로 수십 년 동안 정치학자들을 사로잡으리란 점은 틀림없었다. 이 사건의 장기적인 결과를 논하기는 아직 이르지만 이 이야기에 담긴 경고는 이미 분명했다. 클린턴은 상대적으로 전통적인 선택이었고 국가 경영 경험이 풍부했다. 대통령직에서 물러나는 당시 오바마 미국 대통령은 "남성이든 여성이든 힐러리 클린턴보다 미국 대통령으로 봉사할 더 나은 자격을 갖춘 사람은 없었다"라고 말했다. 이 같은 찬사에도 클린턴의 선거운동에서는 허점이 드러났고, 장관직을 수행하면서 사적인 이메일 서버를 사용했다는 논란으로 끝없이 시달렸다. 그래도 클린턴이 이전의 모든 주요 대통령 후보들처럼 헌법과 정치 규범을 준수할 것은 틀림없었다.

그러나 트럼프는 평범한 후보가 아니었고 규범을 경멸하는 태도를 거침없이 내보였다. 리얼리티 텔레비전 쇼 스타이자 수상쩍은 수완의 기업가로서 대통령 선거를 치르는 트럼프의 의도는 처음에는 정치판에서 어리둥절한 반응을 끌어냈다. 트럼프에 대한 기대는 그저 재미있는 여흥 정도로 상당히 단순했고, 그의 이미지는 정치적 통찰이나 실체 없이 자기도취에 빠진 허풍쟁이였다. 정치 정적을 향한 트럼프의 공격에서 예의는 조금도 찾아볼 수 없었고, 적이라면 당적을 가리지 않고 이쪽저쪽 할 것 없이 모욕과 중상모략이 난무했다.* 트럼프가 간신히 공화당 후보자로

• 앞서 언급했듯이 트럼프는 오바마 버서 운동에도 앞장섰다.

지명받았을 때는 거의 모두가 놀랐고 많은 사람이 원통해했다.

선거운동은 시작부터 미국 정치 규범에서 크게 벗어났다. 명백하게 인종 차별주의를 표방하는 플랫폼에서 선거운동을 했고, 무슬림, 히스패닉계, 유색인종에 대한 분노를 자극했다. 그는 거리낌 없이 여성 혐오를 드러내는 말을 효율적으로 사용했고, 그를 '얼간이'나 '뚱돼지'라고 부르며 짜증 나게 하는 여성을 공격했으며, 성폭행으로 고발당하는 사례가 늘어나도 신경 쓰지 않았다. 상습적으로 사기에 가까운 사업을 했다는 증거도, 공개적인 인종 차별주의 조직인 KKK, 미국나치당, 초기 알트라이트 운동이 트럼프를 지지하는 괴이한 광경도 그에게 타격을 주지 못했다. 미국 대선을 방해하는 데 열중하는 러시아 정부와 반역적 협력관계를 맺었다는 혐의조차 그를 꺾지 못했다. 전형적인 후보라면 이런 관습에 대한 도전은 치명타였겠지만, 트럼프는 계속 늘어나는 스캔들에도 아무런 타격도 받지 않았다.

예상하지 못했던 트럼프의 상승세에 뉴스는 서둘러 선거를 가능한 한 공정하게 보도했다. 정상적인 환경이라면 매스컴은 두 후보자를 비슷하게 보도하고, 강점을 가늠하고 결점을 비교하며, 공명정대한 태도로 같은 교전 규칙을 지키고 동일한 기준으로 설명할 수 있는 대체로 비슷한 두 후보 사이의 선택이라는 틀을 만들었을 것이다. 그러나 트럼프는 이런 관습에 얽매이기를 거부했다. 그의 공격은 갈수록 사적인 부분에 집중되었고 거짓말은 너무나 충격적인 수준이었다. 퓰리처상을 받은 폴리티팩트(정치 관련 발언의 신빙성을 검증하는 미국 비영리단체.—옮긴이)는

2015년 '올해의 거짓말' 상에 트럼프를 지명했지만 그를 제지하는 효과는 없었다. 트럼프는 그냥 거짓말을 더 많이 했고, 매스컴이 그의 가장 최근 발언을 서둘러 보도하게 했다.

잇따라 쏟아진 그의 수많은 발언을 두고 《가디언즈》의 미국 통신원 앨런 유하스Alan Yuhas는 "트럼프는 트위터(현 엑스X)를 할 때처럼 거짓말한다. 엉뚱하고, 끊임없으며, 때로는 악의적이고 때로는 자기 모순적이며, 때로는 명백한 목적이 없기도 하다"라고 언급했다. 간혹 속이 뻔히 들여다보이는 거짓말도 있었지만, 매스컴은 증거가 전혀 없는 그의 고발을 보도해야 한다는 의무감을 느꼈다. 그러나 이는 미디어로 트럼프의 고발로 점철된 횡설수설과 해로운 이념을 전파시켜서 수용적인 시청자에게 자신을 선전하겠다는 트럼프의 은밀한 전략이었다. 그의 주장의 허위를 폭로하려는 시도는 소귀에 경 읽기였고, 선동적인 주장에 맞서는 사실에 기반을 둔 반박을 그저 무시하며 감정에 휘둘리는 문화, 즉 '탈진실' 정치의 부상에 미디어 해설자는 뒤늦게 절망하기 시작했다.

전형적이지 않은 이 상황을 정상으로 되돌리려고 절망적으로 노력하던 미디어는 근거 없는 비난을 밝히는 데 엄청난 방송 시간을 할애했다. 클린턴과 트럼프가 비교할 만한 결점을 가진 비슷한 후보자라는 착각을 중심으로 공평하게 보도하려는 시도를 재시작하자 상황은 다시 악화했다. 잘못 판단한 공명정대함을 내세워, 매스컴은 힐러리의 상대적으로 작은 스캔들을 트럼프의 경악스러운 범죄와 같은 수준으로 보도했다. 이는 트럼프에게 유리하게 작용했고, 그는 '부정직한 힐러리'라는 오해를 밀고 나갔다. 뒤늦게 매스컴은 자신들이 효과적으로 '괴이'를 '정상'으로 만들었다는 사실을 깨닫기 시작했다. 트럼프가 헛소리하는 기괴한 광경을 전형적인 정치 선거운동으로, 그리고 클린턴의 거울로 다루려 했던 노력은 부주의로 인해 트럼프의 끔찍한 주장에 타당성이라는 날개를 달아주었다.

전혀 비슷하지 않은 클린턴과 트럼프를 대칭되는 후보자로 다루려던 시도는 헛고생이었다. 그러나 모든 것이 이미 끝난 후였다. 트럼프는 자신을 정상적인 후보자로 포장하려는 미디어의 시도를 활용했고, 이것이 트럼프에게 이익이 된 만큼 클린턴에게는 해가 되었다. 2016년 9월, 《뉴욕타임스》칼럼니스트이자 경제학자, 해설자인 폴 크루그먼^Paul Krugman은 무미건조한 성과를 두고 동료들을 책망했다.

트럼프가 대통령이 된다면 뉴스 미디어는 엄청난 비난을 받을 것이다. 나는 책임을 부인하느라 바쁜 일부(많은) 기자를 알고 있지만, 이는 어리석은 짓이며 아마 그 기자들도 알고 있을 것이다. 닉 크리스토프^Nick Kristof가 말했듯이, 여론 조사에서 대중이 기껏해야 사소한 거짓말을 한 힐러리 클린턴을 병적인 거짓말쟁이보다도 신뢰할 수 없다고 여긴다는 사실은 어쨌든 대중 미디어가 실패했다는 증거다.

매스컴이 저지른 실수는 전형적인 **기계적 중립**이다. 서로 다른 대상을 똑같이 증거로 뒷받침하려 할 때 일어난다. 두 대상이 공유한 특성을 동등하다고 오판할 때 자주 발생한다. 같은 고양잇과 동물이므로 반려동물로 고양이와 호랑이는 다르지 않다고 주장하는 식이다. 한쪽 주장이 풍부한 증거를 내놓을 때 다른 쪽은 지지할 증거가 전무하다면, 상반된 입장이라는 이유만으로 양측을 동일시하는 것은 근본적으로 잘못된 태도다. 대립 자체가 양측을 공평하게 다룰 가치를 저절로 부여하지는 않는다. 하지만 우리는 너무 자주 이 미묘함을 간과하며 어리석은 사람이나 범죄자가 바로 악용하려 드는 공허한 논리를 들이민다.

이는 논쟁적인 문제와 논란을 보도할 때 가장 명백하게 드러난다. 자부심 있는 매스컴은 편향이나 당파에 동조하지 않는다며 스스로 자랑스럽게 여긴다. 이는 감탄할 만한 태도이며 건강한 사회에 활발한 논쟁은 꼭 필요하다. 인간은 모두 근본적으로 편파적인 성향이 있으며, 정보를 갖춘 토의는 우리가 해로운 반향실에서 벗어나게 도울 수 있다. 양심적인 편집자와 방송사, 작가가 추구해야 할 이상은 객관성이다. 그러나 공명정대가 곧 기계적 중립을 뜻하지는 않는다. 증거의 무게가 반박의 여지없이 한 방향을 가리킬 때도 완강하게 양쪽을 똑같이 가치 있다고 보도하면 끔찍한 생각과 허튼소리를 존중하는 분위기를 조성하게 된다. 기계적 중립은 증거를 고려하지 않고 상반된 관점을 그저 공평하게만 나타내려는 태도다. 그러나 만약 한쪽의 증거가 사실상 이론의 여지가 없다면, 충돌하는 관점을 똑같이 타당하게 고려할 가치가 있는 대상으로 다루는 것은 근본적으로 잘못된 판단이다.

기계적 중립은 충돌하는 주장 뒤에 있는 증거를 고려하지 않고 그저 공정성이라는 환상에 집착할 때 번성한다. 객관적인 과학 주제도 쉽게 조작할 수 있다. 대체의학을 살펴보면, 대체의학이 효능 있다는 증거는 절대적으로 부족하지만 일부 환자가 유익했다고 보고한 사실은 위약을 넘어서는 효능이 없다는 과학적 실험이나 연구와 동등하게 가치 있는 증거로 채택된다. 이는 터무니없는 일이다. 훌륭한 저널리즘이라면 서로 대립하는 관점을 똑같은 가치로 다루어야 한다는 선험적 가정은 넘쳐나는 증거의 무게가 정확하게 한쪽을 가리킬 때 성립하지 않는다는 점을 알기 때문이다. 이를 판단하려면 어느 정도 전문지식이 필요하므로 매스컴이 가치 있는 과학과 유사 과학을 구별하기는 어려울 수 있다.

악의도 편향도 의도한 바는 아니지만, 기량 부족으로 생기는 결과가 너무 자주 나타난다. 지금껏 살펴본 것처럼 MMR 백신을 두고 웨이크필드가 퍼트린 거짓말은 죄 없는 생명을 희생시켰다. 그러나 웨이크필드의 유언비어에 방대한 양의 과학적 증거와 같은 무게를 부여한 경솔한 매스컴의 협력이 없었다면 이런 일은 일어나지 않았을 것이다. 해롭고 심지어 치명적이기까지 한 결과가 매스컴만의 책임이라고 비난할 의도는 없지만, 백신 반대 운동가가 매스컴의 공명정대함이라는 이상을 악용해서 근거 없는 공포담을 방해받지 않고 퍼뜨린다는 사실은 걱정스럽다.

엄청난 실패를 하고도 우리는 아무것도 배우지 못했다. 기계적 중립은 여전히 암울할 정도로 주기적으로 과학 주제에서 불쑥 고개를 들며, 심지어 백신조차 논란이 많은 주제로 다루어진다. MMR 공포의 설계자인 웨이크필드도 완전히 없애지 못했다. 2016년에 웨이크필드는 미국 질병통제예방센터가 백신 피해 상황을 감추고 있다는 다큐멘터리를 상영하면서 또다시 논란의 중심에 섰다. 심지어 배우 로버트 드니로Robert De Niro의 요청으로 엄청난 비난 속에 트라이베가 영화제에서 이 다큐멘터리를 상영하기도 했다. 기계적 중립에서는 홍보하지 않는 것이 가장 나쁜 홍보이므로 비난받아도 상관없으며, 그저 이야기를 밀어붙일 무대만 있으면 된다.

한 아일랜드 지역 라디오 방송국에서 내게 웨이크필드와 토론해달라고 요청한 적이 있었다. 나는 방송을 하면 안 되는 이유를 설명하면서 웨이크필드에게 플랫폼을 내주지 말라고 설득했다. 그러나 제작자는 지역민들의 관심이 크다면서 경쟁 방송국이 웨이크필드에게 동조적인 진행자와 대립 주장을 내세우지 않는다는 조건을 내걸었다고 말했다. 최후통첩은 명확했다. 프로듀서는 어떻게든 그 방송을 할 예정이었고, 유일한 문제는 반대 견해를 포함할 것인가 말 것인가였다. 나는 마지못해 나가겠다고 답하면서 웨이크필드가 방송에 나가 신뢰할 수 없는 견해를 말하는 일 자체가 잘못된 이유를 분명하게 설명하겠다고 경고했다. 이 방송은 내게 매우 큰 좌절감을 안겨주었다. 나는 왜 웨이크필드의 주장이 쓸모없는지 말했고, 웨이크필드는 기괴한 음모론을 떠들어대면서 내가 그 음모론의 일부라고 비난했다. 내가 말을 마치기도 전에 격분한 웨이크필드의 터무니없는 주장이 이어지면서 방송은 끝났다. 그날 방송한 분량은 상당 부분 편집되었고 혼선으로 인한 결과라고 정리되었으며 기계적 중립에 관한 내 경고는 완전히 사라졌다.

이 경험 때문에 의기소침해졌지만 귀중한 교훈도 얻었다. 의도가 얼마나 좋든 간에 과학과 유사 과학을 서로 대립하는 형식으로 동등하게 취급하면 해당 주제에 과학적인 논란이 있다는 거짓 인상을 준다는 교훈이다. 확실히 자리 잡은 이론의 타당성에 무의미한 주장이 거머리처럼 달라붙어 과학적 의견으로 가장하도록 돕고, 냉소자들이 순진한 사람들을 조종하게 한다.˙

• 2017년에 웨이크필드는 리젠트 칼리지 런던대학교에서 동종요법학회가 주는 상을 받고 자신의 영화를 상영할 예정이었으며, 이에 우리는 항의 시위를 했다. 인터뷰하러 다가온《텔레그래프》기자에게 나는 기계적 중립 문제를 언급했다. "웨이크필드는 이미 오래전에 허위라고 폭로당한 공포 장사꾼이며, 자신을 갈릴레이 같은 인물로 지칭하는 나르시시스트이자 부정직한 인물입니다. 그의 거짓말이 공중보건에 가한 충격으로 우리가 아직도 비틀거리고 있다는 점을 생각할 때, 실수든 의도했던 웨이크필드에게 백신에 관한 무대를 마련해주는 것은 통탄할 만한 실수입니다. 그의 주장은 증거가 없을 뿐 아니라 지금도 넘쳐나는 과학적 증거로 활발하게 반박되고 있습니다. 증거가 논란의 여지 없이 한 방향을 가리키면 악명 높은 주최자(즉 리젠트 칼리지 런던대학교)라도 그의 주장에 장점이 있는지 생각해봐야 합니다. 그러나 이 대학은 그러지 않았습니다." 영화 상영은 취소되었다.

기계적 중립은 언론에만 국한되지 않는다. 상대적으로 최근의 역사에서 폐암은 드물었고, 1878년에 폐암 발생률은 1퍼센트 이하였다. 폐암이 악성으로 커지는 경우도 매우 희귀해서, 외과 의사는 폐암을 발견하면 특히 주의를 기울이면서 자기 경력에 단 한 번 만나는 특이 질환으로 여겼다. 그러나 20세기 초반이 되자 폐암 비율은 급격하게 증가했고 1918년에는 전체 암의 10퍼센트를, 1927년에는 14퍼센트를 차지했다. 극심해진 대기 오염부터 제1차 세계대전이 일으킨 환경적 여파까지 다양한 설명이 쏟아졌지만, 어떤 가설도 해당 요인들이 영향을 미치지 않는 나라에서도 폐암 발생률이 놀랍도록 증가한 자료를 제대로 설명하지 못했다.

당시 흡연은 범인으로 지목되지 않았고, 오히려 '자연에의 호소' 오류의 그늘에서 자연스럽고 건강한 습관으로 여겨졌다. 더 값싸고 효능이 강력한 담배가 대량생산되면서 인기가 폭발한 악덕이기도 했다. 새로운 담배는 이전 파이프 흡연보다 연기를 더 깊이 들이마실 수 있었다. 그러나 반박 증거가 쌓이기 시작하면서 담배가 건강에 좋다는 견해는 서서히 사라졌다.

1929년에 프리츠 리킨트Fritz Lickint는 폐암과 흡연의 연관성에 관한 설득력 있는 통계 증거를 발표했다. 리킨트의 연구는 1939년에 1200쪽에 달하는 보고서라는 거대한 학술 연구로 절정을 이루었다. 역사가 로버트 프록터Robert Proctor에 따르면 "이제

껏 발표된 것 중에서 담배를 향한 가장 포괄적인 학술적 고발장"
이었으며, 흡연이 폐암뿐 아니라 다른 암과도 강력하게 연관된
다고 경고했다.

리킨트의 분석과 함께 여러 다른 증거가 수렴되기 시작했
다. 흡연이 암으로 이어질 수 있다는 가설과 일치하는 통계적 상
관관계는 빠르게 부상했고, 담배 연기에서 암 유발 화학물질이
발견되고 담배가 실험 동물에 암을 유발한다는 연구 결과가 이
를 뒷받침했다.

증거는 눈덩이처럼 점점 커졌다. 1950년대 초에는 전 세계
보건국이 소비자에게 흡연의 위험을 경고하기 시작했다. 돌이켜
보면 이걸로 상황이 정리됐어야 했지만, 흡연에의 경고는 절망
스러울 정도로 무시되고 경시되었으며 뚜렷한 관성이 이어졌다.
미국 암학회 책임자 찰스 캐머런Charles Cameron은 1956년에 이렇게
한탄했다. "만약 흡연과 폐암의 상관관계가 예를 들어 폐암과 시
금치의 상관관계에도 나타났다면, 누구도 국가가 시금치를 식단
에서 제외하는 데 반대하지 않았을 것이다."

담배의 독성에 대한 증거가 넘쳐나고 흡연에 대한 대중의
인식이 갈수록 부정적으로 변하는데도 담배산업계는 과학을 무
시하면서 분노의 목소리만 내뱉었다. 1969년에는 담배회사들의
냉소적인 태도와 전략을 보여주는 내부 메모가 돌아다녔다.

우리는 대학과 자동판매기에서 판매를 제한받는다. 우리 제품
은 경고문으로 포장된다. 광고는 온 사방에서 공격받고 가치가

점점 떨어진다 (…) 의심은 일반 대중의 마음속에 존재하는 '진실이라는 본체'와 경쟁하는 최고의 수단이자 우리가 만든 최고의 상품이다. 논란을 일으키는 수단이기도 하다.

담배산업계는 부인할 수 없을 만큼 효율적이었으며, 의심은 실제로 담배산업계의 상품이었다. 대중 여론이 담배산업계에서 돌아섰던 1950년대 중반, 담배 제조업계의 선두주자는 홍보 전문가를 통해 의심의 씨앗을 뿌렸다. 1954년 1월 4일, 미국 전역의 신문 400여 곳에 광고가 실렸다. 첫 문장부터 조잡한 결론까지, 지금은 악명 높은 "솔직한 성명서Frank Statement"는 순수한 수사학적 사기이며, 언어적인 면에서 교묘한 술책이었다.

최근 쥐를 대상으로 한 연구 결과가 발표되면서 흡연이 어떤 식으로든 인간의 폐암과 연관 있다는 가설이 널리 주목받았다. 저명한 권위자들은 아래와 같이 지적했다.
1 최근 의학 연구는 수많은 폐암 원인 후보를 밝혔다.
2 어느 것이 원인인지는 권위자들 사이에서도 동의가 이루어지지 않았다.
3 흡연이 원인 중 하나라는 증거는 없다.
4 폐암과 흡연의 연관성을 주장하는 통계는 현대 사회의 수많은 다른 요인에도 똑같이 적용할 수 있다. 사실 통계 자체의 타당성에 많은 과학자가 의구심을 나타냈다.

이는 역사에서만 사용하는 전술이 아니므로 자세하게 분석할 가치가 있다. 표면상으로는 무난하게 시작됨에도 조심스러운 단어 사이에 거짓말을 여러 겹 숨기고 있다. 전형적인 허수아비 논법으로, 쥐를 대상으로 한 연구가 어쩌면 인간 폐암과 느슨하게나마 연관될 수 있다고 인정한다. 이는 완벽하게 기만적인 서술이다. 역학 및 과학적 실험 결과는 흡연과 폐암의 인과관계를 풍부한 증거로 명백하게 입증했다. 따라서 여기서 들먹이는 쥐를 대상으로 한 연구는 전형적으로 잘못된 방향이며, 당황스러운 인간 시험 증거에서 주의를 돌리려는 수작이다. 걱정하는 척하며 사정을 뒤늦게 알게 되었다는 식이라 훨씬 더 모욕적이다. 알고 보니 의과학계가 조사를 시작하기도 전에 담배회사 내부 연구에서는 이미 담배의 암 유발 가능성이 보고되었다.

1~4번의 서술은 수사학적 속임수의 점검 목록처럼 보이게 강조해보았다. 앞서 논리적 및 비형식적 오류에서 깊이 설명했으므로 위의 세 항목을 비판하는 데 시간을 들이지는 않겠다(서두에 있는 오류를 권위에의 호소로 본다면 네 항목이다). 1번은 **논점 일탈의 오류**red herring argument 혹은 주제에서 벗어나는 오류의 아름다운 예시다. 여기서 다른 요인이 폐암을 유발하는지는 중요하지 않으며, 지금 중요한 주제는 흡연이 폐암 위험을 높이는지 아닌지, 높인다면 어느 정도까지인지다. 그저 주제를 회피하고 희석하고 소멸시키려는 부끄러운 시도일 뿐이다. 2번은 노골적인 거짓말이다. 담배회사 자체 연구 결과에도 나와 있듯이, 의학계는 이미 담배가 유죄라는 의견에 동의했다. 마찬가지로 3번은

1954년 당시에도 증거와 완벽하게 상충하는 주장이다. 또한 2번에서는 하나였던 '원인'이 3번에서는 여러 '원인 중의 하나'로 바뀐 것도 주목하자. 앞의 1~2번이 진실이더라도 전제가 바뀌면서 주장을 무효화할 수도 있다.

마지막 4번도 거짓말이다. 실제로는 발암성의 첫 번째 단서가 조심스러운 통계적 분석에서 드러났다. 리킨트의 공들인 연구(그리고 다른 과학자들의 연구)는 교란 변수를 배제했다. 솔직한 성명서는 우려를 가장한 채 넘쳐나는 과학적 동의를 중화하고 의심의 씨앗을 뿌리려는 이기적인 시도였다. 대중의 마음에 흡연에 대한 찬성과 반대가 비슷하다는 인식을 만드는 것이 목표였다. 이는 사실상 기계적 중립을 무기화하려는 시도였으며, 이를 의심하지 않았더라도 혐오스러운 '미심쩍은 메모'가 폭로되면서 결국 비열한 전략이 드러났다.

기계적 중립을 악용하는 것은 **날조된 논쟁**manufactured controversy의 전형적인 사례로, 실제로 과학적 논쟁이 없는 주제에 대한 불확실성을 들쑤시려 억지로 논란이 있는 듯 꾸미는 것이다. 담배회사의 이 전략은 효과가 있었고, 대중의 의심을 충분히 키워서 수십 년 동안 흡연을 수용하는 대신 수백만 명의 목숨을 대가로 치르게 했다. 비열한 전략을 담배회사만 활용하는 것은 아니다. 어린이에게 나타나는 라이증후군Reye's syndrome(잠재적으로 치명적인 간 염증)이 아스피린 복용과 연관성이 있다는 증거가 나타났을 때, 아스피린 제조업자들은 같은 전략을 써서 법이 정한 의무 경고를 거의 2년이나 미루었다. 비슷한 사례로 자외 복사선은 유명한 발암물질이지만, 지금은 사라진 실내태닝협회는 과학적 동의를 깎아내리려 무던히 노력했다.

목표를 정확하게 선정한 대중홍보 캠페인의 수상쩍은 영향력은 인정할 만했다. 솔직한 성명서는 상당히 흥미로운 전적을 지닌 국제홍보회사 힐놀턴사의 작품이었다. 걸프전쟁이 발발하기 직전인 1990년 10월, 나이라라는 이름만 알려진 쿠웨이트 시민이 이라크 병사들이 인큐베이터에서 아기들을 꺼내 죽였다고 울먹이며 증언했다. 이 끔찍한 증언은 뉴스 헤드라인을 장식했고 당시 부시 미국 대통령은 여러 번 이 증언을 언급하면서 전쟁을 감정적으로 정당화했다. 1992년에 전쟁이 끝나자 존 맥아더^{John MacArthur} 기자는 '간호사 나이라'가 주미 대사 사우드 알사바^{Saud Al-Sabah}의 딸이라는 사실을 밝혔다. 그의 감동적인 증언은 모두 거짓이었고, 미국 대중 여론에 영향을 미칠 가능성이 가장 큰 것은 잔혹 행위에 대한 미사여구라는 (놀라울 정도로 냉소적이지만 의심의 여지 없이 정확한) 국내 연구 결과에 따라 힐놀턴사가 계획한 것이었다.[•]

물론 이런 전략이 옛 시대의 유물이고, 우리는 좀 더 수준 높

• 수천 명의 무고한 생명을 희생하는 전쟁에 대한 대중 여론을 조작하는 데 만족하지 못한 힐놀턴사는 자신들의 특기를 활용해서 사이언톨로지 교회^{Church of Scientology}를 홍보하고 인권 문제가 있는 국가의 평판을 향상하도록 돕는, 감탄할 만한 목표를 이루는 데 힘을 보탰다. 또한 앞서 설명한 테라노스의 수습책을 마련했다. 물론 힐놀턴사는 수많은 오류 활용법을 능숙하게 다루는 다수 광고회사 중 하나일 뿐이며, 이런 회사들은 대중의 마음에 현실과 상충하는 메시지를 꽂아 넣는다. 이들이 대중을 조작하는 데 놀라울 정도로 효과적이지 않았다면 웃어넘길 수도 있었을 것이다.

고 통찰력 있는 대중이라 저런 뻔뻔스러운 부정론이 우리에게 통하지 않을 거라 여길 수도 있다. 그러나 과학을 부정할 수 없는 이 시대에도 악당의 피난처인 의심의 씨앗은 뿌려지고 있다. 증거가 아무리 굳건해도, 기득권층은 담배회사가 수십 년 전에 썼던 바로 그 이기적인 방법으로 증거를 약화할 수 있다. 이들의 동기는 아마도 담배회사처럼 돈일 것이다. 그러나 확고한 신념은 정치적이든 종교적이든 돈보다 훨씬 더 강력하다. 물론 종교적·정치적 신념을 믿고 주장하는 것은 잘못이 아니다. 그러나 자신의 견해를 홍보하는 정직한 주장이 아니라 허위 전략을 활용한다면 절대 받아들일 수 없다. 기계적 중립은 정확히 이렇게 활용되며, 지적설계 운동intelligent design movement이 활용하는 교묘한 술책이 좋은 사례다.

신을 모욕한 다윈

많은 종교에서 지구 생명체의 복잡한 본질은 지적설계의 특징이며, 생명체는 신의 작품으로 생각한다. 이 같은 목적론적 주장 혹은 지적 설계 논쟁은 내력이 오래되었다. 가장 오래된 기록은 소크라테스의 논의인데, 그때에도 이는 오래된 논쟁이었다. 중세 시대에는 기독교의 주요 교리였고, 《성경》부터 사도 바울까지 다양한 설명이 존재한다. 13세기 기독교 철학자 토머스 아퀴나스Thomas Aquinas는 신이 존재한다는 주장의 다섯 가지 논거 중 하나로 제시하기도 했다. 중세 시대의 목적론적 사고방식에서는 신의 섭리가 지구 생명체의 다양성과 생명체를 움직이는 아름다운 복잡성을 설명할 유일한 방법이었다. 지구에 사는 수많은 우아한 생명체에서 인간은 천상의 예술 장인의 지문을 발견했다.

피상적인 매력은 있지만 논리에는 결함이 존재했고, 스코틀랜드 철학자 데이비드 흄David Hume과 다른 철학자들은 수 세기 동안 이 주장을 선택하지 않았다. 목적론적 주장의 마지막 카드는 자연계에 나타나는 설명하기 어려운 다양성이었고, 엄청난 복잡성은 설계 없이는 확실히 나타날 수 없을 듯했다. 그러나 19세기가 황혼에 접어들 무렵, 다윈의 진화론이 창조물을 조각하는 외부 존재의 필요성을 제거해버렸다. 다윈은 시간이 지나면서 환경이 주는 시련을 겪으며 종이 변화한다는 점을 입증했으며, 모든 지구 생명체가 복잡성을 갖추는 데는 예술 장인인 신이 필요 없었다.

진화론 자체는 신의 존재에 대해 침묵했지만, 《성경》 연구자들에게 진화론은 모욕과 같았다. 20세기 초 미국 장로교회는 현대주의자와 원리주의자로 파가 갈라지면서 아주 깊은 균열이 생겨났다. 진화론을 가르치는 것은 인화점이 되었고, 원리주의자들은 이를 배교로 여기기 시작했다. 윌리엄 제닝스 브라이언William Jennings Bryan에게는 개인적인 항쟁이기도 했다. 이전에 주의원이었던 브라이언은 세 번이나 민주당 대통령 후보로 지명되는 데 실패했다. 세 번째 경선에서 패배했을 때 그는 종교로 귀의했고, 진화론이 신을 향한 모욕이라고 확신했다. 브라이언의 관점은 동료들이 거부할 만큼 극단적이었고, 브라이언이 자기 교회를 장악하지는 못했어도 정치적 영향력은 주 정부를 상대로 로비할 만큼 충분했다. 소수의 주가 적법한 절차에 따라 수십 년 동안 진화론을 가르치는 일을 금지했고, 테네시주는 1967년에야 이 금지조항을 폐지했다.

교육 검열의 끝은 창조론 체계가 허물어지면서 마무리됐어야 했다. 아마 1980년대 중반에 법학과 교수 필립 존슨Phillip E. Johnson이 이혼한 뒤 급격하게 개종하지 않았다면, 지적설계 운동의 선구적인 빛으로 떠오르지 않았다면 그랬을지도 모른다. 지적설계론에서 '지적'인 부분은 의심할 나위 없는 모순이다. 이 개념은 단순히 창조론에 과학이라는 옷을 뒤집어씌운 것에 불과하다. 여전히 지적설계 운동은 성장하고 있으며 1990년대에 '기독교와 일신교 신념과 일치하는 과학'에 헌신한 디스커버리연구소의 연구 결과로 강화되었다.

이들은 대중 담론에 자신들의 믿음을 밀어 넣는 '쐐기 전략'에 공들였다. 진화론이 그저 이론일 뿐이며, 창조론이 동등하게 가치 있으므로 학교에서 가르쳐야 한다고 주장했다. 의심할 줄 모르는 사람들에게 이 주장은 그럴듯했다. 진화는 사실 '그저' 이론일 뿐이니, 특별하게 대접할 이유가 없지 않을까? 그러나 '이론'은 맥락에 따라 달라지는 모호한 단어다. 일상 영어에서는 추정 혹은 추측을 나타낸다. 그러나 과학 용어에서 이론은 관찰한 모든 정보를 가장 잘 설명하는 완벽하게 검증한 가설이며 설명도 예측도 모두 할 수 있다. 과학이론은 그저 추측이 아니라 격렬하게 검증되고 다양한 종류의 증거로 지지받는다. 진화는 '그저' 이론이며, 마찬가지로 질병의 미생물 유래설이나 상대성이론도 '그저' 이론이지만, 방대한 증거로 뒷받침되고 폭넓게 인정받은 과학적 설명이다.

디스커버리연구소는 부정직하게 서로 다른 단어의 정의를 혼용하면서 거짓 등가성이 자신들의 종교 철학을 강화해주기 바랐다. 미국 과학진흥협회는 진화론이 과학적으로 논란의 여지가 있다는 '논란을 가르쳐라Teach the Controversy' 운동의 주장은 지어낸 논쟁이라고 혹평했다. 1999년 온라인에서 쐐기 전략이 유출되었는데도 도버 지역 학교는 진화론과 함께 지적설계론을 가르치기 시작했고, 2005년에서야 지적설계론을 과학이론과 동등하게 가르치는 것은 부당하다는 법적 판결이 내려졌다.

기후위기, 의심의 무기화

미국 외의 지역에서는 창조론이 웃음거리가 되었지만, 현재진행형인 기후변화 '논쟁'은 의심을 무기화한 전형적인 사례다. 인간 활동이 급격한 기후변화를 일으킨다는 증거는 그냥 방대한 수준이다. 산업화의 새벽이 밝은 이후, 인간은 수백만 톤의 이산화탄소를 대기로 뿜어냈고, 이산화탄소는 꾸준히, 그리고 걱정스러울 정도로 지구 평균 기온을 끈질기게 높여왔다. 명백한 과학적 동의가 이루어졌는데도 부정론자들은 여전히 그들의 주장이 옳지 않다는 사실을 숨기기 위해 이 주제에 대한 의심을 쏟아내고 있다. 기후변화 부정론은 비주류의 믿음이 아니라 많은 사람의 열정적인 믿음이다. 이 현상에는 일정 부분 기계적 중립이 한몫한다. 기후변화를 입증하는 과학적 증거는 사실상 반박의 여지가 없지만, 언론보도는 현실을 포착하지 못한다. 보이스 렌스버거Boyce Rensberger는 매사추세츠 공과대학교 과학저널리즘 나이트센터 책임자로 "균형 잡힌 과학 보도는 두 주장을 똑같은 무게로 다룬다는 뜻이 아니다. 증거의 균형에 따라 무게를 할당한다는 뜻이다"라고 언급했다.

슬프게도 기후과학에서 기계적 중립은 오랫동안 이어져 왔다. 1988~2002년에 발행한 미국 신문 네 종의 기사 636편을 조사한 결과, 대부분 기사는 소수의 기후변화 부정론과 과학적 동의를 대표하는 주장을 똑같이 보도했다. 이 상황은 미국에만 국한되지 않는다. 흠잡을 데 없는 과학 프로그램으로 유명한 영국 공영방송 BBC도 이 실수에서 벗어나지 못했다. 2011년 트러스 트레포트는 인간이 만든 기후변화를 주제로 한 방송에서 "사소한 의견을 과도하게 보도한" BBC의 행태를 엄격하게 비판했다. 이 보고서는 인간의 활동이 기후변화를 유도한다는 과학 증거가 넘쳐나는데도 여러 BBC 프로그램이 "공명정대한 편집 지침을 과도하게 적용"해서 기후변화 부정론에 너무 많은 방송 시간을 허용했다고 지적했다. 2014년에 발표한 후속 보고서에서는 이 핵심 결론이 "현재도 여전히 진행 중"이라고 결론지었다.

결국 기후과학은 극명한 여론의 격차에 영향받는 결과를 맞이했다. 기후변화에 대한 과학적 동의는 사실상 만장일치였지만, 대중은 기후과학에 논란이 있다는 인상을 받는다. 2013년 연구에서 대중은 기후변화에 과학자의 절반 정도가 동의했다고 평가했다. 그러나 사실 과학자의 동의 비율은 100퍼센트에 가깝다. 좀처럼 사라지지 않는 의심은 기후변화를 위한 행동을 억누르지만, 최근에는 상황이 서서히 나아질 조짐이 보인다. 2017년 논문에 따르면 "미국 전역의 언론보도와 매스컴이 기후변화에 관한 기초 과학적 동의에 더 가까워졌다"라고 했지만, 여전히 기후 부정론은 과도하게 홍보되며 기후변화 부정론이 횡행하는 틈새도 존재한다. 보통 이런 틈새는 보수 언론 칼럼니스트이고, 기후변화 부정론에서 신념이 동기가 된 추론에 관한 우리의 앞선 논의를 생각할 때 놀랍지는 않다.

물론 균형 잡힌 보도는 환영하며 기자의 공명정대함은 칭찬할 만한 일이지만, 균형은 각 주장이 내세우는 증거의 굳건함에 비례해야 한다. 매우 이질적인 증거에 근거한 주장을 똑같이 중요하게 다루는 행동은 극도로 무모하다. 훌륭한 주장을 희생시켜 끔찍한 주장의 가치를 높이는 어리석음에 불과하며, 우리는 비뚤어진 주장에 조종당할 위험에 노출된다. 조직적으로 서투른 매스컴을 질책하는 일은 솔깃하겠지만, 이는 불공정하고 부당하다. 언론 없이는 의문스러운 출처에 휘둘릴 테니 말이다.

이처럼 전통적인 매스컴은 정확한 정보와 관점을 전달하는 중요한 역할을 한다. 사실을 확인한다는 규범을 지키고 기사 품질을 통제하는 매스컴의 능력은 단편적으로 해체된 현대 미디어에서는 찾기 힘들며, 따라서 이 능력은 그 어느 때보다 중요해졌다. 공명정대함은 점점 더 늘어나는 편파적인 정보가 우리를 흔들지 못하게 막는 방어벽이다. 그러나 기계적 중립을 지키면 방어벽의 힘은 약화하고, 파훼된 위험한 주장에 타당성이라는 공기와 언론의 관심이라는 산소를 공급할 위험이 있다. 결국 이런 궤변은 우리를 분열시키며 정보도 얻을 수 없다.

16장
편향된 목소리

보고 싶은 것만 가득한 SNS와 알고리즘

미래를 예측하기란 쉽지 않다. 재임 중이던 프랭클린 루스벨트 Franklin D. Roosevelt와 캔자스 주지사 앨프 랜던 Alf Landon이 맞붙었던 1936년 미국 대통령 선거가 대표적이다. 대공황이 8년이나 이어지고 있었고 미국은 당장이라도 부서질 듯한 상태였다. 루스벨트는 4년 전에 '뉴딜' 경제 정책을 내세워 대통령에 당선되었다. 그가 취한 조치 중 사회보장연금과 실업 수당 같은 정책은 유권자에게 인기 있었다. 그런데도 루스벨트는 의회와 법원에서 자신의 개혁을 밀어붙이려 고군분투하는 중이었다. 누군가는 국가 재정을 근거로 반대했고, 랜던은 기업에 적대적이라면서 루스벨트를 고발했다. 정치 전문가는 두 후보가 엇비슷한 경쟁을 펼치리라 예측했다.

새 대통령을 예측하려 경쟁하는 출판물 중에서도 단연 최고는《리터러리 다이제스트Literary Digest》였다. 종합 주간지인《리터러리 다이제스트》는 1920년 이후 각각의 선거 결과를 정확하게 예측했다. 잡지사는 깨지지 않은 성공 기록을 유지하려 열심이었지만 변덕이 심한 대중 여론 때문에 쉽지 않았다. 이에 미래를 예측할 유일한 방법은 전례 없이 거대한 표본 집단을 모으는 것이라는 상당히 합리적인 결론을 내렸다. 감탄할 만한 투지로 잡지사는 무려 1000만 명을 대상으로 여론 조사를 실시했는데, 이는 당시 미국 유권자의 4분의 1에 해당했다. 8월호 사설에서는 자신들의 여론 조사가 11월에 다가올 선거 결과를 "4000만 명이 참여하는 실제 국민 투표 결과와 1퍼센트 이내의 오차로" 맞추리라고 장담했다. 총 240만 명이 여론 조사에 참여했고, 여기서 나온 결과를 토대로《리터러리 다이제스트》는 언뜻 보기에 필연적인 결과, 즉 랜던이 57퍼센트의 득표율로 43퍼센트를 얻은 루스벨트를 누르고 쉽게 유리한 고지를 차지한다고 자신 있게 예측했다.

역사는 이 예측에 동의하지 않았다. 랜던은 미국 32대 대통령이 되기는커녕 접전을 치르지도 못했다. 대신 루스벨트가 압도적으로 득표하며 재선되었고, 버몬트주와 메인주를 제외한 모든 주에서 승리했다. 더 흥미로운 사실은 젊은 통계학자 조지 갤럽George Gallup이 언론 시스템 없이도 대선 결과를 정확하게 예측했다는 점이었다. 갤럽은 상대적으로 보잘것없는 표본 수인 5만 명을 대상으로 한 여론 조사로 예측했고, 이는 경쟁사 표본 집단의 50분의 1에 불과했다. 우리는 이미 거대한 표본 크기가 더 정확한 결과를 부른다는 사실을 알고 있으므로, 겉보기에는 상식에 정면으로 어긋난다. 그렇다면 그토록 인상적인 여론 조사를 하고도 《리터러리 다이제스트》는 왜 예측에 완벽히 실패했을까?

여기에는 미묘하지만 결정적인 원인이 있었다. 엄청난 양의 자료를 얻기 위해 《리터러리 다이제스트》는 즉시 활용할 수 있는 세 리스트, 즉 구독자 목록, 전화번호부, 자동차 등록부를 활용해서 여론 조사를 했다. 여기에 문제가 있었다. 당시 이 목록 중 하나에라도 속한 사람이라면 미국 평균 소득보다 훨씬 더 부유했을 것이다. 세 목록에 등록된 사람 중에서도 오직 스스로 선택한 일부만 설문조사에 응답하면서 상황은 더 복잡해졌다. 이에 따라 대규모 표본 집단은 돌이킬 수 없을 정도로 왜곡되었고, 결국 진짜 유권자를 대표할 수 없게 되었다. 설상가상으로 사면초가에 몰린 잡지사에 비해 이 복잡한 혼동 효과를 예측했을 뿐 아니라 선거 결과도 정확하게 예측한 갤럽은 《리터러리 다이제스트》의 표본 출처와 편향을 토대로 잡지가 내놓을 여론 조사 결과까지 예측할 수 있었다. 《리터러리 다이제스트》의 실책은 대가가 컸고, 그들은 불명예를 감추고 실수를 숨길 방법을 찾았다. 반면 갤럽은 자신의 이름을 딴 여론 조사 회사를 세웠고, 이 기업은 지금도 건실하다.

여기서 중요한 교훈은 1930년대보다 현재에 더 요긴하다. 《리터러리 다이제스트》의 인식은 비틀려 있었는데, 표본 집단은 수백만에 이르는 엄청난 수였지만 자신들의 독자가 대표성이 없다는 사실을 인지하지 못했다. 물론 잡지사가 저지른 실수는 이와 관련된 문제가 나타내는 양상을 전체적으로 수반하며, 이 중 일부는 확증편향, 왜곡된 표본, 심지어 상당량의 소망적 사고처럼 우리가 이미 살펴본 것들이다. 그러나 가능한 한 가장 넓게 볼 때, 제일 큰 오류는 자신들의 공동체 목소리가 보편적인 상황을 대표한다고 가정한 데 있다. 이런 관점에서《리터러리 다이제스트》의 실패는 일종의 경고다. 우연이든 의도적이든, 나와 비슷한 생각만 들려오고 우리의 편안한 인식을 무너뜨리는 사실을 외면하게 하는 반향실에 안주하기는 너무 쉽고, 때로는 비극적인 결과로 이어지기도 한다.

인터넷과 알고리즘이 우리를 속이는 법

반향실은 어디에나 항상 존재하며 정치적 성향이 뚜렷한 신문이나 편향을 드러내는 텔레비전 쇼일 수도 있다. 그러나 현재, 이 문제는 그 어느 때보다 더 긴급하며 훨씬 해로울 수 있다. 조금은 반직관적이지만 이렇게 된 이유는 우리가 인터넷에서 수용하는 정보가 극단적이기 때문이다. 어떻게 보면 역설적인데, 우리는 인터넷이 표현의 자유를 완전히 허용하며 전통적인 방법으로는 접하지 못했던 수많은 목소리를 들려준다고 순진하게 생각한다. 확실히 이는 신흥 기술을 수용하던 인간의 의기양양한 낙관론이었다. 현실은 좀 음울하다. 우리는 알고리즘이 필터링하고 유도한 광고의 시대에 살며, 이는 차례로 우리에게 맞춤 재단된 정보를 직접 만든다. 소셜미디어는 사용료를 내지 않는 대신 광고 수익에 의존하며, 따라서 가능한 한 최선을 다해 광고로 연결해야 이익이다. 말하자면 우리는 상품이다.

이것은 본질적으로 우리가 호의를 가질 법한 주제와 의견으로 아첨하는 작업이다. 알고리즘은 정확하게 우리가 보고 싶은 것만 보여주며, 수긍할 내용을 예측하는 동시에 편안한 소규모 집단의 경계 너머에서 도전해오는 정보와 견해, 신념은 추방한다. 우리가 원하는 것을 더 많이 전달하고 원하지 않는 것은 차단하도록 미세 조정한다. 이 문지기는 우리가 정보를 받아들이고 처리하는 과정에 분명하게 영향을 미친다. 특히 최근 자료에 따르면 소셜미디어는 주요(그리고 때로는 유일한) 뉴스 출처가 되었다. 인터넷 활동가 일라이 퍼라이저Eli Pariser는 이를 '필터링 집단'이라고 정의하고 "사탕만 너무 많이 주고 당근은 주지 않으면서" 편협한 사리사욕에 알랑거리는 소셜미디어를 비판했다. 활성 사용자 수가 16억 명에 달하는 페이스북은 자가 선택이 일어나는 과정에 관한 사례연구를 풍부하게 제공한다. 페이스북은 세계에서 가장 인기 있는 소셜미디어로, 방대한 수의 사용자에게 광고를 연결하는 사업 모델을 갖고 있다. 사용자 데이터를 활용해서 소셜미디어 사용 경험을 조작하는 기업으로 악명 높기도 하다.

인터넷은 여전히 발달 초기 단계지만 영향력은 논쟁의 대상이다. 자료의 모호함을 생각할 때, 필터링을 거대한 사회악이라고 매도하는 것은 태만이다. 기술은 본질적으로 선하거나 악하지 않으며, 각각 다른 분야에 적용하는 방식이 더 중요하다. 사용자의 관심을 미리 알고 처리하는 편이 더 바람직한 사례가 있다. 금속공학자와 하드록 팬을 예로 들면, 각자 '금속(메탈)의 종류'를 검색했을 때 완전히 다른 결과를 볼 것이고, 이런 계층화는 두 사람 모두의 시간을 절약해준다. 문제는 우리가 소셜미디어를 생각과 견해의 지표로 활용할 때 생긴다. 뒷받침할 유일한 정보는 필터링된 것이고 반박하는 견해는 미리 제거된 상황이라면, 우리의 생각에 극단적인 결함이 있더라도 온라인 내 지지를 현실 세계의 지지로 오해하게 될 것이다. 그러면 모든 증거가 일화 외에는 거의 없는데도 확증편향의 공동체를 유도할 가능성이 있다. 우리가 관찰해왔듯이, 여기에는 본질적으로 불안정한 의사결정 근거와 형편없는 결정으로 이끄는 성향이 있다.

조잡한 필터링은 특이한 조치로 이어질 수 있다. 페이스북은 인터넷에서 가장 인기 있는 소셜미디어지만, 플랫폼에서 나체 노출을 제거하는 과정에서 서투른 모습을 드러내면서 플랫폼을 약화시킨다. 불명예스러운 사례를 하나 들자면, 노르웨이 작가 톰 에겔란Tom Egeland이 2016년에 전쟁 사진을 올렸을 당시 페이스북의 반응을 들 수 있다. 이 사건은 대중 여론을 바꾸었다. 에겔란은 사진가 닉 우트Nick Ut(후아 콩 우트Huỳnh Công Út)의 〈전쟁의 공포The Terror of War〉라는 참혹한 사진을 게시했다. 이 유명한 사진은 베트남전쟁이 한창일 때 네이팜탄 폭격으로 공포에 질린 킴 푹Kim Phúc이라는 나체의 아홉 살 소녀에 초점을 맞추었다. 사진에 담긴 참상은 우리의 문화 의식에 뿌리내렸고 이 사진은 1973년 퓰리처상을 수상했다. 맥락에 대한 존중 없이 완고하게 지침을 적

닉 우트, 〈전쟁의 공포〉, 1972. '네이팜 소녀'라는 제목으로도 알려진 이 사진은 베트남전쟁의 참혹한 실상을 세계에 알렸지만 페이스북은 맥락을 고려하지 않은 채 노출을 이유로 게시를 금지했다.

용한 페이스북은 역사적으로 중요한 사진임에도 에겔란의 게시물을 금지했다. 노르웨이 언론과 정치인들이 엄중하게 질책하고 세계에서도 비난이 일자 페이스북은 결국 잘못을 시인했다. 그러나 모유 수유, 의학, 예술 관련 게시글들이 금지되는 한편으로 증오단체의 게시글은 필터링되지 않는 등 기계적인 필터링은 플랫폼의 큰 숙제로 남았다.

자가 선택의 경향이 더 커지는 데 대한 비난을 인터넷 거인의 발아래에만 던져놓을 수는 없다. 이 문제는 소셜미디어를 초월하며, 각자의 선택적인 현실을 확립하고 싶은 인간의 깊은 욕망을 자극한 결과다. 모든 것을 지배하는 알고리즘을 향한 두려움이 존재하지만, 페이스북 프로파일 1010만 개를 연구한 결과, 사용자의 솔직한 선호도가 표준 분류 알고리즘보다 피드에 더

큰 영향을 미쳤으며, 반대되는 관점을 차단하는 데도 보다 큰 요
인으로 작용했다. 본질적으로 우리는 대부분의 선택적인 가지
치기를 직접 한다. 사실 온라인 반향실은 우리가 내내 머무르는
현실 세계의 반향실보다 더 작을 것이다. 그저 극단적으로 치닫
는 경향이 더 클 뿐이다. 2016년에 《미국 국립과학원회보》에 실
린 논문은 잘못된 정보는 특히 온라인에서 번성하는데, 사용자
들이 "관심 있는 공동체에 모여서 확증편향·차별·양극화를 강화
하고 발전시키는" 경향이 있기 때문이라고 밝혔다.

어떻게 보면 인터넷 사용자들이 자아를 확인할 반향실에 모
여드는 것은 당연하다. 이런 현상은 이미 1996년에 메사추세츠
공과대학교 연구자인 마셜 반 앨스타인Marshall Van Alstyne과 에릭 브
리뇰프슨Erik Brynjolfsson이 예측했다. 두 사람은 이 현상에 **사이버 발
칸화**cyberbalkanisation라고 이름 붙였는데, 발칸 반도의 분열된 상황에
서 따왔다. 논문은 초기 인터넷이 전통적인 영역과 경계를 초월
할 가능성을 인정하면서 해로운 편협성이 나타날 가능성도 경고
했다.

정보통신 기술이 제공하는 개인 맞춤 접속과 검색 역량으로, 개
인은 이미 프로파일에 정의된 직업적 관심, 음악과 오락에 초점
을 맞출 것이다. 혹은 선호하는 뉴스와 분석만 읽을 수도 있다.
선호도에 어긋나는 정보를 배제할 권력을 쥔 개인은 사실상 파
벌을 형성하게 되며, 자신들을 반대하는 관점을 차단하고 편향
을 강화한다. 인터넷 사용자는 생각이 같고 가치관이 비슷한 개

인과 상호작용할 수 있으며, 따라서 자신과 가치관이 다른 타인의 중요한 결정을 신뢰하지 않게 된다. 자발적인 발칸화와 공동경험 및 가치의 상실은 탈중앙화 조직만큼이나 민주사회 구조에 해로울 수 있다.

인터넷의 대규모 활용과 소셜미디어가 출현하면서 두 사람의 통찰은 놀라운 선견지명이었다는 점이 입증되었다. 최종 결과는 자가 선택에서 나온 긍정적인 피드백이 인식을 왜곡하고 현실과 더 멀어지게 하는 악순환이었다. 마이크로블로깅(사용자가 짧은 메시지로 인터넷의 불특정 다수와 소통하는 것.—옮긴이) 플랫폼인 트위터를 살펴보면, 게시글이 기본적으로 대중에게 공개된다. 그러나 사용자가 선택적으로 팔로우하는 사람들로 뉴스피드가 채워지기 때문에 이것만으로는 반향실 효과를 상쇄할 수 없다.

사실이기를 바라는 맥락들의 모임

미디어 채널의 유통이 아주 짧은 시간에 알아볼 수 없을 정도로 바뀐 것이 현실이다. 과거에는 정보가 전 세계 뉴스 보도국에서 나왔고, 기자와 편집자가 보도 지침을 지키며 어떤 뉴스든 사실을 확인하는 작업을 거쳤다. 항상 제대로 작동하지는 못했고 개선해야 할 점도 분명히 많았다. 전통 모델에는 온갖 결함이 있었지만, 일정 수준의 뉴스 품질과 기자의 진실성 기준을 제시했다.

전통 미디어에서 이야기와 의견, 기사는 경계가 뚜렷했고 보통은 해당 맥락 안에서 전달되었다. 그러나 세기가 바뀐 최근 몇 년 동안 모든 상황이 빠르게 변했다.

이제 많은 사람이 인터넷으로 뉴스를 본다. 대개는 전통 매스컴의 디지털 허브에서 보는 게 아니라 소셜미디어라는 프리즘을 통해 굴절된 뉴스를 본다. 그 결과 우리는 맥락을 걷어낸 채 체리피킹하는 큐레이터가 되었다. 뉴스를 직접 편집할 때, 우리는 내재하는 편향에 저항하기보다는 강화하는 경향을 보인다. 뉴스를 직접 고르면서 우리의 인식에 순응하고 우리의 세계관이 옳다고 보장하는 뉴스에 끌린다. 자료는 풍부하므로 우리가 믿는 신념을 극찬하는 뉴스를 적으나마 고를 수 있고, 이를 블로그 게시글이나 유튜브 영상에 올린다. 정보를 맥락에 맞게 수용하기보다는 디지털 스크랩북에 실제 사실보다는 사실이기를 바라는 것을 효율적으로 편집한다.

맥락과 보호벽을 벗겨내면 대개는 스펙트럼의 양 끝에서 외치는 극단적인 주장만 남고, 대립하는 진영이 서로를 감시한다. 환원주의적 렌즈로 들여다보면 어떤 주제든 이원론이 된다. '좋거나' 혹은 '나쁘거나', '옳거나' 혹은 '그르거나' 둘 중 하나다. 물론 앞서 살펴봤듯이 이는 관점에는 다양한 영역이 있다는 사실을 무시하는 거짓 딜레마일 때가 많다. 그러나 그저 자신의 관점에 부합하는 정보만 취하는 사람이 있는 반면, 같은 일을 정확하게 반대로 하는 사람도 있다는 사실은 각 주장의 주관적인 색채를 보여주며, 공통성을 찾기 더 어렵게 한다. 설상가상으로 이는 너무나 확연해서 기본 사실에 대한 합의 자체가 불가능할 수도 있으며 양극화를 부채질하는 결과로 이어질 수도 있다. 이 문제는 2016년 소셜미디어의 영향력을 연구한 컬럼비아대학교 언론정보대학의 보고서에서 그대로 드러났다.

> 품질 좋은 뉴스는 사실 확인이 되지 않은 정보나 의견과 섞인다. 소문과 험담이 그 흐름에 섞여든다. 우리는 이를 디지털 단편화라고 부른다. 언론사는 (…) 비용을 낮추고 확증된 뉴스, 상황, 분석을 제공하는 능력을 억제하라고 강요받는다. 디지털 단편화의 결과는 양극화다. 사실에 기반하지 않은 의견과 소문은 '좋아요'와 '싫어요' 사이에서 빠르게 지름길을 선택한다. (…) 사람들은 의견과 정보를 구분하는 능력을 잃고 있다.

퓨리서치는 밀레니엄 세대(1980년대 중반부터 현재까지 태어난 사람)의 66퍼센트가 뉴스를 주로 소셜미디어에서 본다는 결과를 발표했다. 더 정확하게 말하면, 다른 비슷한 조사도 사용자의 약 40퍼센트가 정치적 의견이 다르다는 이유로 소셜미디어 팔로우를 해제했다는 사실을 보여준다. 우리가 울타리 친 정원을 사랑할 뿐 아니라 정원의 균일성을 높이기 위해 가지치기도 한다는 뜻이다. 이처럼 노골적인 확증편향은 종종 타인의 타당한 반대와 관점에서 우리의 눈을 가리고, 훨씬 더 해로운 통설로 우리를 안심시킨다. 이 문제는 소셜미디어를 초월해서 다양한 알고리즘을 활용해 페이지 순위를 정하는 구글 같은 검색엔진조차 괴롭힌다. 검색 결과를 노출하는 순서에는 인기도 큰 부분을 차지하기 때문이다. 그러나 검색엔진이 이전 검색 내용을 토대로 거대한 사용자 자료 보관소를 만들면, 사용자의 변덕을 너무나 잘 맞춰주면서 문제를 악화할 위험이 있다.

음모론에 빠진 질병

반향실은 우리의 신체 건강도 위협할 수 있으며, 대체의학 공동체가 바로 그런 짜증 나는 사례다. 앞서 소개한 사이트 왓츠더함에서는 효과적인 치료법 대신 대체의학의 유혹에 굴복한 사람들의 가슴 아픈 이야기를 볼 수 있다. 확증편향의 반향실은 너무나 괴이한 것도 믿게 한다. 특히나 비극적인 집단사고인 에이즈 부정론만 살펴봐도 얼마나 위험한지 충분히 알 수 있다. HIV가 아프리카 정글에서 출현해서 전 세계에 치명적인 피해를 주기까지 과정은 역사가 우리에게 남기는 경고다. HIV의 기원은 여전히 명확하게 밝혀지지 않았지만, 현재 중앙아프리카와 서아프리카에 사는 영장류에 영향을 미치는 면역결핍증과 밀접한 관계가 있다고 밝혀졌다. 19세기 후반부터 20세기 초 어느 시점에서 HIV는 종간 방어벽을 뛰어넘었고, 단백질 공급원인 야생 동물을 사냥하던 사냥꾼에게 감염되었다. 사냥꾼이 침팬지에게 물리거나 잡은 고기를 손질하다가 피가 나면서 전파가 촉진되었을 것이다.

일단 감염되어도 처음에는 보균자에게 증상이 나타나지 않는다. 서서히 바이러스가 늘어나면 면역계를 방해하기 시작한다. 여러 해에 걸쳐 희생자는 매일 마주치는 수많은 면역 위협에 대한 방어력이 계속해서 낮아진다. 결국 환자의 CD4+ T세포 수가 위태로울 정도로 떨어지면서 기회감염이나 암을 방어할 수 없게 되며, 거의 모든 장기에 영향을 미치는 에이즈로 이어진다. 치료하지 않으면 이 질병은 사망선고나 마찬가지다. 수십 년 동안 이 바이러스는 아프리카 대륙의 깊은 정글에만 머물렀다. 그러나 긴 잠복기가 특징인 만큼, 그곳에만 영원히 머무르지 않으리라는 건 어쩌면 필연적인 사실이었다. 초기 감염 사례는 1959년 벨기에령 콩고(콩고 민주공화국의 옛 이름.— 옮긴이)에서 산발적으로 일어났고, 1969년에는 미국 10대가 사망했다. 가장 흔한 균주 HIV-1은 1960년대 중반 즈음에 콩고 민주공화국에서 아이티로 건너왔다. 1969년에는 HIV에 감염된 누군가가 아이티에서 미국으로 왔다. 당시 아무도 모르는 사이에 이루어진 이 여행은 전례 없이 치명적인 사건이었다. 바로 이 환자 하나가 사하라 사막 이남의 아프리카 외부에서 일어난 모든 HIV 감염 사례의 기원이기 때문이다.

바이러스의 긴 잠복기가 불길한 영속을 도우면서 바이러스는 천천히 뿌리내릴 수 있었다. 1981년 6월, 미국 질병통제예방센터는 로스앤젤레스에서 희귀한 질병 사례가 다섯 건이나 무리 지어 보고되자 당혹했다. 젊고 건강한 청년이 폐렴과 유사한 증상으로 쓰러지는 상황은 면역 반응이 극단적으로 저하된 상태에서나 일어나는 일이었다. 다음 몇 달 동안 젊은 동성애자 남성들이 면역 체계가 저하되면서 기회감염으로 사망하기 시작했다. 이전에는 희소한 암이었던 카포시 육종이 갑자기 많아졌고, 독특한 붉은 결절을 드러내면서 미국 전역의 남성들을 괴롭히기 시작했다. 새로운 사례들이 잇따르면서 1982년에는 동성애자 관련 면역 결핍증gay-related immune deficiency, GRID이라는 이름이 붙었다. 동성애자 공동체에서는 더 적절한 별명, 즉 '게이 암'이라고 불렀다.

몇 달 안에 이 별명은 쓸모없게 되었다. 정맥 주사 마약 중독자, 혈우병 환자, 아이티 이민자 집단에서도 감염 사례가 출현하기 시작했다. 1983년, 위기는 전 세계로 퍼졌고 미국 질병통제예방센터는 이 질병에 에이즈라는 새 이름을 붙였다. 그해 1월, 파스퇴르연구소의 프랑수아즈 바레시누시Fançoise Barré-Sinoussi와 뤼크 몽타니에Luc Montagnier는 에이즈 환자의 림프계에서 분리한 레트로바이러스가 T세포를 죽인다는 증거를 발표했고, 이 발견은 두 사람에게 노벨상을 안겨주었다. 미국인 로버트 갤로Robert Gallo도 프랑스 연구팀과 별개로 이를 증명했다. 이윽고 바이러스는 HIV라는 지금의 이름을 받았다.

원인이 밝혀졌으니 본격적으로 치료법을 찾기 시작했다. 에이즈의 세계적 대유행은 1986년 1월 14일에 상세히 밝혀졌는데, 미국 국립알레르기전염병연구소의 앤서니 파우치Anthony S. Fauci는 차분하게 미국인 100만 명 이상이 감염되었으며, 이 숫자는 10년 안에 두 배, 어쩌면 세 배로 늘어날 것으로 추정한다고 미국인들에게 알렸다. 과학자들은 바이러스를 퇴치하기 위해 엄청나게 빠른 속도로 연구했고, 1987년에 HIV를 치료할 최초의 항레트로바이러스 치료제인 아지도티미딘^{Adothymidine, AZT}이 나왔다.

항레트로바이러스 치료제의 출현은 질병에 맞선 반격의 분수령이었다. 초기에는 일부 과학자들이 HIV가 에이즈를 일으킨다는 주장의 근거가 충분한지 의문을 제기했지만, 증거는 반박의 여지가 없는 지점까지 빠르게 쌓였다. 이 합의에서 주목할 만한 예외가 있다면 피터 듀스버그^{Peter Duesberg}로, 그는 당시 저명했던 과학자이자 명망 높은 미국 국립과학아카데미 회원이었다. 듀스버그는 HIV가 해롭지 않으며, 에이즈는 사실 일부 동성애자들이 사용하는 파퍼(아질산알킬) 같은 약물의 대용품이라고 주장했다. 더 놀랍게도 듀스버그는 아무 증거도 없이 아지도티미딘 자체가 에이즈의 **원인**이라고 주장했다. 그의 주장이 근거 없다는 사실을 보여주는 증거가 산처럼 쌓이고 있었는데도 말이다. 미국 국립과학아카데미 회원인 듀스버그는 점점 지지기반을 잃자, 자신의 주장을 제시하기 위해 동료심사 없이 논문을 출판할 권리를 들먹였다. 이는 권리의 남용이었으므로 학술지 편집자는 마지못해 그의 요구를 들어주면서 이렇게 말했다. "증거도 없고 모호하며 해로운 주장을 꼭 출판해야겠다면 그렇게 하십시오. 하지만 과학적 훈련을 거친 독자들에게 설득력이 있을지는 모르겠습니다."

뒷받침할 증거도 없이 듀스버그는 자신의 평판과 편파적인 강연에만 기댔다. 다른 과학자들은 그의 주장과 명성을 쉽게 별개로 분리했고, 한때 존경받았던 과학자는 외면당했다. 《네이처》편집장인 존 매덕스^{John Maddox}는 계속 증거 없이 자신의 논문을 실어달라는 듀스버그의 요구를 무시했고, "수사학적 화법으로 답을 들을 듀스버그의 권리를 박탈한다"라고 선언했다. 그러나 듀스버그와 그의 동류들이 심은 의심의 씨앗은 대체의학 집단에서 신뢰를 얻었다. 분명 아지도티미딘이 에이즈를 일으킨다는 그의 주장은 비도덕적인 제약회사들이 혐오스러운 계책을 써서 돈을 번다고 믿는 사람들에게 종소리처럼 들렸을 것이다. 바람직하지 않은 사람들을 제거하기 위해 에이즈가 만들어졌다는 소문으로 증폭된 불신도 한몫했다.

이런 이야기는 가장 큰 피해자 공동체의 호응을 얻었고 이들의 생각은 좀처럼 바뀌지 않았다. 지금도 아프리카계 미국인의 절반은 HIV가 인간이 개발한 무기이며 빈곤층, 흑인, 동성애자, 히스패닉계를 억압하려 만들어졌다고 믿는다. 이들의 인식은 오랫동안 조직적인 불평등의 희생자였으며 새로운 HIV 감염자 수가 너무나 많았던 아프리카계 미국인의 상황을 고려해야 한다. 에이즈로 황폐해진 공동체에서 이런 믿음은 때로 널리 퍼졌다. 이런 관점의 부정적인 측면은 추상적인 인식론의 우려에 그치지 않고 치료와 예방에 방어벽으로 작용할 수 있으며, 환자는 어떤 조치를 해도 자신이 희생자가 되리라고 생각하면서 예방 조치에 적극적으로 나서지 않게 된다.

남성 동성애자 공동체는 에이즈의 가장 큰 피해자로 오명을 뒤집어썼다. 성 혁명을 계기로 게이 공동체는 실험에 더 과감해졌고 한 해당 파트너 수는 평균 11명이었다. 평범한 성행위라도 섹스 중에 항문 조직이 찢어지기 쉬워서 질병이 전파될 위험이 컸다. 에이즈 공포가 절정에 달했을 때, 게이 남성들은 무시당하고 차별받았다. 과학자들이 통제할 방법을 찾으려 존경스러울 만큼 노력할 때조차 레이건의 백악관은 이 위기를 무시했고, 질병통제예방센터가 지원을 요청할 때마다 항상 거부했다. 레이건이 위기를 인정한 1987년에는 거의 2만 1000명이 사망한 후였다. 레이건이 1989년에 백악관을 떠날 때 이 숫자는 7만 명을 넘어섰다. 백악관의 무관심은 고통받는 사람들을 향한 냉담한 무시라는, 어쩌면 더 해로운 사고방식을 보여주었다. 여기에 더해 널리 퍼진 멸시와 노골적인 동성애 혐오증이 섞이면서 게이 남성은 불결한 존재로 묘사되곤 했다. 광신교도들은 에이즈가 신의 의지에 저항해서 내려진 강력한 응징이라고 선언하기도 했다. 인기 있는 침례교 목사이자 텔레비전에 나오는 유명인인 제리 폴웰Jerry Falwell은 "에이즈는 동성애에 내린 신의 처벌일 뿐 아니라 동성애를 허용하는 사회에 내린 신의 형벌이다"라고 선언했다.

반향실이 불러온 최악의 위험

편견이 가득한 적대감을 마주하고, 그 어떤 하위문화 계층보다 더 깊은 상실감을 느낀 게이 남성들이 과학적 합의를 거부한 상황은 놀랍지 않다. 강경하게 저항하던 극소수는 과학 대신 듀스버그의 주장을 빌려왔다. 1992년에 런던에서 활동하던 조디 웰스Jody Wells는 《컨티뉴엄Continuum》을 창간하면서 HIV가 에이즈의 원인이 아니라는 에이즈 부정론을 내세웠다. 웰스는 에이즈가 동성애 혐오증에 뿌리를 둔 음모론이라고 믿었다. 《컨티뉴엄》은 HIV가 실존하는지 의문을 제기하기까지 했다. 그들은 HIV 치료제 효능을 인정하지 않는 대신 대체의학 치료법을 홍보했다. 《컨티뉴엄》은 편집부 직원 전체가 에이즈 관련 질병에 쓰러진 뒤인 2001년에 마침내 출판을 중단했다.

《컨티뉴엄》 직원들이 이 믿음의 마지막 피해자는 아니었으며, 수많은 유명 에이즈 부정론자들도 다음 해에 헛되이 죽어갔다. 에이즈 부정론의 해로운 영향은 오늘날까지도 이어진다. 1999년에 남아프리카공화국 대통령이 된 타보 음베키Thabo Mbeki는 남아프리카공화국의 HIV 감염률이 높았는데도 에이즈 부정론자에게 깊이 공감했다. 그는 집권하는 동안 대대적으로 과학적 조언을 무시하고 대신 에이즈 부정론자의 믿음에 힘을 실어주었다. 그는 항레트로바이러스 치료제가 '독'이라고 매도하면서 HIV 양성 환자의 치료제로 허가하지 않기까지 했다. 반향실 논리에 맞춰 음베키 대통령은 보건부 장관으로 자신과 비슷하게 괴이한 믿음을 가진 맨투 티샤바라라-음시망Manto Tshabalala-Msimang을 지명했다. 그는 에이즈 치료제로 아지도티미딘보다 마늘과 비트, 레몬주스를 옹호하면서 괴상한 행동 지침으로 남아프리카 의학계와 남아프리카인들을 깊이 좌절시켰다. 결국 티샤바라라-음시망에게는 '닥터 비트'라는 가시 돋친 별명이 헌정되었다. 음베키 정부의 위험한 정책에 맞서 과학자와 의사 5000명은 2000년에

HIV가 에이즈의 원인이라고 명확하게 밝히고, 남아프리카공화국 내각이 에이즈 부정론자에게 의지하는 행태를 비판하는 더반선언Durban Declaration에 서명했다.

이런 우려는 소귀에 경 읽기였다. 음베키 대통령은 듀스버그를 포함해서 에이즈 부정론자가 압도적으로 많은 과학 자문위원회를 구성했다. 과학 자문위원회는 과학적 동의를 다시 한번 무시했고, HIV 치료법인 항레트로바이러스 치료법 대신 전체론적 의학과 대체의학을 지지했다. 의학적 조언보다 자신과 비슷한 비주류 관점의 손을 들어준 음베키 정부의 완강한 고집은 충격적인 대가를 치렀다. 2008년에 퇴임한 음베키 대통령은 살릴 수 있었던 에이즈 환자 34만 3000~35만 4000명을 사망하게 한 끔찍한 유산을 남겼다.

위 사례는 반향실이 불러올 최악의 위험을 보여준다. 집단의 동의는 현실을 회피할 수 없다. 반향실은 그저 거대화한 체리피킹과 뚜렷한 확증편향이지만, 우리는 모두 스스로 속한 집단에서 이를 계속 경계해야 한다. 사회적 통념이라면 비판적인 시험을 피해서는 안 되며, 진실한 지혜라면 어떤 시험이든 이겨낼 것이다. 반향실은 언제나 골칫거리였지만, 인터넷 시대가 열리면서 이 위협은 더 심각해졌으며, 정보 단편화가 늘어나면서 현대 세계의 양극화가 뒤따르고 있다. 우리는 개인의 믿음이 얼마나 충격적이고 구식이며 위험하든 간에, 개인적 세계관을 정확하게 반향하는 공동체를 쉽게 찾을 수 있는 시대에 살고 있다.

비슷한 믿음을 가진 집단은 사회적 소속감을 부여하겠지만,

구성원이 상반된 증거를 듣지 못하게 막는다면 모두 무익하다. 물론 정보는 외부와 단절된 채 얻을 수는 없으며, 우리가 마주하는 도전을 제대로 인식하려면 정보 자체가 어떻게 전파되는지, 그리고 얼마나 쉽게 왜곡되는지 탐색해야 한다.

17장
가짜여도 좋아

가짜뉴스와 탈진실의 시대

코네티컷주 뉴타운 주민들에게 2012년 12월 14일은 불길하고 고통스러운 날이다. 그날 아침, 스무 살 청년 애덤 랜자^Adam Lanza 는 샌디훅초등학교 정문을 통과했다. 랜자는 방금 아무에게도 들키지 않고 수동식 노리쇠가 있는 라이플총으로 어머니를 처형한 참이었다. 모친 살해 직후, 랜자는 어머니의 부시마스터 라이플총을 챙겨서 무장을 강화했다. 이렇게 훔친 총으로 랜자는 빠르게 학교 문을 통과하는 동시에 총을 쐈다. 랜자가 총구를 자기 머리에 겨누고 방아쇠를 당겼을 때, 그는 이미 예닐곱 살 되는 어린이 20여 명과 학교 직원 6명을 살해한 후였다. 샌디훅의 조용한 마을이 돌이킬 수 없이 변하고 미국 역사상 가장 극악무도한 학교 총기 난사 사건의 현장이 되는 데는 5분도 채 걸리지 않았다.

이 범죄에는 아무 이유도, 목적도, 원대한 계획도 없었다. 그저 깊은 혼란에 빠진 청년의 행동이었고, 그 여파로 나라가 흔들리고 가족들이 엄청난 충격에 빠졌다. 희생자의 몸이 식기도 전에 냉소적으로 자기 잇속만 차리는 전미총기협회는 모든 증거를 부정하고 총기에 접근하기 쉬운 환경은 뒤이은 비극적인 사건과 아무 상관 없다고 주장하며 뒷수습에 들어갔다.* 순식간에 샌디훅은 총기 규제 법률이라는 오래된 논쟁의 대명사가 되었고, 험악한 싸움이 새롭게 시작되었다. 이 같은 사태의 반전은 예상하지 못한 것이었다. 미국은 오랫동안 총기를 두고 양극화된 태도를 고수해왔으며, 새로운 참상이 터질 때마다 논쟁이 일어나곤 했다. 이 대학살극이 격노를 부르리라고 누구도 의심하지 않았다. 그러나 누가 진실로 단전에서부터 끓어오르는 분노를 드러낼지는 아무리 합리적인 사람이라도 예측할 수 없었다. 이들은 바로 희생자들의 유족이었다.

총기 난사 사건이 황금시간대에 보도되자마자 음모론의 톱니바퀴가 기이한 결론을 향해 얽히고설킨 분쇄 작용을 시작했다. 피해망상에 젖은 인터넷 토론장에서는 음모론을 퍼뜨렸고, 항상 그렇듯이 공식 발표를 한마음으로 거부했다. 대신 그들은 진실을 대체할 이야기, 즉 샌디훅 살인자 사건은 날조되었으며,

---

* 전미총기협회의 주장은 거의 확실하게 사실이 아니다. 지금까지 증거는 총기에 접근하기 쉬울수록 실제로 총기가 비도덕적인 목적으로 악용될 위험이 급격하게 증가하며 전체적으로 모두를 위험에 빠뜨린다는 점을 강력하게 보여준다. 이 사실은 총기 접근이 규제되는 대부분 국가에는 새로운 소식이 아니지만 미국에서만은 여전히 논쟁의 대상이다.

총기 규제 법률에의 동조를 끌어내기 위한 노골적인 획책이라는 거짓말을 퍼뜨렸다. 그들에게는 이 모든 비극이 연막이었고, 어리석은 대중을 흔들려는 정교한 계략이었다. 대부분 사람에게는 이 생각이 믿을 수 없을 만큼 괴상해서, 그런 결론에 이를 수 있었던 추론의 비틀린 본질에서 우리 자신을 보호하기 위해 분투해야 했다. 그런데도 샌디훅 총기 난사 사건이 이른바 '거짓 깃발 작전'이라는 믿음은 빠르게 뿌리내렸다.

가짜 유가족이라는 낙인

음모론은 언론 보도가 심하게 흔들리는 순간 탄생했다. 우리가 봐왔듯이 증인의 진술은 종종 충돌하며, 미친 듯이 질주하는 뉴스들 속에서 작은 세부 사항은 훼손되기도 한다. 샌디훅 '진실을 좇는 사람들'은 사소하고 평범한 보고서 오류를 사건 은폐의 증거로 밀어붙였다. 아무리 사소해도 모순이 있으면 진실을 좇는 사람들의 목록에 빠르게 올라갔다. 이들의 빈틈없는 분석은 완벽히 왜곡되었고 이야기는 무수히 많은 구멍을 확연하게 드러냈지만 믿음을 지키기 위해 무시되는 등 확증편향을 보여주는 교과서나 다름없었다. 총기 난사 사건이 일어난 지 이틀 만에 샌디훅 총기 난사 사건이 거짓이라고 주장하는 첫 번째 유튜브 영상이 공개되었다. 수천 명을 이끄는 선봉장이 누구인지 증명하기 위해서였다.

생각이 비슷한 개인들이 모인 집단 전체가 이 모든 것이 헌법 수정 제2조에 새겨진 권리를 빼앗기 위한 사기였다는 증거를 찾아서 미디어를 샅샅이 뒤지기 시작했다. 이런 저질스러운 논리의 전형적인 예시로는 "조련자가 렌자에게 마약을 먹이고 최면을 걸어 렌자가 살인 기계가 됐을 뿐이고, 경제가 붕괴하기 전에 대중에게서 모든 자기방어 수단을 빼앗고 싶어 근질거리는 정권의 핑곗거리가 아닐까?"라고 말했던 오를리 테이츠Orly Taitz 같은 인물을 들 수 있다. 늘 그렇듯이, 언론 보도와 유명인의 지지라는 수상쩍은 각인은 가치의 한계를 넘어서 나쁜 생각을 투사할 수 있다. 라디오 유명 인사이자 음모론자인 앨릭스 존스Alex Jones는 자신에게 헌신적인 200만 명 이상의 관중에게 빈약한 논리를 자세히 설명하면서 이 비열한 역할을 열정적으로 해냈다. 총기 난사 사건이 일어난 지 겨우 닷새 만에 존스의 인기 웹사이트 인포워즈 InfoWars.com는 샌디훅 총기 난사 사건이 "모두 사악한 예비 조건화 과정의 일부"가 아니냐며 의심을 뿌려댔다.*

조사라는 무화과잎으로 가린 비난은 시작일 뿐이었다. 곧 이 주제의 수많은 변주가 흉하게 일그러진 채 인터넷에 등장했다. 그러나 단순한 망상보다 더 걱정스러운 것은 뒤틀린 내부의 논리에서 영감을 받은 독설이었다. '진실을 좇는 사람들'의 주장이 진실이라면 유족들은 최악의 사기꾼이어야 했다. 이 사건이

---

* '그냥 질문해보기just asking questions'는 난폭한 비난 혹은 기이한 추측을 질문으로 위장하는 전략으로, 흔하지만 악의적인 화법이다. 두문자어로 JAQ라고 표기한다.

흘러가는 과정에서 저녁 뉴스에 나온 슬픔을 가누지 못한 부모들은 최대한 위로받아야 할 사람들에서 그저 배우로, 비도덕적인 정부를 대리하는 사기꾼으로 바뀌었다. 이 사기극에 동참한 사람들은 인간이 아니었고 최악의 반역자였다. 진실을 좇는 사람들은 유족에게 '위기를 연기하는 배우'라고 이름 붙였다. 현대 사회판 카인의 징표였다.

유족을 향한 공격이 잇따라 쏟아졌다. 때로는 질문을 가장해서 가장 부적절하고 냉담한 본성을 드러내며 아이가 어떻게 죽었는지 생생하게 세부까지 그려내도록 강요했다. 노골적인 주장과 불안정한 위협은 더 자주 나타났다. 진 로즌Gene Rosen은 그런 목표물 중 하나였다. 총기 난사가 벌어지는 동안 그는 쏟아지는 총탄 속에서도 6명의 학생과 버스 운전기사 1명을 그의 집에서 보호했다. 영웅적인 행적이었음에도 로즌은 정부의 은폐 공작에 연루되었다는 주장 때문에 인터넷에서 맹렬한 괴롭힘을 당했다. 총기 난사 사건으로 딸 에밀리를 잃고 CNN과 인터뷰했던 로비 파커Robbie Parker에게는 '테러 작전'이라는 불길한 이름의 외골수 단체가 파커의 슬픔을 연기라고 단언하고 위협적으로 접근하기도 했다.

이 같은 논쟁은 인터넷에만 국한되지도 않았다. 뉴타운까지 가서 주민들을 비난하며 장광설을 늘어놓은 사람도 있었다. 총기 난사 사건이 나고 며칠 뒤, 랜자의 친척이라고 주장한 사람이 뉴타운에서 찍은 영상을 올리며 마을 전체가 사기라고 주장했다. 유족들에게 악랄한 편지를 보낸 사람들도 있었다. 교사였던 빅토리아 소토Victoria Soto는 학생들을 보호하려 자신을 희생하는 영웅적인 죽음을 맞았다. 그의 죽음 후, 소토의 여동생은 거리에서 죽은 소토의 사진을 그의 얼굴에 던지면서 총기 난사 사건은 없었으며 소토가 존재하지 않는다고 자백하라며 소리치는 사람에게 공격당했다. 2014년 5월, 희생자 그레이스 맥도널Grace McDonnell과 체이스 코왈스키Chase Kowalski를 기리는 기념비가 운동장에서 도난당했다. 이 정도로는 성에 차지 않았는지, 도둑은 맥도널의 부모에게 전화해서 그의 죽음이 사기라고 말했다. 범인은 결국 체포되었고 기념비는 다시 제자리를 찾았다.

수그러들 줄 모르는 광신적인 공격 중에서 가장 지독했던 것은 레니 파즈너Lenny Pozner를 향한 개탄스러운 공격이었다. 끔찍했던 겨울 아침이 오기 전까지, 파즈너의 아들 노아는 사랑하는 아빠와 사진 찍기를 좋아하는 행복한 아이였다. 노아가 죽은 뒤, 이 사진들은 암울한 통계 뒤에 숨은, 돈으로는 메울 수 없는 인적 비용과 총기 규제 논쟁의 강렬한 이미지를 상징하는 가슴 아픈 기념물이 되었다. 샌디훅의 진실을 좇는 사람들은 즉시 거짓말이라고 공격했고 이 사진이 대중의 감정을 조작하기 위해 만들어졌다고 주장했다. 이들 대부분은 노아가 존재하지도 않았다는, 솔직하게 말하면 우스꽝스러운 주장을 지치지도 않고 계속했다. 당연히 이해할 수 없는 이 부정론에 당혹한 파즈너는 뉴타운 유족들이 고통받고 있다는 사실을 무시하는 사람들을 설득하기 위해 노아의 사망진단서를 공개했다. 약간의 연민과 합리성을 바라는 고결한 항변이었지만 완전히 무시되었다. 음모론자답게 진실을 좇는 사람들은 사망진단서가 가짜라고 판단했고, 가장 사적이며 악의적인 독설로 대응했다. 희생자의 부모들은 자녀의 죽음을 조롱하거나 자녀의 존재 자체가 허구라며 맹렬하게 비난하는 이메일, 편지, 전화가 쇄도하면서 숨 막힐 지경이었다. 진실을 좇는 사람들은 이런 비방을 자행하면서도 처벌받지 않아 유족의 영혼을 완전히 부서뜨렸다. "엿먹어라. 레니 파즈너" 같은 제목은 전형적인 유튜브 도입부였고, "#노아 파즈너 #사기 #소아성애자" 같은 태그가 붙었다. 파즈너의 메일함은 다른 많은 뉴타운 희생자들과 마찬가지로 대량의 메일로 가득 찼고, 여기에도 광포한 비방과 과격한 비난이 생생하게 묘사되었다. 가끔은 폭력에 희생되기 전까지 다른 누구를 해친 적도 없는 무고한 아이인 노아를 향한 끔찍한 조롱과 모욕도 있었다.

비난 세례에 뉴타운 주민들은 감탄할 만한 의지로 맞섰다. 희생당한 자녀들을 향한 혼란한 폭력(가끔은 인종 차별과 성적 뉘앙스가 섞여 있기도 했다)에 가장 크게 타격받아 지쳤을 텐데도, 파즈너와 유족들은 HONR를 설립했다. HONR는 "사기꾼의 잔학 행위와 범죄 관련성에 관해 대중의 관심을 환기하고, 세간의 이목을 끄는 비극의 희생자와 유족을 고의로 그리고 공개적으로 중상하고, 괴롭히고, 감정적으로 학대하는 사람들을 필요하다면 형사법 및 민법상으로 기소하는 조직이다. 우리는 법이 허락하는 한 학대자가 자기 행동에 개인적인 책임을 지게 한다"라고 선언했다. 비슷한 이름을 가진 9.11 부정론자처럼, '진실을 좇는 사람들'이라는 접미사는 단어 왜곡이다. 이들은 숨겨진 진실을 찾는다고 주장하지만, 현실은 그저 자신들의 세계관에 맞는 사건 해석의 선전에만 신경 쓴다. HONR은 '진실'이라는 꼬리표를 단 부정론자들을 존중하지 않으며 대신 더 적절한 단어, 사기꾼으로 부른다.

표적이 된 사람들

샌디훅 사건 유족이 견뎌야 했던 두 가지 시련은 음모론자가 아니라면 누구에게나 불공정하고 혼란하지만 반향실 효과가 얼마나 사악해질 수 있는지 알려주는, 정신이 번쩍 들게 하는 전형적인 사례다. 사람들은 언제나 이상한 것을 믿지만, 한 집단이 자신의 믿음에 확신을 가지고 괴롭힘을 정당화하려면 분명한 임계질량(바람직한 결과를 얻기에 충분한 양.— 옮긴이)이 있어야 한다. 샌디훅 사기꾼들은 인터넷 하위문화에서 음모론이라는 도가니를 발견했다. 음모론 집단 속에서 완전히 터무니없는 관점은 반박당하지 않고 오히려 장려받는다. 가장 중요한 비판이 없는 곳에서 구성원들은 오직 앵무새처럼 되돌아오는 자신의 믿음, 비슷한 주장의 합창으로 키운 자동 반복 반응만 듣는다. 이를 이해하려면 정보 출처에 관한 문제적 논쟁을 이해해야 한다. 인터넷은 전세계 정보를 모두 우리의 손가락 아래에 내려놓았다. 그러나 이 자유는 수상한 정보도 아찔한 속도로 전파한다. 그리고 대부분 사람에게는 신뢰할 만한 정보원과 수상쩍은 정보원을 구분할 중요한 기술이 없다.

이는 사소한 문제가 아니며, 이념적 반향실을 찾는 인간의 성향은 이런 문제가 서로에게 영향을 미친다는 뜻이다. 샌디훅 사건 이후 일어난 일은 왜곡된 정보원의 위험을 암울하게 상기시켰다. 언론이 사건을 상세히 보도했지만 음모론자들은 이런 정보원에 '주류 언론'이라는 경멸적인 꼬리표를 붙이고 회피하면서 전면적으로 거부했다. 대신 테이츠나 클라이드 루이스Clyde Lewis 같은 유명한 음모론자가 혐오스러운 주장을 내놓았다. 존스는 특히 총기 난사 사건이 사기였다는 이야기를 영속시키는 데 중요한 역할을 했으며, 이 주장은 그의 인기 있는 거대한 사이트 인포워즈의 중심 교리가 되었다. 이 글을 집필하는 동안 HONR는 명예훼손 혐의로 존스를 법정에 세우는 데 성공했고, 존스는 기피인물로 낙인찍히며 주요 소셜미디어들이 플랫폼으로서의 그를 부인하는 지경에 이르렀다. 그러나 본질적으로 전통적인 정보원을 불신하는 사람은 많고, 얼마나 터무니없든 혹은 쉽게 거짓이 폭로되든 간에 이런 믿음을 축출하는 일은 불가능에 가깝다. 이런 환경에서 신봉자들은 고통받는 사람들을 괴롭히는 일이 괜찮을 뿐 아니라 존경받을 만하다며 서로를 안심시킨다.

문제는 이런 미심쩍은 정보원이 빠르게 자가 방음되는 반향실로 바뀌며, 구성원들이 땅에 발붙이고 서 있도록 도울 현실이 침입하기 어렵게 만든다는 점이다. 이런 환경에서는 가장 끔찍한 주장이 통합적인 복음으로 둔갑하며, 제일 개탄스러운 행동이 칭찬할 만한 행동으로 바뀐다. 이런 현상은 샌디훅 진실을 좇는 사람들에게만 나타나지 않는다. 백신 반대 운동부터 달착륙 음모론까지, 모든 음모론의 그늘에는 비슷한 집단이 존재한다. 음모론의 도가니는 정치 담론에도 존재하며 우리가 스스로 선택한 편향이 인식을 왜곡한다. 확언하는 정보원은 할 수 있는 모든 사회적 위로를 주지만, 이런 정보원은 장기적으로, 특히 정신 건강이라는 측면에서 가장 피해가 크다.

수상한 첩보원들의 비밀 결사가 공동체 구성원의 모든 움직임을 미행한다고 확신하는 온라인 단체인 '표적이 된 사람들Targeted Individuals'의 규모가 점점 커지는 것이 전형적인 예다. 표적이 된 사람들은 머릿속에 울리는 사악하고 혼란스러운 목소리가 증거라고 주장한다. 이들은 이 불쾌한 경험의 원인이 자신들이 '에너지 무기'를 가진 비밀정부의 음모 희생자이며, 정신 지배 실험에 희생된 실험용 쥐였기 때문이라고 주장한다. 표적이 된 사람들 단체는 최근 몇 년 동안 거대하게 몸집을 부풀렸고, 지지자들과 함께 정부가 이 가상의 무기를 사용하는 것을 막는 공식 단체인 마인드저스티스Mindjustice.org를 설립하기까지 했다. 유튜브와 인터넷에는 집단 스토킹이 대규모로 자행된다고 주장하는 계정이 여럿 있다.

슬프지만, 이런 현상을 더 평범하게 설명하자면 망상과 편집형 조현병이 원인이라고 할 수 있다. 여전히 연구가 부족하나 로렌 셰리든Lorraine Sheridan과 데이비드 제임스David James 같은 과학자들은 집단 스토킹의 표면적인 사례에서 심각한 망상장애를 발견했다. 이들에게 진료받으라는 조언은 헛수고다. 집단 스토킹 단체는 구성원에게 정신 건강 전문의를 만나면 안 된다고 주장한다. 가장 비극적인 일은 사이비 집단이나 다름없는 이 단체가, 심리적인 문제가 원인이라고 주장하는 가족은 속임수를 쓰는 중이니 신뢰하면 안 된다고 주장한다는 점이다. 이런 생각을 강화하는 인터넷 사이트가 너무나 많은 것도 문제의 상당 부분을 차지한다. 셰리든은 "집단 스토킹 구성원에게 그들이 망상장애라고 알려주는 반박 사이트가 없다. 이들은 폐쇄된 신념의 반향실에 갇히는 결말을 맞는다"라고 한탄했다.

고통받는 사람들은 망상을 강화하는 전용 공간과 완벽하게 자가 차단되는 소규모 집단에 모여든다. 이들은 심리 치료가 필요하다는 사실을 완강히 부정하며 이는 비극으로 끝날 수도 있다. 2014년 11월 20일, 뉴멕시코주 검사 마이런 메이Myron May는 플로리다주립대학교 도서관으로 들어가 무차별로 총기를 난사해서 경찰과 교전 중에 사망하기 전까지 3명을 쓰러뜨렸다. 메이는 사망하기 직전에 유튜브에 유서를 올렸는데, '표적'이 되어서 극도로 괴로웠으며 '표적이 된 사람들' 단체가 주목받도록 총기 난사 사건을 저질렀다고 했다. 불과 1년 전에는 에런 알렉시스Aaron Alexis가 워싱턴 해군조선소에서 총기를 난사해서 12명이 사망하고 3명이 다쳤다. 대학살극을 벌이기 전에 알렉시스는 표적이 되어 '극저주파 전자기파' 공격을 받고 있다고 호소했다. 정신증 환자 대부분은 절대로 폭력 성향을 보이지 않지만, 정신 건강 문제에 도움이 필요 없다고 여기는 환자 조력자 집단이 쓸모없다는 사실은 명백하다.

이 문제에서 가장 곤란한 부분은 정보원과 우리의 편향이다. 인터넷은 원칙적으로 다양한 범주의 정보를 보여주지만, 확증편향이라는 인간의 성향은 추론의 결함에 도전하기보다는 기존의 믿음을 강화하는 이야기를 선택한다. 이런 동향에 정통한 사람은 사람들의 편견을 충족해주고, 듣고 싶어 하는 말을 정확하게 해주면서 엄청난 이익을 얻는다.

극단적인 당파주의 웹사이트의 위험을 생각해보자. 우리는 스펙트럼의 양극단 중 하나를 선택할 것이다. 자유주의 사회liberal society는 "와우, 텔레비전 생방송에서 트럼프를 짐승처럼 도륙하는 샌더스. 트럼프 머리에서 연기가 치솟네요" 같은 제목으로 낚시하는 것이 특징이다. 좌파로 기운 유권자들의 시선을 끌려는 의도가 명확하다. 스펙트럼의 다른 끝에는 보수주의101conservative 101이 우파 진영에 호소하려 터무니없는 전제를 악용하면서 "낸시 펠로시 하원 의장이 연설 중 멘붕이 와서 한, 경력에 길이 남을 미친 말"처럼 과장된 제목을 붙인다. 겉보기에 두 사이트는 이보다 더 다를 수 없다. 따라서 두 사이트 모두 플로리다주의 한 회사가 만들었다는 사실은 놀랍기도 하다. 2017년에 버즈피드연구소는 이 글 중 몇몇은 제목과 각자의 청중에게 정치적 발화를 부추기도록 선택된 단어 몇 개를 제외하면 거의 비슷하다는 사실을 발견했다. 이유는 그저 이익 때문이었다. 극단적 당파주의 글들은 대부분 소셜미디어에서 공유되며, 감정적으로 쓴 글일수록 더 많이 공유된다. 걷잡을 수 없이 늘어나는 공유로 광고 범위와 모회사의 이익은 커진다. 대부분은 전통 뉴스 미디어에서 그대로 베껴온 글이며, 공유 가능성을 높이기 위해 자기 독자들의 관점에 맞게 변형한다.

슬프게도 이런 일은 아주 흔하다. 2016년 《뉴욕타임스》는 "뉴스 피드에서 배타적으로 독자들에게 선택받기 위해 독특한 관점으로 영리하게 제작해서 페이스북에 특화된 정치 뉴스와 지지 글"이 진실과의 연결성은 매우 불안정한데도 정치 전투의 주요 정보원이라는 사실을 발견했다. 물론 예상하지 못한 결과는 아니다. 지금껏 살펴보았듯이 사람들은 이념적 반향실을 찾는 것을 매우 좋아하며, 사람들의 편견을 확인시켜줄 자본은 아주 많다. 이런 사이트에서 장황한 제목과 감정적인 과장법이 난무하는 것도 우연이 아니다. 이들이 내놓는 상품은 분노이며 이는 전투로 이어진다. 이들은 미화된 분노의 기계로, 분노에서 이익을 얻어내도록 설계되었다.

정치적 양극화를 이용해서 이익을 얻는 태도는 대단히 이기적이지만 기득권이 손쉽게 정보원을 조작하거나 예상치 못하게 기만하는 상황은 더 조심해야 한다. 2016년 미국 대통령 선거 당시, 러시아 정보 요원들은 인터넷에서 힐러리 클린턴에 대한 극단적인 당파주의적 허위정보를 뿌려댔다. 목표물이 드러난 것과 별개로, 반클린턴 선전이 정치 스펙트럼에서도 수용적인 대중을 겨냥했다는 사실이 조사 결과 드러났다. 과격한 알트라이트를 표적으로 삼은 선전 정책이 대다수였지만, 좌파를 목표로 삼아 클린턴과 트럼프의 등가성을 거짓으로 선전해서 '힐러리 반대!' 라는 구호 아래 모인 좌파 중 어리석은 일부를 유용하게 이용하려는 정책도 눈에 띄었다.

끔찍하게도, 서로 다른 듯 보이는 이야기들은 러시아 정보국에서 지휘했으며 클린턴의 선거운동을 방해하려 조작한 것이었다. 2015년 《뉴욕타임스》 조사 결과를 보면, 실제로 러시아 트롤 군대는 소셜미디어에서 트럼프를 지지하는 미국인인 척하면서 반민주당 음모론을 퍼트렸다. 2016년에 CIA는 러시아가 대선에 개입했다는 명백한 증거를 찾아냈고, 2017년 1월에 미국 정보 기관 연합은 러시아가 블라디미르 푸틴Vladimir Putin의 지시를 받아 대규모 사이버 작전을 수행했다고 보고했다. 러시아 기관이 클린턴의 신뢰도를 떨어뜨리고 트럼프에게 유리하도록 미국 대선에 개입했다는 냉혹한 결론이었다. 러시아는 목표를 이루기 위해 민주당을 해킹하고 소셜미디어와 러시아가 통제하는 뉴스 플랫폼에서 폭넓은 선전 활동을 계속했다. 특히 러시아 텔레비전 채널인 RT 아메리카는 크렘린으로 연결되는 '통신 기관'으로 지목되었다.

이 글을 집필하는 지금도 스캔들은 여전히 밝혀지는 중이며 이 파문이 어디까지 갈지도 알 수 없다.

가짜뉴스는 진실보다 빠르다

러시아의 허위정보 장악력은 놀랍지 않다. 허위정보의 역사는 오래됐지만, 허위정보의 산업화는 언론과 매스커뮤니케이션의 현대화와 함께 진행되었다. 허위정보dezinformatsiya 단어의 어원에는 역사가 반영되어 있는데, 제2차 세계대전의 서곡으로 유럽에 퍼져나간 선동을 가리키는 이 단어는 각각 러시아와 영국에서 독립적으로 생겨났다. 재빠르게 잠재력을 깨달은 러시아는 1923년에 KGB의 전신인 게페우GPU에 전담 부서를 설치했다.

　해당 부서는 빠르게 소비에트연방 정보국의 핵심이 되었으며, 1950년대에 KGB가 탄생할 무렵에는 정쟁의 기술인 '활동 조례' 정책의 필수 구성 요인이 되었다. 활동 조례의 소관은 범위가 넓었고 언론 조작, 위장 단체, 위조문서, 필요하다면 암살까지 포함했다. 이 부서는 소비에트연방 정보국의 심장이 되었다. KGB 소속 올레크 칼루긴Oleg Kalugin 소장은 "정보국 산하 기구는 아니지만 서구사회를 약화하고, 다양한 서구 공동체 동맹, 특히 나토NATO에 분열을 일으키며, 동맹국 사이에 불화를 조장하고, 유럽과 아시아, 아프리카, 라틴아메리카의 눈에 비치는 미국을 약화해서 전쟁이 정말로 일어나는 상황을 대비하는 등 체제전복 활동을 한다"라고 설명했다.

　냉전이 이어지는 동안 소비에트연방은 동맹국 사이에 긴장을 조성하는 고도의 기교를 선보였다. 흑색선전에 뛰어났고, 상대편에게 피해를 주는 사건을 조작하며, 선동을 폭넓게 일으켰다. '넵튠 작전'은 1964년에 유명한 서구 정치인들이 나치를 지지했다고 암시하는 위조문서를 활용하려던 공동 작전이었다. 이 작전은 위조라는 사실이 빠르게 밝혀졌지만 다른 계책들은 성공했다.

허위정보의 주요 표적은 당연하게도 미국이었다. 흥미롭게도 미국은 선동 정책에서는 한참 뒤떨어졌다. 러시아의 공작은 대체로 미국에서는 무산되었지만, 1980년에 미국 정부가 아파르트헤이트(남아프리카공화국의 인종 차별 정책.—옮긴이)를 지지했다고 대통령 문서를 위조했을 때를 기점으로 달라졌다. 이 거짓 주장은 미국 언론의 주의를 끌었고, 너무나 끔찍했던 탓에 당시 지미 카터Jimmy Carter 미국 대통령은 CIA에 러시아 허위정보를 조사하도록 명령했다. 뒤이어 발표된 보고서는 러시아가 전 세계에 뿌린 거짓 공작의 증거를 충분히 확보했으며, 여기에는 미국이 자신의 동맹국에 핵무기를 사용하리라는 위조문서도 포함되었다. 그러나 이 보고서는 러시아의 공작을 멈추지 못했다. 당시 레이건 대통령이 연임을 결심했을 때, KGB 의장 유리 안드로포프Yuri Andropov는 지부에 상관없이 모든 KGB 외국 정보국 요원은 반드시 활동 조례에 참여하라고 명령했다. 1983년에 KGB는 미국에서 활동하는 정보원들에게 레이건의 재선을 막으라고 지시했고, 전 세계 지부에 "레이건이 당선되면 전쟁이다"라는 구호를 퍼뜨리게 했다. 소비에트연방 정보국은 최선을 다했지만, 레이건은 압도적인 승리를 거두며 재선되었다.

이 실패로 소비에트연방은 중요한 사실을 깨달았다. 노골적인 방해는 어렵지만 상대방의 신뢰를 약화하는 작업은 훨씬 더 활동하기 쉬웠다. 음모론은 강력한 무기였으며, KGB는 정교한 음모론 서사를 동조적인 집단에 퍼뜨렸다. 이 작전의 범위는 KGB 기록 보관 담당자 바실리 미트로킨Vasili Mitrokhin이 1992년에 영국에

망명하면서 드러났다. 미트로킨의 기록 보관소는 소비에트연방 정보국이 영리하게도 저항 집단을 이용해 이야기를 심어서 대중 여론을 움직인 방식을 알려준 정보의 보물 창고였다. 특히 인기 있었던 시리즈는 당시 케네디 미국 대통령이 CIA나 부유한 은행가들에게 암살되었다고 주장한 소문이었다. 당연하게도 이 이야기는 음모론 집단이 과장된 증거나 거짓 증거로 조작했으며 지금도 다양하게 변형되어 돌아다닌다. KGB는 미국의 어려움을 자신들의 기회로 여겼고, 미국의 인종 갈등을 발 빠르게 활용했으며, 루서 킹 주니어 목사가 미국 정부의 '엉클 톰' 요원이었다고 거짓 주장을 했고, 킹 목사가 암살되자 CIA의 짓이라는 주장을 이어갔다. 내부적 일관성은 상관없었고, 그저 불화의 씨앗을 뿌리는 일이 가장 중요했다.

KGB는 수용적인 대중에게 수돗물 불소화는 대중의 마음과 인구를 통제하려는 정부의 음모라고 주장했으며, 이 주장도 여전히 대안 단체에서 통용된다. 이 모든 것 중에서도 가장 매혹적인 역설은 음모론에 집착하는 집단이 허구를 퍼뜨리도록 착취당하면서도 자기들이 진짜 현실의 거대한 음모에서 유용하게 이용당하는 멍청이가 됐다는 사실을 전혀 모른다는 점이다.

아마도 소비에트연방 정보국이 시도했던 가장 비도덕적이며 모두에게 피해가 극심했던 작전은 에이즈가 인간이 만든 바이러스이며 미국 정부가 '바람직하지 않은' 인구를 통제하려 만들었다고 주장한 '감염작전INFEKTION'일 것이다. 앞서도 이 음모론을 언급했지만 정확하게 어떻게 전파되었는지 부연할 필요가 있겠다. 최초의 시도는 1983년으로, 친소련 인도 일간지가 '유명한 미국 과학자'에게 익명의 제보를 받았다면서 에이즈가 포트 데트릭Fort Detrick의 극비 생물 무기 연구실에서 개발되었다고 주장했다. 이 기사는 무시되었고, 소비에트연방 정보국은 정보원의 신뢰도가 낮다는 문제점을 깨달았다.

해결책을 마련한 소비에트연방 정보국은 에이즈 위기가 심각해지던 1985년에 이 이야기를 다시 흘리면서, 이번에는 은퇴한 생물물리학자 야콥 시걸Jakob Segal의 이름으로 유사 과학 보고서를 같이 퍼트렸다. 이 보고서는 에이즈 바이러스가 다른 레트로 바이러스인 VISNA와 HTLV-1을 합성한 바이러스라고 주장했다. 더 나아가 시걸은 군부가 죄수들에게 바이러스를 실험했으며, 이 과정에서 바이러스가 전파되었다고 말했다. 동독인이었던 시걸은 공산당 소속임을 숨기려 프랑스인으로 위장했다. 이 작전은 목표했던 효과를 나타냈다. 1987년에 이 내용은 80개국 이상에서 주로 좌익 언론 출판물에 30여 개 언어로 보도되었다. 섬세하게 계획한 패턴을 따라 정보가 유포되었다. 이 이야기는 소비에트연방 외부에서도 발표되기 시작했으며, 나중에는 소비에트 언론에도 타국의 연구 결과라며 보도되었다. 에이즈가 어떻게 아프리카에서 만연하는지 설명하기 위해 모스크바 라디오 방송은 자이르에서 실시한 백신 프로젝트가 사실은 고의로 아프리카인을 에이즈에 감염시키려는 시도였다고 주장했다.

'감염 작전'은 최소한 처음에는 성공했다. 미국을 향해 격렬한 항의가 일어났을 뿐 아니라 러시아의 화학 및 생물 무기 개발에서 관심을 돌리는 데 성공했다. 그러나 이 작전이 정보국의 성공이었을지는 몰라도 실용적인 측면에서는 실패작이었다. 문제는 정보국이 현실에 신경 쓰지 않았다는 데 있었다. 에이즈는 현실이고 러시아는 면역력이 없었다. 1980년대 중반이 되자 HIV는 러시아를 무너뜨리기 시작했고, 소비에트연방 바이러스학자들은 신속하게 미국의 동료에게 도움을 청했다. 그러나 외교 채널을 통해 돌아온 대답은 명확했다. 허위정보 작전을 멈추지 않는 한 도움받을 수 없었다. 미하일 고르바초프Mikhail Gorbachev 정권은 처음에는 미국이 허위정보를 폭로하려는 시도를 막으려 했지만, 결국 문제를 파악하고는 1987년에 '감염 작전'을 공식적으로 중단했다. 1992년에 러시아 수상 예브게니 프리마코프Yevgeny Primakov는 사과했고, 미국에 불화의 씨앗을 심으려 KGB가 이야기를 날조했음을 인정했다. 슬프게도 소문은 일단 뿌리내리면 돌연변이를 일으키면서 최초의 제약을 넘어 성장하며, 앞서 살펴봤듯이 에이즈 부정론은 지금도 생생하게 살아 있다.

누구의 말도 맹신하지 말라

소비에트연방의 **허위정보**는 연방의 소멸과 함께 눈에 띄게 줄었지만, KGB 요원이었던 푸틴이 권좌에 올라섰다는 사실은 이런 조치가 또다시 정책이 될 수 있다는 뜻이다. 《러시아 투데이Russia Today》 같은 러시아 국영 언론은 사실상 선전 채널이지만, 더 최근에 게페우는 블로거를 고용해서 포럼과 웹사이트에 서구를 비난하고 푸틴을 지지하는 글을 올리며 허위정보를 심는 '트롤 공장'을 만들었다. 2014년 러시아의 크림반도 합병 여론을 급격하게 완화하고, 반키이우 정서를 산업화 규모로 드러내며, 당시 오바마 미국 대통령과 나토를 비판하는 글을 게시한 것이 상트페테르부르크의 트롤 공장이다.

푸틴의 전복 작전 효율성은 틀림없이 긴 토론 주제가 되겠지만, 동시에 분명히 실재하는 수상쩍은 정보원의 위험을 상기시켜준다. 상대방을 무너뜨리려는 러시아의 시도는 대서양 저편으로만 국한되지 않는다. 러시아의 분할정복 전략은 미국을 넘어 2017년 프랑스 총선과 독일과 스웨덴의 반이민 정서를 부추기는 운동에도 영향을 미쳤다. 게페우의 사이버 부대가 비슷한 전술로 2016년 유럽연합 브렉시트 국민투표에 개입했다는 증거도 있다. 그저 오래된 기술을 새로운 도구로 시행하고, 소셜미디어를 활용해서 냉전 시대보다 수상한 믿음을 더 쉽게 전파한다는 정도가 다를 뿐이다.*

정치적 의도든 이익을 얻으려는 낚시글이든, 우리가 마주치는 세계 뒤편에는 기득권과 비밀 계획이 숨어 있다. 세상이 얼마

---

* 이 분야에서 러시아가 선두주자임은 분명하지만 다른 국가들도 뛰어들고 있다. 2000년에 《뉴욕타임스》는 CIA가 거짓 이야기를 신문에 실어 이란 정치에 개입하려 했다고 주장했다. 레이건 정부가 통치하던 1986년에는 미국이 허위정보로 리비아 통치자 무아마르 카다피^{Muammar Gaddafi}를 무너뜨리려 했고, 미국 국무부 대변인 버나드 캘브^{Bernard Kalb}가 이 전술에 대한 항의의 표시로 사임했다.

나 만족스럽든 혹은 충격적이든 간에, 정보를 서둘러 공유하기 전에는 사실인지 확인해야 한다. 다행스럽게도 사실을 확인할 정보원은 여러 곳에 있다. 스노프스닷컴^{www.snopes.com}처럼 오래된 웹사이트는 다수의 공인된 범죄자들을 예의주시하고 있으므로, 방문한다면 증거가 부족한 공유 글의 피해를 막을 수 있다. 온라인에는 사실을 확인할 정보원 사이트가 늘어나고 있으며, 대체의학 주장부터 정치 소문까지 모든 것을 다룬다.

오보를 전하는 매개체가 되어 스스로를 속이지 않으려면 "누구의 말도 곧이곧대로 믿지 말라"는 영국 왕립협회의 좌우명을 새기도록 한다. 감정을 울리거나 분노를 유발하는 주장을 단순히 받아들이는 대신, 수용하기 전에 모든 주장의 진실을 확인할 책임은 우리에게 있다. 사실 우리는 생각보다 언론에 더 쉽게 흔들린다.

18장
나쁜 인플루언서

이익에 따라 움직이는 사람들

건강 및 라이프스타일 작가 벨 깁슨Belle Gibson의 몰락만큼 극적인 사건도 드물다. 2015년까지 이 젊은 호주 작가는 영감을 주는 사람이자, 전통 의학 치료를 거부하고 대체의학과 자연요법으로 다발성 암을 극복한 젊은 여성이었다. 절망적인 예후를 들었어도, 암이 혈액부터 뇌, 자궁까지 전이되었어도 깁슨은 굴하지 않고 맞섰고, 결연하게 살아남았다. 뇌졸중으로 고통받았고, 수술대 위에서 잠시 숨이 멎기도 했지만 전담 치료팀의 비관적인 예측을 무시했다. 결국 상상할 수 있는 모든 가능성을 이겨내고 깁슨은 완벽히 회복했다.

죽기 직전에 놀라운 반전을 보여준 깁슨은 희망의 상징이 되었고, 그는 유명 인사로서 입지를 굳혔다. 수십만 명의 팔로워는 그의 회복에 크게 기뻐했고, 놀라운 소식은 전 세계에 널리 보도되었다. 《엘르Elle》나 《코스모폴리탄Cosmopolitan》 같은 매체에 인터뷰가 실렸고 특히 《코스모폴리탄》은 깁슨을 '올해를 빛낸 여성'으로 꼽았다. 이후 출시된 깁슨의 앱 '웰니스'와 건강 요리책 《완벽한 식품저장실Whole Pantry》은 큰 기대를 모았다. 출판사들이 그의 차기작 저작권을 얻으려 앞다투어 몰려들었고, 애플은 캘리포니아에서 열리는 아이워치 런칭 행사에 그를 초대했다. 아이워치는 그의 앱 웰니스를 탑재한 덕분에 매출이 100만 달러(한화 약 13억 원) 이상 늘어났다.

그러나 영감을 주는 깁슨의 이야기는 수많은 균열 위에 유약을 덧바른 것이었고, 얼마 안 가 이 사실은 명백하게 드러났다.

첫 번째 경고음은 자선기금 횡령이었다. 깁슨은 자선가로 행세하면서 종종 자신이 모은 엄청난 자선단체 기금에 대해 무심하게 말하곤 했다. 2014년 후반에 조사를 시작한 페어펙스 미디어는 깁슨이 자선단체 다섯 곳의 이름으로 기금을 모았지만, 정작 이들은 한 푼도 받지 못했다는 사실을 발견했다. 또 다른 두 자선단체도 이름을 도용당했지만 기부 금액은 깁슨의 주장과 달랐다. 깁슨은 30만 호주달러(한화 약 2억 6000만 원)를 기부했다고 자랑했지만 실제로는 7000호주달러(한화 약 600만 원)였고, 그나마도 대부분 조사 이후에 기부한 액수였다.

횡령은 시작일 뿐이었다. 의혹은 빠르게 쌓였고 깁슨의 후광은 순식간에 퇴색했다. 처음에는 깁슨의 기적적인 회복을 의심하지 않았지만 이조차 회의적으로 보는 사람이 생겨났다. 심문에서 깁슨은 주치의 이름을 말하지 않았다. 어쩌면 말할 수 없었는지도 모른다. 그보다 더한 문제는 깁슨에게 수술 자국이 없었고, 간단한 심문에서도 이야기의 세부 내용이 무너지기 시작했다는 점이었다. 처음에 깁슨은 미지근하게 반응하면서 오진 가능성을 주장했다. 그러나 거짓말의 징후가 쌓여가고 증거가 많아지면서 형사 고발 가능성까지 드러나자 2014년 12월, 깁슨은 자신의 이야기가 모두 거짓이라고 자백했다. 암에 걸린 적도 없었고 기적적인 치유도 없었다.

예상대로 배신에 대한 격렬한 반응이 뒤따랐다. 깁슨의 사례가 보여주듯이, 당신을 높은 자리에 올려주었던 사람들이 가장 먼저 당신을 끌어내리기 마련이다. 깁슨을 칭송했던 바로 그 매스컴이 그의 사기 행각에 순수한 분노를 드러냈다. 그러나 애초에 깁슨을 성스러운 존재로 떠받들지 않았더라면 그들의 분노가 훨씬 설득력 있었을 것이다.

비판적인 의식 없이 아첨만 하는 칭송이 없었더라면 깁슨은 주류 사회의 영웅이자 B급 유명인이 아니라 그저 비슷한 신념을 가진 반향실에서 건강 이야기를 팔아먹는 또 하나의 괴짜로만 남았을 것이다. 깁슨의 사례는 탐욕과 오만, 자만심에 관한 이야기지만 비판할 줄 모르는 언론이 돕고 사주한 이야기이기도 하다. 기자들은 영웅 서사를 깁슨에게 투사해서 이야기를 부풀리면서도 피상적인 질문조차 하지 않았다. 처음부터 나쁜 과학이라는 경고음이 들렸지만 깁슨을 보도하는 언론 그 누구도 사실 확인을 하지 않았다. 《코스모폴리탄》 기자 로런스 샘스Lauren Sams는 "암은 너무나 소모적이고, 재앙이나 다름없는 최후의 질병이라 누구든 진단명을 물었으면 완전히 악당으로 보였을 것"이라며 자신이 쓴 칭송 일색의 기사를 변명했다. 그러나 책임을 면하기에는 궁색하다. 깁슨의 병에 관해 더 자세히 묻거나 주치의를 인터뷰하겠다는 요구는 그다지 잔혹하지 않다.

언론이 이런 질문을 하지 않은 이유는 깁슨이 시장성 있는 전형적인 사례였고, 완고하고 진부하지만 소셜미디어에서 널리 공유될 영감을 주는 인물이었기 때문이다. 요약하자면 깁슨은 차기 유명인이었다. 여기에는 유명인의 영향력과 대중 인식에 관한 미묘하지만 중요한 사실이 있다. 깁슨의 말은 잘 팔리는 이야기에 딱 들어맞았다. 그러나 깁슨을 주류 인사로 끌어올린 언론이 꼼꼼하게 사실을 확인하지 않았다는 부분은 간과할 수 없다. 속임수가 드러나기 오래전부터 경고음은 이미 울리고 있었다. 자궁암 백신 가다실 덕분에 암이 줄어들었다는 깁슨의 엉터리 주장은 커다란 경고신호였다. 게다가 깁슨은 전통 의학인 항암 치료를 명확하게 거부했고, 자연스럽지 않다며 비난했다. 대신 깁슨은 과일 식단, 아유르베다 요법, 두개천골요법, 장세척, 거슨요법(최초의 자연 암 치료법으로 유기농, 채식, 생주스, 커피 관장, 자연 영양보충제를 기본으로 한다.—옮긴이)으로만 치료했다. 모두 암에 대한 효능이 입증되지 않은 유사 과학이다.

의문을 품지도 않은 긍정적인 보도는 이 모든 경고를 무시하고 위험한 거짓 주장을 지지했다. 당연히 많은 사람이 깁슨의 사기에 기겁했다. 하지만 깁슨이 환자들에게 해왔던 무시무시한 의학적 조언과 이 위험한 조언을 비판 없이 방송한 언론이 훨씬 더 걱정스럽다. 깁슨의 주장이 비윤리적인 이유는 주류 의학의 암 치료법을 무시하면서 대체의학 치료법과 자연 식단을 선호하기 때문이다. 이는 정확하게 깁슨이 설파했던 요법이며 더 나아가 수많은 출판물이 이 치료법을 선전했다. 깁슨이 이 치료법으로 나았다는 증거가 거의 없다는 점을 생각하면, 그가 정말 암 환자였더라도 개탄스러운 일이다.

21세기판 뱀 기름 장수들

깁슨은 전혀 특별하지 않다. 유사 과학적 대체의학이나 식단의 장점을 격찬하면서 기꺼이 이익을 얻는 사람은 수천 명이나 있다. 급성장하는 '건강' 산업계의 범주는 조금 모호하며, 체중 감량 요법부터 스파, 대체의학까지 온갖 것을 아우른다. 전체적으로 4조 2000억 달러(한화 약 5조 6000억 원) 규모의 산업으로 전 세계 제약 산업의 약 네 배에 이른다. 제약업계와 다르게 이들 대부분은 효능이 있다는 증거가 없지만, 대체의학만 합산해도 규모가 3600억 달러(한화 약 4900억 원) 이상이다. 전체론적 의학의 마음/몸/영혼의 건강이라는 애매한 신세대 '건강' 개념을 믿는 지지자들은 단순한 '자연' 철학을 적극적으로 지지하며, 이미 허위임이 폭로된 대체의학 치료법과 이론을 폭넓게 수용한다. 지지자들이 내세우는 주장은 허구일 수 있지만, 언론의 주목은 충분하게 받는다. 선의를 가졌으나 잘못 이해한 사람도 일부 있으며, 이들은 반대 증거가 충분해도 자신들이 판매하는 치료법이 효과적이라고 진심으로 믿는다. 나머지는 그저 도덕적으로 비열하며 쉽게 속는 사람들에게 뱀 기름을 파는 사기꾼이다.

인터넷에는 건강을 추종하는 집단이 수없이 많으며, 넋을 잃은 청중에게 허튼소리를 전하는 전문가도 함께 있다. 이 중에는 비판적 사고력이 없어서 걱정스러운 자칭 전문가도 있다. 바니 하리Vani Hari는 '푸드 베이브the Food Babe'라는 이름으로 활동하며 식품 안전에 관한 거짓 주장으로 이익을 얻는다. 때로 의도하지 않은 우스꽝스러운 상황이 벌어지는데, 특히 그가 2014년에 비행기 기내 공기는 순수한 산소가 아닌 질소가 '거의 50퍼센트'라서 위험하다고 주장한 것을 예로 들 수 있다. 고등학교를 졸업한 독자라면 실제로 대기의 78퍼센트는 질소이며, 순수한 산소는 우리에게 돌이킬 수 없을 상해를 빠르게 입힌다는 사실을 기억할 것이다. 이 엄청난 실수는 거만하게 주제를 논하는 하리의 무지와 구글 검색조차 하지 않는 만성적인 게으름을 전형적으로 보여준다.

디지털 건강 전선에 푸드 베이브만 있지는 않다. 내추럴뉴스닷컴naturalnews.com은 이 시장의 축소판으로 미심쩍은 영양보충제부터 대체의학, 거창한 음모론 선동까지 온갖 대안 주장들이 모인 포털 사이트다. 이 사이트의 설립자 마이크 애덤스Mike Adams는 역설이나 자아 인식에 관한 힌트가 전혀 없는 '헬스 레인저'라는 필명을 사용한다. 대체의학 분야의 다른 정보원처럼 내추럴뉴스닷컴은 최상의 의학 증거에 관한 주장이 극단적으로 적고, 사실에 비해 거짓의 비율이 엄청나게 높다. 양호하고 유익한 공중보건 정책을 음모론이라고 비난하면서 악마화하는 일은 이 분야에서는 흔히 볼 수 있으며, 내추럴뉴스닷컴도 예외는 아니다. 오래전에 허위로 판명된 주장들의 예상 시나리오와 불안감을 조성하는 유언비어가 만연하며, '백신이 자폐를 유발한다'라는 주장부터 '나치는 정신을 통제하는 데 불소를 활용했다'까지 사례는 다양하다. 이런 소문은 끈질기게 이어지며 현실의 침입에도 휘둘리지 않는다.

당연하게도 주류 의학에는 의심의 눈길을 던지며, 우스꽝스럽고 근거가 빈약한 '거대 제약회사' 음모론은 정기적으로 나타난다. 다른 곳과 마찬가지로 내추럴뉴스닷컴도 온갖 거짓 암 주장과 노골적인 허위정보의 근거지다. 배우 패트릭 스웨이지Patrick Swayze가 췌장암으로 사망하자, 애덤스는 "최근 약이나 항암 화학요법으로 살해당한 다른 유명인과 마찬가지 사례다"라고 말하면서 암 치료법에 대해 놀라운 무지를 드러내는 개탄스러운 발언을 했다.* 애덤스는 음모론이 어디에나 숨어 있다고 말한다. 건강 문제에 관한 애덤스의 주장에 덧붙여서 그는 에이즈 부정론자이며, 9.11 진실을 좇는 사람들이자 오바마 버서 운동가이기도 하

---

* 스웨이지는 뱀 기름을 용납하지 않았다. 사망 직전의 인터뷰를 보면 그는 자신에게 접근했던 사기꾼들에게 짜증을 드러냈다. "많은 사람이 내게 맹세한 것처럼 정말 치료법을 알고 있다면, 둘 중 하나다. 대단한 부자가 되었거나 굉장히 유명할 것이다. 그게 아니라면 입 좀 다물었으면 좋겠다." 우리는 모두 스웨이지에게 환호해야 한다.

다. 아마 당연하겠지만 애덤스는 유전자 변형 식품을 강력하게 반대하며 현재는 유전자 변형 식품 연구자에게 위협적인 폭력을 행사한 혐의로 조사받고 있다.

애덤스를 어디서나 암울한 측면만 찾는 편향론자로 무시하고 싶겠지만, 내추럴뉴스닷컴의 강렬한 매력을 과소평가할 수는 없다. 내추럴뉴스닷컴은 2015년 한 달 동안 700만 뷰라는 독특하고 인상적인 숫자를 기록했고, 사이트에 나온 이야기는 널리 전파되었다. 결코 무시할 만큼 적은 수가 아니지만, 웹에서 가장 큰 자연-건강 사이트는 아니다. 가장 큰 자연-건강 사이트라는 미심쩍은 탁월함은 조셉 머콜라Joseph Mercola의 헛소리 제국, 머콜라 닷컴mercola.com의 몫이다.

많은 측면에서 머콜라도 이 분야의 다른 사람들처럼 유사 자연주의를 활용한다. 머콜라는 강력한 백신 반대자로 백신에 관한 위험한 유언비어를 퍼뜨린다. 그 역시 에이즈의 원인은 HIV가 아니라고 주장했으며, 암이 곰팡이고 베이킹소다로 치료할 수 있다고 주장한 툴리오 시몬치니Tullio Simoncini를 위인으로 떠받들었다. 여기에 더해 머콜라는 이미 거짓임이 폭로된 치료법인 자기장 요법, 동종요법, 심령 의학을 홍보한다. 동류들과 마찬가지로 머콜라도 다양한 건강 제품을 판매하며, 이 중 최소한 네 가지 제품은 FDA에서 불법 광고로 경고받았다.

머콜라와 그의 동류들은 '거대 제약회사'의 탐욕을 비난하지만, 자신들이 판매하는 미심쩍은 치료제의 이윤이 엄청나다는 사실을 인정할 생각은 없어 보인다. 머콜라는 파렴치하게 유사 과학을 활용해서 겉만 번지르르할 뿐 쓸모없거나 잠재적으로 위험한 제품을 판매하며, 이를 통해 머콜라는 충분히 보상받는다. 《비지니스 위크Business Week》에 실린 2010년의 비판적인 논평은 예외적으로 머콜라의 공격적인 홍보와 방문자에 대한 '존중 부족'을 비판하면서 "머콜라는 건강관리 제품과 서비스를 판매하며, 뱀 기름 장수로 유명했던 1800년대 옛 시절의 불운한 전통을 상기시킨다"라고 언급했다. 그러나 이 논평은 머콜라의 고객들을 조금도 설득하지 못한 듯 보이며, 머콜라는 2010년에만 700만 달러(한화 약 93억 1560만 원)를 벌었다.

헛소리 공급자들이 인터넷 구석에만 처박혀 있어도 충분히 나쁜 상황인데, 주류 정보원들은 이들이 숨 쉴 틈을 너무 자주 만들어준다. 깁슨의 대실패와 그가 몰락하기 전까지 아첨하던 언론 보도는 건강이 화두인 현실을 전형적으로 보여주었다. 이렇게 추종받는 인물은 깁슨만이 아니다. 푸드 베이브의 데뷔작인 《푸드 베이브의 방식The Food Babe Way》은 출판한 2015년에 《뉴욕타임스》와 《월스트리트저널》 베스트셀러 1위를 차지했다.

내가 특별한 전제를 바탕으로 주장한다고 지적할 수도 있다. 하지만 이런 B급 유명 인사가 나온 언론 보도가 부정확하다면, 정말 이런 보도에 누구도 흔들리지 않으리라고 확신하는가? 유사 과학으로 겉모습을 치장하고 헛소리로 대중을 낚는 일이 대중의 지식에 정말 큰 영향을 미칠까? 반대하는 목소리가 나오는 것은 당연하다. 일부 소셜미디어에 등장하는 유명인의 어리석은 생각이 공중보건에 영향을 미치리라는 주장은 과장되어 보이고, 한 개인의 유사 철학적 횡설수설은 확실히 심오함보다는 바이럴리티(영상이 급속하게 유포되는 상황. ― 옮긴이)와 더 관련 있다. 그러나 이를 반박하는 증거가 엄연히 존재하며, 이 증거는 조금 엉뚱해 보이는 곳, 바로 리얼리티 텔레비전 쇼에서 찾을 수 있다.

유명 인사들의 놀라운 영향력

열성 시청자에게도 리얼리티 텔레비전 쇼는 특히 심오할수록 평판이 좋지 않다. 정의에 따르면 리얼리티 쇼는 관음적이며 사소한 것들을 주로 보여주는 프로그램이다. 흥미를 돋우기 위해 제작자는 거슬리거나 이색적인 인물을 출연시켜 시청자를 자극하거나, 사건을 조작해서 출연자의 최악의 특성을 확대한다. 많은 출연자를 조롱하는 분위기도 주목할 만하다. 시청자들이 우월감을 느끼도록 출연자들이 부지중에 조롱의 대상으로 선택되었다고 생각해도 틀리지 않을 것이다. 2003년 영국판 '빅브라더Big Brother' 리얼리티 프로그램 출연자였던 제이드 구디Jade Goody는 이 역할을 완벽하게 해냈다.

타블로이드 신문과 시청자는 기본 상식이 결핍된 구디를 보며 항상 웃을 수 있었다. 구디의 수많은 에피소드 중에는 그가 브라질 도시 리오데자네이루를 사람 이름이라고 생각했던 것과 미국의 언어가 영어라는 점을 몰랐다는 일화도 있다. 조롱하는 기사가 수없이 쏟아졌지만 구디는 자신만만한 성격과 가끔은 우스꽝스러운 행동으로 타블로이드 신문 고정란에 정기적으로 보도되었고 얼빠진 소문을 다루는 칼럼에는 항상 나타났다. 그러나 2008년 후반에 구디가 자궁경부암을 진단받자 여론이 바뀌었다. 처음 진단은 낙관적이었지만, 이후 구디와 가족들은 암이 사실은 꽤 진행됐다는 진단을 받았다. 2009년 3월, 구디는 어린 두 자녀를 남겨두고 사망했다. 불과 스물일곱이었다.

여파는 놀라웠다. 그때까지 영국 젊은 여성의 자궁경부암에 대한 이해도는 우려스러울 정도로 낮았다. 그러나 구디의 사망 소식 이후 이 분위기는 빠르게 반전되었다. 2009년 3월, 진료 예약은 예상보다 70퍼센트 이상 치솟았고, 구디가 암을 진단받고 사망할 때까지 자궁경부암 검사가 평소보다 50만 건 이상 늘어났다. '리얼리티 텔레비전 스타'는 '유명 인사' 계급구조에서 가장 낮지만 영향력은 분명 실재했다. 또한 종종 건강 캠페인에서 무시하는 사회 경제적 계층이 낮은 여성에서 과도하게 나타났다.

생명을 구하는 이 검사에 구디의 질병 보도가 직접적인 영향을 미친 것은 분명하다. 그러나 유명인이 종종 순식간에 일시적으로 뜨는 것처럼, 이런 보도의 긍정적인 영향력에도 비슷한 상황이 나타난다. 이 이야기는 대중의 의식에 남아 있는 동안만 감정적인 효과를 보여준다. 일단 관심이 시들해지면 기억도 희미해지고, 대중 관심의 반감기는 정확하게 언론 보도와 비례한다. 구디 효과도 예외는 아니었다. 인상적인 2009년의 검사 건수는 언론 보도가 정점일 때 함께 절정을 이루었고, 2012년에는 급격하게 줄었다. 구디의 역경에 관한 기억과 주변 보도가 줄어든

2017년 영국 자궁경부암 검사는 19년 만에 최저치를 기록했다.

또 한 가지 중요한 것은 검사의 유익함이나 고유한 가치보다는 유명인 보도 자체가 검사에 영향을 미친다는 점이다. 2005년 카일리 미노그Kylie Minogue의 유방암 수술이 널리 보도되면서 유방영상 검사는 두 배 이상 늘었다. 그러나 검사자 대부분은 거짓 양성 결과가 나타나기 쉬운 젊은 여성이었고, 따라서 결과도 유익하지 않았다. 보도가 늘어났다고 해서 대중의 지식이 깊어진 것도 아니었다. 다른 암처럼 유방암도 나이가 가장 강력한 위험 요인이며 따라서 노년층에서 대부분 발생한다. 영국 암연구소의 레슬리 워커Lesley Walker가 경고했듯이, 왜곡된 보도는 "젊은 여성에게는 공포라는 연쇄 반응을 일으키고, 노년기 여성에게는 나이가 유방암 관련 인자가 아니라는 오해를 부를 수 있다".

흥미롭게도 유방암을 둘러싼 오해에 관한 언론의 역사적인 전례가 있다. 1999년 독일 잡지 《스턴Stern》은 여성 열에 하나가 평생 한 번은 유방암에 걸린다는 주장을 특집으로 보도했다. 이 기사에는 감정을 자극하는 젊은 유방암 생존자의 사진이 함께 실렸는데, 사진 속 환자들은 상의를 벗고 가슴과 유방절제술 자국을 드러냈다. 강렬한 특집 기사는 히트했고, 여러 언어로 번역되어 수많은 매체에 널리 퍼졌다. 열에 하나라는 숫자는 빠르게 브랜드가 되어 집단의식에 박혔고, 유방암 캠페인의 선두에 섰다.

그러나 이 숫자는 기술적으로는 사실이지만 완벽한 오해였다. 《스턴》은 인용한 숫자가 85세까지 유방암에 걸릴 누적 위험이라는 사실을 무시하고 언급하지 않았다. 이때쯤이면 희생자는 다른 질병으로 사망했을 가능성이 더 컸다. 유방암을 진단받는 평균 연령은 65세 무렵이지만, 기사를 본 저위험군인 젊은 여성들은 자신의 위험도를 높게 평가했고 한 연구에 따르면 무려 20배나 과대평가했다. 왜곡된 인식이 언론 보도가 일으킨 편향의 결과라는 증거도 충분했다. 설문조사에 참여한 의사들은 마흔보다 예순다섯 살 여성의 위험도가 더 크다고 이해했지만, 설문조사에 응답한 여성은 단 20퍼센트만이 이 사실을 인지했다.*

유명 인사의 진정한 영향력을 보려면 현대 역사에서는 오프라 윈프리Oprah Winfrey만 한 인물이 없다. 그의 이름을 내건 쇼는 25시즌까지 방송되었고, 그는 미국의 목소리로 올라섰다. 여론에 미치는 그의 영향력은 '오프라 효과'라고 불리며, 전례도 없고 비할 데도 없다. 음악부터 출판까지, 윈프리가 소개하면 견줄 곳이 없다. 윈프리가 쇼에서 추천한 책은 하룻밤 새 베스트셀러가 되고, 출연자는 유명인이 되었다. 2008년 대통령 선거에서 당시 오바마 대통령 후보는 윈프리의 지지에 힘입어 예비선거에서 가외로 100만 표를 더 얻은 것으로 추정된다. 오늘날에도 감동과 영감을 주는 그의 능력은 윈프리 네트워크를 통해 발휘되고 있다. 윈프리는 총명하고 진보적이며 거침없이 말한다. 어마어마한 신뢰 덕분에 다른 쇼들은 회피하는 주제를 다루고 중요한 문제에 대중의 관심을 집중시켰다.

그러나 이렇게나 감탄스러운 윈프리는 유사 과학을 옹호하

---

* 유방암과 질병에 관한 특수한 오해는 게르트 기거렌저Gerd Gigerenzer의 저서 《위험도 계산Reckoning with Risk》에 상세하게 설명되어 있다.

면서 너무나 혐오스러운 주장을 무대에 내세워 훌륭하다며 추켜세웠다. 오랫동안 쇼를 진행하면서 윈프리가 내놓은 의학 조언은 명백한 헛소리가 많았다. 더 최악인 것은 방송 자체가 기득권층을 존경하는 분위기를 만들고 위험한 상품을 흥밋거리로 만든다는 점이다. 외과의사이자 작가인 데이비드 고스키David Gorski는 윈프리의 재능을 찬양하면서도 "뚜렷하게 대조적으로, 불행하게도 내가 본 바에 의하면 윈프리는 과학과 의학에 관해서는 비판적 사고 능력이 거의 없다 (…) 누구도, 내 말은 그 누구도 윈프리보다 유사 과학, 돌팔이 의사, 백신 반대의 광기를 주말마다 더 많은 사람에게 전파하는 사람은 없다"고 했다.

윈프리 쇼에 나오는 출연자는 대부분 신뢰도가 없는 건강 이론을 주장한다. 백신 반대 운동가이자《플레이보이Playboy》모델인 제니 매카시Jenny McCarthy는 윈프리 쇼의 고정 출연자이자 윈프리가 발행하는 베스트셀러 잡지《오오》와 그의 웹사이트에 정기 칼럼을 연재했다. 의학 관련 출연자조차 의학적으로 지지받지 못하는 주장을 전파했다. 크리스티안 노스럽Christiane Northrup은 청중에게 사람유두종바이러스HPV 백신으로 사망할 수 있으니 맞지 말라고 했다. 윈프리 쇼를 보는 많은 시청자는 이 주장과 점성술과 타로카드가 진단 도구라는 노스럽의 주장이 의학적 조언과 완전히 반대라는 사실을 모를 수 있다. 이런 무책임한 조언은 치명적이지만 누구도 이의를 제기하지 않았다.

윈프리 쇼는 경쾌한 신세대 철학과 때로 무의미하고 진부한 이야기가 녹아드는 도가니였다.《시크릿》은 윈프리 쇼에서 혁명적인 도구로 칭송받았다. 이 책의 주제는 '끌어당김의 법칙'으로, "긍정적인 사고를 하면 재산이 늘어나고 건강해지고 행복해지는 등 인생을 바꿀 수 있다"라고 주장했다. 윈프리의 추천으로 이 책은 《뉴욕타임스》 베스트셀러 목록에 올랐고, 무려 146주 연속으로 자리를 지켰다. 쇼는 긍정적인 사고의 힘을 극찬했다. 그러나 이 주장을 뒤집으면 나쁜 상황에 부닥친 사람들은 단순히 긍정적으로 생각하지 않았다는 뜻이다. 극단적으로 말해서 이 논리에 따르면 굶주리는 어린이와 전쟁 지역에 갇힌 사람들은 자신을 탓해야 한다.

이런 프레임의 결과는 금방 나타났다. 2007년 킴 팅컴Kim Tin-kham은 유방암을 진단받자 현대의학 치료를 포기하고 대신 긍정적인 사고와 대체의학을 선택하기로 했다. 거의 확실하게 완치할 수 있다며 주치의가 현대의학으로 치료받으라고 강력하게 권했지만, 그는 대신 윈프리 쇼에 출연해서 로버트 영Robert O. Young에게 받은 새로운 치료법을 찬양했다. 윈프리는 팅컴에게 긍정적인 사고를 너무 과하게 적용하는 것 같다는 우려를 전했다고 변명했지만, 그조차도 절제된 표현이었다. 팅컴의 치료는 암이 과량의 산성으로 발생했다는 말도 안 되는 개념에 따라 결정되었다. 영은 결국 팅컴의 암을 '치유'했다고 주장하면서 팅컴이 보낸 감사의 글을 증거로 웹사이트에 올렸다. 팅컴은 2010년 12월, 51세의 나이로 앓고 있던 유방암으로 사망했다. 영은 결국 면허 없이 진료행위를 한 죄로 교도소에 수용되었다.

윈프리를 옹호하는 사람들은 이것들이 윈프리가 아닌 출연자의 관점이라고 주장할 것이다. 그러나 윈프리는 자주 출연자의 주장을 지지했고, 쇼에서는 출연자를 향한 비판을 방어해주었다. 또한 의심스러운 주장 몇 가지를 옹호하기도 했다. 배우이자 자립 전문가 수잔나 소머즈^{Suzanne Somers}는 방송에서 '생동일성 호르몬'을 선전했고, 윈프리는 그를 후하게 칭찬하며 의학적으로 근거가 약한 치료법을 직접 시연했다. 그가 좋다고 보는 방법을 근본적으로 미심쩍다며 존중하지 않은 의학 전문가를 비판할 때는 다음과 같이 말하기도 했다. "우리는 자신을 위해 더 나은 삶을 요구할 권리가 있습니다 (…) 의사는 존중하는 법을 배워야 합니다."

윈프리의 제자 메흐메트 오즈^{Mehmet Oz}는 단언컨대 더 나쁘다. '닥터 오즈^{Dr Oz}'는 잡지와 서적 분야를 합치면 전 세계에서 지지자가 400만 명 정도 되며, 명실공히 지구에서 가장 유명한 의학 전문가다. 방송에서의 식단과 운동 처방은 합리적이지만, 터무니없는 치료법과 과학적 증거는 아랑곳하지 않는 주장을 지지한다. 오즈는 대체의학에 열정적이며, 동종요법과 심령학, 매우 수상쩍은 영양보충제를 공개적으로 지지한다.

오즈의 쇼는 온갖 미심쩍은 의학 조언과 제품을 무대에 올린다. 대표적인 인물로는 머콜라를 들 수 있으며 오즈는 그를 '전체론적 치료법의 개척자'라고 추켜세웠다. 엉터리 양자역학의 대가인 디팩 초프라^{Deepak Chopra}에게도 멋대로 떠들 무대를 내주었고, 푸드 베이브에게도 칭찬을 듬뿍 해주었다. 의심스러운 출연자와 수상쩍은 홍보는 열외로 치더라도, 오즈가 권하는 대부분의 의학 조언은 솔직히 끔찍한 수준이다. 《영국의학저널》에 실린 한 논문은 쇼에서 방송하는 의학 주장의 51퍼센트는 과학 문헌으로 뒷받침할 수 없거나(36퍼센트) 최상의 증거가 적극적으로 반박하는(15퍼센트) 주장이라는 사실을 발견했다. 오즈는 헌신적인 청중을 조종하지만, 전문가로서의 평판을 대가로 치러야 했다. 그는 랜디가 노골적인 사기를 홍보하는 수상쩍은 사람에게 수여하는 영광스러운 피가수스상pigasus award을 여러 차례 받았다. 2015년에 미국 전역의 의사들은 컬럼비아대학교에 오즈가 교수 직위를 받았다는 사실에 항의하는 편지를 보냈고, 오즈를 "개인적인 금전 착취를 목적으로 엉터리 치료법과 치료약을 선전하며, 진실성이 지독하게 결핍되었다"라면서 고발했다.

동료 전문가들은 분노했지만 불행하게도 이들의 항변은 큰 영향을 미치지 못했다. 오즈와 달리 대부분 의사는 언제라도 이용할 언론 제국이 없었다. 아무리 심오한 말로 오즈를 힐책해도, 자신들의 신호를 충분히 증폭해서 소음을 상쇄할 방법이 없었다. 슬프게도 언론 보도만으로 진실성이 떨어지는 주장이 크게 강화되는 일은 자주 일어나며, 이들은 사실상 비판에 면역이 된다. 소비자들을 '해독(디톡스)'해준다고 약속하는 '클렌즈' 시장의 활황이 좋은 예다. 과학적인 관점에서 클렌즈는 전혀 쓸모 없다. 우리에게는 이미 더 값싸고 효율적인 도구, 독소를 여과하는 놀라운 기능을 하는 간과 신장이 있다. 디톡스 제품은 그냥 효과가 없다. 엣자르트 에른스트Edzard Ernst가 한탄했듯이, 이 단어는 "가짜 치료제를 판매하는 사업가·돌팔이·사기꾼에게 납치되었다".

여전히 디톡스 제품과 클렌즈 다이어트는 매년 50억 달러

(한화 약 6조 6500억 원)의 판매고를 올리며, 유명인들의 공개적인 지지에 크게 의존한다. 특히 출판물과 현대 미디어에서 여성 유명인의 식단을 요란하게 광고한다. 팝스타 케이티 페리^{Katy Perry}는 《보그^{Vogue}》에서 클렌즈 다이어트로 빼어난 몸매를 만들었다고 말했다.[•] 배우 기네스 펠트로^{Gwyneth Paltrow}는 라이프스타일 뉴스레터 구프에서 클렌즈 제품, 이국적인 생활용품, 전문가의 식견으로 엄선한 영양보충제를 엄청난 가격으로 판매한다. 보통 여기서 유사 과학으로 완전히 방향이 바뀌는데, 펠트로가 거짓 주장을 너무 자주 하는 바람에 부인과학자이자 과학 저술가 젠 건터^{Jen Gunter}는 자신의 웹사이트에 특별히 구프에서 주장하는 완벽한 어리석음과 터무니없는 주장, 예를 들어 질에 증기를 쐬라거나 브래지어가 암을 유발한다는 등의 주장이 가져올 피해를 지적하는 코너를 만들었다.

옥 달걀은 이런 사례의 하나일 뿐이다. 구프는 여성에게 이 66달러(한화 약 9만 원)짜리 골프공 크기의 옥을 '생식기'에 넣어 '기를 증폭시키고' '형태를 유지'하라고 권했다. 이에 대해 건터는 다음과 같이 말했다. "공짜로 조언해주자면, 질에 옥 달걀을 넣지 마세요." 전문가의 비판에도 아랑곳없이 구프는 터무니없는 권

[•] 쓸모없는 디톡스 다이어트를 유독한 중금속에 위험한 수준까지 노출된 환자를 치료하는 킬레이트화 치료법^{chelation therapy}과 혼동해서는 안 된다. 킬레이트화 치료법에서는 킬레이트제가 문제가 된 중금속에 결합해서 피해를 줄인다. 구어체에서 사용하는 단어와 헷갈리면 안 되지만, 페리가 중금속 중독에 걸렸을 것 같지는 않다.

유 글을 "옥 달걀 수련을 시작해야 하는 열두 가지 (이상의) 이유"라는 제목으로 밀어붙였다. 아마 "질에 돌을 넣어야 하는 열두 가지 (어리석은) 이유"라는 다른 제목은 광고에 적합하지 않았기 때문인 듯하다. 이 주장의 어리석음과 전문가들의 우려는 판매에 별다른 영향을 미치지 못했고, 옥 달걀은 빠르게 매진되었다.

헛소리에 대응하는 법

대중의 과학 및 의학 지식을 혼란에 빠트린 유명인은 적지 않지만, 이럴 필요가 없지 않나 싶다. 역사적으로 유명인은 때로 선한 영향력을 행사했다. 1956년에 엘비스 프레슬리Elvis Presley는 기자 회견을 열어 폴리오 백신을 맞으면서 10대들의 백신 접종을 격려했다. 로알드 달Roald Dahl은 홍역으로 딸 올리비아를 잃은 후, 감화력이 큰 애절한 글로 백신 접종을 격려했다. 배우 앨런 알다Alan Alda는 대중의 과학 지식을 한 단계 향상하는 놀라운 일을 해냈다. 좋든 싫든 유명인은 무대를 만들고 사람들에게 영향력을 행사할 힘이 있다. 이 힘을 좋은 곳에 활용할지 나쁜 짓에 악용할지는 당사자에게 달렸다.

여담이지만 대체의학 전문가의 말을 들어보면 흥미로운 점이 있다. 데이비드 아보카도 울프David Avocado Wolfe는 영감을 주는 밈, 백신 반대 음모론, 수상한 영양보충제를 1200만 명에 이르는 자신의 페이스북 팔로워에게 권장하며, 따라서 아주 적절한 예시다. 울프는 완벽하게 어리석은 주장을 한다는 점에서 다른 장사꾼들과 다르다. 울프는 "초콜릿은 태양 에너지의 옥타브다"라고 주장하는데, 이 분야에서는 전형적인 의미 없는 낱말들의 혼합물이다. 이런 주장을 가리키는 아주 매력적인 학술 용어가 있는데, 바로 헛소리다. 철학자 해리 프랑크푸르트Harry Frankfurt는 헛소리를 진실과 직접적인 연관성 없이 깊은 인상을 주기 위해 설계한 것이라고 정의했다. **유사-난해한 헛소리**는 건강 공동체의 풍토병이다. 아무런 의도 없이 단순히 만들었어도 인상적으로 보이며 타당한 문장과 현란한 용어를 갖춘 주장은 많은 사람을 속일 수 있다는 사실이 밝혀졌다. "전적으로 상당히 무한한 현상"이라는 구문은 많은 설문조사 응답자가 특히 심오하게 여겼다.

그저 주장에 노출만 돼도 수용 가능성이 커진다는 현실은 당황스럽다. 주장은 수용되기까지 많이 노출될 필요도 없다. 거짓말은 빠르게 뿌리내린다. 파괴적인 이야기가 전파되는 상황에서 현대 언론이나 전통 매스컴이 그저 선의의 믿음이라는 가식 뒤에 숨는 것은 적절하지 않으며, 숨어서 책임을 회피할 수도 없다. 그리고 물론 개인도 자신의 미디어에 더 많이 전시하고 공유할수록 잘못에 대한 책임도 함께 공유해야 한다.

앞서 살폈듯이, 일화와 증언이 과도하게 우리를 흔드는 것이 현실이다. 현대 미디어의 불협화음 속에서 사실과 허구를 분석하기란 극단적으로 어렵다고 하면 암울하게 들리겠지만, 약간의 비판적 사고만으로도 착취와 고통을 막을 수 있다. 주장과 마주했을 때는 먼저 정보의 출처가 얼마나 신뢰할 만한지, 그 출처가 주장을 통해 개인적인 이득을 얻는지 살펴야 한다. 경험법칙에 따르면 건강과 정치, 과학처럼 복잡한 주제를 지나치게 단순화하고 환원하는 주장은 매우 조심해야 한다. 인상적인 주장과 매혹적인 약속은 증거가 없는 한 극단적인 회의주의 관점에서 관찰해야 한다. 대개 너무 좋아서 진실이 아닐 것 같은 이야기는 그 촉이 들어맞을 가능성이 크다.

주장하는 사람에게 신뢰할 만한 증거를 제공하라고 요구해야 한다. 불행하게도 경계할 책임을 소비자에게 떠넘기는 격이지만 우리는 혼자가 아니다. 평판이 좋은 전문 단체가 의심스러운 주장을 구별할 방법을 알려준다. 센스오브사이언스는 '증거를 요구하세요'라는 훌륭한 캠페인을 진행하며, 사람들이 건강관리부터 공공 정책까지 모든 것에 관련된 주장을 조사하도록 돕는다. 다른 방법으로 확인할 때까지 특정 주장의 수용을 유보하는 방법만 배워도 모든 곳에 적용할 매우 유익한 습관이 된다. 분석적 사고가 유사-난해한 헛소리의 수용을 줄인다는 훌륭한 증거가 있으며, 직관적으로 주장을 수용하기보다는 숙고하도록 독려하면 수상쩍은 의견을 가려낼 가능성이 훨씬 더 커진다. 우리를 공격하는 소음을 뚫고 세상을 이해하고 싶다면 분석적 사고와 과학적 회의주의 도구에 익숙해져야 한다. 그러려면 과학이 무엇인지, 그리고 무엇이 아닌지 탐색해야 한다.

6부

어둠을 밝히는 촛불

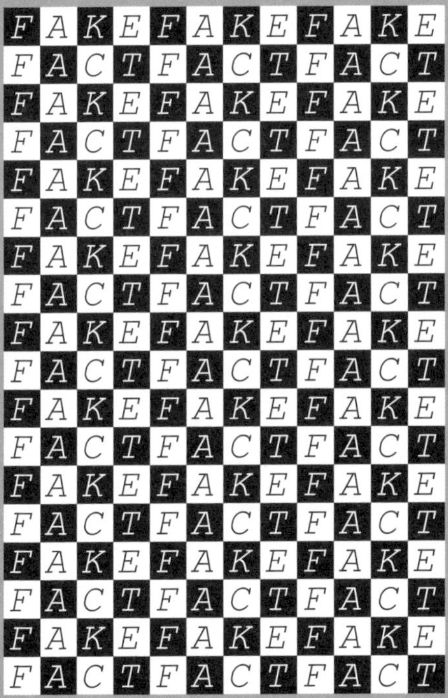

과학은 스스로를 속이지 않으려는 방법이다.
첫 번째 원칙은 자신을 속이지 말라는 것인데,
가장 속이기 쉬운 대상이 바로 자신이기 때문이다.
— 리처드 P. 파인만Richard P. Feynman

19장
과학의 경계선

무엇이 과학이고 무엇이 아닌가

《네이처》는 세계에서 가장 명망 있는 과학 학술지다. 오랫동안 발간한 학술지의 빈 페이지가 과학계의 시선을 사로잡는 이유다. 1988년에 프랑스 면역학자의 믿기 힘든 주장이 학계를 뒤흔들었다. 자크 뱅베니스트Jacques Benveniste는 거의 존재하지 않을 정도의 농도까지 인간 항체를 희석했다고 주장했다. 그럼에도 용액을 격렬하게 섞으면 면역 반응이 여전히 일어났다. 뱅베니스트는 이 현상이 물의 구조가 이전에 함유되어 있었던 물질을 기억하는 증거라고 여겼다. 그의 말을 그대로 옮기자면 "자동차 열쇠를 강물에 휘저은 후, 수 킬로미터 떨어진 하류에서 떠온 물 몇 방울로 자동차 시동을 걸 수 있다"라는 말과 비슷하며, 이 현상을 '물의 기억'이라고 부른다. 그런데 이 주장에는 더 오래된 이름이 있다. 바로 동종요법이다.

사무엘 하네만Samuel Hahnemann이 1807년에 주장한 동종요법의 핵심 이론은 치료제를 더 많이 희석할수록 효능은 더 강력해진다는 것이다. 용액의 효능은 활성 성분의 농도와 비례한다는 과학적 관찰과 대립하는 주장이다. 동종요법 희석은 매우 극단적이며 용질 입자 10^{60}개에 활성 입자 하나를 희석하는 비정형적인 30C 희석을 한다. 이렇게 희석하는 일 자체가 가능하지 않으므로* 동종요법 용액은 활성 성분이 함유되어 있지 않다. 지지자들은 무엇을 희석했는지 물이 '기억하므로' 상관없다고 주장한다. 그러나 물의 '기억'은 고작해야 50펨토초(10^{-15}초), 1초의 수십억 분의 1에 해당하는 시간만 지속된다.**

물리적으로 불가능한 점은 차치하더라도, 임상 자료에도 실제로 효과가 나타나지 않는다. 원자의 존재가 거의 한 세기 뒤에나 밝혀졌으므로 하네만은 자신의 기이한 주장에 대한 면죄부를 받을 수 있을지 모른다. 그러나 현대 화학 및 물리학 지식을 고려할 때, 현실과 명백하게 동떨어진 동종요법 주장은 정도를 벗어

* 이전 논문에서 나는 30C 희석액에 활성 성분 입자가 하나라도 남아 있으려면 물이 얼마나 필요할지 계산했는데, 결과는 태양 질량의 1만 5000배, 태양 크기의 28배인 물의 '행성'이 필요했다.

** 지구의 모든 물이 닫힌계(외부와 물질 교환이 일어나지 않고 에너지만 교환하는 계.—옮긴이)의 일부이고 존재하는 모든 분자는 의심의 여지 없이 상당량이 오수라는 점을 생각할 때, 아마 우리는 이 액체의 기억상실증에 감사해야 할 것이다.

났다. 수십 년 전에 동종요법에 사망선고가 내려졌어야 하건만, 뱅베니스트가 발표한 새로운 결과는 엄연한 최후통첩이었다. 이 주장이 잘못되었든지, 아니면 우리가 아는 물리과학의 모든 것을 새롭게 다시 써야 했다.

《네이처》 편집장 존 매덕스 경 Sir John Maddox 은 곤경에 처했다. 훈련받은 물리학자인 매덕스 경은 동종요법에 타당한 작용 매커니즘이 없다는 사실을 알았다. 그러나 과학적 진실성은 단순히 전통적인 사고와 다르다고 해서 증거를 무시하지 말라고 요구했다. 뱅베니스트의 논문은 동료심사를 거쳤고, 결과는 회의적이지만 검토자들은 방법론의 명백한 결함이나 나쁜 과학이라는 징후는 없다고 결론 내렸다. 만약 뱅베니스트가 옳다면 그는 주목해야 하는 혁명적인 무언가를 발견한 것이었다. 매덕스 경은 이 논문을 출판하되 '편집자 조건부 경고'를 붙여 다른 과학자들이 재현 실험을 감독하자는 절충안을 내놓았다. 매덕스 경의 경고에도 불구하고 전 세계에 자극적인 제목의 기사가 퍼졌다. 대체의학 지지자들이 보기에 과학계의 가장 저명한 학술지가 내놓은 표면적인 변명은 오랫동안 자신들의 믿음을 매도했던 과학자들을 향한 따가운 질책이었다.

카리스마 있는 뱅베니스트는 언론의 주목을 받는 유명 인사가 되었다. 한편 매덕스 경은 뱅베니스트의 실험을 재현할 연구팀을 조직했다. 화학자 월터 스튜어트 Walter Stewart 는 과학계의 사기를 밝히는 데 일가견 있는 사람이었고, 따라서 스튜어트의 발탁은 당연한 순서였다. 연구팀의 최종 구성원은 특별히 사기와 속임수를 짚어내는 데 능숙해야 했다. 매덕스 경은 과학자 대신에 마술사인 랜디를 선택했다.

'놀라운 랜디'는 수십 년간 마술을 익힌 완벽한 엔터테이너였으며, 1970년대에는 앨리스 쿠퍼Alice Cooper와 함께 공연 여행을 다녔다. 또한 수조 속 관 탈출 묘기에서 후디니의 기록을 깬, 기량이 뛰어난 탈출 곡예사이기도 했다. 그리고 후디니처럼 랜디도 사기꾼을 폭로하는 데 열심이었으므로, 속임수를 밝혀낼 자격이 충분하다는 평판이었다. 랜디가 선택된 이유는 타당했다.《네이처》에서 편집자 조건부 경고가 붙는 일은 매우 드물다. 이전에도 딱 한 번 있었는데, 이스라엘 공연가 유리 겔러Uri Geller의 초능력 증거를 찾았다고 주장한 1974년 논문이었다. 겔러의 초능력이 초자연적인 힘이 아니라 그저 교묘한 손재주와 잘 속는 청중만 있으면 된다는 사실을 밝힌 사람이 바로 랜디였다.*

언론은 파리로 떠나는 세 사람을 '유령퇴치 전문가'라고 부르며 열광했다. 파리에서 뱅베니스트는 실험을 성공시키는 재주가 있는 과학자 엘리자베스 다베나스Elisabeth Davenas가 재현 실험을 해야 한다고 주장했다. 유리 시약병 여러 개가 실험에 사용되었으며, 일부 시약병은 평범한 물이 든 '대조군'이었고, 나머지 시약병에는 동종요법으로 희석한 용액이 들어 있었다. 실험 결과 동종요법 용액은 설명할 수 없는 활성을 보였지만 재현 실험은 몇 가지 우려스러운 측면을 드러냈다. 가장 큰 문제점은 시약병을

---

* 랜디는 매년 초자연적 현상 사기꾼에게 앞서 언급했던 피가수스상을 수여한다. 피가수스상은 처음에는 '유리 트로피uri trophy'라고 불렀다.

가리지 않았다는 점이었다. 다베나스는 손에 쥔 시약병이 대조군인지 동종요법 용액인지 항상 알고 있었다. 즉 무의식적이든 의식적이든 편향이 스며든다는 뜻이다. 이를 막기 위해 매덕스 경은 검증팀에 '맹검' 실험을 요구했다. 라벨을 표본에서 제거했고 스튜어트는 암호로 대조군과 활성 표본을 구분해두었다. 이 암호를 편지 봉투에 봉인하고 은박지로 싸서 랜디가 방문자 침입을 막은 방 천장에 숨겨두었다.

준비가 끝나자, 라벨이 없는 표본으로 실험은 다시 재현되었다. 긴장된 분위기를 풀어주려 랜디는 신묘한 손재주로 마술을 선보였지만, 마술사가 이 자리에 있다는 사실에 특히 분개한 뱅베니스트는 전혀 기뻐하지 않았다. 저녁에 언론 앞에서 결과를 발표하기로 했으며, 뱅베니스트는 자신의 정당성을 축하할 샴페인을 얼음에 담가두었다. 실험이 끝나자 시약병에 붙여두었던 암호를 회수해서 실험 결과를 해독했다. 분석 결과가 도착하자 모여든 과학자들과 언론 사이에 흥분으로 가득한 침묵이 내려앉았다. 프랑스 과학자들은 원통했겠지만 결과는 실망스러웠다. 맹검 실험 조건에서는 놀라운 결과가 나타나지 않았다. 원래 논문은 오해로 결론 났고, 이 발표에 참석했던 많은 사람이 눈물을 흘렸다.

매덕스 검증팀이 내놓은 보고서는 실험에서 다수의 결함을 밝혔으며, 뱅베니스트의 연구 일지는 최악의 통계와 반복된 체리피킹을 드러냈다. 실험의 과오를 적나라하게 드러낸 보고서는 사기라는 주장은 자제했지만, 동종요법계의 거인인 브와롱Boiron이

후원한 밝혀지지 않은 자금이 미쳤을지도 모를 해로운 가능성을 제기했다. 뱅베니스트 연구팀이 열정적인 동종요법 신도이며, 스스로 잘못된 길로 빠져 "자료를 해석하면서 기만을 발전시키고 보존했다"라는 사실은 슬픈 현실이었다.

이 사건은 **병든 과학**의 전형이다. 소망적 사고라는 사이렌의 노래를 들은 과학자들은 결과 조작이라는 유혹에 빠지며, 이는 과학자 버전의 동기화된 논증이라 할 수 있다. 뱅베니스트는 솔직하게 오류를 인정하느니 수사학적 재능을 발휘하기로 선택했는지 매덕스 경의 검증을 "세일럼식 마녀재판이며 매카시식 고발"이라고 후려쳤다. 극적으로 과장된 몸짓으로 뱅베니스트는 자신을 갈릴레이에 비유했지만, 갈릴레이가 실험으로 자신의 정당성을 입증한 데 반해 뱅베니스트의 주장은 수많은 연구실 어디서도 재현할 수 없었다. 지금 생각해보면 완벽한 유사 과학이지만 여전히 '과학에 기반한 동종요법'을 지지하는 사람이 일부나마 있는데, 모순과 우둔함이 공존하는 뛰어난 문구라고 생각한다.

그냥 단순하게 오컴의 면도날을 적용했다면 뱅베니스트는 난처한 상황에서 빠져나왔을지도 모른다. 이 경험법칙은 하나의 사실을 설명하는 이론이 여럿이라면 최소한의 가정이 필요한 이론이 가장 정확할 수 있다고 주장한다. 뱅베니스트는 결과를 설명하기 위해 둘 중 하나를 수용할 수 있다. ⓐ 알려진 모든 물리학과 화학이 대부분 틀렸다. 혹은 ⓑ 실험에 결함이 있었다. 방대한 양의 확정된 데이터와 이론이 왜 틀렸는지 설명해야 한다는 현실을 받아들인다면 ⓐ도 불가능한 이야기는 아니다. 그러나 ⓑ는 단 하나의 실험에만 결함이 있다고 말한다. 오컴의 면도날은 이전에 마주했던 것처럼 단순한 휴리스틱이며, 따라서 실패할 염려가 없지는 않다. 그런데도 여러 가설 사이에서 고민할 때, 오컴의 면도날은 가장 그럴듯한 출발점으로 향하는 이정표를 제공한다. 같은 원칙이 의학 진단에도 적용되며, 환자의 질병은 대개 흔한 질병일 가능성이 더 크다. 시어도어 우드워드^{Theodore Woodward}는 인턴에게 "발굽을 박차는 소리가 들리면 얼룩말 대신 말을 떠올려라"는 유명한 격언을 남겼다. 너무나 적절했던 '얼룩말' 비유는 흔치 않은 질병을 가리키는 의학계의 은어가 되었다.

과학의 본질

물의 기억력 실험의 대실패는 중요한 과학의 본질을 강조한다. 과학과 인간의 탐구는 천천히 우리 주변을 둘러싼 무지와 공포를 지식과 아름다움으로 바꾸어왔다. 현대의학은 우리의 건강과 장수를 도왔고, 과학은 우주의 본질에 다가서는 더 깊은 통찰을 부여했다. 그러나 과학의 과실이 세상을 뒷받침해도, 과학에 의존하는 만큼 우리가 과학의 본질을 이해하지 못한다는 점은 걱정스럽다. 많은 사람에게 과학적 방법은 모호해서 자신의 편견을 투사할 수 있는 개념이다. 독실한 종교 옹호자는 과학의 모든 것이 스스로의 선언처럼 전적으로 믿음에 근거하고 있다고 주장한다. 백신 반대 운동 같은 하위문화는 일화와 증거의 중대한 차이점을 구분하지 못했다. 매스컴은 너무나 성실하게 '양쪽 모두'를 보여주는 데 집중한 나머지 감정적인 주장과 신뢰할 만한 증거를 파악하는 데 완벽하게 실패하곤 한다. 정치인과 법률가는 인과관계와 상관관계의 미묘한 세부 요소를 계속 혼동하며 이는 인류 전체의 손해다.

위대한 과학자 칼 세이건Carl Sagan은 "우리는 근본적으로 과학과 기술이 가장 중요한 요소인 전 세계 규모의 문명을 일으켰다. 그러나 대부분 사람이 과학과 기술을 이해하지 못하도록 처리했다. 이것은 재앙을 부르는 처방이다"라며 걱정했다. 세이건의 한탄은 과장이 아니지만 필연적이지도 않다. 과학과 비판적 사고에 대한 대중의 이해를 높이면 사회와 개인 모두에 엄청난 이익이 될 것이다. 그러나 오해가 곳곳에 널려 있다. 많은 사람에게 과학은 그저 사실과 숫자의 집합일 뿐이며, 실험복을 입은 불가사의한 종교의 고위 사제들에게 학창 시절에 강제로 배운 따분한 정보의 개요서에 지나지 않는다. 그러나 뱅베니스트의 이야기가 보여주듯이, 과학자들은 절대적인 존재가 아니다. 과학자도 미묘한 실수에 속을 수 있고, 거짓 결과의 유혹에 빠질 수 있으며, 타락하기도 한다. 우리는 모든 연구가 공평하게 수행되지 않았다는 사실도 알고 있다. 어떤 연구는 정교하게 설계되고 교란 변수의 영향을 배제하려 주의를 기울이지만, 어떤 연구는 부적절한 방법으로 실험을 수행하거나 증명력이 부족하다.

어떤 결과를 신뢰할지 구분할 수 없을 것 같지만, 과학의 아름다움은 방법론만 신뢰할 수 있으면 된다는 점에 있다. 독립적인 연구는 그저 하나의 자료에 불과하다. 이상적이라면 연구 결과는 정확해야 하지만 다양한 이유로 결함이 있을 수 있다. 정말 중요한 것은 완벽한 그림이며, 결과와 분석이 모였을 때 나타나는 경향성이다. 바로 이것이 인간이 유도한 기후변화 혹은 백신의 안전성에 관한 증거가 그토록 압도적인 이유다. 수천 건의 논문과 이론 모형에서 나온 자료가 모두 같은 결론을 가리키기 때문이다. 반대로 단 하나의 연구나 결함 있는 논문을 붙들고 있는 기후변화 부정론자나 백신 반대 운동가들은 아는 것도 모르는 척하는 중이다. 독립적인 연구지만 체리피킹한 논문은 압도적인 증거 앞에 굴복할 수밖에 없다.

과학은 불변의 사실이나 신성한 정설의 집합체가 아니라 체계적인 탐구 방법이다. 과학자들은 신비로운 지식을 선언하는 사제가 아니다. 권위나 명예는 근본적으로 과학과 무관하며, 가장 유명한 노벨상 수상자의 이론도 이름 없는 학생의 실험 하나로 바로 뒤집힐 수 있다. 현실은 우리의 편견과 자아에는 전혀 신경 쓰지 않는다. 과학 지식은 항상 잠정적이며 발견의 수용은 제시한 증거의 신뢰도에 비례한다. 새로운 발견은 우리의 지식을 끊임없이 발전시키고, 이론적인 통찰은 발견을 가리키는 나침반 역할을 하면서 궁극적으로 과학이 스스로 교정하도록 돕는다.

거장들도 증거 앞에서는 고개를 숙여야 한다. 19세기 후반은 과학이 연쇄적으로 빠르게 발전하는 시기였다. 세계에 대한 고대 수수께끼는 격렬한 속도로 비밀을 드러내는 듯했고, 켈빈 경Sir Kelvin(본명은 윌리엄 톰슨William Thomson)은 수많은 발견을 했다. 과학계의 거인으로서 켈빈 경은 수리물리학·열역학·전기학에 거대한 발자취를 남겼다. 대서양 횡단 전신선을 설치한 업적으로 기사 작위를 받았고, 과학계를 넘어서는 명성을 얻었다. 온도의 국제 단위는 켈빈 경을 기리기 위해 그의 이름을 땄다.

1800년대가 끝날 무렵 과학 담론에서 새로운 문제가 떠올랐다. 바로 지구의 나이라는 주제였다. 당대 가장 유명한 지질학자였던 찰스 라이엘Charles Lyell은, 지구는 종교 서적이 좋아하는 갑작스러운 재앙이 아니라 주로 점진적인 과정을 거쳐 생성되었다고 주장했다. 활용할 수 있는 모든 증거를 단단하게 엮은 지질학자들은 화산과 지진 같은 지구의 특징은 대체로 일정한 속도로 일어나는 단순한 지구물리학적 과정으로 설명할 수 있다는 가설을 제시했다. 이 가설이 사실이라면 지구 나이는 수억 년 혹은 수십억 년까지 극단적으로 늘어나야 했다. 자료를 설명하기 위해 오래된 지구 가설을 지지하는 쪽으로 기운 것은 지질학자만이 아니었다. 다윈은《종의 기원》초판본에서 영국 남부를 띠 모양으로 길게 뒤덮은 광활한 백악층인 월드 지방이 침식하려면 3억 년이 지나야 하리라고 추정했다. 흥미를 느낀 켈빈 경은 뛰어난 지적 능력과 수학 능력으로 지구 나이를 계산했다.

켈빈 경은 액체 상태의 바위로 이루어진 녹은 구 형태에서 지구가 시작했으리라고 가정했다. 우주에 드러난 지구 표면은 아주 짧은 시간 안에 일정한 온도에 이르렀을 것이다. 표면 아래쪽은 1822년에 프랑스 물리학자이자 수학자인 푸리에가 증명했듯이 열이 서서히 바깥으로 빠져나갈 것이다. 겨우 열여섯에 푸리에 급수를 계산할 만큼 비범했던 켈빈 경은 문제에 이 이론을 비상할 정도로 잘 적용했다. 열 방정식은 시간 흐름에 따라 계가 변화하는 과정을 명쾌하게 정의하므로, 녹은 구 모델을 가정하면 계가 시작된 이래 흐른 시간을 계산할 수 있다. 꼼꼼한 그는 열확산 계수 추정치와 바위의 녹는점을 구해 지구의 온도 경사 thermal gradient를 결정했다. 이들 매개변수로 무장한 켈빈 경은 독일 박식가 헤르만 폰 헬름홀츠Hermann von Helmholtz의 계산식을 사용해서 지구 나이를 2400만~4억 년으로 추정했다.[•]

태양에 주목한 켈빈 경은 태양이 중력붕괴gravitational collapse에 따른 에너지를 방출했다고 가정했다. 태양이 열을 방출하는 속도에서 켈빈 경은 태양의 나이가 대략 2000만 년이라고 추정했는데, 켈빈 경의 계산 결과는 지구 나이가 이보다 훨씬 더 오래

[•] 박식가라는 단어는 헬름홀츠를 과소평가하는 말이다. 헬름홀츠는 물리학에서도 에너지 보존, 전기역학, 열역학 분야에 선구적인 업적을 남겼다. 의학에서는 신경생리학과 청각과 시각의 심리학적 인식을 발전시켰다. 여기에 더해 과학철학과 사회 평론에 관한 두꺼운 책도 썼다. 가끔은 다른 모두가 멍청이처럼 느끼게 하는 사람도 있는 법이다.

되었으리라는 지질학 증거와 정면충돌하는 결과였다. 켈빈 경은 지질학 분야에는 크게 관심 없었다. 몇몇 나이 든 지질학자들은 에너지 보존 법칙과 어긋나는 신조에 매여 지구가 나이를 먹지 않는다고 주장했다. 그러나 지질학자들은 이론물리학에 무지하지 않았고 젊은 지질학자들은 좀 더 정교한 관점을 갖추고 있었다. 그들은 세계의 나이가 유한하다는 데 동의했지만, 켈빈 경이 이론을 구석구석 정교하게 다루듯이 지질학자들은 자료를 하나하나 세심하게 다루었다. 결국 과학계의 저명한 두 인사가 정면충돌하는 결과로 이어졌다. 월드 지방의 침식 기간을 추정한 다윈의 계산값은 그저 대략적인 수치였지만, 켈빈 경은 이를 '어리석다'라고 평가했으며 뒤에 나온 개정판에서는 이 문구를 삭제했다. 다윈은 당대의 가장 뛰어난 과학자에게 들은 이 정곡을 찌르는 평가가 '가장 속상했던 문제'라며 한탄했다.

여전히 오래된 지구에 관한 증거는 빠르게 축적되었다. 이론과 증거는 정반대로 보였다. 그러나 모순은 무언가 근본적인 것이 왜곡됐으며, 어디를 살펴야 할지 우리가 알고 있다고 깨우쳐주었다. 켈빈 경이 점점 더 공격적으로 변하자 그의 친구이자 조수였던 존 페리John Perry가 조언했다. 페리는 계산 문제가 아니라고 생각했으며 다음과 같이 말했다. "때로 지질학에 관심 있는 친구들은 내게 켈빈 경의 지구 나이 계산을 비판해보라고 했다. 그럴 때면 켈빈 경이 계산에서 실수했을 리가 없다고 답하곤 했다." 숫자를 들여다보는 대신, 페리는 켈빈 경의 가정을 다시 검토했다. 거기서 페리는 너무나 미묘해서 지나쳤을 논리의 비약을 발견했다. 지구가 녹는 대신 열이 지구 핵에 더 효율적으로 전달되는 상태였다면, 켈빈 경의 추정은 완전히 터무니없는 것이었다. 그리고 이 매커니즘은 이미 물리학자에게는 널리 알려져 있었다. 바로 대류, 유체에서 열의 주요 전달 방식이었다.

대류를 고려해서 페리는 지구 나이가 최소 20~30억 년이라고 추정했다. 켈빈 경의 오류를 찾아낸 페리는 자신의 전 후원자에게 이 사실을 알렸다. 오해했거나 무시했거나 둘 중 하나였겠지만, 이는 1895년에 페리에게 《네이처》에 그의 주장을 공개하라는 압력으로 돌아왔다. 매우 우아했던 켈빈 경의 분석은 부적절한 가정이라는 유령에 시달리면서 완성되지 않은 상황이었다. 페리의 통찰은 지질학 증거와 물리학 계산을 화해시켰을 뿐 아니라 믿기 힘든 사실도 드러냈다. 지구의 핵은 이례적인 고온의 유동체였다. 전혀 예상치 못했던 사실이 자료와 이론의 논리적인 결과에서 유기적으로 드러났다. 현재는 지구의 외핵이 액체 상태의 철과 니켈로 구성되며, 외핵의 움직임에서 지구 자기장이 발생한다는 사실이 밝혀졌다.*

• 이에 대한 증거는 이제 넘치도록 많지만, 페리가 논문을 발표한 1895년에는 인정받지 못했다. 1960년대까지도 지구물리학적 지구 모델은 고체 구였다! 켈빈 경이 방사능에 무지했던 탓에 지구 나이 추정치가 엉망이 되었다는 주장도 종종 있지만 이는 사실이 아니다. 방사능을 몰랐던 켈빈 경이 태양의 나이를 과소평가하긴 했지만, 이를 지구 나이 계산에 적용하지 않았다. 켈빈 경이 방사성 붕괴에서 나오는 열을 고려했더라도 그의 결과는 거의 바뀌지 않았을 것이다. 다시 한번 페리는 이 점을 짚어낸 데 대해 지금의 역사보다 훨씬 더 인정받아야 한다.

10년 이내에 방사능이 발견되었고, 얼마 안 가 아인슈타인의 특수 상대성 이론이 질량과 에너지가 등가물이라고 밝혔다. 1920년에는 영국 천문학자 아서 에딩턴Arthur Eddington이 별들이 작은 핵을 융합하면서 방대한 양의 에너지를 방출하며, 질량에서 에너지를 생성한다고 제안했다. 오늘날 핵융합核融合으로 알려진 개념으로 우리의 태양 같은 별들이 에너지를 생산하는 과정이다. 핵융합 매커니즘의 발견은 젊은 태양 이론에 사망 선고로 들렸고, 젊은 지구 이론은 흔적조차 사라지면서 새로운 과학의 시대가 열렸다. 지금은 이 새로운 발견들로 창조해낸 기술인 방사능 연대측정 기술로 지구 나이가 45억 4000만 년이라고 정확하게 측정할 수 있다.

켈빈 경은* 당대의 가장 훌륭한 이론 도구와 이를 휘두를 수 있는 정신으로 무장했지만, 출중한 과학자라는 그의 지위는 부정확한 결과를 내놓은 그를 보호해주지 못했다. 이론과 관찰을 조화시킬 때까지 경쟁을 지연시키지도 못했다. 조화를 뒷받침한 우아한 연역적 추론은 모순을 해결했을 뿐 아니라 지구에 관한 완전히 새로운 지식을 밝혀냈다. 지구의 녹은 심장에 관한 놀라운 발견을 직접 관찰한 것이 아니라 증거와 이론의 통합에서

---

* 젊은 지구 창조론자 중에는 켈빈 경이 자신들과 같은 믿음을 가졌다고 주장하는 사람도 있지만 이는 완전히 착각이다. 우선 켈빈 경은 진화의 시간 틀에 의문을 가졌지 진화론의 원칙 자체에 의문을 제기하지 않았다. 둘째로, 그는 지구 나이가 겨우 수천 년 정도가 아니라 2000만 년 이상이라고 주장했다. 또한 태양의 화학 모델도 인정하지 않았는데, 바로 이 모델이 지구 나이를 너무나 짧게(1만 년) 제한하기 때문이었다.

자연스럽게 도출했다는 점을 생각해보면 더 충격적이다. 이 사건은 과학이 스스로 수정하는 과정을 정확하게 보여준다. 아무리 이론이 우아하고 유력해도 강력한 증거가 반박한다면 반드시 수정하거나 폐기해야 한다. 과학을 향한 일반적인 비판은 변하기 쉽다는 것인데, 과학은 항상 마음이 바뀌고 변덕스러워 보인다. 그러나 이는 과학적 방법론을 오해해서 나온 불평이다. 새로운 증거가 나타났을 때 생각을 개선하는 것은 버그가 아니라 과학의 특징일 뿐이다.

이론과 실험이 일치하면 아름답고 매우 만족스럽지만, 예상치 못한 결과는 여기에 발견해야 할 무엇, 어쩌면 경이로운 무엇인가가 있다는 암시일 수 있다. 때로 발견은 우연의 산물이며, 예상하지 못했던 결과가 혁명적인 결과로 향하는 길을 열어주기도 한다. 사실 우리가 현재 활용하는 많은 현상이 이례적인 결과에서 나왔다. 앙리 베크렐Henri Becquerel은 우라늄 덩어리가 우연히 사진 건판에 노출되면서 방사능을 발견했다. 알렉산더 플레밍Alexander Fleming이 생명을 구하는 페니실린을 연구하기 시작한 계기는 휴가를 다녀온 사이에 자라난 이상한 곰팡이 때문에 그가 심어놓은 포도상구균이 죽었기 때문이었다. 마이크로파 가열 원칙은 공학자 퍼시 스펜서Percy Spencer가 마그네트론 옆을 너무 가까이 지나가다가 사 온 초콜릿이 녹자 짜증 내면서 처음 관찰되었다. 흥미로운 실험적 발견은 이론을 끌어내고, 독특한 이론적 예측은 실험의 방향을 가리킨다. 실험과 이론이라는 과학의 두 가지 측면은 똑같이 중요하고 밀접하게 연관된다.

그러면 어떤 것이 과학인지는 무엇이 결정할까? 과학인 천문학과 미신인 점성술을 구분하는 경계선은 무엇일까? 어쨌든 둘 다 하늘에 있는 천체의 움직임을 관찰하지 않는가. 왜 방사선 치료는 과학이고 기 치료는 유사 과학일까? 어쨌든 둘 다 '에너지'가 치료의 중심에 있는데 말이다. 합리적인 것과 터무니없는 것, 과학과 과학의 탈을 쓴 것 사이에 경계선을 명확하게 긋고 싶다면 과학인지 과학이 아닌지의 직관적인 느낌만으로는 부족하다.* 이 질문의 답은 가장 예상치 못했던 곳에서 나왔다.

1919년의 빈은 갈등의 도시였다. 제1차 세계대전이 끝났지만 동맹국의 봉쇄 조치는 그대로였다. 식량은 부족하고 시민들의 불안은 뚜렷하게 드러났다. 바이에른주와 헝가리는 소비에트 연방과 오스트리아 공산주의자들이 중부 유럽 공산주의 연합이라는 음모를 꾸미고 있다고 막 선언한 참이었다. 쿠데타가 계획되었지만 실행되기 전에 빈 당국은 주모자들을 체포했다.

공산주의자들의 반란이 저지되자, 사회주의자들은 도시 상황에 항의하며 6월 가두 시위에 나섰다. 이들 중에는 칼 포퍼Karl Popper 도 있었는데, 열일곱 생일이 얼마 남지 않은 시기에 그는 열성적

---

* 과학철학에서는 구획 문제라고 한다. 많은 과학자에게 이런 거창한 주장은 진 빠지고 무시해도 되는 문제다. 파인만은 "과학철학은 새에게 조류학이 유용한 만큼만 과학자에게 유용하다"라고 말했다고 한다. 경솔하긴 했지만 파인만은 과학과 비과학을 구분해야 한다는 데 제일 먼저 동의할 것이다.

으로 오스트리아 마르크스주의 사회민주주의 노동자당을 지지했다. 시위하는 동안 공산주의자들은 교도소를 습격해서 동지들을 구출하려다 폭력적인 대소동을 일으켰다. 혼돈 속에서 경찰은 무장하지 않은 군중을 향해 발포했고, 시위대 중 여러 명이 사망했다. 유혈사태에 포퍼는 제정신이 아니었다. 그러나 오스트리아 마르크스주의 사회민주주의 노동자당의 반응은 축하하는 분위기에 가까웠다. 마르크스주의자는 계급 전쟁과 혁명은 공산주의의 미래가 다가올 조짐이며, 필연적인 혁명을 예고하는 과정에서 피해자가 나올 수밖에 없다고 진심으로 믿었기 때문이었다. 그러나 포퍼가 목격한 대학살은 이런 자명한 이치를 쓰라린 안도감에 내던졌고, 그는 한때 절대적으로 여겼던 마르크스주의가 서서히 불편해지기 시작했다. 곰곰이 생각하던 포퍼는 "자신이 복잡한 이론을 어느 정도 무비판적으로 받아들였을 뿐 아니라 이것이 상당히 잘못됐다는 것을 실제로 깨닫고 충격받았다".

마르크스주의가 내세우는 역사유물론은 특히나 포퍼를 괴롭혔다. 역사유물론은 모든 인간 역사는 온전히 물질적인 문제 때문에 일어났다고 주장했다. 마르크스와 추종자들은 역사유물론이 과학이라고 말했지만, 포퍼는 이 이론이 어떤 사실을 설명하거나 대학살을 진보의 신호로 재구성하기에는 너무나 모호하다고 생각했다. 포퍼는 일생을 사회주의자로 남았지만 마르크스 선언에 대한 자신의 평화주의와 회의주의에 동료들이 공감하지 않는다는 사실을 깨닫고 마르크스주의를 포기했다.

정치적 행동주의를 시도한 이후, 포퍼는 건설부터 캐비닛 제작까지 여러 직업을 전전했다. 스물넷에 그는 교사가 되었고, 이후 그의 아내가 된 조세핀 안나 헤닝거Josefine Anna Henninger와 함께 위험에 처한 어린이들을 위한 방과 후 클럽을 시작했다. 1928년에 포퍼는 심리학 박사 학위를 받았다. 1930년대 초 유럽에 파시즘이 태동하기 시작하자 포퍼는 빈을 떠났다. 빈을 떠난 포퍼는 빈에 모인 유럽 지성인들의 대화를 지배하는 주장으로 칭송받는 두 남자, 아인슈타인과 지크문트 프로이트Sigmund Freud에 생각의 초점을 맞추었다. 아인슈타인은 현실의 본질에 관해 대담한 예측을 내놓았고, 공간 자체는 질량에 의해 휘어지며 그 결과 우리가 중력으로 느끼는 힘이 나타난다고 주장했다. 그의 장 방정식field equation은 이 해석의 결과를 정확하게 수량화했고, 빛은 중력 왜곡 때문에 태양처럼 거대한 객체 근처에서 '휘어질' 것으로 예측했다. 심지어 정확히 얼마나 휘어질지도 계산했다. 1919년 에딩턴 연구팀은 일식이 일어날 때 태양 근처에 있는 별빛의 편향을 관측해서 아인슈타인의 예측을 실험적으로 입증했으며, 아인슈타인의 명성을 드높였다. 프로이트는 빈의 중상류층에서 유명한 치료사로 그의 명성은 정신분석의 아버지라고 불리는 지위에서 나왔다. 프로이트의 가장 중요한 업적은 《꿈의 해석》으로, 그는 꿈이 무의식의 소망을 충족하는 것이라 주장했다.

마르크스주의처럼 두 사람의 작업에도 과학이라는 꼬리표가 달렸다. 아인슈타인의 가설은 극도로 허술해 보였고, 명확한 예측은 언제라도 산산이 찢어질 듯했다. 이렇듯 위태로웠지만 이 가설은 모든 실험 장애물을 통과했다. 반면 프로이트는 그렇지 못했다. 혐오하는 시어머니의 꿈을 꾼 환자는 프로이트의 소망 충족이라는 이론적 틀을 의심하게 했다. 그러자 프로이트는 환자의 '진정한' 소망은 프로이트의 분석이 틀렸기를 바란 것이었다고 반박하면서 충돌하는 증거가 나왔는데도 자신의 추측을 옹호했다. 아인슈타인의 가설은 구체적이고 검증할 수 있는 예측을 내놓았지만, 프로이트의 주장은 확실한 형태가 없고 나중에 사실 뒤에 숨은 진실이라는 식의 해석으로 조작할 수 있었다. 아인슈타인의 가설은 검증할 취약점이 있지만, 프로이트의 가설은 비판에서 보호되었다. 포퍼는 **반증가능성**falsifiability이 과학과 유사 과학을 가르는 경계선이라고 보았다. 즉 가설을 반박할 결과가 나올 실험을 하나라도 설계할 수 있다면 이 가설은 과학적인 추측이다.

과학적 가설은 반드시 검증할 수 있는 구체적인 예측을 할수 있어야 한다. 그렇지 않다면 그 가설은 과학적이라고 할 수 없다. 반증가능성은 가설이 거짓이라는 뜻이 아니라는 점을 명심하도록 한다. 그저 원칙적으로 그 가설이 틀렸다면 틀렸다는 사실을 입증할 수 있다는 뜻이다. "화요일에는 뉴욕에 비가 내리겠습니다"라는 주장은 반증가능성이 있으며, 만약 비가 오지 않으면 주장은 버려진다. 보이지 않는 영혼이 속삭인다는 영매의 주장은 거짓말처럼 보이지만 반증가능성이 없다. 과학적 가설은 무너질 때까지 검증되며, 만약 증거의 무게가 가설을 반박한다면 이를 수정하거나 버려야 한다. 엄밀하게 말하면 그 어떤 가설도 절대로 '증명'할 수 없다. 대신 가설에 부합하는 증거는 시간이 흐르면서 쌓인다. 비판적인 정밀 조사를 견뎌낸 가설은 결국 이론이 된다. 그러나 모순되는 증거가 나오면 이론도 수정해야 한다. 미세한 입자부터 천체까지, 물체의 운동을 정확하게 예측하는 뉴턴의 운동 법칙은 220년이 넘도록 도전하는 가설이 없었다. 1905년에 아인슈타인은 빛의 속도에 가까워지면 뉴턴의 법칙이 성립하지 않는다는 점을 입증하면서 자연에 관한 인간의 지식을 놀라운 수준으로 향상했다.

반증가능성은 과학적 방법의 핵심이다.* 가설을 입증하는 결과만 찾지 말고, 극도로 정밀한 조사를 통해 가설을 적극적으로 검증해야 한다. 이것이 점성술이 과학이 아닌 이유다. 점성술이 내놓는 주장은 모호하고 흐릿해서 검증할 수 없다. 프로이트의 정신분석처럼, 점성술도 사실을 확인한 뒤 재해석할 수 있다. 반면 천문학은 매우 구체적이며 검증할 수 있는 예측을 하는 과학이다. 기 치료는 치유력이 있는 우주 에너지를 활용한다고 주장하지만 증거를 내놓지 못하며 핵심인 기에 대한 정의도 내리지 않는다. 논란의 여지가 있지만 기 치료는 검증할 수 있으며, 현재까지 임상 시험은 효능이 있다는 증거가 없었다. 따라서 기 치료는 곧바로 반박되었다. 반면 방사선 치료는 이론과 실험의 방대한 자료로 뒷받침된다.

반박할 수 없는 가설은 과학이 아니며 검증을 버텨내지 못

---

* 철학 개념은 언제나 논쟁이 끊이지 않으며 포퍼도 예외는 아니다. 구획 문제를 다루는 두꺼운 저서는 수없이 많지만, 주장들은 빠르게 사라지는 경향이 있다. 마음에 드는 주장을 더 깊이 탐구할지는 여러분에게 맡기기로 한다.

한 가설은 폐기해야 한다. 그러나 유사 과학 지지자들은 일방적인 진술과 일화로 자신들이 가진 신념의 약점과 실패를 덮으려한다. 믿음은 여기에 확실히 일조한다. 예를 들어 진화는 과학이며, 검증할 수 있는 주장은 빗발치는 반박을 견뎌냈다. 창조론은 과학이 아니며, 반박할 수 있는 예측이 없고 '그냥 그렇게 된' 종교 이야기 그 이상은 아니다. 이것이 과학과 믿음의 중대한 차이점이다. 과학에서는 가설이 얼마나 우아하든 간에 아주 약간의 반박 자료로도 가설을 폐기할 수 있다. 반면 믿음은 조사의 영역을 넘어서는 자명한 이치를 세우며, 믿음을 보존하기 위해 증거를 폐기하는 일을 종종 미덕으로 여긴다. 믿음이 종교적이든 정치적이든 아니면 그 외의 것이든 다르지 않다.

과학 사칭의 근거

유감스럽게도 과학과 유사 과학을 구분하는 간단한 방법은 없다. 많은 미심쩍은 주장이 진실이라는 환상을 거짓에 씌우려는 열망으로 과학의 옷을 훔쳐서 과학인 척 위장한다. 불행하게도 수상쩍은 주장의 희생자가 되기는 너무나 쉽고, 이는 인류 전체에 큰 손실을 입힌다. 과학과 비과학을 구분하는 일이 어렵기는 해도 과학을 사칭하는 것을 마주했을 때 고려할 중요한 사항은 다음과 같다.

- **증거의 질** 과학적 주장은 뒷받침하는 자료와 사용한 방법론을 명확하게 서술한다. 만약 주장이 일화와 증언에 크게 기대고 있다면 의심해봐야 한다.
- **권위** 과학적 주장은 과학자의 권위에 기대지 않는다. 과학적 주장의 수용 여부는 주장을 지지하는 증거의 무게로 결정된다. 반면 유사 과학적 주장은 증거보다는 그럴싸한 전문가나 권위자에게 더 자주 초점을 맞춘다.
- **논리** 주장을 구성하는 사슬은 그저 몇몇 개가 아니라 모두 연결되어야 한다. 불합리한 추론은 미심쩍은 결론으로 이어진다. 복잡한 상황이나 질병에 단 하나의 원인이나 치료법을 제시하는 지나치게 환원주의적인 주장은 회의적으로 다루어야 한다.
- **반박할 수 있는 주장** 반증가능성은 주장의 타당성을 가늠하는 가장 중요한 요소다. 잘못되었다고 반박할 수 없다면 과학이 아니다. 마찬가지로 과학은 재현성을 중심으로 돌아간다. 독립적인 실험으로 재현할 수 없는 주장은 유사 과학일 가능성이 크다.
- **증거의 전체성** 가설은 모든 증거를 고려해야만 하며 부합하는 증거만 체리피킹해서는 안 된다. 주장이 일관성 있고 지금까지 밝혀진 모든 증거와 양립한다면 그 주장은 잠정적으로 수용한다. 그러나 이전의 수많은 자료와 충돌한다면 이 단절성을 반박할 근거를 반드시 제시해야 한다.
- **오컴의 면도날** 주장이 다수의 부가적인 주장에 의존하는가?

대안 가설이 축적한 자료를 더 적절하게 설명한다면 부가적인 추정을 정당화할 강력한 증거가 제시되어야 한다.

- **입증할 책임** 언제든 반박하는 사람이 아니라 지지하는 사람에게 주장을 입증할 책임이 있다. 이 책임을 떠넘기는 시도는 나쁜 과학이라는 경고신호다. 증거 부족을 정당화하기 위한 구체적인 변명이 핵심인 주장(음모론을 포함해서)은 유사 과학의 전형적인 특징이다. 원칙적으로 탐구 정신에서 나온 주장은 정당화하려는 의도에서 나온 주장보다 과학일 가능성이 더 크다.

위 항목들은 분별력 있는 추론을 대체할 수 없지만, 새로운 주장을 마주할 때마다 한 번쯤은 던져야 할 질문이다. 과학의 기본 원칙을 이해하면 다루는 주제가 과학이 아니더라도 매우 유용하다. 심리학자 토머스 길로비치Thomas Gilovich는 이를 두고 다음과 같이 말했다.

과학은 알려진 한계를 넘어서려 노력하므로 과학자는 항상 무지의 방어벽을 돌파해야 한다. 과학을 더 알수록 무엇을 모르는지도 깨닫게 되며, 모르는 것 대부분의 잠정적인 본질도 알게된다. 이 모든 것은 대상이 어떠한지 혹은 어떠해야 마땅한지에 관한 주장을 향한 건강한 회의주의에 이바지한다.

물론 어떤 주장에 장점이 있는지 없는지 구분하는 일은 힘만 빠지는 헛수고라고 느낄 수도 있다. 우리는 유사 과학이 허튼 소리의 파도를 몰고 와서 우리를 압도하는 시대에 산다. 반쪽짜리 진실의 폭풍 속에서 많은 사람이 무력감을 느끼는 것은 당연하다. 그러나 여기서 한발 물러서는 것은 눈 감은 채 재앙 속으로 뛰어드는 격이다. 무관심에 압도되면 어렴풋이 다가오는 기후변화라는 유령을, 눈앞에 닥친 수많은 다른 문제를 해결할 수 없다. 세이건의 한탄은 통찰을 드러내지만 피할 수 없는 일은 아니다. 협잡꾼과 광대에게서 자신을 보호하려면 유사 과학에서 과학을 분리하는 법을 배워야 한다.

20장
화물 신앙의 출현

과학의 옷을 걸친 유사 과학들

파인만의 별난 삶은 만족할 줄 모르는 호기심으로 정의된다. 로스앨러모스의 맨해튼계획(제2차 세계대전 중에 미국이 원자폭탄을 제조한 계획.—옮긴이)에 참여한 젊은 물리학자는 긴긴 뉴멕시코의 밤동안 기지의 방화벽을 해킹하면서 보냈고, 해킹한 곳에 수수께끼 같은 암호를 남겨놓는 것이 취미였다. 당연히 환영 같은 암호가 원자폭탄 기지에 나타나자 파괴공작원이 돌아다닌 것 아니냐는 공포가 번졌으므로, 파인만은 봉고 악기 연주로 취미를 바꿨다. 전쟁이 끝난 뒤 파인만은 저명한 이론물리학자가 되었고 1965년에 노벨상을 받았다. 그는 매혹적인 이야기를 활용하는 뛰어난 강의로도 유명했다. 그중에서도 가장 흥미로운 이야기는 남태평양 섬 원주민과 그들의 신비한 화물 숭배 이야기일 것이다.

이 별난 종교는 제2차 세계대전의 여파로 태평양 전역의 외따로 떨어진 전초 기지에서 나타났다. 태평양의 멜라네시아 원주민들은 바깥세상의 기술 발전을 알지 못한 채 대대로 축복받으며 살고 있었다. 전쟁을 벌이는 국가들의 적개심은 전쟁의 최전선을 멜라네시아 원주민들의 앞마당까지 끌고 왔다. 일본군이 먼저 들어왔고, 군인과 함께 의약품과 식량, 장비 같은 항공 보급품도 들어왔다. 곧 연합군도 섬에 군사기지를 세웠고 원주민들은 생전 처음 보는 보급품이 계속 공급되었다. 군인들은 넋이 나간 원주민에게 보급품을 나눠 주기도 했다. 전쟁이 끝나자 군인들과 군수품 화물은 갑작스럽게 나타났을 때처럼 빠르게 떠나버렸다.

일부 원주민에게 군인과 그들의 화물은 종교로 자리 잡았다. 작가 아서 클라크Arthur C. Clarke는 "충분히 발전한 기술은 마법과 구별할 수 없다"라고 말했으며, 종교도 자연법칙을 선택적으로 위반하도록 요구하는 경향이 있으므로, 많은 원주민이 화물을 다른 세상에서 온 것으로 여긴 게 놀랍지는 않다. 권위 있는 '빅맨'은 버려진 구조물들을 활용해서 숭배를 창조해냈다. 다른 종교 종파처럼 화물 숭배는 섬마다, 그리고 예언자마다 다르지만 한 가지, 화물이 신성한 신의 섭리라는 교리는 똑같다. 멜라네시아인 사회의 주변부에서는 종교 지도자들이 신실한 믿음은 지프차와 식량, 의복으로 보상받으리라고 설교한다.

화물을 통제한다고 믿는 조상신을 달래기 위해, 원주민들은 그들이 관찰했던 행동을 흉내 냈고, 이는 매우 양식화된 제례로 바뀌었다. 원주민들은 자신들이 보았던 것의 정교한 복제품, 즉 광활한 잔디 활주로와 모형 관제탑, 신비한 통신을 암시하는 예술적인 장식물과 군인이 사용했던 군사 장비를 만들었다.

타나섬에는 믿음이 신실한 자들에게 화물과 함께 돌아오겠다고 약속했던 존 프럼John Frum이라는 신의 강림을 기다리는 신자들이 있다. 그의 외모는 때로는 백인, 때로는 흑인으로 여러 번 바뀌었다. 제2차 세계대전 당시 군인의 모습이기도 하다. 다큐멘터리 제작자 데이비드 애튼버러David Attenborough가 신자들에게 프럼의 생김새를 물었을 때 돌아온 대답은 다음과 같았다. "당신처럼 생겼어요. 하얀 얼굴이에요. 키가 커요. 남아메리카에 살아요." 그러나 원주민들이 유물과 제례에 헌신해도 화물은 나타나지 않았다. 활주로는 황량한 모습으로 남아 있고, 관제탑은 고요하다.

신자들은 이를 프럼의 변덕 탓이라고 생각했다. 그러나 더 근본적인 문제는 원주민들이 기술에 숨겨진 원리를 이해하지 못하고 그저 겉모습만 복제했다는 점이다. 이를 비유해서 파인만은 **화물 숭배 과학**cargo-cult science이라는 용어를 만들고, 과학적 방법론이라는 현실에서 완벽하게 단절된 채 과학의 외관에만 열중하는 현상으로 정의했다. 그는 의미 있는 과학은 반드시 "과학적 진실성, 즉 완벽한 정직이라는 과학적 사고 원칙으로 뒷받침해야 한다. 다시 말해 최선을 다해 노력해야 한다는 뜻이다. 실험에 긍정적일 요인뿐 아니라 실험을 무효화할 것 같은 모든 것도 기록해야 한다"라고 했다.

파인만의 우려는 옳았다. 과학이라는 겉모습은 매우 수상쩍은 흐름도 가려줄 수 있다. 합리화했든 아니든 '과학'이라는 후광은 권위를 부여하며, 우리가 무비판적으로 수용하게 될 가능성이 크다. 불행하게도 얄팍한 겉치레가 너무 자주 트로이의 목마 역할을 하면서 온갖 거짓에 활기를 불어넣는다. 의심스러운 주장은 너무 자주 과학이라는 겉옷을 빌려 입는다. 그리고 우리가 활용할 정보가 폭증하는 지금, 이런 특징은 쓰레기 과학과 가치 있는 통찰을 분리하는 일을 고된 작업으로 만든다.

과학의 옷으로 치장한 미신들

지금까지 살펴본 모든 것에 일관된 주제가 있다면, 아마도 인간이 모순으로 점철된 종이라는 사실일 것이다. 이 모순은 과학까지 확장되며, 과학을 무시하는 사람도 과학이 자신의 주장을 지지한다고 생각하면 고수하는 경향이 있다. 동종요법 학술지가 존재하고, 이 잡지의 기사는 동종요법의 교리가 가장 기본적인 분석에 무너져도 제의에 맞춰 희석한 물을 극찬한다. 이런 학술지는 허구에 헌신하지만 깔끔한 인용과 복잡한 용어를 사용한 논문들은 어떻게 봐도 진짜 학술 논문과 비슷하다. 그러나 과학의 겉모습을 흉내 내봐도 자신들의 믿음을 반박하는 넘치는 증거를 거부하므로 아무 가치가 없다. 기본적인 진실성을 요구하는 과학적 방법론에 동종요법 학술지가 완벽히 실패했다는 뜻이다. 이는 파인만이 말했던 화물 숭배를 보여주며, 진실성에서는 태평양 섬 원주민들이 만든 잔디 활주로보다도 못한 무력한 과학의 석상이다.

　　이런 일이 일어나는 이유는 우리가 과학과 의학이 바꾸어놓은 세상에 살기 때문이다. 이해하기 힘들거나 반직관적인 과학의 성공을 부정하기 어려워지면서, 마지못한 선택일지라도 무조건 과학의 권위를 수용한다. 인터넷의 민주적인 특성 덕분에 화물 숭배 과학자들은 그 어느 때보다 번성한다. 세계의 방대한 정보에 접근하는 일은 말 그대로 우리 손가락 끝에 달려 있으며, 이 현상의 부정적인 면은 터무니없는 헛소리와 잘못된 정보도 똑같이 맹렬한 속도로 퍼진다는 것이다. 유용한 정보의 양이 방대하다는 사실은 신호와 소음을 분리하는 일이 항상 쉽지만은 않다는 뜻이고, 이런 환경에서 화물 숭배 과학자들은 과학의 명백한 권위와 태도를 모방해서 미심쩍은 믿음을 발전시키며 번영한다. 뉴월드오더(세계정부를 만들고 활동하는 엘리트들의 결사 단체.—옮긴이) 음모론자부터 아로마테라피까지, 상상할 수 있는 온갖 주제에 관한 웹사이트와 포럼이 완벽하게 과학의 장점을 피해가며 기이한 주장을 내세우지만 분명하게 과학을 흉내낸다.

　　이렇게 과학의 옷을 뒤집어쓰면 당연히 이런 주장의 타당성을 살피는 데 부주의한 사람들을 속일 수 있다. 특히 그 주장이 매우 걱정스럽거나 놀랍도록 차분하다면 더 그렇다. 다이어트 음료수에 첨가하는 일반적인 감미료인 아스파탐은 1995년에 확산했던 이메일 공포의 주인공이었다. 널리 퍼진 경고문에 따르면, 낸시 마클Nancy Markle 박사가 과학 학술회에서 인공감미료가 루

푸스, 암, 알츠하이머병, 걸프전증후군 등의 부작용을 일으킨다
는 불길한 발견을 보고했다. 이 경고문은 과학적으로 들리는 용
어를 사용하고, 군데군데 참고문헌을 인용해서 반쯤은 과학적 형
식을 갖췄다. 이메일을 본 사람들은 스팸메일에 있는 건강 조언
을 수용하는 일이 얼마나 위험한지 모른 채, 이 내용을 친구와 동
료에게 퍼뜨렸다. 걱정이 많은 사람들은 과학처럼 보이는 속임수
에 완전히 속아 넘어갔고, 공중보건기관이 해당 이메일의 내용은
거짓이라고 발표했는데도 확산 소동을 막을 수 없었다. 마클 박
사는 악명 높은 베티 마르티니Betty Martini가 과잉 반응을 유도하려
만든 허구의 인물이라는 폭로도 소용없었다. 현재 이 미신은 대
중의 의식에 지울 수 없을 정도로 깊이 파고들었다. 2015년에 펩
시는 아스파탐 괴담이 판매고에 영향을 줄까 봐 다이어트 제품
에서 아스파탐을 제외했다가 이듬해 소비자들이 새로운 맛을 거
부하자 다시 집어넣었다. 수많은 연구가 아스파탐 속설을 하나
하나 폭로하고 있지만, 슬프게도 이런 메시지는 진짜 과학과 모
조품을 구별하지 못하는 화물 숭배자들의 소리에 막혀 대중에게
닿지 않는 듯하다.*

　인터넷은 오래된 미신에 다시 숨을 불어넣었고, 과학 논문
형식을 도용한 미신을 찾아내기는 너무나 어려워졌다. 수돗물
불소화 음모론은 이런 예시의 하나다. 새로운 사실은 없다. 스탠

---

* 악명 높은 머콜라의 유사 과학 제국이 이 속설을 지지한다는 사실이 놀
랍지 않을 수도 있다. 머콜라는 아스파탐을 "현재 시장에서 식품에 첨가되는
가장 위험한 물질"이라고 규정한다.

리 큐브릭Stanley Kubrick 감독이 오래전에 만든 영화 〈닥터 스트레인지러브Dr Strangelove〉에서는 망상에 사로잡힌 리퍼 장군이 수돗물 불소화가 자신을 무기력하게 만들려는 공산주의자의 음모라고 굳건하게 믿는다. 괴이한 수돗물 불소화 반대 운동과 냉전 편집증을 향한 조롱이다. 이 영화가 개봉되었던 1964년에 이미 이런 음모론은 닳고 닳은 상태였다. 수십 년 동안 수많은 연구가 수돗물 불소화가 안전하며 충치를 줄이는 데 효과적이라고 재확인했다. 이 정도라면 원칙적으로는 수돗물 불소화 반대 운동은 역사서의 각주로만 남았어야 했다. 그러나 인터넷 세대는 수돗물 불소화 반대 운동이 부활하는 것을 보았다. 우려스럽게도 이 현상은 대부분 과학을 위장한 웹사이트에서 지지했으며, 암부터 우울증까지 온갖 혐오스러운 부작용을 모두 들먹이고 있다. 유언비어를 퍼뜨리는 웹사이트는 과학의 장점을 상실했지만, 대중이 이 주장을 수용하는 데는 아무 문제가 없다.

나는 이 소동을 직접 겪었다. 2013년에 아일랜드 야당 정치인 다수가 아일랜드 하원에 수돗물에서 불소를 제거해야 한다는 동의서를 제출했다. 이 동의서는 불소로 생겨나는 불길한 결과, 즉 알츠하이머병, 다운증후군, 우울증, 당뇨병, 암까지 한 줌 정도 되는 질병을 경고하는 과학적으로 보이는 보고서를 인용했다. 조사 결과, 야당은 이 끔찍한 주장을 불소화 반대 운동을 하는 자칭 전문가에게서 들었다고 했다. 이 보고서는 전형적인 화물 숭배 과학으로 유사 과학적 문구, 심각한 오류, 뒤틀린 논리로 가득했다. 과학적 연구라는 겉치레를 제외하고도 이 보고서는 과학적 방법을 전혀 사용하지 않았다. 그러나 뻔한 글인데도 우려할 만한 수의 기자와 정치인이 이 유사 과학과 과장된 주장을 반박하는 진짜 과학 논문을 구분하지 못했다.

이에 나는 《아이리시타임스Irish Times》와 《가디언The Guardian》에 이 보고서의 결함을 지적하는 글을 썼다. 또한 이 안건을 담당한 정치인에게 왜 이 무서운 주장이 잘못됐는지 논박했다. 내 행동은 주변부 단체에 증오의 대상으로 찍히는 계기가 되었고, 예측한 대로 내 동기부터 과학적 태도까지 온갖 공격을 받았다. 야당의 동의서는 하원을 통과하지 못했지만, 수돗물 불소화 반대 운동은 아일랜드뿐 아니라 수돗물 불소화를 공중 보건 정책으로 시행하는 다른 국가, 즉 미국·캐나다·뉴질랜드·오스트레일리아에서도 잊을 만하면 과학으로 위장해서 정기적으로 불쑥 나타난다. 그보다 불만스러운 점은 정말로 과학에 무지하게 태어난 건지 아니면 반감을 품은 표를 모으려는 이기적인 시도인지, 액면가 그대로 유사 과학을 집어 들 준비가 된 지역 정치가들이 넘쳐난다는 사실이다.*

화물 숭배 과학은 과학적 타당성이 주는 후광을 누리면서

---

* 선동적인 정치인 몇몇과 대화하다가 아일랜드 전문가위원회인 불소와 건강위원회를 통해 포괄적인 루머 단속에 나설 수 있었다는 사실을 뒤늦게 안 나는 당황하고 말았다. 이 위원회는 겨우 10년 전에 출현했던 마지막 불소화 반대 운동에 대응해서 설립했다. 역량 부족이라는 말로는 설명되지 않는다. 이 동의서를 지지한 정치인들은 그저 반체제 운동이라는 정치 자본을 활용하는 게 아닌지 의심스럽다. 아무렇지도 않게 공중보건을 위태롭게 하는 행태는 이들의 우선순위가 무엇인지 많은 것을 알려준다.

터무니없는 주장을 팔기 위한 수단일 뿐이다. 소수의 과학 분야는 오해받거나 양자역학처럼 파렴치하게 남용된다. 이 매혹적인 물리학은 미세한 아원자 입자의 움직임을 다루며, 우리가 사는 거시 세계와 크게 다르다. 아원자 입자 영역은 완전히 반직관적이며, 양자 영역의 독립체는 입자와 파동이라는 전통적인 이분법을 벗어나 입자와 파동의 특성을 모두 수용한다. 이른바 파동-입자 이중성wave-particle duality이라는 개념이다. 이 책에서 다루는 범위에서 크게 벗어나지만, 양자역학은 별나고 난해한 개념을 여럿 만들었다. 양자 얽힘quantum entanglement을 예로 들면, 엄청나게 먼 거리에 떨어져 있어도 입자의 상태는 본질적으로 연결되어 있다. 양자 터널링quantum tunnelling은 고전역학에서는 통과할 수 없는 장벽을 입자가 '통과'하는 것이다. 과정을 관찰하는 행위 자체가 결과에 영향을 미친다는 해석도 있다. 매혹적이지만 세상에 대한 우리의 선천적 지식과는 완전히 동떨어진 세계다. 양자역학은 현실의 본질과 인간 지식의 한계에 관한 심오한 과학 및 철학 질문을 제기한다.

　절망스럽게도 양자역학 용어를 훔쳐 쓰면서 고결한 사상을 훼손하는 건전한 시장이 존재한다. 양자 신비주의quantum mysticism는 쓸모없는 헛소리에 양자역학을 보편적인 데우스 엑스 마키나로 환원시켜 명백히 얼빠진 철학에 심각한 오해를 덧붙이는 새로운 믿음이다. 현상에 대한 진실한 이해 없이 양자역학 용어를 내세워 마구잡이식 진부한 이야기가 되는 경향이 있으며, 동양철학을 제대로 이해하지 못한 채 뒤섞은 파스티셰(여러 양식을 혼합한 예술 작품으로 혼성 모방이라고도 한다. 자신만의 양식이 없다는 경멸적인 의미다.―옮긴이)로 전락하기도 한다. 이들은 자신들을 가리켜 '양자 헛소리'라고 말한 물리학자 머리 겔만Murray Gell-Mann에게 크게 격분했다. 악명 높은 인물 초프라는 양자역학 명명법을 남용해서 미심쩍지만 돈이 되는 철학을 설파하는 데 능숙하며,《양자 치료Quantum Healing》같은 저서를 베스트셀러로 올려놓았다.

양자역학의 남용이 특히나 짜증 나는 이유는 양자역학이 주로 믿을 수 없을 만큼 아주 작은, 원자보다 더 작은 영역을 다루기 때문이다. 피상적으로만 양자역학을 이해하더라도 이 사실을 알 수 있다. 영리한 독자라면 인간이 양자 입자보다 훨씬 크며, 양자역학을 인간 사회에 적용하려는 서투른 시도가 핵심을 크게 비껴가리라는 점을 이해할 것이다.

물론 양자역학 팔이는 뻔히 새로운 믿음을 과학의 신뢰성으로 위조하려는 괴이한 시도지만, 화물 숭배 과학은 눈에 띄지 않으면서 피해가 더 큰 방식으로도 나타난다. 파인만이 지적했듯이 과학은 무엇보다 진실성에 헌신하기를 요구하며, 이 진실성은 인간이 세운 이론과 실험의 약점과 한계를 기꺼이 고백하게 한다. 이상주의나 과학자들의 자책 따위가 아니다. 진짜 과학은 문제의 현상을 더 잘 설명할 대안 가설을 수용하는 지치지 않는 의지를 요구한다. 그러려면 오류를 정량화할 수 있어야 하고, 확실성의 한계를 이해해야 하며, 더 중요한 것은 자신의 이론과 결과의 객관성을 직시할 의지가 필요하다. 이는 확실성을 바라는 인간의 깊은 열망과 다를 수 있다. 불확실성이라는 악마를 제거하려고 인간은 종종 오류의 가능성이나 대안 설명을 거부한다. 《은하수를 여행하는 히치하이커를 위한 안내서》에서 더글러스 애덤스Douglas Adams는 가이드의 수많은 오류에 대한 권리 포기 각서로 이 고착된 결함을 패러디했다. "가이드는 완벽해. 현실은 가끔 부정확하지." 애덤스가 패러디한 자기방어적 사고는 불행하게도 보편적이며, 과학적 방법론에서 요구하는 논리적인 추론 대신 거의 종교적인 믿음으로 대체하는 일과 다름없다.

숭배는 검증의 눈을 가린다

모범을 보여야 할 사람들이 화물 숭배 과학자 무리에 가담할 때, 결과는 비극이 된다. 1981년 2월, 워싱턴 캐피톨 힐의 젊은 여성이 총기를 휘두르는 습격자의 손에 희생되었다. 범인은 소름 끼치게 잔인했다. 범인은 그를 강간하고 항문성교를 한 뒤, 귀중품을 갈취하고는 그를 묶고 재갈을 물린 채 버려두고 떠났다. 공격당하는 동안 희생자는 범인을 단 한 번 보았는데, 커튼을 뚫고 스며든 흐릿한 가로등 불빛에 비친 얼굴이라 젊고 말끔히 면도한 흑인 남성인 것만 겨우 알아볼 수 있었다. 사건이 일어난 지 몇 주 후, 열여덟 살 커크 오덤Kirk Odom은 경찰에게 완전히 다른 문제로 불심검문을 받았다. 문제의 경찰은 범인의 몽타주를 보여주며 오덤에게 그와 범인이 닮았는지 물었다. 오덤은 아니라고 답했고 경찰은 오덤의 신상을 기록한 뒤 손까지 흔들며 그를 보내주었다. 며칠 후, 경찰은 오덤이 적어준 주소지에 와서 오덤을 잔혹한 강간 및 절도 혐의자로 체포했다. 수사는 놀라울 정도로 엉성했다. 희생자의 증언에 따라 그린 몽타주는 중간 피부색의 흑인이었지만 오덤은 어두운 피부였다. 희생자는 머뭇거리며 오덤의 사진을 알아봤지만 증거로는 적절하지 않았다. 젊고 말끔하게 면도한 청년 오덤의 머그샷(체포된 범인을 촬영한 사진.—옮긴이)은 꾀죄죄한 중년 얼굴 사진의 바다에서 확연히 눈에 띄었다. 이는 아무리 잘 봐줘도 애매한 증거였고, 목격자의 신원 확인은 이미 살펴본 것처럼 좋은 증거가 되지 못한다. 게다가 오덤에게는 훌륭하고 확정적인 알리바이가 있었다. 사건이 일어났던 날, 오덤은 가족과 함께 여동생의 딸 생일파티를 했다. 기소가 기각되고 악몽이 끝나리라는 예상은 상당히 합리적이었다.

그러나 증거가 부족한 검찰에게는 숨겨둔 패가 있었는데, 바로 범죄 현장에서 발견한 머리카락 한 올이었다. 법정에서 특수 요원 마이런 T. 숄버그$^{Myron\ T.\ Scholberg}$가 증언대에 섰다. FBI 현미경 분석팀 소속인 숄버그는 머리카락 현미경 검사법의 세계적 권위자라고 자신을 소개했다. 숄버그는 범죄 현장에서 발견한 머리카락이 오덤의 머리카락과 구별할 수 없을 만큼 정확히 일치했다고 증언하면서 오덤의 운명을 결정지었다. 이것만으로는 부족했는지, 숄버그는 이 정도 수준으로 일치하는 건 "극히 드문 현상"이라고 언급하면서, 전문가로 활동하는 내내 한 손에 꼽을 정도의 확률이라고 거들었다. 배심원단에게 절대적으로 확실한 과학이 전해지면서 오덤의 항변은 완전히 무시되었다.

오덤은 교도소에서 22년을 보내야 했다. 출소한 뒤에도 가석방 기간 동안 성범죄자로 등록된 채 9년이나 더 지내야 했다. 설상가상으로 오덤은 선고 당시 유아였던 딸과의 관계도 틀어졌다. 이 충격이 얼마나 고통스러웠을지 헤아릴 수 없지만, 무죄를 주장하는 오덤의 항변은 대체로 무시되었다. 절대로 틀리지 않는 과학수사라는 권력이 오덤의 운명을 결정지었고, 인기 있는 텔레비전 쇼는 범죄 현장에서 과학수사의 덕목을 격찬했으며, 과학수사 증거물은 바뀔 수 없다는 인식이 강화하면서 CSI효과(범죄 과학수사 결과에 배심원들의 기대가 지나치게 높아지는 현상.— 옮긴이)를 불러왔다. 그러나 2009년 12월, 전혀 다른 사건에서 워싱턴 D.C. 국선 변호사 서비스가 도널드 게이츠Donald Gates의 무죄 판결을 받아냈다. 게이츠는 자신이 저지르지 않은 강간 및 살인 사건으로 교도소에서 28년을 복역했다. 게이츠의 재심에서 핵심은 빈틈없어 보이던 과학수사 분석을 무너뜨린 것이었고, 여기에는 오덤이 유죄 판결을 받게 된 것과 매우 비슷한 머리카락 현미경 분석 결과가 포함되었다.

게이츠의 평결이 뒤집히자 오덤을 변호했던 국선 변호사 샌드라 레빅Sandra Levick이 이 사건에 주목했다. 그동안 레빅은 국선 변호사 서비스국의 특수소송분과 책임자가 되었다. 레빅은 자신의 이전 변호인에게 들이밀어진 조잡했던 증거를 잊지 않았다. 2011년 2월, 사건이 일어난 지 30년이 지난 뒤, 레빅은 워싱턴 컬럼비아 특별구 무죄 보호법을 근거로 유죄 판결 후 DNA 검사를 요구하며 이의를 제기했다. 오랫동안 잠겨 있던 증거물 보관 상자에서 얼룩진 침대 시트, 목욕가운, 문제의 머리카락까지, 범죄 현장의 조각들이 다시 나왔다. 레빅은 원래 사건의 유물들을 현대 기술로 재검사하기를 요구했다. 그리고 유물들은 화가 치솟을 이야기를 풀어놓았다. 범죄 현장에서 나온 정액은 오덤의 것이 아니었고 이미 유죄 판결을 받은 다른 성범죄자의 것이었다. 머리카락 미토콘드리아 검사는 오덤을 용의자에서 제외했다. 오덤의 유죄 판결은 희극이나 다름없었다. 레빅은 2012년 3월, 오덤의 무죄를 증거로 들어 유죄 판결을 취소하라며 이의를 제기했고, 오덤은 2012년 7월 13일, 그의 50번째 생일에 무죄 판결을 받았다. 그가 저지르지 않은 범죄로 생의 대부분을 교도소에서 보낸 뒤였다. 이 무죄 판결은 역사적 사건에의 관심이 폭발하는 계기가 되면서 심란한 질문을 제기했다. 대체 머리카락 현미경 분석에서 무엇이 잘못된 걸까?

배심원단이 과학의 엄격함이라는 환상에 속은 이유는 알기 쉽다. 1977년 FBI 지침서는 머리카락 분석에 대해 기술 용어를 마구 남발하면서 정규 직원 11명이 매년 2000건의 사례를 검사하며 법정에 250회 출두한다고 자랑했다. 그러나 무엇을 찾아야 할지 알고 있다면 결함도 명확하게 보인다. 1985년 버지니아주에서 열린 FBI 국내 학술회에서, 런던경시청의 과학수사 책임자는 "영국 검사관들이 머리카락 분석을 마지못해서 하는데, 머리카락 일치 결과의 증거력이 대체로 매우 혹은 극도로 낮기 때문"이라고 지적하며 우려를 전했다. 같은 학술회에서 뉴욕 범죄학자 피터 드 포리스트Peter De Forest는 오덤 사건을 예로 들면서 FBI의 결론을 "매우 그르치기 쉬우며" "다른 자료로 입증하지도 않은" 사례라고 혹평했다. 그런데도 FBI연구소 고위 연구원 해럴드 데드맨Harold Deadman(범죄 과학수사팀원의 이름으로 적절하다고 생각한다)은 FBI가 "머리카락 비교 결과를 믿는다"라고 주장했다.

바로 이 믿음이 문제였다. 검사 방법의 약점을 객관적으로 보기 거부한 것은 FBI를 감염시킨 화물 숭배 사고방식의 전형적인 특징이었다. 그래도 앞으로 일어날 비극에서 완전히 눈감지는 않았다. 프레드 화이트허스트Fred Whitehurst 요원은 1992~1997년에 상관에게 이를 지적하는 보고서를 237편이나 써서 머리카락 분석 기술의 미심쩍은 본질을 경고했다. 그래도 FBI는 경고에 주의를 기울이지 않았는데 머리카락 분석이 '유죄 판결을 이끌었기' 때문이다. FBI에 무시당하고 유사 과학이 활개 치는 상황에 분노한 화이트허스트는 결국 내부고발자로서 검사방법의 문제점을 국선 변호인에게 알렸다. 화이트허스트의 고발과 함께 과학적 DNA 검사기법이 향상되면서 많은 유죄 판결이 뒤집혔다.

미국국립과학아카데미가 2009년에 발표한 보고서는 무슨 일이 일어났는지 비판적으로 알려주었다. FBI가 옹호한 현미경 분석은 과학처럼 들리는 용어로 위장했지만, 근본적으로는 과학적 진실성의 토대가 부족했다. 두 표본을 비교해서 일치하는지 결정하려면 일반 표본 집단의 유형 분포에 관한 견고한 통계 자료가 필요하다. 이런 자료가 없었으므로 오덤의 머리카락 일치가 "극히 드문 현상"이라는 FBI 전문가의 증언은 완전히 거짓말이었다. 화물 숭배 과학은 진짜처럼 보이는 모든 것을 갖추었지만 알맹이가 없었다. 머리카락 분석법은 과학 수사법의 겉치레는 갖추었지만 죄 없는 사람들을 교도소로 보내는 정답 맞추기 놀이에 지나지 않았다.

오덤의 무죄 판결이 내려진 달에 미국 법무부와 FBI는 머리카락 분석 증거를 중심으로 이루어졌던 이전의 유죄 판결에 관한 합동 논평을 발표했다. 무고죄 보호법과 미국 형사변호사협회의 도움으로 2015년 4월에 배포된 이 보고서는 수많은 재판에서 머리카락 현미경 분석을 포함해서 치명적인 결함이 있는 증언을 했다는 사실을 인정했다. 이 중에는 피고에게 사형 선고가 내려진 서른두 건이 포함되며, 이 중 9명은 보고서가 공개되기 전에 이미 사형집행이 이루어졌다.

문제는 타당한 과학수사 기법이라면서 FBI가 유사 과학 기술에 의존했다는 사실이다. 샐리 사례처럼, 변호인단과 배심원단은 FBI가 부당하게 붙인 과학이라는 날인 때문에 헷갈리고 시야가 가려져 적절한 질문을 하지 못했다. 이 글을 집필하는 동안에도 여러 건의 유죄 판결이 뒤집혔고 의심스러운 판결 수천 건이 재검토를 기다리고 있다. 그런데도 검사방법이 완벽하지 못해서 처리할 수 없는 증거를 마주치면, 많은 과학수사관이 그럴 리 없다는 식의 거의 종교적인 화물 숭배를 보여주었다. 2009년 미국 국립과학아카데미 보고서에서 격분한 부분을 발췌해보면, 바로 이 문제를 내비치면서 과학수사의 불확실성이나 오류 가능성을 무시하는 문제를 폭넓게 다룬다.

과학수사관 일부는 특정 실험실이나 분야의 정확도가 완벽하지 못하다는 사실을 인정하지 않을 것이고, 전문가들은 오류가 생기는 이유조차 의견이 일치하지 않는다고 위원회에서 증언했다. (…) 자신의 분야는 완벽한 정확도를 갖춘 방법론을 사용하며 오류는 없다고 고집하는 일부 과학수사관은 과학수사의 유용성 평가를 가로막았다.

이런 사례는 진짜 과학수사와 과학수사인 척하는 연극을 구분하는 일이 매우 중요하다는 점을 우리에게 상기시킨다. 과학이 일반 대중에게 신뢰받는다는 점에서는 긍정적이지만, 훌륭한 과학은 한낱 환상, 더 최악은 과학적 진실성의 정반대인 권위에 의한 논증으로 전락하는 일을 막기 위해 지치지 않는 질문을 요구한다. 모든 과학 주장은 투명하고 비판적으로 검토되어야 한다. 이것이 과학자들이 자신의 연구와 자료를 제출해서 독립적인 익명의 연구자들에게 무자비하게 평가받는 과정인 동료심사의 동기다. 검토자들은 연구의 결론을 무너뜨릴 약점, 실수, 논리적 비약을 찾으면서 해당 연구를 비판적으로 평가한다. 불만스럽고 불완전한 과정일 수 있지만 그래도 온갖 실수와 헛소리가 영속하는 일을 막으려면 이 혹독한 악마의 대변인 방식이 필요하다.

생각과 주장을 격렬하게 검증하는 과정은 과학을 구성하는 중요한 요소지만, 화물 숭배 과학에서는 볼 수 없다. 화물 숭배를 적용하면 과학 탐구 미학은 충분히 파악할 수 있지만 과학에 필요한 진실성은 파악할 수 없으며, 이는 태평양 섬 원주민들의 잔디 관제탑보다도 효과적이지 않다. 이렇게 말하기는 쉬워도 우리가 마주하는 순수한 정보량은 진짜와 기만을 놀라울 정도로 구분하기 어렵게 한다. 진짜와 기만을 파악하는 방법은 당장은 확실하지 않지만, 끊임없는 정보 폭격의 시대에 살면서 환상에서 진짜를 구별하는 일은 너무나 중요해졌다. 진짜와 기만을 구별하려면 회의주의와 분석적 사고를 연마하는 일이 가장 중요하다. 이는 우리가 내세운 주장의 진실을 가려내는, 인간이 갖춘 가장 강력한 도구다. 주장은 과학적이든 정치적이든 혹은 그 외 다른 것이라도 상관없으며, 이 도구로 신호와 소음을 가려낼 수 있다. 회의주의는 조종당하거나 현혹되지 않기 위한 매우 귀중한 도구다.

여담이지만 작은 고립영토에서는 인류학적 유형의 현대판 화물 숭배가 여전히 번성한다. 타나섬에 사는 야오나넨Yaohnanen 부족은 예상 밖의 인물을 신으로 받든다. 바로 여왕 엘리자베스 2세Elizabeth II의 배우자인 영국의 필립 왕자Prince Philip다.* 고대 야오나넨 부족 전설에 따르면 산의 정령의 아들이 바다 건너편에서 방랑하다가 위대하고 강력한 여성과 결혼했다. 예언은 때가 되면 이들이 부족민에게 돌아가리라고 했다. 그리고 전설이 늘 그렇듯이, 각각 이어지는 이야기들로 윤색되었다. 산의 정령의 아

---

* 스스로 "성미 고약한 늙은이"라고 지칭했던 필립 왕자의 평판에 익숙한 사람들에게 그가 신으로 승격했다는 이야기는 아주 재미있다. 필립 왕자는 직설적이고, 의도치 않은 웃음을 주며, 인종 차별로 해석되거나 때로는 이런 특성들이 뒤섞인 말을 갑작스레 내뱉기로 악명 높았다.

들이 프럼의 형제라는 이야기도 있다. 야오나넨 부족은 식민지 관리자들이 여왕을 존경했다는 사실을 알고 있었으므로, 여왕이 오랫동안 예언되었던 산의 정령 아들의 아내라고 결론 내렸다. 이 추론을 따라가면 필립 왕자는 살아 있는 산의 정령 후손이며, 1974년 바누아투에 여왕이 방문했을 때 이 생각은 굳어졌다. 자신을 신으로 숭배한다는 사실을 안 필립 왕자는 부족민에게 친필 사인이 든 공식 사진을 보냈다. 부족민들은 답례로 필립 왕자에게 돼지를 몰 때 사용하는 부족의 전통 곤봉인 날날[nal-nal]을 보냈다. 필립 왕자가 그 몽둥이를 한 번이라도 제 용도로 사용했는지는 그저 상상만 할 수 있을 뿐이다.

21장
건강한 회의주의

왜 음모론은 끈질기게 살아남는가

2012년 12월에 한 영국 어린이가 납치당했다. 납치된 소년은 일곱 살인 네온 로버츠^{Neon Roberts}로 최근 뇌종양(속질모세포종)으로 치료를 받았고, 생명을 구하려면 급히 방사선 치료를 받아야 했다. 로버츠를 납치한 범인은 상습적인 범죄자나 일탈적인 타락자가 아닌 바로 어머니 샐리 로버츠^{Sally Roberts}였다. 샐리는 방사선 치료에 근본적으로 동의하지 않았고, 중요한 진료 약속에 로버츠를 데려가기를 거부했다. 방사선 치료는 시간이 중요했고, 치료가 지연될수록 로버츠의 생명이 위태로웠으므로 걱정은 커져만 갔다. 로버츠의 어머니가 요지부동으로 치료를 거부하자 소송이 뒤따랐다. 가정법원은 생명을 구하는 방사선 치료는 의무적인 진료라고 빠르게 판결했지만, 샐리는 받아들일 수 없었다. 크리스마스 기간에 샐리는 네온을 데리고 종적을 감추었고, 치열한 탈주자 추적에 불을 붙였다.

경찰은 전국 단위로 빠르게 움직였고, 결국 나흘 후 서섹스에서 모자를 찾아냈다. 법정에서 의학적 소견은 만장일치였다. 빠른 치료 없이는 "네온은 상대적으로 짧은 기간에 사망할 가능성이 매우, 아주 컸다". 그러나 샐리는 대체의학 전문가와의 상담 내용을 언급하면서 대체의학으로 아들을 치료하겠다고 주장했다. 그들은 식단부터 고압산소치료까지 온갖 것으로 암을 치료할 수 있다고 주장했다.

격분한 병원 신탁위원회는 대체의학 전문가들이 치료 효능에 대한 증거를 내놓지 못했다고 반박했다. 심지어 속질모세포종의 철자를 제대로 쓰지도 못했고, 의학 서적이 아니라 인터넷 검색에서 찾은 질병 서술을 인용한 듯했다. 놀랍게도 샐리는 변호인단을 무시했고, 네온을 치료할 대체의학 의사를 찾을 시간을 달라고만 우겼다. 심정은 이해하지만 판사는 여유 부릴 시간이 없다고 되풀이했다. 샐리의 마지막 변론에도 판결에 따라 방사선 치료는 진행되었다.

네온은 병에서 완벽히 회복되었다. 시련을 겪은 후, 샐리는 "의사 때문에 죽는 일은 흔하지만, 다행스럽게도 요즘은 인터넷 덕분에 우리 스스로 배울 수 있다. (…) 빼앗긴 혹은 부인당한 선택지가 주변에 너무나 많다"라고 주장했다.

대중의 인식에 끔찍하게 남은 암 관련 사건은 그 외에도 여러 건
이 있다. 암은 인간의 유한함과 가장 깊은 공포를 상기시키는 불
길함이며, 암에 관한 토론은 종종 회피되거나 완곡한 표현으로 에
두른다. 평생 인구의 절반 정도가 이 흔한 질병에 걸린다. 샐리의
주장은 특이하지 않으며, 의과학과 제약산업계가 억압하는 암 치
료법이 있다는 믿음은 계속 이어져 왔다. 자연건강연합은[*] "개성
이 강한 암 치료법은 주류 의학에 억압받는다'"라며 한탄하고, 내
추럴뉴스닷컴은 "전 세계 암 산업계는 매년 2000억 달러(한화 약
267조 4000억 원) 규모로 추정된다. 이 산업에는 더 값싸고 덜 해
로우며 더 효과적인 치료법이 있다는 뉴스가 폭로되면 돈줄이
갑자기 말라버릴 협력 단체가 다양하게 존재한다. 거대 제약회
사는 사실상 사라질 것이다"라고 선언한다.

　사소한 주변부 믿음이 아니다. 미국인의 37퍼센트는 FDA가
제약회사에 감시받으며 암의 '자연 치료법'을 억압한다고 믿는
다. 로버트 블라스키에비치[Robert Blaskiewicz]는 음모론적 믿음의 권위
자로, 음모론적 개념의 '거대 제약회사'를 "수천조 원 규모의 처
방약 산업이라는 파이에 손가락을 걸친 기업, 규제기관, 비정부
기구[NGO]들, 정치인, 종종 의사로 구성된 추상적인 독립체"라고

　　•　　이 단체는 나를 비난하는 특집 기사에서 "그는 젊고 유행에 민감하고 냉
　　정한 이성을 갖췄다"라고 했다. 아마 나를 조롱하려는 의도였겠지만 솔직히 내
　　명함에 나타내려는 것도 이런 면이다.

정의한다. 제약회사가 믿기 어려울 만큼 떼돈을 벌며, 비난받을 만한 일을 벌인다는 사실은 비밀도 아니다. 딱 하나만 예를 들면, 글락소스미스클라인은 2012년에 30억 달러(한화 약 4조 원)라는 어마어마한 합의금을 내면서 최대 합의금 기록을 경신했다. 형사법과 민사법 혐의가 섞여 있었는데, 안전성 시험 자료를 공개하지 않은 혐의와 의사에게 약품을 홍보하면서 뇌물을 제공한 혐의였다. 이 사건은 제약산업계를 향한 보편적인 의혹과 일치한다. 제약회사에는 풍부한 현금과 종종 의사가 연루된 질 나쁜 사건 기록이 있다. 암을 치료하는 천연 물질이 발견되어 이윤이 위태로워진다면 비윤리적인 제약회사가 이 치료제를 억압하리라는 주장은 그럴듯하다.

음모론의 추측은 수많은 믿음의 통합체다. 대체의학의 헌신적인 추종자는 제약산업계가 대체의학의 효능을 보여주는 증거를 훼손하는 사악한 영향력을 행사한다고 주장하며, 앞서 살펴보았던 대마초에 관한 주장이 해당 사례다. 인터넷에 간단히 검색만 해도 같은 DNA를 가진 수많은 치료법이 나오며, 키토제닉 식단, 주스, 표백제까지 다양하다. 관련 주장을 보면 암은 인간이 만들어낸 현대 질병이며, 사람들이 계속 아프게 해서 의학 산업계가 돈을 벌도록 설계되었다고 한다. 대체의학 전문가들은 항암화학요법과 방사선 치료가 해롭다고 무시하면서 환자들에게 대체의학을 선택하라고 부추긴다. 머콜라는 주류 의학과 제약산업계를 모두 비난한다. "암의 대유행은 거대 제약회사가 꿈꾸던 일이며 암 치료법을 짓밟는 그들의 작전은 흥포했다."*

자연 치료법은 매우 다양하며, 때로는 기적의 식단이거나 대체 요법, 흔한 허브나 식물일 때도 있다. 그게 무엇이건 간에 이 주장들은 같은 대지에서 자라났다. 신봉자들은 제약회사가 문제의 물질 특허를 얻을 수 없어서 관련 의학기관의 도움을 받아 해당 물질의 놀라운 효능을 은폐한다고 주장한다. 서사는 매혹적이고 명확하며 모든 것을 숨김없이 밝히는 듯 보인다. 그러나 선입견과 공감을 일으킨다고 해서 그 주장이 정확하다는 뜻은 아니다. 이 주장의 전제를 살펴보자.

전제1. 암 치료제가 있다. 가장 먼저 보이는 문제는 이 가설이 암에 대한 무지를 드러낸다는 점이다. 암은 하나의 질병이 아니라 악성 종양 전체를 아우르는 말로 돌연변이 세포가 통제를 벗어나 분열하는 것이 원인이다. 어떤 세포에서든 발생할 수 있고, 따라서 예후와 치료법도 엄청나게 다양해진다. 여기에 더해 각각의 암은 환자마다 독특한 세포에서 돌연변이가 일어나므로 환자마다 질병이 특이해 문제가 더 복잡해진다. 결과적으로 단하나의 마법의 총탄으로 다양한 원인과 반응을 보이는 모든 형태의 암을 치료하겠다는 생각은 완전히 설득력 없는 이야기다. 이 전제는 너무나 환원적이고 지루할 정도로 단순하다. 질병과 치료법 모두에서 단일 원인의 오류가 보인다.

전제2. 치료제는 이윤이 남지 않는다. 그 어떤 제약회사가

* 머콜라의 웹사이트는 신뢰할 수 있는 과학 정보원인 미국 암연구소 같은 곳보다 훨씬 더 많은 트래픽이 몰린다.

암 치료제를 억압하겠다고 생각할까? 천연제품은 특허받을 수 없다는 유언비어는 편리한 거짓말이며, '천연' 유래 물질을 상업화하는 데는 아무런 장벽이 없다. 현재 우리가 사용하는 많은 약품은 허브 등 식물과 동물에서 발견한 화합물이다. 비법은 활성 물질을 분리하고 합성해서 용량을 조절하는 것이다. 터메릭이나 비타민D가 암을 치료한다면, 제약회사는 장기적으로 지속해야 하는 음모론에 발을 들이는 게 아니라 당장 활성 화합물을 분리하고 효능을 입증하는 경쟁에 뛰어들었을 것이다. 보편적인 암 치료제를 발견하는 사람은 엄청난 부자가 될 테고, 발견자로서 명성을 누리며, 노벨상도 받고, 전 세계인의 감사도 영원히 받을 것이다.

전제3. 거대 제약회사가 암 발생률을 조작한다. 암은 새로운 질병이 아니며 인류가 나타난 이래 계속 우리를 괴롭혔다. 3000년 전 이집트 미라에도 암을 앓았다는 증거가 남아 있다. 기원전 400년에는 히포크라테스가 양성과 악성 종양을 구분했다. 해부에 익숙하지 않았던 고대 의사들은 불툭 튀어나온 종양을 관찰하고는 울퉁불퉁 튀어나온 게 다리crab leg에 비유했고, 여기서 '암cancer'이라는 용어가 유래했다. 지금까지 살펴본 대로, 치솟는 암 발생률은 사회 건강이 향상되면서 두드러진 인공적 산물이다. 암 발생률이 해롭고 교묘한 술책을 암시한다는 추정은 완벽하게 잘못된 결론이다. 단순히 현대인이 더 오래 살고, 콜레라나 천연두 같은 전염병에 걸리지 않기 때문이다.

이처럼 찬찬히 살펴보면, 장대한 음모론 서사의 핵심 교리는 피상적인 탐색조차 견뎌내지 못한다. 물론 진실한 신봉자들은 우리의 모든 정보는 잘못되었고 거대 제약회사의 조작이라고 주장할 것이다. 그러나 오컴의 면도날은 날카롭다. 장대한 음모론을 수용하면 전 세계 수백만 명의 배우가 사랑하는 가족이나 스스로의 죽음에도 아랑곳하지 않고 수십 년 동안 조화롭게 사기극을 벌인다고 믿는다는 뜻이다. 아주 작든 거대한 다국적 규모든 모든 제약회사와 규제기관이 인류에 맞서는 사기극에 연루되었고, 암을 치료했을 때 받을 이익과 포상을 포기했다는 뜻이다. 터무니없을 뿐 아니라 분명히 지속할 수 없을 것이다.° 현실에서는 의사와 과학자, 규제기관이 서로 다른 동기를 가지고 각자의 역할을 하며 의학 연구에 참여한다. 음모론 서사는 이 복잡한 생태계를 단일체이자 무슨 일이든 비난을 견뎌내며 묵인하는 유령인 '그들'로 뭉뚱그린다. 이와 반대로 대안 가설은 연출해야 할 것이 훨씬 더 적다. 장엄한 음모론은 그냥 존재하지 않는다.

불확실한 세상을 통제한다는 희망

음모론은 왜 끈질기게 살아남을까? 냉소적으로 대답하자면 대

° 음모론을 연구하면서 나는 제약회사와 과학자들의 암 치료제 '은폐 공작'이 성공할 가능성을 살펴보았다. 여러분도 예상하듯이, 가담한 모든 주체가 완벽하게 비윤리적이더라도, 계산 결과 전체 작전은 빠르게 실패할 것으로 나타났다.

체 치료법, 영양보충제, 세미나, 다이어트, '건강' 사업을 추진하는 데 유용하기 때문이라고 할 수 있겠다. 음모론의 외침은 돌팔이와 사기꾼의 주장을 반박하는 사실을 무시하게 하는 일방적 진술이며, 이들이 판매하는 제품을 뒷받침할 증거가 부족하다는 사실을 감추는 수단이다. 외부인에게는 복잡한 질문에 손쉬운 답을 제시하면서 유혹하는 수단이기도 하다. 심리학 연구 결과는 음모론에 관한 믿음이 통제 욕구와 난해하게 얽혀 있다고 암시한다. 불확실한 세상을 통제한다는 환상은 안도감을 주며, 억압받는 치료제가 존재한다고 믿으면 특별한 지식으로 '보호받는다고' 생각한다. 모두가 두려워하는 질병이 음모론이 떠도는 중심지라는 사실은 놀랍지도 않다. 그러나 음모론 서사는 환자와 의사를 대립하게 한다. 이렇게 조성된 불신은 전통 치료법을 부정한 돈벌이라고 무시하는 대체의학 전문가에 의해 악화하며, 그 결과는 비극이다. 2018년 연구 결과를 보면 대체의학을 선택한 환자는 효과적인 암 치료법을 거부하거나 미룰 가능성이 훨씬 더 컸고, 진단 후 5년 이내에 사망할 가능성도 두 배 더 높았다.

이 암울한 통계는[**] 중요한 사실을 강조한다. 현재 우리의 삶은 우리가 마주치는 주장을 평가하는 능력을 중심으로 돌아간

[**] 제약회사들이 온갖 악덕을 저질렀어도, 기대수명이 늘어나고 삶의 질이 높아진 것은 적어도 어느 정도는 제약회사들의 어마어마한 연구 투자 덕분이기도 하다. 신약을 발견해서 연구하는 일에는 엄청난 돈이 들어가며, 제약회사의 천문학적인 이윤은 대부분 연구에 재투자된다. 이 사실이 그들이 저지른 악행을 무마해주지는 않지만, 팬터마임의 전형적인 악당보다는 그림을 더 복잡한 색으로 칠한다.

다. 암 음모론은 극단적인 사례지만, 우리는 매일 잘못된 정보의 불협화음을 마주친다. 설상가상으로 진실의 씨앗에서 튀어나온 위대한 신화는 왜곡된 결론으로 뒤틀렸다. 예를 들어, 일산화이수소는 무색 무미의 수산으로 산성비, 핵폐기물, 심지어 인간의 암 조직에서도 발견된다. 환경파괴와 부식의 주범이자 매년 36만 명 이상의 사망원인이다. 금속을 부식시킬 만큼 강력하다. 식품과 환경에서도 엄청나게 높은 농도로 자주 발견된다. 결과적으로 일산화이수소를 금지해달라는 진정서가 캘리포니아부터 뉴질랜드까지 전 세계 시청과 국회에 수없이 제출되었다. 2011년 핀란드에서 조사한 설문에서는 모든 응답자의 49퍼센트가 일산화이수소를 통제하는 데 찬성했다. 그러나 입법을 향한 이 모든 열의는 어느 정도 잘못된 것으로, 일산화이수소는 보통 더 많이 부르는 이름이 따로 있다. 바로 물$_{H_2O}$이다.

물론 위에 나열한 물의 부정적인 측면은 거짓이 아니다. 다만 물의 부정적인 측면이 선택적으로 나열되었고 맥락을 벗겨냈다. 일산화이수소 패러디는 과학 소양이 부족하다는 점과 더불어 주의 깊게 고른 정보를 과장할 때 나타나는 문제도 보여준다. 가끔은 더 사악한 이유로 위와 비슷하게 사실을 체리피킹하기도 한다. 기후변화 부정론자는 기후는 항상 변동했다고 주장하면서 지구온난화가 과장되었다고 암시한다. 기후가 항상 변동했다는 사실은 물론 논쟁의 여지가 없지만, 중요한 것은 현재 변화가 일어나는 속도가 자연스럽다기에는 너무나 빠르다는 사실이다. 속도는 중요하다. 부드럽게 브레이크를 밟아서 자동차를 세우는 것과 벽돌담에 전속력으로 부딪혀서 세우는 것은 엄청난 차이가 있다. 사실을 분리하고 맥락을 벗겨내면 현실과 완벽히 상충하는 인상을 줄 수 있다.

앞서 우리는 기후변화 부정론이 강력한 이념적 동기를 부여받는 과정을 살펴보았다. 정치 스펙트럼의 반대편 역시 비슷한 어리석음에 대한 면역력이 없다. 탄소 발자국을 줄이는 일은 중요하며, 에너지 생산은 온실가스 발산에서 가장 큰 비중을 차지한다. 심각한 오염을 일으키는 화석연료와 달리 원자력은 이산화탄소를 발산하지 않으며 매우 효율적인 에너지다. '기후변화에 관한 정부간 협의체'는 기후파괴를 완화하는 일이 중요하다고 강조하며, 기후변화가 일으키는 최악의 피해를 모면하려면 원자력 발전 용량을 두 배로 늘려야 한다고 추정하는 사람도 있다. 원자력 발전의 장점은 많지만, 수많은 환경단체는 체르노빌이라는 단 한 마디로 질책하며 요지부동으로 반대한다.

1986년 4월 26일 이른 아침, 우크라이나에서 불운한 실험, 전 세계인의 집단의식에 지워지지 않을 이름을 새긴 실험이 시행되었다. 역량 부족, 노후화, 안전에 관한 무관심으로 일어난 퍼펙트 스톰(두 가지 이상의 악재가 동시에 일어나면서 영향력이 커지는 현상.—옮긴이)은 두 번의 거대한 증기 폭발로 이어지면서 2000톤짜리 원자로 지붕을 깨끗하게 날려버렸다. 초가열된 흑연 감속재는 공기에 노출되자마자 불타올랐고 강력한 방사능 낙진이 쏟아졌다.

소비에트연방의 대응은 완전한 재앙 자체였다. 화재를 진압하기 위해 5000톤의 모래와 중성자 흡수제인 붕소를 쏟아붓던 헬리콥터는 크레인과 충돌한 뒤, 땅을 향해 나선을 그리며 추락했다. 소방관들은 보호장비도 없이 거대한 불길과 사투를 벌였고, 위험하다는 사실도 몰랐다. 먹이사슬이 위험한 방사성 물질, 주로 방사성요오드-131로 오염되는 것을 막는 그 어떤 조치도 찾아볼 수 없었다. 방사성요오드-131은 반감기가 8일에 불과하지만 섭취하면 갑상샘에 축적된다. 기본적인 예방 조치만 하면 건강에 미치는 효과는 쉽게 막을 수 있었지만, 권위자들은 괜찮다면서 지역민들이 오염된 식품을 먹도록 내버려두었다. 다음 날 스웨덴 핵시설에서 방사능 낙진의 흔적을 검출해서 사고 규모를 전 세계에 알리지 않았다면 소비에트연방 시대 내내 부정론이 기약 없이 이어졌을 것이다. 마침내 폭발 사고가 일어난 지 장장 36시간 만에 대피령이 내려졌지만, 이미 수천 명이 불필요하게 방사능에 노출된 후였다.

원자력을 둘러싼 과도한 우려

세계 최악의 핵 재앙은 수십 년 동안 반원자력 운동의 핵심이었고, 원자력 에너지가 본질적으로 파괴적이라는 사실을 보여주는 긍정적인 증거였다. 원자력은 대규모 사망 사건과 동의어가 되었다. 그린피스는 체르노빌 사고로 9만 3000명이 목숨을 잃었다고 주장했다. 잊을 수 없는 기형아 사진과 해당 지역의 천문학적인 암 발생률은 인류의 마음속에 낙인처럼 새겨졌다. 체르노빌은 대량 학살의 대명사로 남았다.

그러나 이러한 인식은 현실에 깔끔하게 들어맞지 않는다. 재앙의 여파로 '국제연합UN 총회 핵 방사능 효과에 관한 과학위원회', 세계보건기구, 그 외 다른 단체들이 모여서 방사능에 피폭된 사람들의 건강에 미치는 영향을 추적 관찰했다. 20년 동안 관찰한 뒤, 2006년에 체르노빌 포럼은 엄청난 양의 방사능과 유독한 연기에 노출된 소방관 중 28명이 급성방사선병으로 사망했다고 보고했다. 15명은 방사성요오드-131을 섭취해서 발생한 갑상샘암으로 사망했다. 적극적으로 관찰했지만 고형 종양이나 사망률은 늘어나지 않았고, 이는 사고가 난 후 최소한의 방호복으로 뒤처리에 동원되었던 인부 수십만 명도 마찬가지였다. 재앙이 일어난 뒤 기형아 출생률이 증가하는 기미도 없었다. 2008년에 국제연합 총회 핵 방사능 효과에 관한 과학위원회는 "방사선 피폭에 따른 전체 암 발생률이나 사망률, 비악성 장애가 증가했다는 과학적인 증거는 없다"라고 발표했다.

대재앙의 대가에 관한 우리의 인식과 이 사실을 어떻게 조화시킬 수 있을까? 짧게 답하자면 그건 불가능하다. 많은 단체가 명분을 세우기 위해 과장이나 노골적인 허위를 끌어들이기를 서슴지 않았다. 서구의 구호단체들이 사랑했던 잊기 힘든 기형아 사진은 체르노빌 사고의 결과가 아니라 모든 인구 집단에서 낮은 확률로 나타나는 일반적인 기형아 사진을 맥락 없이 보여준 것이었다. 그린피스가 주장한 엄청난 사망자 수 추정치는 나쁜 과학과 터무니없는 외삽법^{外揷法}(어떤 변역 안에서 몇 개의 변숫값에 대한 함숫값이 알려져 있을 때 이 변역 외의 변숫값에 대한 함숫값을 추정하는 방법.—옮긴이) 마술이었고, 이를 두고 세계보건기구 대변인 그레고리 하틀^{Gregory Härtl}은 "사람들이 왜 그런 추론을 하는지 그 이유를 항상 명심해야 한다"라고 말했다. 이념의 제단 위에 사실을 희생물로 바치는 것은 맑은 물을 흙탕물로 더럽힐 뿐 아니라 고통받는 사람들의 정신 건강을 적극적으로 손상하는 행태다. 2006년 세계보건기구는 보고서를 통해 "피해당한 사람들을 '생존자'가 아닌 '희생자'로 부르면 이들은 스스로를 무력하고 약한 존재라고 여기며, 자신의 미래를 통제할 수 없다고 인식하게된다. 이는 (…) 지나치게 조심스러운 행동이나 과장된 건강 우려, 무모한 행동으로 이어진다"라고 경고했다.[•]

일본 후쿠시마 사고도 비슷한 메시지에 초점이 맞춰졌다. 2011년 3월, 도호쿠 지역의 태평양 해안에 지진이 일어나면서 15미터 높이의 치명적인 쓰나미가 몰려왔다. 물의 장벽은 후쿠시마 원자력 발전소를 덮쳤다. 물에 잠긴 디젤 발전기는 원자로를 냉각시킬 수 없었고, 방사성 물질이 조금 누출되었다. 실시간으로 펼쳐지는 드라마에 세계의 관심이 집중되었고, 숨 가쁘

• 이 말은 43명이 헛되이 방사능에 목숨을 빼앗겨야 했던 체르노빌의 비극을 전혀 해치지 않는다. 시간이 흐르면서 가능성이 크게 줄었겠지만 1986년에 노출된 사람 중에는 나쁜 영향을 받은 사람도 있을 수 있다. 11만 5000명이 대피했고, 이 구역의 방사능 수준은 위험한 수준보다 훨씬 낮아졌지만 지금도 원자로 반경 30킬로미터는 예방을 위해 배타적 구역으로 유지한다. 인간의 손을 타지 않는 배타적 구역은 야생 동물 서식지가 되어 깜짝 놀랄 만큼 바뀌었다.

게 기사가 뿌려졌다. 현실을 보면 방사선생물학적 결과는 상대적으로 소소했는데, 방사선 피폭과 연관된 사망 건수는 한 건으로 이 숫자가 급격하게 바뀔 가능성은 매우 희박했다. 누출된 방사성 물질은 극소량이어서 건강에는 별 영향이 없었다. 후쿠시마 지역에서 자란 식품에는 우연히라도 방사능이 검출되지 않았고, 근해에서 잡은 생선도 마찬가지였다. 그러나 이런 사실은 수상쩍은 주장으로 후쿠시마를 원자력 반대 토템으로 만들려는 사람들에게는 걸림돌이 되지 않았다. 후쿠시마 소동이 일어나는 어디쯤에서, 우리는 대재앙과 같았던 쓰나미에 목숨을 잃은 1만 6000명을 잊어버리고 말았다.

사실을 거부하면 현실은 끔찍해진다

물론 원자력 에너지는 만병통치약이 아니다. 본질적으로 복잡하고 폐기물을 조심스럽게 보관해야 한다. 그렇지만 그 어떤 객관적인 기준에서 봐도 원자력은 깨끗하고, 안전하며, 매우 효율적인 에너지다. 원자력을 향한 대중의 비난은 그린피스 같은 단체가 핵무기 실험에 저항하면서 시작한 현대 환경 운동의 탄생으로 거슬러 올라간다. 냉전의 불안 속에서 핵무기와 원자력 에너지 사이에는 불행한 융합이 일어났다. 핵무기와 원자력 에너지는 같은 오명을 뒤집어썼지만, 사실은 전혀 다른 원칙으로 움직인다. 한쪽은 발전소를 열핵폭탄으로 바꿀 수 없지만 다른 한쪽은 종이비행기를 전투기로 바꿀 수 있다.* 계속 퍼져나가는 원자력 관련 유언비어는 위험하다는 인상을 과장되게 남겼을 뿐 아니라 맥락도 가려버렸다. 1975년에 중국의 반차오 수력발전소 댐이 무너졌을 때, 17만 1000명이 사망하고 11만 명 이상이 살던 곳을 떠나야 했다. 1990년대 이후로는 풍력발전소도 100명 이상의 목숨을 앗아갔다. 이 사실로 중요한 두 기술을 깎아내릴 수는 없지만 실제로 모든 에너지 생산에는 위험이 따른다.

환경과 우리의 건강에 가장 큰 부담을 지우는 것이 화석연료다. 고탄소 엔진이 되어 기후변화를 유도하는 것은 차치하더라도, 화석연료는 대기 오염만으로도 매년 약 550만 명을 사망하게 한다. 후쿠시마에 이어 독일도 원자력 발전소를 폐쇄하라는 반원자력 운동의 요구를 묵인했다. 대신 오염을 크게 퍼뜨리는 화석연료 발전소를 건설했다. 일본도 원자력 발전소 가동을 줄이면서 세계에서 두 번째로 큰 화석연료 수입국이 되었다. 2017년에는 독일이 대기 중 이산화탄소 8000만 톤을 감축하는 원자력 발전소 가동을 단계적으로 중단하면서 유럽에서 탄소를 가장 많이 배출하는 국가가 되었다. 반대로 프랑스는 국가 전력의 78퍼센트를 원자력 발전소에서 생산하면서 선진국 중에서는 가장 깨끗한 대기와 가장 낮은 탄소 배출량을 보였다. 독단적으로 원자력 발전을 반대한 결과는 화석연료에의 의존도가 높아지면서 기후변화가 가속하는 의도하지 않았던 결과다. 이런 것이

* 원자력이라는 단어 자체가 부정적인 의미를 함축하고 있어서 환자들의 우려를 덜기 위해 자기공명영상기기MRI의 이름에서 이 단어는 제외했다.

환경을 위한 '승리'라면 그야말로 피로스의 승리(많은 희생과 대가를 치른 실속 없는 승리.—옮긴이)가 아닐까 싶다.

　여기서 가장 곤란한 문제는 사실을 수용하지 않으면 끔찍한 길로 나아간다는 점이다. 누군가의 확신을 확장하기 위해 현실을 비튼다면 합리적인 토의 기회를 모두 제거할 뿐이며, 우리는 더 분열하고 정보는 보다 적어질 것이다. 증거의 빛을 따라가지 않는다면 문제를 해결할 실용적인 해답을 찾을 수 없다. 믿음과 마찬가지로 이념 또한 굽히지 않는 태도를 미덕으로 삼는 나쁜 습관이 있으며, 해당 이념의 교리에 완벽하게 일치하지 않는 모든 것을 무시한다. "완벽은 선함의 적이다"라는 볼테르의 금언은 종종 이상적인 해결책이 없는 현실을 반영하며, 건전한 추론이 항상 이념을 곤경에 처박는 것도 아니다. 타협하거나 적응하지 못하면 결과는 형편없어지기 마련이다. 상당수의 인간이 문제 자체를 부정하면서 우리가 실행할 수 있는 해결책을 거부한다면 기후변화 같은 실존주의적 도전에 어떻게 맞설 수 있을까? 건물이 불타는 상황에서 대다수 거주자가 불이 났다는 사실을 부인하고, 또 다른 무리는 소방서에 신고하는 일에 독단적인 거부권을 행사하는 상황과 비슷할 것이다.

　인간이 살아남아 번영하려면 우리의 의견과 신념이 사실과 함께 진화해야 한다. 우리는 문제에 대한 최적의 해결책이 무엇일지, 이를 어떻게 실천할지 토의하고 동의하지 않을 수 있지만, 현실을 무시하면서 망상으로 대체한다면 시작조차 하지 못할 것이다. 자신만의 의견을 가질 권리는 있지만 자신만의 사실을 조작할 권리는 없다. 과학과 건강 분야에서만 잘못하고 있다고 해도 상황은 좋지 않다. 그러나 이미 여러 번 확인했듯이 수상한 주장은 온라인과 오프라인 정치 담론도 오염시킨다. 우리 대다수는 자기만의 반향실에 거주하면서 편견에 저항하기보다는 안심시켜주는 정보를 찾는다. 우리가 점점 더 완벽하게 양극화될수록 사실과 허구를 구별하기가 더 어려워지며, 이는 무관심과 냉소로 몰아가기에 충분하다. 그러나 무관심은 우리 모두의 적이다. 무관심이라는 주문에 걸린 사람들은 위험할 정도로 순응한다.

과학적 회의주의의 필요성

그래도 아직은 희망이 있다. 이 모든 문제에서 우리를 보호하는 가장 위대한 방어 수단은 오랫동안 인류를 성공적인 종으로 이끈 바로 그 미덕, 호기심 가득한 마음이다. 분석적 사고는 허튼소리의 맹습에서 우리를 보호하는 강력한 방패다. 지난 수년간 회의주의자와 과학자는 사람들을 속이는 심령술부터 위험한 기행까지, 절망적인 헛소리를 퍼뜨리는 정보원을 폭로하는 훌륭한 일을 해냈다. 그러나 21세기에 인류가 마주한 가장 큰 도전은 정치부터 의학까지 모든 영역을 감염시키는 음모론의 출현이다. 이 책을 통해 우리는 음모론적 사고가 수많은 형태로 나타나며 다양한 피해를 주는 상황을 확인했다. 망상에 사로잡힌 예언자가 퍼뜨리는 이야기는 모든 것을 망라하며 유혹적이다. 뒤이어 그들은 불화와 불신의 씨앗을 뿌리며 우리가 분열하고 피해 보기 쉽도록 몰아붙인다. 바이러스처럼 음모론적 사고는 빠르게 진화하고 돌연변이를 일으키므로 어느 때라도 추론할 수 있는 강한 면역력을 갖춰야 한다.

하지만 음모론은 이성을 억압해야만 번성할 수 있다. 음모론적 관념화가 낮은 분석적 사고력과 연관된다는 점은 놀랍지 않다. 지금까지의 증거를 보면 음모론적 믿음을 수용하는 태도는 빈약하고 직관적인 정보 처리 과정, 즉 빠른 '본능'을 따라가려는 성향과 강한 연관성이 있다. 이와 반대로 높은 분석적 사고는 열린 마음과 연관성을 보이며, 음모론적 사고와는 역상관관계를 나타내는데, 분석적 사고가 특히 비논리적이거나 증거가 부족한 주장의 비판적 평가에 적합하기 때문이다. 결과적으로 분석적 사고를 하면 앞서 맞닥뜨렸던 인지 편향의 희생자가 될 가능성은 작아진다. 그러나 결정적으로 이 성향은 확정적이지 않으며, 연구에 따르면 음모론에 잘 빠지는 경향인 집단에서도 분석적 사고를 유도해내면 음모론적 관념화를 줄일 수 있다고 한다. 분석적 사고를 활용하면 가장 해로운 세계관의 손아귀에서 스스로 해방될 수 있다.

추론의 오류 가능성을 그저 인식하는 것만으로도 해로운 결과에서 우리 자신을 보호할 수 있다. 이 책을 통해 우리는 피해야 할 수많은 작은 문, 즉 논리적·심리적·수사학적 문들을 탐색했다. 이를 알고 있으면 전투 준비를 절반은 마친 것이며, 빠질 수 있는 위험과 함정을 그저 아는 것만으로도 함정 속에서 헤맬 가능성이 줄어든다. 나머지 절반은 이 지식을 활용하는 데 달렸다. 주장을 가늠하려면 우리는 추론의 흐름만이 아니라 전제 자체도 고려해야 한다. 전제는 제대로 지지받는가, 아니면 수사학적 속임수를 쓰고 있는가? 결론은 타당한가, 미심쩍은가? 이는 앞서 우리가 암 음모론 주장을 살펴보면서 했던 일이다. 전제가 엉성하다면 주장은 기각된다. 원자력 에너지에 대한 두려움도 보았고, 이 문제에 관한 대중의 인식은 비판적 사고를 대체할 수 없다는 점도 확인했다.

우리가 마주한 어려운 질문에 답하려면 과학적 회의주의를 활용해야 한다. 이것의 핵심은 연관된 질문을 통해 우리가 마주한 것이 타당한지 아닌지를 가리는 것이다. '회의주의scepticism'라는 단어 자체는 주의 깊게 사고한다는 뜻의 그리스어 스켑토마이 skeptomai에서 나왔다. 철학자 폴 커츠Paul Kurtz는 회의주의자를 "어떤 주장이든 사실을 가릴 의지가 있는 사람, 정의의 명확성과 논리의 일관성, 증거의 타당성을 묻는 사람이다. 따라서 회의주의는 객관적인 과학 탐구와 신뢰할 만한 지식 탐색에서 필수 요소다" 라고 정의했다.

회의주의는 과학 방법론에서 절대적이며, 우리가 우주를 파헤치는 데 사용하는 렌즈다. 한편으로는 어느 모로 보나 정치와 사회 건강의 근본이기도 하다. 회의주의가 없다면 우리는 권력자들의 혹은 권력을 추구하는 자들의 주장에 이의를 제기할 수 없을 것이다. 증거를 요구하지 못하거나 신뢰할 만한 정보의 요소를 모른다면, 우리를 착취하려는 선동 정치가, 독재자와 사기꾼의 변덕 앞에 무력할 것이다. 건강한 회의주의가 없다면 우리는 조작에 쉽게 영향받으면서 끔찍한 결말을 이끄는 무기가 될지도 모른다. 광신에 대항하는 분석적 사고라는 방패를 잃는다면 우리를 기만하려는 자들에게 피해 보기 쉽다. 인간의 역사는 이 결과가 얼마나 참혹할 수 있는지 알려주는 사건들로 점철되어 있다.

회의주의는 우리에게 편안한 허구로 자신을 기만하지 말고 진실을 추구하라고 간청한다. 결론이 마음에 들든 아니든, 증거와 논리를 따라가 결론에 도달하라고 한다. 분석적 사고는 수많은 성역의 파괴로 이어지므로 항상 즐겁지만은 않을 것이다. 그러나 인간의 불완전성과 약점을 극복할 유일한 길이다.

그렇다면 주장을 맞닥뜨렸을 때 분석적 사고로 접근하는 방법은 무엇일까? 기존의 편견을 수긍해준다는 이유로 수용해서는 안 되며, 대신 판단해달라고 대중의 지혜에 호소해서도 안 된다. 대신 우리는 그 주장을 철저하게 검토해서 얼마나 신용할지 결정해야 한다. 세이건의 말을 빌리자면 "비범한 주장에는 보기 드문 대단한 증거가 있어야 한다". 이 책을 읽으면서 여러분은 정치적이든, 과학적이든, 그 외 다른 것이든 어떤 주장을 마주했을 때 고려해야 할 수많은 사항을 탐색했다. 간단한 문제는 아니지만, 확인해야 할 사항의 요약 목록에는 다음 항목이 있어야 할 것이다.

- **추론** 전제가 제시된 결론으로 이어지는가, 아니면 추론 과정

에서 왜곡되는가? 타당성이 있으려면 주장이라는 사슬의 모든 고리는 서로 빈틈없이 연결되어야 한다. 그릇된 결론이 숨어 있다면 무언가 잘못되었다는 뜻이다. 마찬가지로 논리적 결론으로 이어지는 주장을 따라갈 때 모순이나 불합리가 나타난다면 주의해야 한다는 경고다. 전제 자체도 중요하다. 전제는 합리적이며 잘 뒷받침되는가, 아니면 심문 끝에 와해되는가? 조사하는 동안 전제가 시들어버린다면 그 전제에서 나온 결론은 대개 무시해도 좋다.

- **수사학** 어떤 유형의 주장인가? 권위는 증거를 대체할 수 없다. 만약 권위를 들먹인다면 주장을 세우는 증거를 반드시 내놓아야 한다. 복잡한 상황을 단순한 원인으로 환원하는 서사는 복잡한 스펙트럼의 관점을 인위적인 이분법으로 나누는 주장과 마찬가지로 반드시 주의 깊게 살펴야 한다. 타인의 관점을 불완전하게 전달하려는 시도는 즉시 일축해야 한다. 주장을 입증할 책임은 항상 주장하는 사람에게 있으며, 상대편을 모욕하거나 더럽히려는 시도로는 아무것도 증명할 수 없다.

- **인적 요소** 각각 다른 설명에서 어떤 편향이 작용하는가? 동기화된 논증이나 확증편향에 면역력이 있는 사람은 없다. 입장이 조리 정연한지 아니면 이념적으로 흘러가는지 반드시 잘 살펴야 한다. 체리피킹한 정보를 기반으로 특정 관점을 지지하는 주장인가? 인간은 여러모로 신뢰도가 떨어지는 이야기꾼이다. 손에 쥔 증거가 주관적이거나 일화에 불과하다면 인식과 기억이 불완전하다는 사실을 간과해서는 안 된다.

- **정보 출처** 해당 정보는 어디에서 왔는가? 신뢰할 만한, 입증할 수 있는 출처인가? 신뢰할 만한 출처가 없는 주장은 진지하게 고려할 필요가 없다. 우리가 얻는 정보는 종종 반향실과 이념에 의해 형성되기도 한다. 정보가 공정한지, 아니면 그저 듣고 싶은 말의 반향인지 검증에 힘써야 한다. 일화적 정보는 가치를 가늠하려면 매우 꼼꼼하게 평가해야 한다. 경쟁하는 주장이 있다는 사실만으로는 모든 의견이 공정하게 잘 뒷받침된다고 볼 수 없다.

- **정량화** 주장을 정량화할 수 있는가? 숫자가 있다면 이 숫자들의 맥락은 아주 중요하다. 통계는 유용하지만, 조작되어 부주의한 사람들을 속이는 데 이용될 수 있다. 상대위험도와 절대위험도의 차이를 명심하고 같은 것끼리 비교해야 한다. 더불어 항상 그렇듯이, 연관성이 인과관계를 뜻하지 않는다는 진언을 절대 잊어서는 안 된다.

- **과학** 주장을 검증할 수 있는가? 최소한 원칙적으로 반증할 수 있는가? 주장이 과학적 가설처럼 보인다면 훌륭한 과학에 근거했는가, 아니면 화물 숭배 과학에 의존했는가? 과학적 자료가 있다면 전체 자료를 반영하는가(증거의 완전성), 아니면 체리피킹한 이상치만 반영하는가? 지지하는 자료가 결론을 뒷받침할 만큼 매우 굳건한가? 가정이 더 적은 다른 가설로 자료가 똑같이 잘 설명된다면, 오컴의 면도날이 경고할 것이다.

위 목록은 새로운 주장을 마주쳤을 때 활용하기 좋은 질문들이다. 그러나 우리가 비판해야 할 가장 중요한 주장은 우리 자신의 주장이다. 과학자처럼 생각하려면 반드시 증거와 이성을 따라야 하고, 잘못된 것은 인정하고 바로잡아야 한다. 즉 모든 결론과 주장은 잠정적이라는 사실을 받아들이고 새로운 정보가 비추는 빛을 따라 변화해야 한다. 쉽지 않은 일인데, 앞서 살펴봤듯이 우리는 자신의 신념을 깊이 애착하며, 이런 신념에 도전하는 것을 우리 자신에 대한 공격으로 받아들이기도 한다. 이는 극복해야 할 결함이다.

우리의 생각은 우리를 정의하지 않는다. 때로 잘못된 생각도 있으며 새로운 정보를 수용하는 것은 부끄러운 일이 아니다. 오히려 감탄할 만하며, 증거를 보고도 마음의 변화를 거부하는 것이 진짜 부끄러운 일이다. 증거가 없다면 즉각적으로 결론을 내려야 한다는 압박을 느낄 필요는 없다. 급하게 세운 주장은 잘못되기 쉽고 변화에 저항하기도 한다. 결론을 서둘러 내리지 않는다고 해서 부끄럽다거나 소심하다는 뜻은 아니다. 불확실성은 불안하지만 견뎌내야 한다. 철학자 러셀이 경고했듯이, "증거 없이는 판단하지 말라고 훈련받지 않은 이상 인간은 자신만만한 예언자들을 따라가다 길을 잃을 테고, 아마 이들의 지도자는 무지한 광신도나 부정직한 사기꾼일 가능성이 크다. 불확실성을 견디기는 어렵지만 그건 다른 덕목 대부분도 마찬가지다".

마지막으로 주목해야 할 중요한 것이 하나 있다. 회의주의와 싸구려 냉소주의를 헷갈려서는 안 된다. 냉소주의는 무조건 반사처럼 튀어나오는 "의심스러운데"가 아니라 "왜 그걸 생각해야 하지?"에 가깝다. 회의주의는 토의와 이해를 격려하는 열린 과정이지 이를 차단하는 수단이 아니다. 마찬가지로 부정론자면서도 자신들이 기후변화나 백신 접종 같은 주제에 '회의주의적' 관점을 가졌다고 주장하는 작가와 방송인도 많다. 이들은 부적절한 명칭을 의도적으로 차용한다. 회의주의는 모든 주장이 확인되거나 위조되었다고 밝혀지기 전까지는 입증되지 않은 주장으로 다루어야 한다. 그러나 부정론자는 의심의 여지가 없는 모든 증거를 고집스럽게 인정하지 않는다. 스스로 '회의주의자'라고 선언하면서도 압도적인 과학적 합의를 거부하는 사람은 부정론자 중에서도 특히 계급이 높으며 자신들의 주장을 옹호하지 않고 반박의 여지가 없는 증거를 의도적으로 인정하지 않는다.

여러분에게 과학적 방법이 그저 가짜 주장을 폭로하는 데나 사용하는 틀이라는 인상을 남겼다면 내가 태만한 탓이다. 어쩌면 내가 여러분의 즐거움을 망쳤을지도 모르겠다. 그러나 과학적 방법은 그보다 더 엄청난 것이다. 과학 연구는 무지와 공포가 잠식해오는 어둠을 비추는 타오르는 횃불이다. 우리가 사는 우주의 현실은 우리가 지어낼 수 있는 그 어떤 허구보다도 믿기 어렵다. 생명의 필수 요소인 탄소와 산소, 질소를 생각해보자. 이들 원자가 오직 거대한 별 안에서만 만들어진다는 지식은 필연적으로 하나의 결론으로 이어진다. 인간을 구성하는 원자는 영겁의 시간 전에 우주 저편 아주 먼 곳에서 폭발하는 별의 심장부에서 벼려진 뒤 날아왔다. 인간은 문자 그대로 우주먼지이며 초질량

태양의 유해에서 태어났다. 답답함과는 거리가 먼 합리적인 사고로 우리는 가능하다고 생각하지도 못했던 발견을 한다. 이것이 우리와 끝없는 무지의 어둠 사이에 있는 전부다.

세상이 불탄다면 우리도 그럴 것이다

진화의 공동발견자 러셀 월리스가 증명했듯이, 어떤 전투를 선택할지는 매우 중요하다. 1870년 1월, 《사이언티픽 오피니언Scientific Opinion》에는 지구가 평평하지 않고 둥글다는 사실을 증명할 사람은 누구든 도전하라는 결투장이 날아왔다. 이 내기를 제안한 사람은 존 햄프던John Hampden으로 《성경》을 글자 그대로 해석하는 데 푹 빠진 부유한 종교 광신자였다. 《성경》이 지구는 평평하다고 확언하리라 확신한 햄프던은 자신이 틀렸다고 증명하는 사람에게 500파운드(한화 약 85만 원)를 주겠다고 했다. 이는 조금은 우스꽝스러운 상황이었는데, 지구가 둥글다는 사실은 이미 고대 그리스시대부터 알려졌다. 에라토스테네스Eratosthenes는 기원전 3세기경에 지구 둘레의 길이를 정확하게 계산했고, 1500년대부터 이루어진 세계 일주가 이를 증명했다. 그래도 주머니 사정이 위태로웠던 월리스는 상금을 받고 싶었다. 그는 지질학자 라이엘에게 이 내기를 받아들일지 상의했다. 라이엘은 "확실히 이런 어리석은 자들에게 분명히 보여주면 더는 이런 일이 없겠죠"라고 답했다.

월리스와 라이엘은 햄프던이 그저 잘못 판단했을 뿐이며 적절한 증거를 보면 이성을 되찾으리라고 생각했다. 우호적인 답신을 받은 뒤, 월리스와 햄프던은 노퍽주 올드 배츠퍼드 운하에서 만났다. 제안한 실험은 일사천리로 이루어졌다. 9.6킬로미터 떨어진 다리 두 개에 월리스는 수면 위 같은 높이에 표지를 붙였다. 두 다리의 중간 지점에는 다리에 붙인 표지와 같은 높이에 막대를 세웠다. 만약 햄프던이 옳고 지구가 평평하다면 망원경으로 봤을 때 세 표지는 일직선으로 나란할 것이다. 그러나 지구가 둥글어서 볼록하다면 망원경으로 봤을 때 가운데 표지는 더 높이 솟아올라 있을 것이다. 실험은 예상한 대로 지구가 둥글다는 사실을 입증했다. 그러나 월리스는 햄프던이 이미 자기에게 유리하도록 평평한 지구 창조론자를 심판으로 지목했다는 사실을 몰랐다. 이 둘은 실험의 세부 사항을 트집 잡았고, 월리스는 그들의 요구에 따라 실험을 반복했다. 여전히 지구는 둥글었고, 월리스는 승자가 되었다.

입증 실험은 공허한 승리였음이 곧 드러났고 월리스의 고난은 이제 막 시작이었다. 햄프던은 결과에 승복하지 않았고 내기를 무효화하려고 법적 분쟁을 질질 끌었다. 월리스는 재판에서 여러 번 이겼지만 햄프던이 상금을 주지 않았고 결국 파산 선언했다. 정신이 매우 불안정해진 햄프던은 월리스의 아내에게 독설이 가득한 협박 편지를 보내기 시작했다. "부인, 당신의 지긋지긋한 도둑놈 남편이 어느 날 머리뼈가 곤죽이 되도록 으스러진 채 들것에 실려 집에 돌아오면, 왜 그렇게 됐는지 당신은 알 거요. 당신 남편에게 거짓말쟁이에 극악무도한 도둑놈이라고 전해주시오. 그놈의 이름이 월리스라는 게 확실한 것처럼, 그는 절대 침대 위에서 곱게 죽지 못하리라는 사실도 확실할 것이오." 명예 훼손과 별개로 살해 위협은 영국 법에서 용인될 수 없는 범죄였으므로 햄프던은 결국 감옥에 갇히고 말았다. 이 사건에 대해 월리스는 다음과 같이 말했다.

> 15년 내내 걱정과 소송, 박해가 이어지는 대가를 치렀고, 최종 결과는 수백 파운드의 손실이었다. 이 모든 일은 내 무지와 잘못으로 일어났다. 내 무지는 '역설가'는 절대로 이해시킬 수 없다는 고故 드 모르간de Morgan 교수의 유명한 가르침을 몰랐다는 점이다. 내 잘못은 어떤 종류의 내기든 도박에서 돈을 따려고 했다는 것이다. 이는 내 평생 가장 후회스러운 사건이었다.

월리스의 통탄할 경험은 위성기술과 우주여행, 상업적 항공이 나타나기 전에 일어났다. 기술의 발달로 평평한 지구론이 역사의 쓰레기통에 버려졌다고 생각하는 사람도 있을 테지만, 현실은 그렇지 않다. 이들은 온라인에서 번성하고 있으며 자신들의 믿음을 증폭하는 공동체 안에서 보호받는다. 그들은 토론장에서 자신들의 주장을 반박하는 과학적 증거를 설명하려 애쓰면서 훼손된 기하학과 굴절 현상 지식을 동원해서 온갖 매커니즘을 자세히 설명한다. 그리고 월리스가 깨달았듯이, 이들은 증거를 들이밀어도 변할 것 같지 않다.

공포를 먹고 자라는 음모들

평평한 지구론자에게만 이런 특성이 있는 건 아니다. 백신 반대 운동자의 관점을 바꾸기란 놀라울 정도로 어렵다. 2014년 캘리포니아 연구를 보면, MMR 백신과 자폐 연관성을 반박하는 주장은 역설적으로 백신에 호의적인 태도를 보였던 부모들의 백신 접종 의도를 감소시켰다. 백신 접종에 단호히 반대하는 사람들에게 이성적으로 접근하면 오히려 근거가 빈약한 그들의 주장에 틀어박히게 한다.* 이들은 소수이니 무시하고 싶겠지만, 우리는 이들과 상호연결된 사회에서 함께 살아야 한다. 미신을 널리 퍼뜨리는 일이 이렇게 쉬웠던 시대가 없었다. 특히 우리 주변 세계를 이해하는 방식을 형성하는 일과 관련된 우려는 매우 크다. 잘

---

* 믿음과 충돌하는 자료를 보면 비이성적인 믿음이 더 강해지는 이 사례를 '역화 효과'라고 생각하는 사람도 있다. 역화 효과라고 볼 수 있는 증거도 혼재하지만, 우리는 동기화된 논증으로 이와 비슷한 현상이 나타난다고 생각한다. 여담이지만 월리스는 적극적으로 백신 접종을 반대하면서 명예가 실추되고 말았다. 그는 자신의 분야에 통달한 사람도 이념적 맹점은 극복할 수 없다는 또 다른 증거가 되었다.

못된 정보와 유언비어는 가장 비주류적인 요인을 통해 결집하면서 대규모 혼란을 일으킬 수 있다. 아마 사람유두종바이러스 백신의 세계적인 신뢰 위기보다 이를 더 명백하게 보여주는 사건은 없을 것이다.

사람유두종바이러스라는 유령은 오랫동안 출몰하면서 인간의 가장 깊은 욕구, 즉 만족할 줄 모르는 성욕을 착취했다. 이 바이러스는 성관계를 통해 전파되며, 사실상 성생활을 하는 모든 성인은 알려진 균주만 170개 이상인 이 바이러스에 어느 정도 감염되었다. 대부분은 해롭지 않거나 면역계가 쉽게 제거한다. 그러나 돌연변이 중에는 불길한 균주도 있으며 아형 16번과 18번은 암을 일으킬 수 있다.[**] 전 세계 암의 5퍼센트, 자궁경부암의 90퍼센트 이상은 사람유두종바이러스 감염이 원인이며, 그 자체로만 매년 27만 명의 목숨을 앗아간다. 사람유두종바이러스 백신은 포악한 유령을 흐릿한 기억의 안개 속으로 영원히 추방할 새로운 계시였다. 가다실은 끔찍한 아형을 대부분 예방했고, 2007년에는 80개국 이상에서 허가받았다. 결과는 놀라웠다. 2013년에 백신은 14~19세 미국 소녀들의 바이러스 감염률을 88퍼센트나 떨어뜨렸다. 2018년에는 오스트레일리아가 백신 접종으로 젊은 여성의 사람유두종바이러스를 박멸하며 정점에 올랐다. 역사상 처음으로 우리는 한 과의 암 전체를 박멸했다.

그러나 어리석음에는 면역력이 생기지 않았다. 미국 종교적

[**] 아형 6번과 11번도 생식기사마귀의 원인이며 백신으로 예방할 수 있다.

보수주의자들은 백신이 악의적인 성적 문란을 부추긴다는 우려를 내세우며 국가 백신 접종 계획을 좌절시켰다. 이들은 백신 접종이 완전한 성적 방종에 이르는 여권이 되리라고 주장했지만, 기본적인 검토만 해봐도 말도 안 되는 주장이었다. 백신을 접종한 집단에서 성적 활동이 증가했다는 증거는 없었다. 보호하는 대신 금욕을 설교하는 아이러니는 효용이 없으며, 금욕을 강요받는 10대는 다른 10대들과 똑같이 성적 활동을 시작한다. 의도했든 아니든, 상당수의 미국 대중은 10대들이 정상적인 성적 욕구를 가질까 봐 너무나 불안한 나머지, 아이들의 불필요한 죽음을 막는 대신 금욕적으로 행동하기 바라는 위험을 택했다.

아주 오래된 골칫거리인 백신 반대 운동은 더 큰 문제였다. 백신 반대 운동가들은 즉시 모호하고 일관성 없으며 주관적인 수많은 증상을 포함해서 변화무쌍한 부작용을 가다실 탓으로 돌렸으나, 이 주장은 역학 조사 결과와 일치하지 않았다. 전 세계 수백만 명의 여성에게 백신 접종이 집중적으로 이루어진 후 추적연구가 발표되었다. 방대한 자료 속에서는 아주 드문 부작용도 드러났다. 그러나 모든 증거가 백신은 안전하고 인간에게 잘 맞는다는 점을 입증했으며, 사람유두종바이러스 감염을 예방하는 데 대단히 효과적이었다. 백신 반대 운동은 언제나 현실에 관심 있었던 적이 없었으며, 그들의 관심은 오로지 이념이었다. 새로운 대의명분을 가지고 이 강경 집단은 정치인과 부모를 표적으로 삼아 전 세계 소셜미디어를 통해 잘못된 정보를 퍼뜨렸다.

결과는 심각했다. 2013년 일본에서는 공포가 분출되었고, 결국 보건부 장관이 백신 권고를 유예하는 결말로 치달았다. 이어진 조사는 보고된 질병과 백신은 아무 상관이 없다고 빠르게 결론 내렸지만, 이는 정치적인 독소로 남았고 2017년 백신 접종률은 70퍼센트에서 1퍼센트 이하로 폭락했다. 백신이 일으킨 질병 이야기는 백신 반대 운동가들의 치열한 로비 끝에 2014년에 덴마크 미디어에서 나타났다. 선동적인 TV2 방송은 백신이 젊은 여성을 망쳤다고 암시했으며 감정적인 증언으로 충격은 깊어졌고, 한낱 사실과 숫자는 이를 극복할 수 없었다. 자가 진단한 '백신 손상'은 보편화되고 의심받지도 않았으며, 백신 접종률은 가파르게 떨어져서 79퍼센트에서 겨우 17퍼센트가 되었다.

2015년, 공포는 아일랜드에 도착했다. 당시 나는 옥스퍼드 대학교에 있었지만 고국에서 일어나는 이 사건을 면밀하게 주시했다. 백신과 암은 내가 자주 다루는 주제였으므로 내 의견을 묻는 것이 이상하지는 않았다. 그러나 갑자기 밀려든 기자들로부터 사람유두종바이러스 백신의 명백한 위험에 관한 질문이 쇄도했다. 기자들은 이 백신에 독소가 들어 있으며 적절한 임상시험을 거치지 않고 나쁜 영향을 의학 산업계가 은폐하고 있다는 놀라운 음모론을 듣고 왔다. 아마 과학 소통이라는 탄광 속에서 우리가 배워야 할 가장 중요한 교훈은 모든 표면적인 우려가 항상 좋은 의도는 아니라는 점이다. 백신의 안전성에 의문을 품는 것은 당연히 이해할 수 있으나 유언비어를 퍼뜨리기 위해 대중의 불안을 조작하거나 착취하는 일은 전혀 다른 문제다. 아직

영어권 미디어에는 일본과 덴마크의 상황이 전해지지 않았지만, 내 앞에 내민 주장은 전형적인 백신 반대 운동에서 나온 허위 선전이 틀림없었다.*

이 주장은 근본적으로 틀렸을 뿐 아니라 새롭지도 않았다. 백신 반대 주요 상품 목록에서 꺼내 대충 먼지를 털어낸 상품으로, 나올 때마다 부수어도 되살아나는 좀비 같은 미신이었다. 이 주장은 오직 한 곳, 백신 반대 공동체에서만 통용된다. 이 주장이 반복된다는 것은 이 피상적인 우려에 백신 반대 활동가들의 지문이 잔뜩 묻어 있다는 경고성 경적이었다.

나는 엄청나게 긍정적인 백신 안전성 결과를 알려주고 이 백신이 암의 한 과 전체를 없앨 수 있다고 강조했다. 산소 이야기부터 시작한 내 말에 다수의 기자는 설득되었다. 앞서 말했듯이 때로 과학자가 대중의 지식에 이바지하는 최상의 방법은 쓸데없는 공포가 뿌리내리기 전에 수상쩍은 이야기를 없애버리는 것이다. 그러나 사실 확인에 게으른 매스컴이 한발 앞서 이야기를 한 보따리 풀면서 리그레트REGRET라는 이름이 튀어나왔다. '극단적인 트라우마를 일으키는 가다실의 반응과 효과reactions and effects of gardasil resulting in extreme trauma'라는 두문자어에는 그들의 믿음이 드러났

---

* 예를 들어 알루미늄 독성은 반복적으로 언급되었다. 이 이야기는 웨이크필드 대참사 때 유명해졌으며, 백신에 들어 있는 극소량의 알루미늄이 자폐를 일으킨다고 주장했지만 철저하게 진실이 파헤쳐져 반박되었다. 자폐가 후천적으로 생기는 병이 아니라는 사실은 차치하고라도 이런 논리라면 사람들은 알루미늄 캔에 손을 베일 때마다 비정형 신경증에 걸릴 것이다. 엎친 데 덮친 격으로 알루미늄은 MMR 백신에 들어 있지도 않았다.

다. 이들은 가다실 백신 때문에 젊은 여성 수백 명이 상해를 입었으며, 전해진 바에 따르면 너무 아파서 휠체어 신세가 되거나 견딜 수 없는 고통에 자살하지 않도록 24시간 내내 감독해야 한다고 주장했다. 이 단체는 소셜미디어를 종횡무진 누비며 정치인을 표적으로 메시지를 퍼트렸다.

이들은 머리기사를 휘어잡는 묘기를 부리는 데 일가견이 있었다. 2015년 8월에는 골웨이에 있는 아일랜드 암협회에서 항의 시위를 벌였고, 세계적으로 유명한 바이러스학자 마거릿 스탠리Margaret Stanley 교수가 독설을 던지면서 절정에 이르렀다. 이 끔찍한 경험을 두고 스탠리 교수는 "내 교수 인생에서 절대 들어보지 못했던 독설과 적대감을 느꼈다"라고 언급했다.

위협이 쇄도하자 아일랜드 암협회는 혹시 몰라 경비를 세워야만 했다. 비평가들을 공동 표적으로 삼는 것은 기본이었다. 라디오와 언론에서 속설을 폭로한 이후, 방송인 시아라 켈리Ciara Kelly와 내게는 성가신 불평이 밀려들었다. 나야 이런 전술을 견뎌야 했던 게 처음은 아니었고, 지지해주는 대학이 있다는 점도 운이 좋았다. 그러나 진료하는 일반의인 시아라는 아일랜드 의료위원회에 여러 건의 고발이 접수되었고, 그는 스트레스 속에 각각의 고발에 대해 조사받아야 했다. 시아라는 "실제로 대면한 환자에게 불평을 들은 적은 절대 없었어요. 의료위원회에 들어간 고발은 모두 내가 만난 적도 없는 백신 반대 운동가들이 접수한 것이죠. 너무 스트레스받지만, 반과학적 안건은 명함도 못 내밀게 해주겠다고 굳게 결심했습니다"라고 말했다.

위협 전술 외에도 답을 찾으려는 헌신적인 부모 이야기는 아주 매력적이었다. 리그레트의 온라인 사이트는 대충 둘러봐도 가다실을 넘어선 백신 반대라는 생각이 드러나지만, 처음 이야기는 공감이 가며 기자의 회의주의는 전혀 없다.* 여기에는 모두의 관심이 쏠렸고, 기자인 수전 미첼Susan Mitchell은 주장을 확인하기 위해 의학 전문가와 인터뷰할 수 있는지, 대중의 기부로 모은 상당량의 모금액이 어떻게 관리되고 있는지 물었다. 지나치게 미화한 기사만 쓰기 싫었던 성실한 기자에게 리그레트는 답하지 않았다.

2015년 후반에는 TV3에서 유언비어를 퍼뜨리는 다큐멘터리가 방송되었고 이를 본 대중은 즉각 격렬한 충격을 받았다. 백신 접종률은 2014년에 86.9퍼센트였지만 2016년에는 50퍼센트까지 곤두박질쳤다. 백신의 안전성에 의문을 품은 정치인 행렬이 줄을 이루었고, 한 허풍쟁이 아일랜드 상원의원은 "14세 소녀들이 집단으로 거짓말하지는 않는다"라고 주장했다. 온갖 해로운 효과가 백신 탓이 되자 곧바로 보편적인 정신** 및 신체 질병이라고 쉽게 설명했지만 완전히 무시되었다. 여론의 법정에서 백신은 더는 생명 유지에 필수가 아닌 위험한 것으로 전락했다.

----

* 창립회원 중 하나는 자신의 다섯 자녀는 백신을 맞은 적이 한 번도 없다고 자랑스럽게 뽐내면서 '백신으로 다친' 소녀들을 동종요법사인 자기 남편이 치료하게 했다.

** '와이파이 상해' 같은 공포처럼, 노세보효과가 외부의 영향을 특히 쉽게 받는 10대에게 일정 부분 영향을 미친 것으로 보인다.

국립 예방접종사무국은 의학협회부터 부모대표단체까지 연관 기구를 모아 재빨리 운영위원회를 설립했다. 새로이 구축한 연합 운영위원회는 부모와 보건 전문가에게 투명한 정보를 제공했고, 권위 있는 반박문을 거짓말이 지배하는 소셜미디어에 널리 퍼뜨렸다. 보건부 장관과 고위 정치인이 전폭적으로 지원해주었고, 백신의 안전성과 필요성을 반복해서 설명했다. 일본과 덴마크에서는 볼 수 없었던 연합 전선의 구축이었다. 그러나 정보 전파는 전쟁의 일부일 뿐, 감정적인 전투는 또 다른 문제였다.

비극에 대항하는 방어벽

공포와 불확실성은 강력한 동기 부여 요소다. 자녀에게 백신 접종을 하지 않는 대다수는 골수 백신 반대 열성분자가 아니라 자녀에게 최선을 다하려는 평범한 부모였다. 백신 반대 활동가 중 소수의 핵심 인물이 서사를 지배하면서 백신이 안전하지 않다는 믿음을 영속시켰다. 주모자들은 그들의 전술에 익숙하지 않은 부모들의 공감을 효율적으로 활용했다. 겉으로는 해답을 찾는 척하면서 자신들의 주장에 동조하는 정보를 모았고, 전 세계를 대상으로 반복된 조사 결과가 자신들의 주장을 지지하지 않자 사실을 무시했다. 백신 반대 운동가들이 '무시'를 무기화하면서 과학 및 의학 전문가들을 무관심한 기득권의 타락이라며 폄하하자 부모들은 진퇴양난에 빠졌다. 무엇을 믿어야 할지 모르겠고 이익도 확실하지 않자, 부모들은 거리를 두기 시작했다. 분노의 목소리 속에서 백신 접종의 근거는 대화에서 사라졌다. 그러나 진짜 선택은 존재하지 않는 부작용이냐 아니냐가 아니라 자녀를 끔찍한 암의 한 종에서 보호하느냐 아니면 자녀의 생명을 허구에 맡기는 위험을 택할 것이냐였다.

그러나 이 주제에 대한 감정의 깊이는 대중 앞에서 백신을 방어하는 것만으로도 소셜미디어에서 격노에 찬 비판을 들어야 할 정도였다. 인신공격과 부패 혐의의 폭풍이 몰려오고, 사람들을 "배려하지 않는다"라는 단순한 이유로 고발당하는 일은 부지기수다. 잔혹한 아이러니는 이 비방이 가장 틀린 말이라는 점이다. 보건에 관한 모든 동기에는 생명을 구하겠다는 진실한 욕망이 담겨 있으며, 이 욕망은 슬픈 현실을 자각할 때 동기를 부여받는다. 모든 사망률 통계 뒤에는 가족이 뿔뿔이 흩어지고 사랑하는 사람을 잃는 비극이 숨어 있다. 과학계와 의료계가 소리 높여 외치는 목소리에는 백신이 예방할 수 있는 고통을 너무나 많이 구해왔다는 사실이 담겨 있으며, 무관심과는 거리가 멀다. 공감은 보편적이며, 제대로 된 인간이라면 생명을 구하고 타인의 고통을 완화하는 데 숨은 동기 따위가 있을 수 없다. 백신 접종률을 조금이라도 회복하려면 서사의 재구성이 꼭 필요했다.

건강보험행정부의 연구에 따르면 개인의 일화는 백신 접종 의도를 형성하는 데 과도한 영향을 준다고 한다. 정확하게는 사실보다 백신 반대 운동이 내미는 입증되지 않은 개인의 감정적인 일화가 더 시선을 끄는 이유기도 하다. 2017년 8월에 건강보험행정부는 백신 접종을 한 젊은 여성이 '우리의 미래를 지켜요'라고 권하는 캠페인을 시작했다. 연말에는 세계적인 사람유두종바이러스 박멸 전문가들이 엄중한 경비 속에서 더블린 회합을 열었다. 나는 이 회합에서 백신의 신뢰 위기로 피해를 보았으나 회복할 기미가 보이지 않는 다른 국가들을 염두에 두고 잘못된 정보를 반박하는 방법을 설명했다. 아일랜드가 취한 방식이 효과가 있는지 조사한 결과가 나오려면 조금 더 기다려야 했고, 그 결과는 회합 도중에 도착했다. 결과에 따르면 아일랜드 백신 접종률이 62퍼센트까지 올랐고, 이는 목표를 잘 설정한 메시지는 잘못된 정보의 안개를 헤쳐 나갈 수 있다는 고무적인 결과였다.

유언비어가 대중의 인식에 미치는 해로운 영향을 없애려면 공포를 먹고 번영하는 자들이 서사를 장악하는 일을 막아야 한다. 그러나 가용성 휴리스틱의 영향력은 강력하다. 백신으로 상해를 입은 젊은 여성의 이야기는 실체가 없지만, 계속 떠도는 유언비어는 이 서사를 대중의 의식에 깊이 새겨넣었다. 인식을 바꾸려면 백신 접종이 왜 중요한지 사실 그대로 드러내면서도 서사를 재구성할 만큼 이례적으로 강력한 이야기가 필요했다. 이때 건강보험행정부는 바로 이 이야기가 스스로 찾아오는 행운을 얻었다. 로라 브레넌Laura Brennan은 전이된 자궁경부암을 진단받았을 때 겨우 스물다섯 살이었다. 예후가 좋지 않아서 로라는 다른 이들을 도울 수 있도록 경험을 공유하면 어떻겠느냐는 제안을 받았다. 그보다 더 나은 지지자는 없을 것이다. 조리 있고 카리스마 있으며 아름다운 로라는 백신 주변에서 소용돌이치는 해로운 허구를 제거하는 해독제였고, 캠페인은 로라의 인터뷰를 전면에 내세웠다.

스물네 살에 자궁경부암 2B 단계를 진단받았습니다. 치료할 방법이 있어서 나는 꽤 낙천적이었습니다. 항암화학요법과 방사선치료로 회복될 가능성이 컸습니다. 두 달 뒤 암은 재발했고 이번에는 상황이 달라졌습니다. 암을 치료할 방법이 없었고, 그저 연명 치료법만 남아 있었습니다. 여기서 교훈이 있다면, 나는 부모님들께 딸에게 백신 접종을 하도록 권하겠습니다. 백신은 생명을 구할 수 있습니다. 어쩌면 나도 살 수 있었겠죠.

로라의 용기와 솔직함에 마음이 움직이지 않을 사람은 없을 것이다. 그는 백신을 위험이 아니라 비극에 대항하는 방어벽으로 재탄생시켰다. 백신 반대 운동가들이 퍼뜨린 감정적인 이야기에 반박했을 뿐 아니라 저들에게는 없는 것, 바로 과학적 사실이 있었다. 캠페인은 로라의 이야기와 전문가의 의견을 섞어서 일관된 메시지를 전했고, 그때까지 여론을 지배했던 유언비어를 반박하는 데 엄청난 효과를 거두었다. 이전에는 감정적인 유언비어에 맞설 인간적인 요소가 명확하게 보이진 않았지만 로라의 용기와 강인함은 잘못된 정보에 반격하는 핵심이 되었고 백신의 중요성을 있는 그대로 알려주었다. 이 캠페인이 큰 성공을 거두면서 국제 보건 기구들이 배워갔고, 로라는 세계보건기구가 진행하는 세계 사람유두종바이러스 백신 캠페인에도 앞장서게 되었다.

백신 반대파가 갑자기 소멸하는 일은 없었지만, 담화를 지배하던 영향력은 산산이 부서졌다. 2018년 7월, 나와 로라가 강연했던 학회에서 백신 공동개발자인 이언 프레이저Ian Frazer가 핵심 연사로 나섰다. 리그레트는 밖에서 시위를 벌였지만 이들에게 동조하는 대중은 크게 줄었다. 공포가 휩쓸고 난 후 처음으로, 기자들은 학회 밖의 어릿광대보다 학회의 내용, 특히 로라의 이야기에 더 관심을 가졌다. 학회장을 나서는 우리에게 백신을 매도하는 시위자들은 야유를 퍼부었다. 위협적인 분위기에도 당황하지 않고 로라가 질책하자 그들은 침묵했다. "내가 백신을 맞았더라면 암에 걸리지도 않았을 겁니다." 백신이 예방하는 사람유두종바이러스 16번HPV-16이 로라가 가진 암의 원인이어서 그의 말은 의심의 여지 없는 사실이었다.

생각을 바꾸는 것도 중요하지만 감정도 매 순간 그만큼 중요하다. 인간은 지적인 자동장치가 아니라 먼저 느끼고 그 후에 생각하는 감정적인 창조물이다. 세상의 모든 사실과 주장, 논리는 감정에 닿지 않으면 아무 소용이 없다. 로라의 이야기는 도서관에 갇혀 있는 논문들보다 더 많은 생명을 구했다. 백신 접종률을 높인 로라의 공헌은 아일랜드 왕립의사협회부터 세계보건기구까지 백신 캠페인에 그의 이야기를 차용했던 단체라면 누구나 알 수 있었다. 이런 일에 나서려면 인격적으로 강해야만 하며, 불필요한 오명과 성적 암시가 사람유두종바이러스 주변에 맴돌기에 로라가 더 존경스럽다. 로라는 내게 이렇게 말했다.

암을 예방할 수 있는 백신이 있다니 놀랍습니다. 잘못된 정보가 나를 좌절시키지만, 백신이 안전하고 생명을 구할 수 있다는 건 과학적인 사실입니다. 내 이야기를 나눔으로써 한 부모가 자녀에게 백신을 접종시키겠다고 마음을 바꿀 수 있다면, 내가 지나온 삶을 반복하지 않도록 한 생명을 구하는 일이 될 겁니다. 다음 세대가 나와 다른 많은 사람이 겪었던 고통을 당하지 않도록, 내게 주어진 모든 기회를 놓치지 않고 계속 말할 겁니다. 나는 지금은 예방 가능했던 암에 걸려 죽어가는 여성입니다. 왜 예방할 수 있는 질병에서 자녀를 보호하지 않는지, 모든 부모는 스스로 질문해야 합니다.

나는 로라를 친한 친구로 부를 수 있는 영광과 특권을 받았다. 그는 2019년 3월 20일에 스물여섯의 나이로 세상을 떠났다. 그의 죽음에 대중은 엄청난 슬픔을 쏟아냈으며, 백신으로 예방할 수 있었던 비극이 있는 그대로 드러났다. 반사람유두종바이러스 백신의 대실패는 많은 비슷한 주제, 즉 자료를 넘어선 일화의 승리, 대중 인식에 미치는 미디어의 영향, 동기화된 논증의 영향 등을 아우른다. 동시에 증거와 추론은 중요하지만 감정의 틀역시 중요하다는 사실을 상기시킨다. 대중의 마음과 심장을 바꾸려면 더 나은 주장을 하는 것에 그치지 않고 이것이 중요한 **이유**를 감정의 수준에서 상기시켜야 한다. 로라의 강력한 지지는 세계의 관심을 정확하게 백신이 중요한 이유에 다시 집중시켰다. 로라가 캠페인에 앞장섰던 18개월 동안 백신 접종률은 20퍼센트나 높아졌고, 사심 없이 세계보건기구와 건강보험행정부와 함께 일한 덕분에 로라의 영향은 세계에 전파되었다. 영원히 기억될, 현명한 여성의 유산이었다. 세상을 떠났어도 로라는 계속해서 헤아릴 수 없이 많은 생명을 구할 것이다.*

이분법에 갇힌 사회

인간은 사회적 동물이며, 우리 주변의 의견과 주장에 불규칙하게 영향받는다는 사실을 잊어서는 안 된다. 우리는 서로 세계관을 공유하며, 그 세계관이 극도로 잘못되었더라도 다를 건 없다. 예를 들어 음모론자들은 양극화된 반향실에서 활동하며, 서사에 더 많이 할애할수록 다른 정보 출처와의 관계를 단절시키는 경향이 있다. 이것은 그저 단순한 믿음이 아니며, 망상일지라도 더 거대한 무엇, 즉 특별한 지식과 통제력이라는 매력을 갖춘 정체성의 일부다. 신봉자들은 세계의 복잡성을 단순화하면서 자존감도 높일 수 있다. 연구 결과를 보면 신봉자들은 자신이 특별한 내집단에 속해 있다고 여기고, 속임수에 넘어가는 대중보다 뛰어나다고 생각하며, '양 떼' 같은 군중에서 눈에 띄고 싶은 열망이

---

* 이 책을 집필하는 지금도 바로 어제였던 것처럼 느껴진다. 로라를 사랑했던 사람들의 마음은 산산이 부서졌고, 내 마음도 마찬가지였다. 그러나 나는 로라의 헌신 덕분에 다른 사람들은 그와 같은 시련을 겪지 않으리라는, 그리고 남은 우리가 지금 느끼는 상실감을 알지 못하리라는 사실에서 위안을 얻는다.

있다. 타인이 얼마나 교육받았는지, 경험이 많은지는 상관없다. 자신이 잘 알지 못하는 것에 대해 의견을 말하는 울트라크레피다리언ultracrepidarian•은 항상 자신이 정확하다고 여기며, 아는 것이 적을수록 더 확신에 차서 말한다.

서로 반향하는 사람들에게 둘러싸인 사람은 믿음을 강화하면서 비판에서 보호받는다. 이 도가니 속에서 믿음은 하나로 통합된다. 교리에 대해 의문을 제기하면 해당 부족에서 배척당할 위험이 있다. 음모론을 포기한 용감한 사람은 한때는 같은 무리였던 이들에게 배교자라며 공격당한다. 이념에 빠져 믿음에 헌신하는 집단은 어디에나 있으며, 현실의 침공에도 이들의 확신은 흔들리지 않으니 암울하기만 하다. 모든 것이 절망적으로 보이기도 한다. 증거가 아무 의미도 없는 사람에게 까다로운 주제에 관한 동의를 어떻게 끌어낼 수 있겠는가?

절망이라는 감각은 댓글의 대혼란 속으로 뛰어드는 매 순간 증폭되지만, 빈 수레가 요란하다는 격언에는 진실한 울림이 있다. 《가디언즈》 웹사이트에 달린 댓글을 분석한 결과, 기껏해야 0.7퍼센트의 독자만이 댓글을 남겼고, 모든 댓글의 17퍼센트는 독자의 0.0037퍼센트가 남겼다. 다른 분석 결과를 봐도 댓글을 다는 대다수 사람은 기사를 먼저 읽지 않는다. 목소리가 큰 극소수 집단이 대규모 집단의 의견을 대표할 수는 없다. 온라인 담론

• 《옥스퍼드영어사전》은 "자신의 지식이나 전문 영역을 넘어서는 문제에 의견을 말하는 사람"이라고 정의한다. 집합 명사를 채택하는 공식 절차가 있다면 여기에 '트위터'라는 단어를 제안하고 싶다.

의 끔찍한 상황은 모두가 이분법적인 전쟁에 갇힌 듯한 인상을 주지만, 이는 가장 극단적인 사례만 보여줄 뿐이다. 목소리가 가장 큰 주장은 정보가 거의 없고 극단적으로 편파적이라는 사실은 더는 새로운 문제가 아니다. 시인 W.B. 예츠^{W.B. Yeats}는 "최상에는 확신이 없고, 최악에는 / 열정적인 강렬함이 가득하네"라고 한탄했다.

우리는 대부분 매우 견고하거나 극단적인 태도를 보이지 않는다. 물론 종교적 혹은 정치적 신념에 너무나 몰두한 나머지 자기 관점을 수정하느니 현실을 무시해버리거나, 오류를 인정하느니 미신을 퍼뜨리는 사람이 항상 존재한다. 시각장애인만큼 눈먼 사람은 없으며, 광신도와 논쟁하는 일은 무익하다. 그러나 많은 사람은 대부분 닿을 수 없을 만큼 멀리 있지 않으며 이성과 함축성을 흔쾌히 받아들일 수 있다. 변화를 일으키기 위해 세상 전체를 뒤흔들 필요는 없으며 그저 대화의 방향을 증거와 이성 쪽으로 살짝 바꾸면 된다. 신뢰할 만한 정보와 주의해야 할 정보를 구분하는 것이 가장 중요하다. 내가 쓴 글에 붙는 댓글을 보면 가끔 글의 내용에 이미 찬동하는 무리와 눈에 보이는 증거를 믿고 싶지 않은 무리가 검투사의 결투로 빠져든다. 그러나 내가 목표로 삼은 독자는 양극단의 무리가 아니다. 나는 침묵하는 대중, 즉 지식을 알고 싶고 수상쩍은 정보의 폭풍 속에서 믿을 만한 정보를 찾는 대중을 겨냥했다.

우리는 가끔 터무니없는 거짓말이 사실을 뒤덮는 탈진실의 사회에서 산다는 말을 듣는다. 충분히 이해한다. 우리는 미국 대선에서 트럼프의 승리를 보았고, 영국이 유럽연합에서 떠나는 브렉시트 투표의 여파로 휘청거리는 모습을 목격했다. 두 사건은 노골적인 거짓말, 선전, 선동적인 허구가 만들어낸 완벽한 사례다. 그러나 이런 사건이 우리를 기습했어도 사람들은 진실을 향한 근본적인 욕망을 버리지 않았다. 우리는 여전히 호기심과 지식을 향한 열망을 품고 있다. 즉각적인 정보의 시대에서 진짜 도전은 믿을 만한 정보와 수상쩍은 정보를 구별하고, 반응하기보다는 생각하며, 들은 것에 대해 적극적으로 묻는 것이다. 이 일이 지금보다 더 긴급하고 어려웠던 적은 없었다. 풍자 작가 스위프트는 이렇게 말했다. "거짓말은 날아가고, 진실은 절뚝거리며 뒤쫓아온다. 그러니 진실을 깨달았을 때는 이미 늦었다. 장난은 끝나고 이야기가 힘을 발휘한다." 스위프트가 1710년에 이 구절을 썼을 때는 과장법이었겠지만, 300년이 지난 지금은 선견지명으로 보인다. 우리는 그 어느 때보다 널리, 그리고 빠르게 허구를 보여주는 선동가와 사기꾼, 광대에게 둘러싸여 있다. 제지받지 않는 그들의 교묘한 술책은 우리를 순응하게 만들고 잘못된 결정과 재앙으로 이끄는 경향을 보인다.

이들과 전투를 벌이는 첫 단계는 우리 자신에서 시작한다. 정체성이라는 인간의 감각은 가치관과 확신이 복잡하게 뒤얽혀 있어서 가끔 중요한 것, 바로 우리의 존재와 생각은 다르다는 점을 간과하기도 한다. 우리는 신념이 아니라 사고하는 능력으로 정의된다. 인간이 된다는 것은 오류를 일으키는 것이며, 인간은 오류를 스스로 수정하는 축복을 받았다. 잘못을 저지르는 것은 부끄러운 일이 아니며, 실수를 바로잡지 않는 것이야말로 부끄러운 일이다. 주저하지 않고 새로운 정보를 수용해야 하며, 필요하다면 잘못된 신념은 폐기해야 하고, 불쾌하더라도 진실을 수용해야 한다. 좋은생각협회를 이끄는 마이클 마셜^{Michael Marshall}은 다음과 같이 말했다.

> 당신이 어떤 면에서 틀릴 수도 있다는 사실을 수용하고 편히 생각해야 한다. 편견을 극복하고 유혹적이지만 거짓인 생각을 거부하는 가장 중요한 요인은 진실이라고 생각하는 것을 열정적으로 방어하려는 본능을 극복하는 것이다. 특히 당신이 가장 옹호하고 싶은 주제라면, 타인을 추궁할 때처럼 엄격하게 스스로에게 질문하라. 열린 마음을 갖고 최대한 객관적으로 검증해야 한다. 회의주의적인 예수라면 아마 이렇게 말했을 것이다. "남에게 질문하고자 하는 대로 너희 스스로에게 질문하라."

누구도 타인의 마음을 바꿀 수는 없으며, 이는 아무도 말하지 않는 진실이다. 우리는 우리 자신만 바꿀 수 있을 뿐, 타인에게는 같은 일을 하도록 도구와 자유를 주는 정도가 최선이다. 증거에 기반한 사회로 가는 길은 단거리 경기가 아니라 마라톤과 같다. 단 하나의 사건으로 깊이 뿌리박힌 오해가 풀리지는 않으며, 저절로 깨달음을 주지도 않는다. 새로운 정보를 흡수하고, 실수를 바로잡으며, 더 많은 정보를 수용하는 관점으로 바꾸는 과정은 점진적이어야 한다. 정보가 더 많고 더 건강하고 더 공정한 세상을 만들려면 슬며시 접근해서 우리를 산산이 분열시키는 거짓말, 유사 과학, 수상쩍은 주장을 막기 위한 토의가 필수다.

우리는 은연중에 토론이 진실을 중재한다고 오랫동안 생각해왔다. 그러나 토론은 종종 최고의 주장이 아니라 가장 기만적인 웅변가에게 보상해왔다. 양측 주장이 대립하는 상황에서는 명확성과 이성보다는 수사학적 말재주나 청중을 격앙시키는 능력이 자주 승리를 가져왔다. 다양한 범위의 의견을 대립적인 두 개의 주장으로 깎아내면서 과정 자체가 가끔은 거짓 이분법으로 바뀌기도 했고, 진실은 더 복잡한 저기 어딘가에 있는데도 우리에게 어느 한쪽을 선택하라고 강요했다. 토론의 본질은 양극단의 대립이며, 마음을 바꾸거나 숙고 끝에 타협하는 일은 불가능하다. 토론은 너무 자주 우리를 분열시키면서 정보는 주지 못한다.

자기도 모르게 거짓 균형에 협력하게 될 수도 있다. 나는 기후변화나 백신에 관해 '토론'하는 쇼에 몇 번이나 초청받았는지도 잊어버렸다. 제작자에게 이건 그린란드가 존재한다는 사실을 토론하는 것처럼 무의미하다고 말했다. 정치적 극단주의자와 편견이 심한 사람은 이런 무대를 활용하며, 자신들의 혐오스러운 주장이 노출되는 것 자체가 승리라는 점을 잘 알고 있다. 유사 과학자들과 비주류 단체는 옹호할 수 없는 자신들의 신념과 주장에 타당성이라는 허식을 덧바를 수 있는 토론이 벌어지기만을 기다린다. 이런 주제를 두고 토론하지 말라는 말이 아니다. 오히려 반대로 이 주제는 끝장토론을 해야 한다. 기후변화가 왜 현실인지 설명하고, 백신 공포를 반박하며, 정치적 극단주의의 부활을 탐색하는 일은 중요하다. 그러나 여기서 토의는 작전 용어다. 피상적이고 전투적인 토론의 본질은 이해에 도움이 되는 태도가 아니라 융통성 없는 태도를 취하게 한다. 반면 토의는 유동적인 과정으로 우리의 관점은 진화할 수 있고, 진화하게 된다. 토의의 변증법적 방식은 "당신은 왜 그렇게 생각합니까?"라는 질문을 통해, 때로는 더 중요한 "나는 왜 그렇게 생각할까?"라는 질문을 통해, 우리가 지성적인 인간 수준에 도달하도록 격려한다. 전투라기보다는 대화이며, 대화는 우리 자신뿐 아니라 타인의 마음도 변화시키고 오류를 바로잡는다. 볼테르의 말을 빌리자면 우리는 "진실을 사랑하되 오류를 수용"해야 한다.

호의의 원칙

연민도 믿기 힘들 정도로 중요하다. 우리는 영웅과 악당이 명확하게 구분되는 단순한 이야기를 통해 세계를 이해한다. 신격화하거나 비방하면서 사람과 사건을 '선한' 것 혹은 '나쁜' 것으로 깔끔하게 나누려 한다. 그러나 삶은 명확하게 딱 떨어지는 법이 거의 없다. 우리는 모두 결함이 있고 복잡하며, 어리석은 신념을 마음속에 품을 수 있다. 이는 비이성적이고, 마음을 상하게 하며, 혐오스러울 수도 있다. 이런 것은 본질주의에의 집착일 수 있으며, 우리는 이런 꼬리표를 신념보다 사람에게 더 많이 붙인다. 현대 담론은 점수를 획득하는 방식으로 뒷받침되며, 이런 사고방식은 노골적으로 상대방에 대한 허위진술을 하는 경향이 있고, 가끔은 상대를 완전히 비인간화하기도 한다.

그러나 허수아비를 공격하는 것은 의미가 없다. 진정으로 정보를 나누는 토의를 원한다면 상대방의 주장을 가장 강력하고 이성적인 방식으로 해석하는 호의의 원칙을 적용해야 한다. 그러면 적극적으로 상대방의 관점을 고려하게 되고, 사려 깊고 강력한 반박을 구축하거나 숙고 끝에 자신의 관점을 수정하게 된다. 심각한 편견이나 변명의 여지가 없는 합리화를 용서한다는 뜻이 아니라 그저 자신의 사고에 엄격함을 적용한다는 뜻이다.

결국 타인을 깎아내리는 짓은 역효과만 낳는다. 학대나 비인격화 앞에서 생각을 바꾸는 사람은 거의 없다. 예전에 나는 지금 생각해보면 혐오스러운 경멸조의 거만한 톤으로 말했다. 나는 이 말버릇을 고치려 애썼는데, 같은 편은 좋아했지만 내가 제공할 통찰에서 가장 큰 혜택을 볼 사람들에게 소외감을 느끼게 할 위험이 있었기 때문이다. 상황은 대부분 이야기가 허락하는 것보다 조금 더 미묘하다. 대중 여론의 추는 폭넓게 진동하며, 당신을 높은 받침대 위에 올려놓은 그 대중이 재빠르게 당신을 불길 속에 던져넣을 수도 있다. 그러나 우리는 모두 어느 순간에는 어떤 것에 대해 잘못 인식할 수 있다. 진실로 더 나은 세상을 바란다면 우리 자신에게 연민이 허용되어야 하듯이, 타인에게도 본질적인 인간성을 비난받지 않고 관점을 확장시킬 자유를 허용해야 한다.

그러나 이런 관대함에는 주의할 점이 있다. 첫째로 이 원칙은 선한 신념의 토의에만 적용해야 한다. 고의로 현실을 잘못 전하는 사람은 마음을 바꿀 가능성이 없으며 이들과의 토의는 건설적이지 않다. 둘째, 열린 토의라는 이상이 증오나 탄압의 위장막이 되어서는 안 된다. 우리에게는 증오스러운 철학과 싸울 책임도, 타인의 근본적인 권리나 기본 인간성을 부정하는 사람에게 무료 방송을 허락할 의무도 없다. 한없이 관대한 사회는 결국 편협한 자에게 압도당한다는 것이 관용의 역설이다. 포퍼는 "따라서 우리는 관용의 이름으로, 편협을 관용하지 않을 권리를 주장해야 한다"라고 말했다.

사회 자체는 연약한 천과 같아서 오해나 유언비어에 쉽게 찢어진다. 우리는 아름다운 세상을 공유하며, 우리의 운명은 끊을 수 없는 유대로 얽혀 있다. 세상이 불탄다면 우리도 그럴 것이다. 망상과 무모한 부족주의 아래에서는 아무리 애를 써도 나아지기를 바랄 수 없다. 우리의 사고를 전복시키려는 사람은 독재자와 사기꾼이 증오와 거짓을 채워 넣은 진공 상태를 만들어 우리가 현실을 부정하게 만들 수 있다. 불합리한 것을 믿게 하는 사람은 잔혹 행위도 저지르게 할 수 있다는 볼테르의 경고는 사실이지만, 이 격언의 당연한 귀결 역시 중요하다. 즉 인간의 신뢰를 침식하고 공동의 신뢰에 의심을 뿌리는 자는 우리가 모든 악에 쉽게 영향받게 할 수 있다. 불화를 심으려는 목적의 선전이든, 현실을 보지 못하는 사람들이 전파한 잘못된 정보든, 결과는 사회 분열과 불신이다. 분열되면 우리는 약해지고 목표를 이루지 못하며, 마주한 중요한 세계 문제를 해결하기 위해 협력할 수 없어서 재앙을 향해 표류하게 된다.

사실과 증거, 이성을 부인하게 허용한다면 비극의 절벽 끝에 서는 것이다. 베를린에는 나치 시대의 잔혹 행위를 기록한 참혹한 기념비가 수없이 많다. 내가 가장 불편하게 느끼는 기념비는 가장 과소 평가받는다. 아름다운 베벨 광장 중앙에는 투명한 유리 바닥이 있다. 1933년 5월 10일에 일어난 첫 번째 나치 분서 사건, 즉 나치 사상에 반하는 서적들을 불태운 사건의 기념비다. 오늘날 이 유리판은 그날의 광기를 상기시킨다. 유리판 아래를 내려다보면 빈 책장이 열 지어 서 있는 황량하고 잊을 수 없는 광경이 반겨준다. 근처에는 시인 하인리히 하이네Heinrich Heine의 시 구가 새겨져 있다. "이는 오직 전주곡일 뿐이니, 책을 불태운 자리에서 그들은 결국 사람도 불태우리라."

베를린의 이 기념비는 진실이 열외로 취급당하고 파괴될 때 어떤 암울한 결과가 나타날지 보여주는 강력한 기념물이다. 하이네는 저 시를 히틀러가 권력을 잡기 한 세기 전에 썼다. 그는 제3제국의 잔혹성도, 자신의 감상이 어떻게 선견지명이 될지도 상상할 수 없었을 것이다. 그러나 하이네는 진실을 포용하기보다 지우려는 자들의 근본적인 어둠을 언급했다. 혼란과 거짓말로 우리를 복종시키려는 자들은 항상 나타나겠지만 우리는 스스로 생각하는 것보다 훨씬 더 회복력이 강하다. 거짓이 그 어느 때보다 더 빠르고, 더 멀리 영속화하는 이 시대에 인간의 분석적 사고력은 신뢰할 만한 것과 터무니없는 헛소리를 가르는 칼날이다. 지금의 상황은 압도적으로 보일 수 있으며 무관심으로 후퇴하는 것이 매혹적으로 느껴질 수 있다. 그러나 무관심은 적이다. 분리되어 있으면 거짓에 도전할 수 없고, 무력감에 시달린다면 더 나은 세상을 향해 분투할 수도 없다. 오직 "왜?" 그리고 "왜 안돼?"라고 물으려는 의지만이 우리를 잘못된 길로 이끌고 조종하려는 무리에게서 보호해주고, 우리가 함께 마주한 문제의 성공적인 해결책을 향해 나아갈 나침반이 되어줄 것이다.

우리가 마주한 문제들은 기후변화부터 항생제 내성, 지정학적 불안정성까지 진실로 벅찬 문제다. 이 문제들을 마주하고 견뎌내려면 과학자처럼 생각하고, 반응하기 전에 숙고하며, 감정보다는 증거를 따라가고, 항상 자신을 바로잡아야 한다. 우리 모두를 위한 더 나은 미래를 향한 분투에는 지적 능력만큼이나 용기와 연민도 필요하다. 인간의 시작은 한낱 어리석은 유인원이었을지 몰라도 그보다 나은 존재가 되기 위한 능력을 부여받았다. 낡은 생각은 버리고 새로운 생각을 포용하기를 두려워하지 말아야 한다. 타인의 오류뿐 아니라 우리 자신의 오류도 용서해야 한다. 결국 인간이 번영할지 소멸할지는 우리가 실수를 통해 배우느냐 실수에 굴복하느냐에 달려 있다.

감사의 글

개별적으로 일어나는 일은 가치가 없다. 최고의 과학은 공동 연구에서 나오며 많은 측면에서 이 책 역시 그렇다. 다양한 분야의 전문가와 지지자가 있어야만 가능한 일이다.

이 책에 실린 이야기는 무수히 많은 연구자의 노력에서 탄생한 방대한 과학·의학·심리학 연구가 뒷받침한다. 이들의 통찰에 깊이 감사하면서 이들의 발견을 공정하게 전달했기를 바란다. 흥미 있을 독자를 위해 논문과 참고문헌, 관련 자료는 인용해 두었다.

내 대리인인 패트릭 월시Patrick Walsh, 존 애시John Ash, 브라이언 랭건Brian Langan에게 귀중한 도움을 받았다. 또한 편집자 이언 마셜Ian Marshall이 준 전문가로서의 조언은 이 책을 완성하는 데 중요한 역할을 했다. 도킨스의 매우 유용한 조언에 감사드리며, 싱에게도 특별한 감사를 드리고 싶다. 싱의 지지가 없었더라면 이 책을 시작할 동력을 얻지 못했을 것이다.

또한 내게 글을 쓰고 방송에 나갈 기회를 준 여러 언론의 편집자, 특히 《아이리시타임스》《가디언스》《선데이비즈니스포스트》와 BBC에 감사한다. 곤경에 뛰어드는 내 성향을 일찍 알아차렸고, 이를 내게 알려주어 역경 속에서도 계속 과학을 지지하도록 도와준 센스어바웃사이언스에도 감사를 전한다. 종종 역경은 이런 지지가 가장 필요한 순간이기 때문이다.

오랫동안 나는 학계, 뛰어난 동료들, 환상적인 멘토의 지지를 받는 경이적인 축복을 누렸다. 엔다 맥글린Enda McGlynn, 데이비드 바산타David Basanta, 마이크 퍼트리지Mike Partridge에게 특히 마음 깊이 감사드린다. 모두 젊은 과학자였던 내게 기회를 주고, 내 경력에 조언해주며, 과학자로서 세상에 어떻게 이바지할 수 있는지 알려주었다. 내가 거쳐온 대학들인 옥스퍼드대학교, 벨파스트퀸즈대학교, 더블린시티대학교에는 경이로운 연구 기회를 주고, 내가 표적이 되었을 때 지지해준 데 감사하고 있다.

나는 과학적인 사고를 하는 친구와 동료 들이 중심이 된 환상적인 지지 네트워크의 도움을 받은 행운아였다. 이들의 지지는 매우 소중했다. 애니타 번Anita Byrne, 로넌 맥매너스Ronan Macmanus, 오코너, 버니 퀸Bernie Quinn, 소피 크레멘Sophie Cremen, 젠 킨Jen Keane, 레니 힐라드Leonie Hillard, 패드레그 맥클로플린Padraig McLoughlin, 앤서니 워너Anthony Warner, 수전 미첼Susan Mitchell, 도러시 비숍Dorothy Bishop, 시아라 켈리Ciara Kelly, 다니엘라 로블레스Daniela Robles, 아일린 오설리번

Eileen O'Sullivan, 테리사 뉴먼Theresa Newman, 도널 브레넌Donal Brennan, 마이클 마셜Michael Marshall, 데이비드 콜쿤David Colquhoun, 데이비드 고스키David Gorski, 그 외에도 많은 분께 감사한다. 지면이 좁고 생각이 모자란 탓에 이름을 부르지 못한 분들께도 감사한다.

그래도 나와 가장 친밀한 사람들, 항상 나를 지지해준 사람들, 내 생각을 다듬고 내 모자람과 지나침을 용서한 사람들이다. 감사해야 할 사람들은 너무나 많지만 특별히 마틸드 에르뉘Mathilde Hernu, 대니 머리Danny Murray, 로라 브레넌Laura Brennan, 그레이엄 키틀리Graham Keatley에게는 표현할 수 있는 최대한의 고마움을 전하고 싶다. 마지막으로 가장 중요한 내 가족들, 환상적인 형제 스티븐Stephen과 너무나 사랑하는 부모님 퍼트리샤Patricia와 브렌던Brendan에게는 너무나 많은 빚을 졌다. 가족들은 현재의 나를 만들었고, 그들이 없었다면 이 책은 존재하지 않았을 것이다.

514

참고문헌

들어가며: 멍청한 결정으로부터 우리를 구하는 방법

H. Rosling, *Factfulness*, Flammarion (2019). (한스 로슬링 외, 《팩트풀니스》, 이창신 옮김, 김영사, 2019).

U. Eco, "Eternal fascism", *New York Review of Books* 22 (1995).

S. Wineburg et al, "Evaluating information: The cornerstone of civic online reasoning", Stanford Digital Repository (2016).

M. Gabielkov et al, "Social clicks: What and who gets read on Twitter?", *ACM SIGMETRICS Performance Evaluation Review* 44, no.1, 179~192 (2016).

W. Hofmann et al, "Morality in everyday life", *Science* 345, no.6202, 1340~1343 (2014).

W.J. Brady et al, "Emotion shapes the diffusion of moralized content in social networks", *Proceedings of the National Academy of Sciences* 114, no.28, 7313~7318 (2017).

S. Vosoughi, D. Roy, S. Aral, "The spread of true and false news online", *Science* 359, no.6380, 1146~1151 (2018).

Office of the Director of National Intelligence, "Assessing Russian activities and intentions in recent US elections", Unclassified Version (2017).

C. Paul, M. Matthews, "The Russian 'firehose of falsehood' propaganda model", Rand Corporation, 2~7 (2016).

L. Hasher, D. Goldstein, T. Toppino, "Frequency and the conference of referential validity", *Journal of Verbal Learning and Verbal Behavior* 16, no.1, 107~112 (1977).

T. Goertzel, "Belief in conspiracy theories", *Political Psychology*, 731~742 (1994).

K.E. Stanovich, "Dysrationalia: A new specific learning disability", *Journal of Learning Disabilities* 26, no.8, 501~515 (1993).

C.K. Morewedge et al, "Debiasing decisions: Improved decision making with a single training intervention", *Policy Insights from the Behavioral and Brain Sciences* 2, no.1, 129~140 (2015).

1장 부적절한 명제가 낳은 부적절한 결론

R.E. Nesbitt, L. Ross, *Human Inference: Strategies and Shortcomings of Social Judgement*, Eaglewood Cliffs, NJ, Prentice Hall (1980).

FEMA 403, "World Trade Center Building Performance Study", Federal Emergency Management Agency (2002).

K.D. Thompson, "Final Reports from the NIST World Trade Center Disaster Investigation" (2011).

J. McCain, *Debunking 9.11 myths: Why conspiracy theories can't stand up to the facts*, Sterling Publishing Company, Inc. (2006).

T. Goertzel, "The Conspiracy meme", *Skeptical Inquirer*, 35(1) (2011).

D.R. Grimes, "On the viability of conspiratorial beliefs", *PloS one* 11.1, e0147905 (2016).

2장 불합리성 앞에 서다

G.H. Hardy, *A mathematician's apology*, Cambridge University Press (1992). (고드프레이 해럴드 하디, 《어느 수학자의 변명》, 정회성 옮김, 세시, 2016).

S. Singh, *The code book: the evolution of secrecy from Mary, Queen of Scots, to quantum cryptography*, Doubleday (1999). (사이먼 싱, 《비밀의 언어》, 이현경 옮김, 인사이트, 2015).

B. Russell, *History of western philosophy: Collectors edition, Routledge* (2013). (버트런드 러셀, 《러셀 서양철학사》, 서상복 옮김, 을유문화사, 2019).

The World Health Organisation, "Electromagnetic fields and public health: mobile phones" (2014).

INTERPHONE Study Group, "Brain tumour risk in relation to mobile telephone use: results of the INTERPHONE international case-control study", *International Journal of Epidemiology* 39.3, 675~694 (2010).

P. Frei et al, "Use of mobile phones and risk of brain tumours: update of Danish cohort study", *British Medical Journal* 343, d6387 (2011).

J. Schuz et al, "Cellular phones, cordless phones, and the risks of glioma and meningioma (Interphone Study Group, Germany)", *American Journal of Epidemiology* 163.6, 512~520 (2006).

D.R. Grimes, D.V.M. Bishop, "Distinguishing polemic from commentary in science: Some guidelines illustrated with the case of Sage and Burgio (2017)", *Child development* 89.1, 141~147 (2018).

J. Ronson, *So you've been publicly shamed*, Riverhead Books (2016).

3장 가당찮은 추론

J.A. Greene, "'For Me There Is No Substitute': Authenticity, Uniqueness, and the Lessons of Lipitor", *American Medical Association Journal of Ethics*, 12.10, 818~823 (2010).

United States Bureau of Chemistry, Service and Regulatory Announcements, Issues 21~30 (1917).

R. Wiseman, D. West, "An experimental test of psychic detection", *The Police Journal* 70.1, 19~25 (1997).

D. Druckman, J.A. Swets, *Enhancing human performance: Issues, theories, and techniques*, National Academies Press (1988).

4장 악마는 디테일에 숨어 산다

F.C. Bing, "The book forum", *Journal of the American Medical Association* (1971).

H. Hemila et al, "Vitamin C for preventing and treating the common cold", *Cochrane Database of Systematic Reviews* (2013).

D.J.A. Jenkins et al, "Supplemental Vitamins and Minerals for CVD Prevention and Treatment", *Journal of the American College of Cardiology* 71(22) (2018).

J.W. Wheeler-Bennett, "Ludendorff: The Soldier and the Politician", *The Virginia Quarterly Review* 14 (2), 187~202 (1938).

5장 아니 땐 굴뚝에 나는 연기

B.F. Skinner, "Superstition in the pigeon", *Journal of Experimental Psychology* 38, 168~172 (1948).

B. Goldacre, *Bad Science*, London: Fourth Estate (2008). (벤 골드에이커, 《배드 사이언스》, 강미경 옮김, 공존, 2011).

B. Deer, "How the case against the MMR vaccine was fixed", *British Medical Journal* 342 (2011).

F. Godlee, J. Smith, "Wakefield's article linking MMR vaccine and autism was fraudulent", *British Medical Journal* 342 (2011).

F.E. Andre et al, "Vaccination greatly reduces disease, disability, death and inequality worldwide", *Bulletin of World Health Organization* 86, 140~146 (2008).

D. Kahneman, *Thinking, fast and slow*, New York: Farrar, Straus and Giroux (2011). (대니얼 카너먼, 《생각에 관한 생각》, 이창신 옮김, 김영사, 2018).

6장 야수의 본질

University of Virginia Center for Politics, Reuters/Ipsos/UVA Center for Politics Race Poll (2017).

D. Canning, S. Raja, A.S. Yazbeck, "Africa's demographic transition: dividend or disaster?", The World Bank (2015).

A. Rutherford, *A Brief History of Everyone Who Ever Lived: The Stories in Our Genes*, Weidenfeld & Nicolson (2016). (애덤 러더퍼드, 《사피엔스 DNA 역사》, 한정훈 옮김, 살림, 2018).

T.C. Daley et al, "IQ on the rise: The Flynn effect in rural Kenyan children", *Psychological Science* 14(3), 215~219 (2003).

S. Ritchie, *Intelligence: All that matters*, Hodder & Stoughton (2015).

N.W. Bailey, M. Zuk, "Same-sex sexual behavior and evolution", *Trends in Ecology & Evolution* 24.8, 439~446 (2009).

G. Galilei, "Dialogue Concerning the Two Chief World Systems" (1632).

7장 미끼와 바꿔치기 전략

C. Darwin, *On the Origin of Species* (1859). (찰스 다윈, 《종의 기원》, 송철용 옮김, 동서문화사, 2013).

National Academies of Sciences, Engineering, and Medicine, "The health effects of cannabis and cannabinoids: The current state of evidence and recommendations for research", National Academies Press (2017).

Joint Committee on Health, "Report on Scrutiny of the Cannabis for Medicinal Use Regulation Bill 2016", Houses of the Oireachtas (2017).

8장 슈뢰딩거의 빈 라덴

G. Beale, "The cult of T.D. Lysenko: thirty appalling years", *Science Journal* (1969).

L. Festinger, *When Prophecy Fails: A Social and Psychological Study of a Modern Group That Predicted the Destruction of the World*, Harper-Torchbooks (1956). (레온 페스팅거 외, 《예언이 끝났을 때》, 김승진 옮김, 이후, 2020).

M.R. Allen et al, "IPCC fifth assessment synthesis report-climate change 2014 synthesis report" (2014).

P. Diethelm, M. McKee, "Denialism: what is it and how should scientists respond?", *European Journal of Public Health* 19.1, 2~4 (2009).

S. Weart, "Global warming: How skepticism became denial", *Bulletin of the Atomic Scientists* 67.1, 41~50 (2011).

S. Lewandowsky, K. Oberauer, G.E. Gignac. "NASA faked the moon landing – therefore, (climate) science is a hoax: An anatomy of the motivated rejection of science", *Psychological Science* 24.5, 622~633 (2013).

D.R. Grimes, "Denying climate change isn't scepticism–it's 'motivated reasoning'", *The Guardian* (2014).

D.M. Kahan et al, "Motivated numeracy and enlightened self-government", *Behavioural Public Policy* 1.1, 54~86 (2017)

9장 기억은 환상일 뿐

National Research Council, "Identifying the culprit: Assessing eyewitness identification", National Academies Press (2015).

O. Sacks, "Speak, Memory", *New York Review of Books* (2013).

E.F. Loftus, J.E. Pickrell, "The formation of false memories", *Psychiatric Annals* 25.12, 720~725 (1995).

E.F. Loftus, "Planting misinformation in the human mind: A 30-year investigation of the malleability of memory", *Learning & Memory* 12.4, 361~366 (2005).

N. Schreiber et al, "Suggestive interviewing in the McMartin Preschool and Kelly Michaels daycare abuse cases: A case study", *Social Influence* 1.1, 16~47 (2006).

10장 감각에 의지하지 말 것

T.E. Moore, "Scientific Consensus and Expert Testimony: Lessons from the Judas Priest Trial", *Skeptical Inquirer*, 20(6) (1996).

O. Blanke et al, "Neurological and robot-controlled induction of an apparition", *Current Biology* 24.22, 2681~2666 (2014).

J.A. Cheyne et al, "Hypnagogic and hypnopompic hallucinations during sleep paralysis: neurological and cultural construction of the night-mare", *Consciousness and Cognition*

8.3, 319~337 (1999).

M.E. Chevreul, "De la baguette divinatoire: du pendule dit explorateur et des tables tournantes, au point de vue de l'histoire de la critique et de la methode experimentale", Mallet-Bachelier (1854).

C.A. Mercier, "Automatic Writing", *British Medical Journal*, 198~199 (1894).

M.P. Mostert, "An activist approach to debunking FC", *Research and Practice for Persons with Severe Disabilities*, 203~210 (2014).

D.L. Wheeler et al, "An experimental assessment of facilitated communication", *Mental Retardation* 31.1, 49 (1993).

M.P. Mostert, "Facilitated communication and its legitimacy–Twenty-first century developments", *Exceptionality* 18.1, 31~41 (2010).

11장 믿고 싶은 것을 믿는 마음

B.R. Forer, "The fallacy of personal validation: a classroom demonstration of gullibility", *The Journal of Abnormal and Social Psychology* 44.1, 118 (1949).

S. Carlson, "A Double-blind test of astrology", *Nature* 318, 419~425, (1985).

D.J. Pittenger, "Measuring the MBTI (⋯) and coming up short", *Journal of Career Planning and Employment* 54.1, 48~52 (1993).

G. Montgomery, I. Kirsch, "Mechanisms of placebo pain reduction: an empirical investigation", *Psychological Science* 7.3, 174~176 (1996).

E. Ernst, "The attitude against immunisation within some branches of complementary medicine", *European Journal of Pediatrics* 156.7, 513~515 (1997).

G.J. Rubin, R. Nieto-Hernandez, S. Wessely, "Idiopathic environmental intolerance attributed to electromagnetic fields (formerly 'electromagnetic hypersensitivity'): An updated systematic review of provocation studies", *Bioelectromagnetics* 31(1) (2010).

The World Health Organization, "Electromagnetic fields and public health– Electromagnetic hypersensitivity", (2005).

M. Lamberg, H. Hausen, T. Vartiainen, "Symptoms experienced during periods of actual and supposed water fluoridation", *Community Dentistry and Oral Epidemiology*, 25.4, 291~295 (1997).

J. Kruger, D. Dunning, "Unskilled and unaware of it: how difficulties in recognizing one's own incompetence lead to inflated self-assessments", *Journal of Personality and Social Psychology* 77(6), (1999).

12장 확률을 마주치다

S. Selvin, "A Problem in Probability (Letter to the Editor)", The American Statistician 29 (1), 67, (1975).

W.T. Herbranson, J.Schroeder, "Are Birds Smarter Than Mathematicians? Pigeons (Columba livia) Perform Optimally on a Version of the Monty Hall Dilemma", *Journal of Comparative Psychology* 124(1), (2010).

G. Gigerenzer, *Reckoning with risk: learning to live with uncertainty*, Penguin UK (2003).

Royal Statistical Society, "Royal Statistical Society concerned by issues raised in Sally Clark case" (2001).

Royal Statistical Society, "Letter from the President to the Lord Chancellor regarding the use of statistical evidence in court cases" (2002).

S.J. Watkins, "Conviction by mathematical error?: Doctors and lawyers should get probability theory right", *British Medical Journal* 2~3 (2000).

13장 신호를 바꾸다

P.J. Bickel, E.A. Hammel, J.W. O'Connell. "Sex bias in graduate admissions: Data from Berkeley", *Science* 187.4175, 398~404 (1975).

D.R. Appleton, J.M. French, M.P. J. Vanderpump, "Ignoring a covariate: An example of Simpson's paradox", *The American Statistician* 50.4, 340~341 (1996).

T. Vigen, *Spurious Correlations*, Hachette Books (2015).

J.P.A. Ioannidis, "Stealth research: is biomedical innovation happening outside the peer-reviewed literature?", *Journal of the American Medical Association* 313.7, 663~664

(2015).

E.P. Diamandis, "Theranos phenomenon: promises and fallacies", *Clinical Chemistry and Laboratory Medicine* 53(7), 989~993 (2015).

14장 숫자는 클수록 좋은 법

E. Yong, "Beefing With the World Health Organization's Cancer Warnings", *The Atlantic* (2015).

J.P.A. Ioannidis, "Why most published research findings are false", *PLoS medicine* 2.8, e124 (2005).

D. Colquhoun, "An investigation of the false discovery rate and the misinterpretation of p-values", *Royal Society open science* 1.3, 140216 (2014).

D.R. Grimes, C.T. Bauch, J.P.A. Ioannidis, "Modelling science trustworthiness under publish or perish pressure", *Royal Society open science* 5.1, 171511 (2018).

15장 중립 지키려다 초가삼간 다 태운다

P. Krugman, "The Falsity of False Equivalence", *New York Times* (2016).

D.R. Grimes, "Impartial journalism is laudable. But false balance is dangerous", *The Guardian* (2016).

D. Michaels, M. Jones, "Doubt is their product", *Scientific American*, 292.6, 96~101 (2005).

M.T. Boykoff, J.M. Boykoff, "Balance as bias: global warming and the US prestige press", *Global Environmental Change* 14.2, 125~136 (2004).

British Broadcasting Corporation, "Trust Conclusions on the Executive Report on Science Impartiality Review Actions" (2014).

M. Bruggemann, S. Engesser, "Beyond false balance: how interpretive journalism shapes media coverage of climate change", *Global Environmental Change* 42, 58~67 (2017).

16장 편향된 목소리

E. Bakshy, S. Messing, L.A. Adamic, "Exposure to ideologically diverse news and opinion on Facebook", *Science* 348,6239, 1130~1132 (2015).

M. Del Vicarioet et al, "The spreading of misinformation online", Proceedings of the National Academy of Sciences, 113(3), 554~559, (2016).

M. Van Alstyne, E. Brynjolfsson, "Electronic Communities: Global Villages or Cyberbalkanization?", ICIS 1996 Proceedings, 5 (1996).

R. Gandour, "Study: Decline of traditional media feeds polarization", *Columbia Journalism Review* (2016).

J. Maddox, "Has Duesberg a right of reply?", *Nature* 363,6425, 109 (1993).

17장 가짜여도 좋아

E. Williamson, "Truth in a Post-Truth Era: Sandy Hook Families Sue Alex Jones, Conspiracy Theorist", *New York Times* (2018).

C. Silverman, "This Is How Your Hyperpartisan Political News Gets Made", Buzzfeed (2017).

D.R. Grimes, "Russian fake news is not new: Soviet Aids propaganda cost countless lives", *The Guardian* (2017).

C. Andrew, *The sword and the shield: The Mitrokhin archive and the secret history of the KGB*, Hachette UK (2000).

United States Department of State, "Soviet Influence Activities: A Report on Active Measures and Propaganda, 1986~1987" (1987).

18장 나쁜 인플루언서

B. Donelly, N. Toscano, *The Woman Who Fooled The World: Belle Gibson's cancer con, and the darkness at the heart of the wellness industry*, Scribe US (2018).

D.R. Grimes, "Beware the snake-oil merchants of alternative medicine – your life could depend on it", *Irish Times* (2018).

L. Lancucki et al, "The impact of Jade Goody's diagnosis and death on the NHS Cervical Screening Programme", *Journal of Medical Screening* 19.2, 89~93 (2012).

P. Cocozza, "Whatever happened to the Jade Goody effect?", *The Guardian* (2018).

S. Chapman et al, "Impact of news of celebrity illness on breast cancer screening: Kylie Minogue's breast cancer diagnosis", *Medical Journal of Australia* 183.5, 247~250 (2005).

D. Gorski, "The Oprah-fication of medicine", *Science-Based Medicine* (2009).

C. Korownyk et al, "Televised medical talk shows—what they recommend and the evidence to support their recommendations: a prospective observational study", *British Medical Journal* 349, g7346 (2014).

J. Gunter, *The Vagina Bible: The Vulva and the Vagina: Separating the Myth from the Medicine*, Citadel (2019). (제니퍼 건터, 《질 건강 매뉴얼》, 조은아 옮김, 글항아리사이언스, 2022).

G. Pennycook et al, "On the reception and detection of pseudo-profound bullshit", *Judgment and Decision Making* (2015).

19장 과학의 경계선

D.R. Grimes, "Proposed mechanisms for homeopathy are physically impossible", *Focus on Alternative and Complementary Therapies* 17.3, 149~155 (2012).

J. Maddox, J. Randi, W.W. Stewart, "'High-dilution' experiments a delusion", *Nature* 334.6180, 287 (1988).

C. Sagan, *The demon-haunted world: Science as a candle in the dark*, Random House (1995). (칼 세이건, 《악령이 출몰하는 세상》, 이상헌 옮김, 사이언스북스, 2022).

P.C. England, P. Molnar, F.M. Richter, "Kelvin, Perry and the age of the earth", *American Scientist* 95.4, 342~349 (2007).

K. Popper, "The Logic of Scientific Discovery" (1959).

20장 화물 신앙의 출현

R.P. Feynman, "Cargo Cult Science", California Institute of Technology commencement address (1974).

The Irish Expert Body on Fluorides and Health, "Appraisal of Human toxicity, environmental impact and legal implications of water fluoridation" (2012).

National Research Council, "Strengthening forensic science in the United States: a path forward", National Academies Press (2009).

Federal Bureau of Investigation, "FBI Testimony on Microscopic Hair Analysis Contained Errors in at Least 90 Percent of Cases in Ongoing Review" (2015).

21장 건강한 회의주의

J.E. Oliver, T. Wood, "Medical conspiracy theories and health behaviors in the United States", *JAMA internal medicine* 174.5, 817~818 (2014).

D.R. Grimes, "Six stubborn myths about cancer", *The Guardian* (2013).

S.B. Johnson et al, "Complementary medicine, refusal of conventional cancer therapy, and survival among patients with curable cancers", *JAMA oncology* 4.10, 1375~1381 (2018).

United Nations Scientific Committee on the Effects of Atomic Radiation, "'UNS CEAR 2008 report Vol. II.' Effects of ionizing radiation. Annex D: Health effects due to radiation from the Chernobyl accident", United Nations, New York (2011).

The World Health Organization, "Health effects of the Chernobyl accident: an overview", (2006).

D.R. Grimes, "Why it's time to dispel the myths about nuclear power", *The Guardian* (2016).

V. Swami et al, "Analytic thinking reduces belief in conspiracy theories", *Cognition* 133.3, 572~585 (2014).

B. Nyhan et al, "Effective messages in vaccine promotion: a randomized trial", *Pediatrics* 133.4, e835~e842 (2014).

D. Jolley, K.M. Douglas, "The effects of anti-vaccine conspiracy theories on vaccination intentions", *PloS one* 9.2, e89177 (2014).

G. Prue et al, "Access to HPV vaccination for boys in the United Kingdom", *Medicine Access@ Point of Care* 2, 2399202618799691 (2018).

B. Corcoran, A. Clarke, T. Barrett, "Rapid response to HPV vaccination crisis in Ireland", *The Lancet* 391.10135, 2103 (2018).

D.R. Grimes, "Anti-HPV vaccine myths have fatal consequences", *Irish Times* (2017).

S. Mitchell, "REGRET's regrettable behaviour", *Sunday Business Post* (2017).

R. Imhoff, P. K. Lamberty, "Too special to be duped: Need for uniqueness motivates conspiracy beliefs", *European Journal of Social Psychology* 47.6, 724~734 (2017).

D. Crotty, "The Guardian Reveals an Important Truth About Article Comments", *The Scholarly Kitchen* (2013).

K. Popper, *The Open Society and Its Enemies, Volume 1, The Spell of Plato*, Routledge, United Kingdom (1945). (칼 포퍼, 《열린사회와 그 적들 1》, 이한구 옮김, 민음사, 2006).

찾아보기

옮긴이 김보은

이화여자대학교 화학과를 졸업하고 동대학교 분자생명과학부 대학원을 졸업했다. 가톨릭의과대학에서 의생물과학 박사학위를 받은 뒤, 바이러스 연구실에 근무했다. 글밥아카데미를 수료한 후 현재 바른번역 소속 전문번역가로 활동 중이다. 옮긴 책으로는《자신의 존재에 대해 사과하지 말 것》《의학에 대한 위험한 헛소문》《인공지능은 무엇이 되려 하는가》《크리스퍼가 온다》《집에서 길을 잃는 이상한 여자》《의사는 왜 여자의 말을 믿지 않는가》등이 있으며, 〈한국 스켑틱〉 번역에 참여하고 있다.

페이크와 팩트

1판 1쇄 펴냄	2024년 7월 26일
1판 6쇄 펴냄	2025년 1월 22일

지은이	데이비드 로버트 그라임스
옮긴이	김보은
펴낸이	김정호

주간	김진형
책임편집	이지은
디자인	맨드라미

펴낸곳	디플롯
출판등록	2021년 2월 19일(제2021-000020호)
주소	10881 경기도 파주시 회동길 445-3 2층
전화	031-955-9512(편집) · 031-955-9514(주문)
팩스	031-955-9519
이메일	dplot@acanet.co.kr
페이스북	facebook.com/dplotpress
인스타그램	instagram.com/dplotpress

ISBN	979-11-93591-14-7 03300